# POUR UN ARPENT DE TERRE

## DU MÊME AUTEUR
*CHEZ POCKET*

1. DES GRIVES AUX LOUPS
LES PALOMBES NE PASSERONT PLUS
3. L'APPEL DES ENGOULEVENTS
CETTE TERRE EST LA VÔTRE
LA GRANDE MURAILLE
LA NUIT DE CALAMA
ROCHEFLAME
UNE FOIS SEPT
VIVE L'HEURE D'HIVER
J'AI CHOISI LA TERRE
MON PÈRE EDMOND MICHELET
HISTOIRES DES PAYSANS DE FRANCE
1. LES PROMESSES DU CIEL ET DE LA TERRE
2. POUR UN ARPENT DE TERRE
3. LE GRAND SILLON

Claude et Bernadette MICHELET

QUATRE SAISONS EN LIMOUSIN

CLAUDE MICHELET

Les promesses du ciel et de la terre

* *

# POUR UN ARPENT DE TERRE

ROBERT LAFFONT

ISBN 2-266-08371-6

Aux copains d'abord

*Ô Chili fort, souverain et puissant,*
*le peuple né de toi est de telle lignée,*
*si plein d'orgueil, de force et de vertu guerrière*
*que pas un roi sur toi jamais n'a pu régner,*
*pas plus que l'étranger n'a pu te dominer.*

ALONZO DE ERCILLA (1533-1596).

*Toutes les grandeurs de ce monde*
*ne valent pas un bon ami.*

VOLTAIRE.

## PREMIÈRE PARTIE

# LES VENIMEUSES DE LA SIERRA

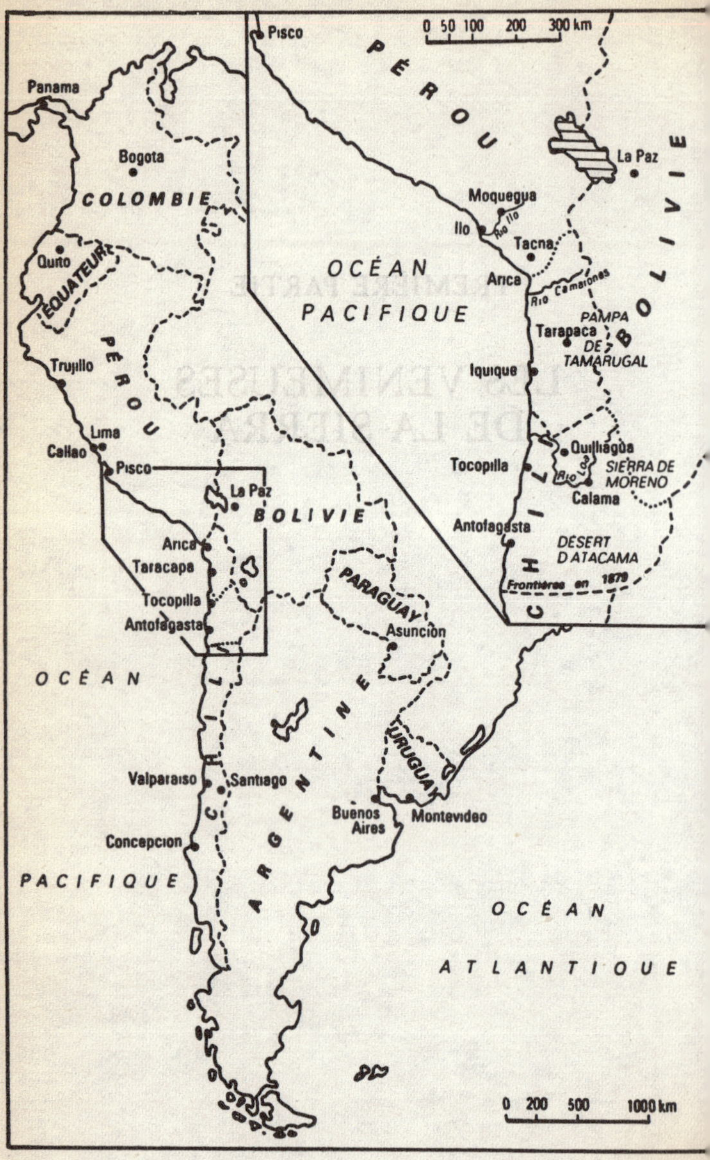

Pisco
0 50 100 200 300 km
PÉROU
La Paz
BOLIVIE
Moquegua
Ilo
Rio Ilo
Tacna
Arica
Rio Camarones
OCÉAN
PACIFIQUE
PAMPA
Tarapaca
DE
TAMARUGAL
Iquique
Quillagua
Tocopilla
Rio Loa
SIERRA DE
MORENO
Calama
Antofagasta
DÉSERT
D'ATACAMA
Frontières en 1879
CHILI
Panama
Bogota
COLOMBIE
Quito
ÉQUATEUR
PÉROU
Trujillo
Lima
Callao
Pisco
La Paz
BOLIVIE
Arica
Taracapa
Tocopilla
Antofagasta
PARAGUAY
Asunción
OCÉAN
ARGENTINE
URUGUAY
Valparaiso
Santiago
CHILI
Buenos
Aires
Montevideo
Concepcion
PACIFIQUE
OCÉAN
ATLANTIQUE
0 200 500 1000 km

# 1

Portée et retenue par les épaisses volutes de la *garúa*, ce brouillard gluant qui nimbait le petit port de Tocopilla, l'odeur frappa Antoine. Il avait, jadis, trop longtemps vécu au milieu de ces effluves pour ne pas les reconnaître aussitôt. Et, ce soir, la brume empestait la guerre. Elle était saturée de tous les relents que dégage une troupe au bivouac — avec ses exhalaisons de mauvaise tambouille, d'uniformes moites de sueur aigre, de graisse d'arme et de poudre, d'hommes mal lavés, de mules et de chevaux entassés dans les corrals. Et sa pestilence était si violente, si pénétrante, qu'elle masquait toutes les émanations habituelles du port et de la côte. Plus forte et tenace que les miasmes répugnants des sacs de guano entassés sur le quai ou que l'âcre et suffocant dégagement des gros tas d'azotate de soude, elle prenait à la gorge et soulevait le cœur.

— Ça pue encore plus que d'habitude, et ce n'est pas peu dire! grogna Edmond d'Erbault de Lenty en portant sa pochette de soie à son nez.

Il était debout à côté d'Antoine et, comme lui, surveillait l'entrée dans le port de la goélette qui les avait pris en charge quatre jours plus tôt à Valparaíso.

— Ça, faut bien reconnaître..., acquiesça Antoine.

Dégoûté par l'odeur ambiante, il fronça les narines et

puisa trois cigarillos, noirs et tordus, dans une des poches de sa veste; il en tendit un à son voisin, en lança un autre à Joaquin, assis, pensif et boudeur, au pied du mât et alluma le sien.

Comme à son habitude, lorsqu'une expédition lui déplaisait, le métis s'enfermait dans le silence le plus opaque; il ne daignait le rompre que pour proférer quelques sombres et sinistres prophéties qu'il déchiffrait, assurait-il avec sérieux, dans la forme des nuages, le vol des pélicans ou des cormorans, quand ce n'était pas dans les sauts ondulants de quelques dauphins luttant de vitesse avec le voilier. Depuis bientôt neuf ans qu'il connaissait Joaquin, Antoine ne s'offusquait plus du tout de ses sautes d'humeur et de sa superstition; et sans doute même se serait-il inquiété si le Chilien avait failli à la tradition, laquelle voulait qu'il boudât à chaque grand voyage.

— Enfin, on n'a pas eu de problème pendant le trajet, c'est déjà ça! poursuivit Edmond.

— De ce côté, on ne risquait rien, assura Antoine, mais il n'en sera pas de même dès qu'on aura débarqué, parce qu'on dira ce qu'on voudra, amie ou pas, rien ne ressemble plus à une troupe de malfrats qu'une armée en campagne...

Contrairement à son compagnon et associé, il n'avait pas redouté, pendant leur voyage, quelque dangereuse rencontre avec la marine péruvienne, car celle-ci, au dire de tous, était anéantie; c'était stupéfiant, mais c'était ainsi et Antoine n'en était pas à une surprise près! Depuis que cette folle guerre du guano avait commencé, d'abord contre la Bolivie en février 1879, puis contre le Pérou, en avril, Antoine avait été d'étonnement en étonnement.

Bien que peu désireux de s'immiscer dans un conflit qui n'était pas le sien — j'ai déjà eu mon compte! disait-il —, il n'avait pu s'empêcher de souhaiter la victoire de son pays d'adoption et ce d'autant plus que, dans cette histoire de frontières, de gisements et de mines — dans lesquels sa société, la Sofranco, avait maintenant de gros intérêts —, le Chili partait vaincu.

En effet, la disproportion des forces en présence était telle que tous les observateurs s'accordaient pour prévoir la chute du Chili en quelques semaines; cela avait d'ailleurs lourdement pesé sur les affaires et sur le cours des actions.

Ne disposant que de deux mille cinq cents hommes contre les onze mille cinq cents soldats et mercenaires que pouvaient aligner les alliés péruviens et boliviens, le Chili semblait mathématiquement perdu. Quant à sa flotte, que commandait l'amiral William Robolledo, elle ne comptait que deux cuirassés, le *Blanco* et le *Cochrane*, deux petites corvettes à la coque en bois, l'*O'Higgins* et le *Chacabuco*, une canonnière, la *Magallanes*, et les goélettes *Esmeralda* et *Covadonga*. C'était presque dérisoire en face des quatre cuirassés péruviens, l'*Independencia*, l'*Atahualpa*, le *Manco Capac* et le *Huáscar*, et des corvettes *Unión* et *Pilcomayo*.

Pourtant, à l'ébahissement général, tout avait très vite évolué en faveur du plus faible, du plus mal armé. Après le coup de force — et de poker — qu'avait été, en février, l'occupation du port bolivien d'Antofagasta, les détachements chiliens n'avaient cessé de repousser les troupes adverses vers le nord.

Battus le 23 mars à Calama, important centre minier, les Boliviens avaient dû fuir au nord-est du río Loa et abandonner ainsi une partie du désert d'Atacama, ses énormes gisements de guano et de nitrate, et ses mines d'or, d'argent et de cuivre, enjeux du conflit.

Follement excité par les succès de ses soldats, soutenu dans son ardeur par le gouvernement, qu'appuyait de ses articles dithyrambiques le journal *El Mercurio*, tout le pays avait fait bloc derrière son armée. Et Antoine, stupéfait, qui gardait encore en mémoire la défaite de

Sedan et son pesant et triste impact dans le peuple français, avait vu se développer une fantastique poussée de patriotisme, une levée en masse des hommes valides, comme, par exemple, les mineurs des régions de Copiapó et de Chañaral.

Et l'ardeur à prendre les armes était si forte et communicative que même le docteur Portales, ami d'Antoine et de sa famille, s'était engagé comme médecin militaire. Quant à Pedro de Morales, dont Antoine gérait les vingt-huit mille hectares de son hacienda de Tierra Caliente, s'il n'avait pas été jusqu'à endosser un uniforme, du moins était-il de ceux qui, grâce à leur fortune, permettaient de donner à l'armée tout ce qui devait l'aider à gagner la guerre.

C'est alors, le 28 mai 1879, comme pour attiser un peu plus l'ardeur nationale, qu'avait eu lieu la bataille navale d'Iquique; mémorable combat qui, au dire des Chiliens, avait été « le plus homérique et le plus grand de toute l'histoire »!

Antoine, qui savait de quoi il en retournait en matière de batailles, pensait secrètement qu'il y avait beaucoup d'exagération dans les multiples narrations qui relataient cette joute. Il l'avait suivie à travers la presse et les commentaires enflammés de ses amis et, s'il ne doutait pas que l'empoignade ait été sévère, du moins estimait-il qu'elle avait été fortement grossie pour les besoins de la cause. Mais il ne pouvait pas le dire à ses amis chiliens : ils étaient si fiers de ce fait d'armes et du sublime héros qu'il avait donné au pays!

Il est vrai qu'Arturo Prat avait bien mérité de la patrie, vrai aussi qu'il avait chèrement vendu sa vie. Désormais, plus aucun Chilien ne pouvait ignorer son courage et tous s'employaient à glorifier son sacrifice. Déjà son épopée entrait dans la légende!

C'est alors qu'il assurait le blocus du port d'Iquique, grâce à l'*Esmeralda*, vieux navire en bois qu'il commandait, qu'Arturo Prat et son compagnon, le capitaine Carlos Condell responsable de la corvette *Covadanga*, avaient été attaqués par les cuirassés *Huáscar* et *Independencia* à l'aube du 21 mai.

Sans douter un instant de l'issue du combat — la disproportion des forces était telle que rien ne pouvait sauver les Chiliens —, Arturo Prat avait accepté la bataille. Refusant l'offre de capitulation que lui proposait le capitaine péruvien don Miguel Grau, il avait décidé de rendre coup pour coup. Avant de jeter ses hommes dans la mêlée, il les avait réunis en carré sur le pont pour les encourager une dernière fois : « Mes enfants! La lutte est inégale, mais notre drapeau ne s'est jamais incliné devant l'ennemi. J'espère que ce ne sera pas aujourd'hui l'occasion de le faire. Tant que je vivrai, ce drapeau flottera en haut du navire; si je meurs, mes officiers sauront accomplir leur devoir. »

Et le combat avait fait rage. Alors, excédé par cette résistance, Grau, manœuvrant habilement son massif *Huáscar*, était parvenu à éperonner la frêle *Esmeralda*. C'est à cet instant que Prat avait bondi à l'abordage du cuirassé au cri de *Viva Chile!*

Aussitôt criblé de balles, il était mort sur le pont du navire adverse pendant que ses compagnons, suivant son exemple, tombaient eux aussi, fauchés à bout portant.

Quant à l'*Esmeralda*, éventrée une nouvelle fois, elle sombrait, pavillon haut, non sans avoir tiré un ultime coup de canon, grâce au courage du jeune matelot Ernesto Riquelme, seul rescapé à bord.

Il était alors midi, la lutte avait duré cinq heures; Prat et son équipage venaient d'entrer dans l'histoire du Chili.

Après cette épreuve, et comme stimulés par l'exemple, il n'avait fallu que cinq mois aux Chiliens pour se ressaisir et pour anéantir la flotte péruvienne à Angamos. Bataille au cours de laquelle, comble de déshonneur pour les vaincus, le cuirassé *Huáscar*, responsable de la mort d'Arturo Prat, avait dû baisser pavillon et se rendre!

Tout cela expliquait pourquoi Antoine n'avait eu aucune crainte à prendre la mer : on était fin octobre et la marine péruvienne, défaite depuis le 8 du même mois, ne représentait plus le moindre danger.

Il n'en était pas de même pour les troupes terrestres qui, elles, donnaient des inquiétudes à Antoine et à Edmond. Ce n'était pas pour leur plaisir ni pour affaire qu'ils étaient là, prêts à débarquer non loin de la zone des combats. C'était pour tenter de savoir ce qu'était devenu leur associé et ami, le jeune banquier anglais Herbert Halton dont ils étaient sans nouvelles depuis presque trois semaines. Depuis ce jour où, misant sur la victoire des alliés péruviens et boliviens, il avait décidé, sous prétexte que le conflit avait fait chuter les prix, d'aller négocier avec les Péruviens l'achat d'un important gisement de cuivre situé à l'est du Loa... C'était une terrible erreur de jugement, elle pouvait être mortelle.

Délicatement, amoureusement, Pauline secoua un peu le bébé endormi dans ses bras. Comme souvent, il s'était assoupi en tétant et, sur ses lèvres, perlait encore une goutte de lait maternel.

La jeune femme sourit, poussa le bout de son sein vers la petite bouche entrouverte, puis renonça. Manifestement Silvère n'avait plus faim. Elle reboutonna sa chemise de nuit, puis retourna l'enfant sur le ventre et lui tapota les fesses dans l'attente du renvoi.

Pour ses cinq mois, Silvère était superbe, lourd, costaud et déjà très éveillé. Antoine en était complètement fou; quant aux jumeaux, Marcelin et Pierrette, s'ils avaient d'abord été très déçus à sa naissance en constatant qu'il était non seulement incapable de parler, mais même de marcher — donc de jouer à chat perché! —, ils étaient maintenant aux petits soins pour lui. Guettant ses sourires et les provoquant même par quelques grimaces ou chatouilles, ils accouraient dès que leur frère donnait de la voix; pour peu qu'il insistât, et il insistait toujours, ils appelaient leur mère à grands cris pour qu'elle le nourrît aussitôt. Comme Pauline cédait souvent, cela expliquait pourquoi le bébé, presque toujours repu, s'endormait en tétant. Mais il avait très bon estomac et, comme le disait Jacinta la servante, « faisait comme les petits lamas, de la viande avec du lait ».

Le bébé gigota un peu, grogna, modula une longue éructation et replongea dans son sommeil. Pauline se leva délicatement, le recoucha dans son berceau, baissa la mèche de la lampe à pétrole au maximum et se reglissa dans son lit encore tiède.

Lorsqu'elle était seule — et c'était trop souvent le cas à son goût —, elle détestait dormir dans la totale obscurité. D'abord parce qu'elle aimait s'assurer d'un coup d'œil que Silvère allait bien, qu'il respirait calmement, qu'il ne s'étouffait pas. Ensuite parce qu'elle craignait toujours autant les *temblores*, ces affreux et fréquents frémissements du sol qui l'affolaient et la jetaient dehors quels que soient le temps, l'heure ou la température. Elle avait toujours aussi peur des tremblements de terre; pas autant heureusement que son amie Rosemonde, mais peur quand même, surtout quand Antoine n'était pas là pour la rassurer, la calmer, l'aider à réagir avec sang-froid.

Elle se retourna dans son lit et sut que le sommeil tarderait à venir. Elle dormait très mal depuis le départ d'Antoine vers le nord. C'était la première fois, depuis le début de cette guerre stupide à laquelle elle ne comprenait rien, qu'il prenait ainsi le risque de monter sur le front du conflit. Aussi jugeait-elle cette expédition dangereuse et pleine de risques, mais l'idée de s'y opposer ne lui était pas venue. Elle savait bien qu'Antoine ne pouvait agir autrement et que la seule conduite à tenir était celle qu'il avait choisie. Il était impossible de rester passif et attentiste dès l'instant où Herbert Halton n'avait plus donné de ses nouvelles.

Dans ce pays si rude, si dur, l'entraide et la solidarité étaient aussi indispensables que la nourriture, l'eau, ou l'air. Et c'était d'ailleurs en leur nom qu'un jour, cinq ans plus tôt, Antoine blessé et immobilisé dans un pueblo pouilleux avait pu être sauvé grâce à une expédition conduite par Edmond. Il n'était donc pas question de l'empêcher d'aller à son tour à la recherche d'un ami; mais cela n'atténuait pas l'angoisse qu'elle ressentait.

Elle n'aimait pas du tout qu'Antoine s'absente trop longtemps, car même si ses trois enfants l'occupaient beaucoup, ainsi que la bonne marche de *La Maison de France*, elle ne pouvait plus compter, pour trouver les jours moins longs, sur la présence de Rosemonde. Son amie avait rejoint la France depuis bientôt onze mois et lui manquait souvent. Elle écrivait parfois, donnait de ses nouvelles, qui étaient excellentes, parlait de Martial et de leur petite Armandine, de leur grande et confortable maison de Bordeaux, de la longue cure de repos qu'elle avait faite à Biarritz; elle semblait très heureuse dans sa nouvelle vie.

En revanche, Martial, lui, ne correspondait que pour affaires — elles étaient de plus en plus prospères — et n'évoquait jamais sa vie. Pauline partageait le sentiment d'Antoine, qui pensait que son ami devait périr d'ennui en France.

— Quand je pense qu'il y a tant à faire ici, et qu'il le ferait si bien! disait souvent Antoine.

Certes, lui au moins n'avait pas le temps de s'ennuyer! Et, souvent même, il trouvait les jours trop courts et les semaines trop vite écoulées. Pris entre les affaires de la Sofranco et l'hacienda de Pedro de Morales, il était parfois contraint de s'absenter pendant plus de trois semaines. Pauline estimait que c'était très long, mais n'osait le lui dire, tant il était manifeste qu'il trouvait du plaisir à son travail, surtout à celui qu'il donnait aux terres du Chilien.

La jeune femme avait été stupéfaite en constatant à quel point il aimait sa nouvelle occupation. Jusque-là, elle n'avait pas eu l'occasion de mesurer son profond et violent attachement à la terre car, faute de pouvoir s'en occuper concrètement, il préférait n'en point parler. Il donnait même parfois l'impression d'avoir oublié sa petite ferme corrézienne des Fonts-Miallet. Il n'évoquait pas beaucoup plus son Limousin natal. Mais, en revanche, il était intarissable pour tout ce qui touchait à l'hacienda de Tierra Caliente, à l'agriculture, à la mécanisation, à l'élevage, à la vigne. Il était plein d'idées et de projets et, à la grande satisfaction de son employeur, avait déjà beaucoup amélioré la marche de cette gigantesque exploitation.

Pauline était un peu décontenancée, un peu perdue, en découvrant un homme qu'elle ne connaissait pas sous ce jour. Lorsqu'elle l'avait épousé, il gagnait sa vie en rinçant des bouteilles dans un chai, à Lodève. Puis, rapidement, elle l'avait vu se transformer en un colporteur tout à fait compétent, ensuite en négociant et enfin en homme d'affaires. Et voilà que maintenant elle découvrait un chef de culture, c'était un peu déconcertant.

Elle n'avait toujours pas pu l'accompagner pour visiter l'hacienda de Tierra Caliente. Antoine n'avait pas voulu prendre le risque de la faire descendre jusqu'à Concepción avant la naissance de l'enfant, c'était loin et le voyage risquait d'être trop dur. Depuis mai, et la naissance de Silvère, la saison se prêtait mal aux importants déplacements; ce n'était pas que l'hiver soit terrible, mais les pistes étaient quand même très boueuses et d'un usage peu agréable. Le train était plus sûr et plus confortable, mais il fallait quand même compter deux grands jours de voyage; c'était beaucoup pour un nourrisson. Quant à rejoindre Concepción par un des petits caboteurs qui desservaient toute la côte, Pauline n'y tenait guère à cause du bébé qu'elle trouvait trop jeune pour affronter le mal de mer.

La jeune femme soupira en se souvenant qu'Antoine lui avait promis d'organiser un voyage à Tierra Caliente dès le printemps venu, or le beau temps était là depuis un mois. Octobre finissait et, déjà, le ciel de Santiago changeait de couleur, prenait sa teinte des grands beaux jours. Et, dans les buissons du *cerro* Santa Lucía, les perruches et les colibris s'affolaient autour de leurs nids. L'hiver était fini mais, une fois encore, Antoine était absent. Et Dieu seul savait quand il rentrerait...

Martial adressa du bout des doigts un dernier baiser à la petite Armandine tapie derrière la fenêtre et s'engagea dans la rue Sainte-Catherine. Il bruinait depuis deux jours et les pavés de la chaussée luisaient comme un miroir et semblaient dangereusement glissants.

Quel que soit le temps, et même si Rosemonde pensait que cette habitude était peu conforme à sa situation et risquait même de lui porter tort, Martial se rendait chaque jour à pied à ses bureaux. Il avait décidé, une fois pour toutes, de ne pas tenir compte de l'opinion des bourgeois bordelais, du moins en ce qui concernait sa vie privée; du point de vue professionnel, c'était différent : là, il était prêt à toutes les discussions, suggestions et même éventuellement critiques si elles avaient pour but d'aider au bon fonctionnement de la Sofranco.

D'ailleurs, il n'était pas du tout convaincu que ses relations commerciales, ses clients, ou même leurs voisins du quartier jugent mal le fait qu'il prenne plaisir à s'offrir un peu de marche malgré sa très belle situation.

A ce sujet, et contrairement à Rosemonde, qui avait un peu tendance à croire que l'argent pouvait tout faire, y compris occulter la mémoire, il n'avait aucune envie d'oublier d'où il venait. Oublier, par exemple, que, moins de dix ans plus tôt, le petit négociant en vins qu'il était alors s'estimait très heureux de descendre à l'auberge de « Chez Jacques », dont le moins qu'on pût dire était qu'elle n'avait rien d'un palace, même si c'était Rosemonde la patronne!

Il était parfois agacé par l'évolution de son épouse qui, dès leur retour en France, dix mois plus tôt, n'avait pas résisté au plaisir d'étaler leur réussite. Ce n'était pas que lui-même voulût la minimiser, loin de là, mais il estimait inutile de l'afficher trop ostensiblement. D'ailleurs, à ses yeux, la véritable réussite, ce n'était pas d'être là à jouer les parvenus et les nouveaux riches; ce n'était pas non plus leur maison de douze pièces, ni leurs domestiques ni même la création de cette importante succursale de la Sofranco, sise rue du Couvent, à quelques pas des Chartrons.

Pour lui, la réussite, c'était tout ce qu'il avait laissé là-bas, au Chili, tous ses espoirs, tous ses projets. C'était d'avoir l'audace de vouloir être l'un des artisans, même modeste, du développement de ce gigantesque territoire plein d'avenir.

Alors, la réussite, ce n'était donc pas, comme le croyait un peu trop Rosemonde, de se pavaner aux Quinconces pour y faire admirer ses toilettes, ni d'avoir sa chaise gravée à son nom dans les premiers rangs de la cathédrale Saint-André, ou encore de vouloir coûte que coûte s'intégrer dans la haute société bordelaise.

Et il ne se faisait aucune illusion sur ce dernier point. Contrairement à ce qu'espérait naïvement son épouse, jamais elle ne parviendrait à se faire vraiment admettre dans ce petit monde si fermé et si hautain, construit et sévèrement défendu par la vieille bourgeoisie bordelaise. Car si, aux yeux de ces gens-là, une certaine fortune était nécessaire pour devenir fréquentable, encore fallait-il qu'elle eût été établie de longue date par quelques lointains ancêtres. Encore était-il indispensable qu'elle fût devenue héréditairement naturelle, comme la forme du nez ou la couleur des yeux léguées par l'arrière-grand-père ou la trisaïeule!

Or l'aisance financière dont Rosemonde pouvait se targuer n'avait que quelques années; elle devenait de ce fait presque suspecte et beaucoup trop récente pour être reconnue.

D'ailleurs, sans en avoir la moindre preuve, mais d'instinct, Martial était intimement persuadé que personne n'ignorait l'ancienne situation de son épouse et que, un jour ou l'autre, une de ces pimbêches collet monté qu'elle cherchait à fréquenter lui demanderait avec un sourire pincé — et une folle jouissance dans le regard — ce qu'était devenue son auberge à l'enseigne de « Chez Jacques »!

Un jour, oui, il le craignait, à trop vouloir se hisser au rang qu'elle visait, Rosemonde tomberait de haut. Il avait tenté de le lui faire comprendre, mais n'avait pas trop insisté, car elle lui avait aussitôt reproché de vouloir l'empêcher de se réadapter à la France, voire de lui donner mauvaise conscience d'être heureuse dans son pays, dans sa ville natale.

Il s'était tu, soucieux de ne pas envenimer une discussion qui pouvait vite dégénérer. Car il n'avait, lui, nullement besoin de se plaindre ouvertement, comme naguère Rosemonde au Chili, pour qu'elle connaisse ses sentiments. Pour qu'elle sache qu'il lui pardonnait mal de l'avoir contraint à rentrer en France, alors qu'il y avait tant à faire là-bas, entre Valdivia et Iquique...

Mais comme il avait décidé, une fois pour toutes, de ne plus aborder ce sujet, il évitait, dans la mesure du possible, de se laisser entraîner dans tous les débats qui risquaient d'y aboutir. Mais plus le temps passait, plus cela devenait difficile. Maintenant qu'il avait repris contact avec la

France et que les affaires de la Sofranco se développaient sans heurts ni gros problèmes, il sentait revenir l'ennui que créent la routine, les habitudes de travail, le train-train journalier. Après la joie ressentie en retrouvant la France, venait la morosité d'une existence sans imprévus ni fantaisie, plate, sans risques.

Au début, il avait pourtant pensé et espéré que sa réadaptation était possible : la France était si belle, si moderne, si changée! Après une traversée délicieusement reposante et agréable sur le paquebot de luxe de la Transatlantique qui les avait emmenés de Colón jusqu'au Havre, via New York, c'est avec beaucoup de bonheur et d'étonnement que Rosemonde et lui avaient redécouvert la France. Et c'est presque comme des jeunes mariés en voyage de noces qu'ils s'étaient offert quinze jours de vacances à Paris, quinze jours merveilleux.

Martial n'avait pas revu la capitale depuis août 1871. A l'époque, elle était encore toute pantelante et empuantie par les incendies et les exécutions de la Semaine sanglante; elle sentait encore la délation, la suspicion, la haine et la mort.

Et voilà que, huit ans plus tard, il retrouvait une ville pleine de vie, d'animation et de joie et encore tout orgueilleuse du succès de son exposition de l'année précédente et des seize millions de visiteurs qu'elle avait attirés. Une ville bouillonnante, toute frémissante de travaux et de chantiers, riche de monuments neufs, comme le Trocadéro, ses cascades et jardins merveilleux, et son palais Garnier enfin inauguré et en passe d'être encore mieux mis en valeur par l'ouverture de la spacieuse avenue qu'on traçait à ses pieds en direction du Palais-Royal.

Ils avaient sillonné Paris comme des amoureux, ravis, fréquentant les grands restaurants, les théâtres, les cafés-concerts, les couturiers, les modistes et les grands magasins. Descendus à l'hôtel du Louvre, ils n'avaient eu aucun mal à trouver une nurse qui gardait la petite Armandine pendant leurs escapades.

Puis ils avaient rejoint Bordeaux où, là encore, ils avaient apprécié tous les changements et les agrandissements intervenus dans cette ville. Ensuite, pendant que Rosemonde aménageait leur maison et reprenait contact avec ses sœurs, Martial, pris par tout le travail qu'il devait fournir, n'avait pas vu passer le temps.

Cela ne l'avait pas empêché de suivre de près le développement de cette guerre qui avait lieu là-bas, très loin dans le Pacifique, entre trois pays dont les Français n'avaient que faire pour la bonne raison que la majorité d'entre eux ignoraient où ils se trouvaient!

Tel n'était pas son cas; cette guerre, il la comprenait, car il en connaissait les mobiles, aussi, malgré le peu d'informations qu'il pouvait recueillir dans la presse, suivait-il, carte en main, le développement du conflit, la progression des Chiliens. Lui aussi, comme Antoine, penchait en leur faveur; par amitié pour eux et en souvenir des huit ans passés dans ce pays qu'il connaissait si bien et dont il avait la nostalgie. Car de nouveau, maintenant que les affaires marchaient bien, que tout fonctionnait au mieux, le reprenait l'envie de s'échapper, de repartir à l'aventure, comme neuf ans plus tôt.

Déjà il trouvait la France toute petite, gentille certes, et calme, mais endormante aussi. Affreusement endormante pour qui avait connu et apprécié d'autres contrées, d'autres espaces, tellement plus vastes, tellement plus excitants!

Il arriva place des Quinconces où soufflait un vent froid et humide. Il frissonna, releva le col de sa pelisse et hâta le pas.

Soudain, s'échappant du brouillard qui stagnait sur le

fleuve, montèrent ensemble les sons graves, profonds et lancinants, de trois sirènes de navires. Et leurs plaintes diatoniques résonnèrent longuement sur la ville avant de se mêler à leur propre écho en un poignant vibrato.

Il s'arrêta, écouta puis, agacé, hocha la tête comme pour couper court à quelque souvenir précis. Mais, lorsqu'il reprit sa marche, l'accord modulé par les sirènes était toujours en lui, entêtant, plein d'évocations et d'images.

Il se revit un an plus tôt; à une ou deux semaines près, cela correspondait au rapide voyage qu'il avait effectué dans le nord; c'était avant qu'il ne découvrît l'état dans lequel sombrait Rosemonde, juste avant la décision qu'il avait dû prendre.

Il avait débarqué à Iquique en fin d'après-midi, à l'heure où le soleil plonge brutalement dans l'océan pour céder presque aussitôt place aux ténèbres, sans crépuscule.

Iquique, c'était alors un minuscule et misérable port péruvien; perdu tout au nord, encore plus haut et plus loin que le *Norte grande*; coincé entre le Pacifique, le désert d'Atacama et la pampa de Tamarugal. Et cette minable agglomération de cahutes en planches semblait tellement condamnée par le ciel qu'il était recommandé aux voyageurs assez fous pour y débarquer de le faire avec leur eau de boisson et celle de leurs mules, car les sommaires installations destinées à distiller l'eau de mer étaient rarement en état de fonctionner!

Mais il fallait venir là, dans cette petite bourgade puante, puis grimper sur la falaise rocheuse qui la surplombait de plus de six cents mètres pour atteindre enfin les énormes gisements de nitrate de soude, source de richesse, de transactions et maintenant de guerre.

C'est en se restaurant dans une auberge miteuse où s'enivraient deux métis, à grandes bolées de *chicha*, entrecoupées de lampées de *pisco*, qu'il avait soudain entendu la nostalgique complainte qui s'élevait dans la nuit. Se penchant par la fenêtre ouverte qui donnait derrière le bâtiment, il avait aperçu les trois silhouettes assises à dix pas de là : des Indiens. Entourés par les lamas dont ils avaient la garde et dont les grands yeux scintillaient comme des étoiles, ils étaient autour d'un feu qu'ils alimentaient parfois d'une poignée de bouse sèche ou de quelques tiges d'*ichu*, cette épineuse graminée des pampas.

Se balançant doucement au rythme lent de la mélopée qu'ils tiraient de leurs flûtes de bambou, ils jouaient pour eux seuls et aussi, peut-être, pour leurs lamas; mais toute la tristesse et la misère de la *puna* dont ils venaient étaient là, presque palpables, à ce point bouleversantes et intimes qu'elles en devenaient presque gênantes.

— Va faire taire ces foutus pouilleux et leur musique de malheur! avait soudain beuglé un des deux ivrognes à l'adresse du patron de la taverne.

Mais comme ce dernier, déjà somnolent, avait haussé les épaules sans bouger de son tabouret, le métis s'était levé et, tout titubant, marmonnant force insultes entrecoupées de caverneuses éructations, il était sorti pour jeter quelques cailloux en direction des musiciens. Alors, dans un dernier, grave et long soupir, les syrinx s'étaient tus.

Cette scène l'avait marqué. Il avait souvent constaté qu'il fallait monter très au nord pour entendre ainsi la musique andine. Au Chili, il était rare que les Indiens se laissent aller à exprimer leurs sentiments par le biais de quelque instrument. Et, lorsqu'ils le faisaient, à l'occasion des fêtes et pour danser la *cueca*, leurs chants n'avaient pas la force, la spontanéité et la puissance évocatrice que les Quichuas savaient donner à leurs pipeaux.

Et maintenant, place des Quinconces, Martial allongeait rageusement le pas en espérant chasser de sa mémoire le petit refrain de flûte indienne qui venait de le rejoindre, de le retrouver. Tout était la faute de ces maudites sirènes; et aussi de ces bateaux qui, peut-être, allaient sous peu lever l'ancre pour Colón, Montevideo ou Valparaíso...

# 2

Depuis trois ans qu'il traînait ses bottes entre Lima, La Paz et Antofagasta, Romain Deslieux avait appris à se méfier des *rabonas*. Aussi lança-t-il sa monture vers le plus proche *cerro* dès qu'il aperçut leur troupe marchant vers lui au milieu de la piste.

Il savait de quoi étaient capables ces femmes et les craignait comme des mygales. Il en avait rencontré un peu partout, aussi bien dans la pampa de Chacra que dans la *puna* bolivienne ou encore dans les faubourgs d'Arequipa ou de Cuzco. Elles surgissaient de nulle part, ombres menaçantes et jacassantes dont la seule apparition annonçait toujours des exactions, des pillages, des brutalités d'une folle violence, des meurtres.

Car ces maritornes, qui vivaient dans l'entourage des troupes — qu'elles soient régulières ou ramassis de *rateros*, ces odieux pillards —, ne se contentaient pas d'agir en simples mendiantes, voire en modestes chapardeuses. Non, prenant à cœur leur fonction de vivandières tenues, entre autres, de fournir aux hommes la nourriture et la boisson, elles fondaient sur les pueblos ou les haciendas avec une audace et une méchanceté pétrifiantes. Et comme leur arrivée précédait de peu celle des soldats ou des maraudeurs, seuls les inconscients attendaient passivement leur déferlement; quant aux autres, ils se terraient ou s'enfuyaient sans aucun remords. Les *rabonas* étaient trop nombreuses et mauvaises pour qu'on pût leur tenir tête, sauf à coups de fusil; mais, alors, c'était prendre le risque d'une bataille rangée, non seulement avec elles, mais encore avec tous les hommes qui les suivaient, à une heure de marche ou à une demi-journée. Mais qui les suivaient toujours, prêts à toutes les représailles que leur suggéraient les harpies qui leur servaient de femmes.

Malheur alors aux péons trop arrogants ou pas assez généreux et aux Indiens trop endormis! Même les créoles isolés n'étaient pas à l'abri, car les épouvantables mégères, presque toujours ivres de *chicha*, d'aguardiente et de coca, ne tenaient aucun compte de la couleur de peau de leurs proies, seul importait ce qu'elles pensaient pouvoir leur soustraire.

Romain Deslieux gardait un très mauvais souvenir de sa dernière rencontre avec les *rabonas*. Elle avait eu lieu quelques jours plus tôt dans un petit pueblo bâti au bord du río Loa, à une cinquantaine de kilomètres au nord de Quilliagua. Ce soir-là, épuisé et affamé par une longue journée de piste, il était en train de négocier avec un péon l'achat de deux cochons d'Inde — gras à lard et qui allaient être succulents à la broche — lorsque des hurlements avaient retenti derrière lui.

Et tout de suite elles avaient jailli de partout. Quinze ou vingt *rabonas* armées jusqu'aux dents, de fusils, de machettes, de sabres et de baïonnettes; gorgones ricanantes et puantes, déjà saoules et prêtes au meurtre.

Il n'avait même pas eu le temps de réagir qu'il était cerné, tripoté, fouillé par cinq ou six matrones aux regards troubles. Soudain, alors qu'il se débattait pour échapper aux serres qui l'agrippaient et le griffaient, il avait vu avec horreur son vendeur de cochons d'Inde s'effondrer en cherchant à extirper de son ventre le sabre qu'une *rabona* venait d'y plonger en riant.

Alors, comprenant qu'il allait être la prochaine victime,

fou de rage et de dégoût, il avait frappé à grands coups de poing et de pied dans la meute qui l'encerclait. Puis, risquant le tout pour le tout, il avait couru jusqu'à son cheval que, par chance, nulle femme ne tenait encore au mors. Sautant en voltige sur sa monture, il avait fui à toute allure, accompagné par une miaulante volée de plombs.

Le sort avait voulu qu'aucun ne l'atteignît; en revanche sa bête avait henni de douleur et trébuché lorsque deux balles s'étaient fichées dans son flanc gauche. Il avait dû la fouetter et l'éperonner pour l'obliger à galoper, à s'éloigner au plus vite de ce pueblo maudit d'où, par vagues, montaient des hurlements, des rires et des cris de douleur.

Brutalement foudroyé par une hémorragie interne, son cheval s'était écroulé après quinze cents mètres de course; il n'avait même pas eu besoin de lui donner le coup de grâce.

Chargé de sa selle et de son sac, il avait fui à pied à travers la pampa sur laquelle tombait la nuit; et dans son dos, l'incendie qui ravageait le pueblo rougeoyait comme un soleil.

C'était pour ne point revivre de semblables expériences qu'il poussait maintenant sa monture dans les éboulis et la rocaille.

Il faillit tomber lorsque, au détour d'un gros bloc de rocher, son cheval fit un écart pour éviter le groupe d'urubus, de condors et de coyotes agglutinés sur un cadavre. Affolés, les charognards déguerpirent dans la rocaille pendant que les vautours s'élevaient d'un vol lourd et maladroit. Il nota que la carcasse sur laquelle adhéraient encore des lambeaux de robe était celle d'un cheval chilien, un de ces petits mais robustes et nerveux chevaux sur lesquels les *huasos*, ces infatigables cavaliers, étaient, assurait-on, capables de courir vingt-quatre heures.

Il remarqua également que l'animal ne portait aucun reste de harnachement et qu'il avait dû crever là un ou deux jours plus tôt, pas plus, car malgré leur nombre les prédateurs n'avaient pu encore en venir à bout.

C'est à quelques mètres de là qu'il découvrit dans la poussière les multiples traces de pas d'une troupe en déplacement. Il vérifia soigneusement la direction empruntée par le groupe et se sentit rassuré. Amis ou ennemis, *rabonas* ou soldats, les marcheurs qui étaient passés là dans la matinée se dirigeaient plein nord, vers Calate. Lui, il filait sud-ouest, droit sur Tocopilla. Et, s'il avait la chance de ne point rencontrer une nouvelle cohorte de *rabonas*, il atteindrait son but dès le lendemain.

Ce ne fut pas sans mal qu'Antoine et Edmond trouvèrent à se loger à Tocopilla. Ils n'y parvinrent qu'après avoir soudoyé, au prix le plus fort, les locataires d'une espèce de bouge répugnant, pompeusement baptisé : *Habitación de dos camas* (chambre à deux lits)!

La cahute, minuscule et grouillante de vermine, empestait le lama et le bouc et ils durent, avant de pouvoir y déposer leurs bagages, verser à son propriétaire — pour le dédommager, disait-il, de la perte de ses quatre précédents clients, des officiers aux grades indéterminés — un loyer digne d'un appartement au grand hôtel San Cristóbal de Santiago!

— C'est pas Dieu possible, je ne pourrai jamais dormir là-dedans! protesta Edmond dès qu'il eut franchi le seuil du cabanon.

— Joaquin va nettoyer, laver, aérer. On verra ensuite, assura Antoine, mais, en attendant, on devrait aller faire un tour en ville, dans cette superbe cité!

En dépit de son ton enjoué, il était un peu embarrassé par la présence d'Edmond. Non que celui-ci fût un compagnon désagréable, tant s'en fallait! C'était un homme de bonne compagnie, sympathique, et sa présence en ces lieux prouvait qu'il avait le sens de l'amitié, de l'entraide. Mais c'était aussi un homme qui, malgré toute sa bonne volonté était, aux yeux d'Antoine, beaucoup plus fait pour les bureaux, les banques, les repas d'affaires, voire les salons de Santiago, que pour les pistes.

Lui, Antoine, avait derrière lui l'expérience de toutes ses années de colportage; les nuits à la belle étoile, les repas frustes et l'inconfort d'un chariot ne lui faisaient pas peur. Et même la cagna dans laquelle ils allaient devoir coucher ne le dérangeait pas outre mesure et ne troublerait pas son sommeil. Il aurait certes préféré que la chambre fût confortable et propre, mais il pouvait se contenter de celle-ci.

Il n'était pas du tout sûr qu'il en aille de même pour Edmond. Pas du tout certain non plus que ce dernier puisse supporter sans peine l'épreuve qui les attendait. Car c'était vraiment une épreuve d'être contraint d'affronter, en pleine guerre, toutes les rigueurs du désert, et comme c'était bel et bien là qu'Herbert Halton s'était imprudemment aventuré...

A son sujet, Antoine avait été surpris de voir à quel point Edmond tenait à partir au plus tôt à sa recherche.

— Vous comprenez, avait-il expliqué, je n'oublie pas que c'est grâce à lui que je n'ai pas complètement sombré lors de la faillite de la Soco Delmas et C^ie^. Je n'oublie pas non plus qu'il est aussi notre associé et je sais également que c'est un excellent ami. Voilà pourquoi il faut le retrouver.

Cette attitude, tout à l'honneur d'Edmond, n'était pas pour déplaire à Antoine, mais il était quand même inquiet à l'idée de tout ce qu'ils allaient devoir vivre et subir et pour lequel, pensait-il, Edmond n'était pas prêt. Il n'était qu'à voir la façon dont il tentait de masquer l'odeur ambiante en se tamponnant le nez avec sa pochette de soie parfumée de Jean-Marie Farina pour avoir quelques inquiétudes sur son comportement à venir. Car Antoine savait que l'expédition dans laquelle ils allaient se lancer risquait d'être déjà assez pénible sans qu'il fût besoin d'y rajouter les protestations et les états d'âme d'un compagnon peu ou pas entraîné à courir les pistes.

Certes, il n'oubliait pas qu'Edmond s'était un jour lancé à son secours; mais il doutait que cette expérience fût suffisante car, pour éprouvante qu'elle eût pu être, la chevauchée qu'il avait alors endurée n'avait rien de comparable avec celle qui les attendait maintenant.

« Enfin, on verra bien, tout se passera peut-être au mieux », pensa-t-il une fois de plus pour se rassurer.

— Bon, lança-t-il à Joaquin, on va faire un tour. Pendant ce temps, nettoie-moi cette porcherie. Je ne veux plus voir sauter une puce à notre retour! Et cesse aussi de bouder! Tu me fatigues! Tu vois, malgré tes prédictions, le voyage s'est bien passé, on n'a pas fait naufrage! Alors cesse de ronchonner! Qu'est-ce que tu dis? demanda-t-il car il n'avait rien compris aux marmonnements que le métis venait d'émettre entre ses dents.

— Je dis que je n'aime pas ce port ni ce pays étranger; il est tout plein de *cholos* pouilleux qui traînent partout! C'est rien que des crapules, ces gens-là, et ils portent tous malheur!

— Alors là, tu ne manques pas d'audace! s'esclaffa Antoine. Les *cholos*, comme tu dis, ce sont tout simplement des métis et sur ce sujet, il me semble que tu...

— Les *cholos*, c'est pas des métis, c'est des moins que rien! Des *cholos*, quoi! s'entêta Joaquin en empoignant un vieux balai et en s'affairant rageusement.

— A l'entendre, on jurerait qu'il n'a que du sang bleu dans les veines! plaisanta Edmond dès qu'Antoine l'eut entraîné hors de la pièce; pourtant, il peut difficilement cacher son propre métissage!

— Eh oui! Mais lui, c'est Joaquin et les autres des *cholos*! dit Antoine en riant. Lui, il vous expliquera qu'il est chilien et que les autres sont boliviens, c'est ça toute la différence. Sacré Joaquin, il est capable de la pire mauvaise foi et du plus fichu caractère, mais je ne pourrais pas m'en passer!

— Je croyais qu'il aspirait au calme et qu'il ne voulait plus prendre la piste.

— C'est exact, c'est bien pour ça que, de temps en temps, il a ses grosses crises de mauvaise humeur. Mais il faut dire que ça lui arrive surtout lorsque nous débarquons dans un endroit où il n'a pas ses habituelles connaissances... Mais je ne m'inquiète pas pour lui : si nous restons seulement trois jours ici, l'ami Joaquin aura déjà déniché une élue, *chola* ou pas! De toute façon, la plus sévère brimade que je pourrais lui infliger serait de lui interdire de m'accompagner. Car, voyez-vous, c'est ma femme qui lui a demandé de me servir d'ange gardien! Il en est très flatté. Vous comprenez, ce n'est pas le premier *cholo* venu qui peut atteindre à ce rang!

— Bien sûr, approuva distraitement Edmond.

Antoine lui jeta un coup d'œil, vit qu'il était songeur et se tut.

— Dites, demanda soudain Edmond, si vous aviez été à la place d'Herbert, je veux dire, sans Joaquin pour vous aider, qu'est-ce que vous auriez fait avant de partir en expédition ?

— J'aurais cherché un bon guide, quelqu'un qui connaisse le pays comme sa poche, un *vaqueano*, donc, assura Antoine.

— C'est ça, un *vaqueano*, approuva Edmond. Et où les trouve-t-on ?

— Dans les auberges et les bistrots.

— Eh bien, je pense qu'on va devoir en faire la tournée; ainsi on aura peut-être des nouvelles d'Herbert.

— D'accord, mais alors attention! recommanda Antoine. Offrez à boire tant que vous voudrez à tous les pouilleux qu'on va devoir interroger, mais arrangez-vous pour ne pas trop toucher à leur saloperie de *chicha* ou d'aguardiente, car vu le nombre de tripots qu'on va devoir suivre, ça va être terrible...

Fascinés par le combat et complètement sourds à tout ce qui pouvait se passer hors de la minuscule arène de planches, les spectateurs vibraient à chaque attaque. Et les hurlements d'encouragement ou de dépit qu'ils lançaient étaient si rageurs et puissants qu'ils se confondaient en une espèce de mugissement saccadé, plein de violence et de menace.

Uniquement éclairée par les maigres flammes d'un brasero où se consumaient quelques bouses sèches de lama, la scène avait quelque chose d'angoissant, comme quelque sordide cérémonie démoniaque.

Comme étaient inquiétants aussi les regards furtifs, mais lourds de reproches, que jetaient parfois les joueurs en direction des deux étrangers qui, contre toute tradition, avaient eu l'audace, ou l'inconscience, de venir se mêler à leur groupe. Leur présence en ces lieux était déplacée, provocante. Elle était indécente aussi, car, non contents de s'immiscer dans un groupe où ils n'avaient pas leur place, ces maudits gringos parlaient haut et fort et troublaient ainsi le spectacle.

— C'est tout à fait répugnant! protesta Edmond lorsque, en un dernier assaut, le maigre et nerveux coq rouge, à la crête rasée et au cou nu et ruisselant de sang, ficha un de ses ergots d'acier — affûté comme un rasoir — dans l'orbite de son adversaire; et le coup fut si violent que la pointe étincelante ressortit au milieu du crâne.

La foule hurla lorsque le vaincu, battant fébrilement des ailes et dressant le cou en un dernier spasme, inonda d'un sang noir les plus proches parieurs.

— Répugnant! redit Edmond, pendant qu'autour d'eux, au milieu des rires, des cris, des applaudissements et des grandes régalades de *pisco*, les pesos changeaient de mains.

— Bon Dieu! Parlez pas si fort! On va se faire étriper! grogna Antoine en lui expédiant un coup de coude.

Jusque-là, les réflexions d'Edmond s'étaient noyées dans le brouhaha, mais Antoine n'était pas du tout certain qu'il en soit longtemps ainsi. Plus le temps passait et plus les vapeurs mélangées de tous les breuvages qu'Edmond avait ingurgités le rendaient loquace et bruyant. Car, malgré toute la prudence et la modération dont ils avaient fait preuve l'un et l'autre, il avait bien fallu qu'ils boivent pour tenter de nouer le dialogue avec ceux qu'ils voulaient interroger. En pure perte d'ailleurs, car nul ne leur avait fourni le plus petit indice quant à la direction empruntée par Herbert Halton.

C'était rageant, car il avait certainement été vu par beaucoup; mais, depuis, tous ceux qui avaient pu l'apercevoir avaient oublié ou, tout simplement, n'étaient pas certains qu'il faille en parler. Tout ça, c'étaient des histoires d'étrangers, de Blancs; la prudence recommandait de ne jamais s'en occuper.

— Ils le font exprès ou quoi? avait lancé Edmond au début de leur investigation.

— Non, même pas, avait expliqué Antoine. Ils s'en moquent, ça ne les intéresse pas. Et puis il faut dire qu'ils ont des excuses, avec tout ce va-et-vient de soldats!

Ils avaient alors poursuivi leurs recherches et c'est là que, peu à peu, par la force des choses, l'alcool leur était monté à la tête, surtout à celle d'Edmond qui, curieusement, s'était soudain senti très assoiffé.

Après avoir fait le tour de tous les débits de boisson et *cantinas* du port, ils avaient poussé jusqu'aux dernières cahutes de Tocopilla. C'était au-delà du cimetière, derrière un corral où somnolaient des lamas, qu'ils avaient aperçu le groupe d'hommes rassemblés pour participer aux combats de coqs.

Antoine, plus résistant qu'Edmond à l'alcool du pays, avait tout de suite compris qu'ils étaient de trop, qu'ils gênaient; mais c'est en vain qu'il avait essayé de dissuader son compagnon de prendre place au milieu des spectateurs. Et maintenant, c'était également en vain qu'il essayait de le faire taire.

— Je vous dis que c'est rép... pugnant! répéta Edmond. Il faudrait interdire ce spectacle!

— D'accord, mais il est tard et on devrait rentrer dormir, proposa Antoine en essayant de l'entraîner.

— Non, non, non! Je veux voir un autre combat! s'entêta soudain Edmond contre toute logique. Allez! lança-t-il, en... envoyez les poulets!

Antoine se demanda un instant s'il ne devait pas l'assommer pour le contraindre au silence. Puis il nota que le regard des hommes avait soudain changé comme si, ayant enfin compris l'état d'Edmond, ils ne jugeaient plus leur présence gênante et déplacée, mais plutôt amusante et tout à fait excusable parce que tout ça, c'était la faute au *pisco,* donc à personne.

— Tiens, je vais même parier! poursuivit Edmond en regardant d'un œil trouble les préparatifs du prochain combat. Oui, oui! Je parie sur lui, sur ce coq noir! dit-il en tendant un index tremblant vers l'animal que tenait un métis. Cent pesos que c'est lui le meilleur! Cent pesos qu'il va plumer cette squeli... squilitèque ridicule poule jaune! lança-t-il en désignant le deuxième combattant.

— Ça va pas, non! protesta Antoine devant l'énormité de la somme. Vous n'allez quand même pas risquer cent pesos! Vous vous rendez compte? C'est beaucoup plus que ne peuvent miser tous ces gens réunis! C'est plus que chacun d'eux gagne en un an de travail! Allez, partons!

— Toi, fous-moi la paix! lâcha dignement Edmond. Parfaitement, fous-moi la paix! redit-il.

Et il se mit à rire niaisement, heureux de constater avec quelle aisance il s'était soudain mis à tutoyer son compagnon.

— Bon, on s'en va! décida Antoine en cherchant à l'entraîner.

— Fous-moi la paix! protesta Edmond.

— Vous avez bien dit que mon coq n'était qu'une poule jaune et que vous misiez cent pesos contre lui? lança alors le propriétaire de l'animal mis en cause.

C'était un homme jeune, trapu, aux traits durs et aux yeux furieux.

« Foutu, songea Antoine, on ne va jamais s'en sortir. Il faudrait pouvoir partir en courant et ce pauvre Edmond ne fera pas dix mètres avant de s'étaler! »

— Oui, je l'ai dit! Et... et je le redis! s'entêta Edmond.

— Cent pesos, hein? Vous les avez?

— Comment ça, si je les ai? Tu... tu veux que je te fasse fouetter pour t'apprendre la politesse? Espèce de... de trou-du-cul!

— Il les a! Oui, oui! Il les a, j'en suis garant! intervint Antoine soucieux de limiter, dans la mesure du possible, les déclarations d'Edmond.

— Très bien, alors que le meilleur gagne! lança l'homme en posant son champion au sol.

Antoine n'eut même pas le temps de comprendre ce qui se passait tant la bataille fut brève, foudroyante. Il était encore en train de se répéter qu'Edmond était vraiment dans un triste état que, déjà, le coq choisi par son compagnon gisait dans le sable souillé de sang et de plumes, décapité net.

La foule hurla en trépignant, pour un beau combat, c'était un beau combat!

— Qu'est-ce qui se passe ici? demanda Edmond sans rien comprendre.

Depuis quelques instants, il se sentait les paupières

lourdes et ne savait même plus ce qu'il faisait là, au milieu de tous ces gens dont certains le regardaient en riant.

— Je vous expliquerai! intervint Antoine. Ne vous inquiétez pas, je m'occupe de tout! Et parce que leurs voisins les observaient déjà sévèrement et que, insensiblement, le cercle des joueurs se refermait autour d'eux, il sortit précipitamment cinq pièces d'or de sa poche, cinq gros *condors* chiliens. Voilà! dit-il en tendant les pièces au vainqueur, on a perdu, on paie, c'est normal. Mais au fait, dit-il soudain traversé par une inspiration, est-ce que quelqu'un aimerait gagner, disons... un condor, et sans risque, sans pari. J'ai bien dit vingt pesos, alors?

— Pour... pourquoi tu discutes avec tous ces abrutis, hein? Et qu'est-ce que tu leur rac... contes, hein? bégaya Edmond en se passant la main sur les yeux comme pour les soulager de la chape qui les fermait.

— Rien, rien! lui jeta Antoine, on va partir. Alors? insista-t-il en sortant une nouvelle pièce de sa poche.

— Ça peut se discuter, dit soudain un métis, ça dépend de ce qu'il faut faire... Faut voir quoi...

— Nous cherchons quelqu'un, un ami. Un ami qui a sûrement eu besoin d'un bon *vaqueano,* il y a plus de quinze jours. Il suffit de me dire si quelqu'un sait dans quelle direction il est parti, et avec qui. Je ne demande rien tout de suite, mais, si l'un de vous est intéressé ou s'il croit simplement savoir quelque chose, qu'il vienne me voir tout à l'heure, je serai à l'auberge, la grande, en face du débarcadère. Et, cette fois, on s'en va! dit-il en entraînant Edmond qui, maintenant complètement assommé, titubait en chantonnant « Les Trois Orfèvres ».

Il leur fallut plus d'une demi-heure pour rejoindre la chambre où les attendait Joaquin, déjà inquiet de leur longue disparition.

— C'est bien, dit Antoine en observant la pièce — elle

était propre, aérée et rangée et ne sentait presque plus le lama. Tu as bien travaillé. Mais il faut encore que je ressorte, alors tu vas t'occuper de M. Edmond, enlève-lui ses bottes et ses habits et ensuite couvre-le. Et puis prépare aussi beaucoup de café, très fort, il en aura besoin quand il se réveillera. Et moi aussi.

Il hocha la tête en contemplant Edmond qui ronflait, étalé en travers du lit, et sortit dans la nuit.

Parce que l'homme était le seul à dîner au milieu de tous les buveurs, Antoine le remarqua immédiatement. Il était assis au fond de la salle et se restaurait d'une grosse portion de haricots noirs et d'une fricassée de poulet aux piments. Et il mangeait avec un tel appétit, poussant ses cuillerées par de grandes rasades de vin rouge, qu'Antoine eut soudain faim à son tour, très faim.

« C'est vrai que, si nous avions eu la sagesse de dîner avant de faire la tournée des bistrots, Edmond ne serait pas dans l'état où il est », songea-t-il en s'installant à une place libre.

Il refusa d'un geste excédé le cruchon de *chicha* qu'une servante venait de poser devant lui et commanda à souper.

— Et tu m'apporteras aussi un pichet de vin, il est buvable au moins?

— Très correct! lança alors le dîneur du fond de la salle — et il leva son verre en direction d'Antoine. Si vous voulez mon avis, poursuivit-il, ce vin est un honnête *aspero*, de Locumba.

Antoine sursauta un peu car, bien que l'espagnol de l'homme fût excellent, il y chantait un petit air de français.

— Français? lança-t-il.

— Ah! Je me doutais bien que vous n'étiez pas d'ici! dit l'homme en se levant et en venant vers Antoine. Bon sang, ça fait plaisir de rencontrer un compatriote au milieu de tous ces rats! assura-t-il en serrant la main d'Antoine. Mais que faites-vous dans ce coin perdu? Allons, venez vous asseoir à ma table et racontez-moi tout ça.

Antoine le suivit tout en calculant qu'il devait avoir une trentaine d'années; il nota aussi qu'il avait le teint recuit d'un coureur de piste, la démarche chaloupée d'un cavalier et de larges mains de pionnier.

— Ça alors! redit l'homme en s'installant à sa table et en remplissant le verre d'Antoine. Vous savez, ce n'est pas souvent qu'on voit des Français par ici, surtout depuis cette foutue guerre! Je m'appelle Romain Deslieux, de Paris, poursuivit-il. Pour l'instant, je suis prospecteur, c'est un bon métier.

Antoine approuva d'un signe de tête et goûta le vin; c'était bien un péruvien, un peu lourd et traître, mais agréablement âpre et chaud. Puis il se présenta à son tour et ajouta :

— Et moi je suis... disons, homme d'affaires et régisseur.

— Bigre! Pour de vrai? Ça m'impressionne, plaisanta Romain en avalant une énorme cuillerée de haricots. Mais régisseur de quoi? Et où?

— D'une hacienda, vers Concepción.

— Concepción, Chili?

— Oui.

— Alors ne me dites pas que vous êtes à la recherche de bestiaux qui seraient venus se perdre jusqu'ici, ça fait un peu trop loin!

— Effectivement, sourit Antoine.

— Et comme affaires?

— Nitrates, guano, mines en tout genre, matériel industriel, quincaillerie, bonneterie, récita Antoine et il remercia d'un signe de tête la servante qui venait de déposer son repas sur la table.

— Alors je comprends que vous soyez dans la région.

— Non, dit Antoine en remplissant son assiette, non, ce n'est pas pour ce que vous croyez. Et vous, quand vous dites prospecteur, c'est en quoi ?

— Au choix, assura Romain, ça dépend des circonstances et des gisements.

— Ah oui ?

— Parfaitement. J'ai suffisamment fait de géologie pour classer un sol et suffisamment fait de chimie pour analyser un échantillon de ce même sol. Et, si ce n'est pas ce que vous attendez de moi, je peux devenir ingénieur. Oui, j'ai fait assez de topographie et de topométrie pour vous établir un très beau tronçon de voie ferrée. Mais, si vous cherchez simplement un bon mineur, un charpentier, un forgeron ou même un comptable, je peux vous dépanner. J'ai aussi fait tout ça et bien d'autres choses encore et ce n'est pas une blague de Parisien !

— Je vous crois, assura Antoine qui sourit en reconnaissant soudain un des métis qu'il avait vus deux heures plus tôt aux combats de coqs. Excusez-moi, dit-il en se levant.

Il traversa la salle, prit le métis par le bras, l'installa devant le zinc et lui commanda une bolée de *chicha*.

— Alors ? demanda-t-il.

— Ça marche toujours pour les vingt pesos ? demanda le *cholo* après avoir vidé la moitié de son écuelle.

— Oui, ça marche.

— Il était comment, votre homme ?

Antoine se mit à rire et fit signe à la servante de remplir le récipient de son voisin.

— Non, non, dit-il sans cesser de rire, c'est toi qui vas me dire à quoi ressemblait l'étranger que tu as aperçu. Parce que, si c'est moi qui te dépeins l'homme que je cherche, je suis sûr qu'il ressemblera à celui que tu as vu ! Même si je cherchais un *zambo* cul-de-jatte et que tu aies croisé un Chinois géant ! Allez, raconte !

Le métis haussa les épaules, but une rasade.

— Bon. C'était un gringo, encore jeune, comme celui avec qui vous êtes à table. Grand, avec des cheveux bien ondulés et rouges; enfin oui, un peu rouges. Et aussi une petite moustache, et puis...

— Ça va, coupa Antoine, ça doit être lui, les cheveux rouges, comme tu dis, c'est plutôt rare dans le pays. Alors, qu'a-t-il fait ?

— Il cherchait un *vaqueano* pour monter vers Quilliagua.

— Quilliagua ? Tu es sûr ? Tu ne confonds pas avec Calama ?

— Non, non! protesta le métis. C'est bien Quilliagua, au nord!

— Bon sang, maugréa Antoine, qu'est-ce qu'il est allé foutre là-haut ? Calama, j'aurais compris, c'est un vrai tas de cuivre, mais Quilliagua!... Ensuite ? insista-t-il.

— Ben, personne voulait grimper là-haut, à cause de la guerre. On dit que c'est plein de bandes par là, et on sait jamais à qui on a affaire!

— Alors ?

— Il a quand même fini par trouver son *vaqueano*, mais c'était pas un guide d'ici. Ensuite ils sont partis, voilà.

— Bon, murmura Antoine en cherchant ce qu'il pouvait encore extirper au métis. Tu es sûr que c'est tout ?

— Oui.

— Très bien, dit Antoine. Il lança le condor à l'homme, rejoignit son voisin de table et reprit silencieusement son repas.

— Ça valait si cher que ça ? demanda Romain après plusieurs minutes.

Antoine lui jeta un coup d'œil, comprit aussitôt à quoi il faisait allusion.

— Ça valait plus, dit-il en remplissant les verres.

— Plus de vingt pesos?
— Oui.
— Il en a de la chance, ce *cholo*...
— Vous avez besoin de vingt pesos? coupa Antoine un peu agacé.
— Non, pas en ce moment. Je suis là pour négocier environ vingt livres de très bon argent, extrait par mes soins. Alors, c'est vous dire! Ce n'est pas pour ça que je pose la question. Simplement, si j'ai bien entendu, vous parliez de Quilliagua.
— Exact.
— Il vous intéresse ce pueblo pouilleux?
— Non, pas du tout. Écoutez, dit soudain Antoine, je ne sais pas ce que vous avez entendu de la conversation, mais ce n'est pas un secret. Voilà, je suis à la recherche d'un ami, je sais maintenant qu'il est parti vers Quilliagua, mais je ne sais pas du tout pourquoi.
— Vous connaissez?
— Quilliagua? Non.
— Moi, si, j'en viens. Enfin, je viens de toute cette foutue région. Et que cherche-t-il, votre ami?
— A négocier des gisements.
— Le moment n'est peut-être pas très bien choisi, mais l'endroit est bon, très bon.
— A ce point?
— Garanti, assura Romain. Il y a de tout là-haut, or, argent, cuivre, nitrates, guano, tout! Si j'avais les moyens, c'est là que je prendrais une concession.
— Alors tout s'explique, on le trouvera donc là-haut, enfin j'espère, dit Antoine en proposant un cigare. Il alluma le sien, vida son verre et bâilla. Bon, faut vraiment que j'aille dormir, je suis mort de fatigue, dit-il en se levant. Content de vous avoir rencontré, ça m'a fait plaisir.
— A moi aussi. On se reverra?
— C'est possible, mais on va sûrement partir demain,

alors... De toute façon, si vous descendez un jour jusqu'à Santiago, passez nous voir; vous demandez *La Maison de France*, ça suffit. Salut!

Il jeta quelques pièces sur la table, serra la main de Romain et sortit.

# 3

Tendue, sueur glacée au front, cherchant en vain à maîtriser les battements de son cœur, Pauline essaya d'analyser l'origine du bruit qui venait de l'éveiller.

Il ne ressemblait pas aux petits crissements que Silvère se plaisait souvent à créer en tapant joyeusement du pied dans sa paillasse de balles d'avoine; repu, le bébé dormait, bouche entrouverte en un vague sourire. Ce n'était pas non plus un des jumeaux, geignant dans quelque mauvais rêve; ils dormaient dans leur chambre, juste à côté, et tout y était silencieux. Ce n'était pas, enfin, un volet qui claquait au vent, ni l'habituel grincement de quelque rameau du gros flamboyant que la brise d'est poussait contre l'arête du toit ni même un couple de bêtes rôdant sous les fenêtres ou se battant dans les massifs du jardin, car les grattements étaient là, tout proches, trop proches, à quelques mètres dans la maison.

« Ça ne provient pas de la salle à manger ni du bureau d'Antoine », calcula-t-elle en retenant son souffle pour mieux percevoir l'origine exacte des craquements.

Ils n'étaient pas réguliers ni lancinants, comme peuvent l'être ceux que font parfois les rats lorsqu'ils grignotent le bas des portes pour s'introduire dans quelque réserve; ils étaient désordonnés, nerveux et beaucoup trop puissants pour être dus à un rongeur.

« C'est quelqu'un qui est dans le magasin, conclut-elle, quelqu'un qui est en train de forcer les tiroirs pour trouver l'argent. »

L'argent! Elle s'en voulut soudain de l'avoir laissé là-bas, dans le tiroir de droite du gros secrétaire. Contrairement à Antoine qui s'occupait de ce genre de détail lorsqu'il était là, elle n'avait jamais pu s'habituer à transporter chaque soir la recette de la journée dans le gros coffre-fort que Martial, en son temps, juste après la reconstruction de *La Maison de France* avait fait installer dans le bureau. Elle regretta cette négligence, maintenant, par sa faute, le voleur qui était en train de forcer le meuble allait mettre la main sur la recette de plusieurs jours, c'est-à-dire quelques centaines de pesos car, malgré la guerre, les affaires marchaient toujours très bien.

« Il faudrait que je puisse appeler Arturo », pensa-t-elle en réfléchissant au moyen d'avertir le domestique.

Il logeait dans une petite case, au fond du jardin, à une quarantaine de mètres de là. Ce n'était pas loin, mais encore devrait-elle hurler assez fort pour l'éveiller; et rien ne prouvait que ce soit suffisant, il avait la réputation d'avoir un sommeil de plomb.

« Et puis c'est impossible, songea-t-elle, si je crie, l'homme qui est là, tout près, aura encore le temps de se précipiter ici et de faire du mal aux petits... »

C'était le pire qui pouvait arriver! Dans le fond, l'argent importait peu, et ne comptaient guère non plus les dégâts que l'autre devait être en train de faire. Mais ce qui était primordial, c'était d'éviter ce qui risquait d'atteindre, ou même simplement d'effrayer, le petit Silvère et les jumeaux.

Il ne fallait rien faire qui risquât de les éveiller, car alors leurs pleurs ou leurs questions attireraient l'attention de l'homme qui était là, à quelques pas, prêt à tout peut-être.

« Et s'il ne trouve pas l'argent là-bas et qu'il se mette à fouiller partout ? » pensa-t-elle soudain.

Elle se mordit nerveusement le poing en se demandant ce qu'elle allait faire si le voleur cherchait à s'introduire dans la chambre. Certes, elle avait poussé le verrou, mais résisterait-il à un coup d'épaule ? Et puis, était-elle vraiment certaine de l'avoir poussé ?

Elle réfléchit, chercha à se souvenir : voyons, elle était entrée dans la chambre avec Silvère dans les bras, puis elle l'avait fait téter, l'avait langé et couché ; ensuite elle avait fait sa toilette et s'était mise au lit ; mais à quel moment avait-elle manœuvré le verrou ?

« Je ne sais plus... »

Elle faillit se lever pour aller vérifier et aussi pour caler une chaise sous la serrure, mais elle se retint par crainte de faire grincer son sommier et de trahir ainsi sa présence et celle des enfants.

Puis elle trembla soudain en pensant que, pour faible qu'elle fût, la lueur de sa lampe à pétrole devait filtrer sous la porte et risquait d'attirer le regard du visiteur. Elle eut la tentation d'éteindre, puis s'imagina en pleine obscurité et eut encore plus peur.

« Et si j'essayais de fuir par la fenêtre ? » Elle calcula les chances de réussite de cette opération et en abandonna l'idée. Certes, sa chambre était de plain-pied avec le jardin ; mais pour s'échapper, elle devrait d'abord réveiller les enfants, donc faire du bruit, puis ouvrir la fenêtre et les volets et sortir en pleine nuit où, peut-être, guettait un comparse...

« Non, non, se dit-elle, il ne faut pas bouger, pas s'affoler et attendre, attendre qu'il parte, il finira bien par s'en aller ! »

Puis elle se demanda avec angoisse ce qu'elle allait faire si, par malheur, il la découvrait là, en chemise...

« Je lui proposerai de l'argent... »

Mais elle n'était pas certaine qu'il s'en contente,

peut-être qu'il voudrait plus, beaucoup plus! Peut-être aussi qu'il s'en prendrait à Pierrette : elle était si gracieuse, ce petit bout de femme de sept ans, si mignonne et potelée!

Elle sursauta lorsqu'une bouteille, ou un cruchon, explosa en touchant le carrelage; et le bruit ne provenait plus du magasin, il émanait du couloir, là, juste de l'autre côté de la porte, de la porte qui, peut-être, n'était même pas verrouillée.

« Si au moins j'avais une arme, n'importe quoi, mais quelque chose pour me défendre! »

Elle se souvint des fusils qui étaient dans le bureau d'Antoine, plusieurs fusils, dans un massif râtelier de chêne orné d'andouillers de cerf, juste en face de leur chambre, de l'autre côté du couloir où maintenant glissaient furtivement des pas.

« De toute façon, je ne sais pas me servir des fusils d'Antoine; et puis il les a emportés en voyage, alors! »

Elle s'aperçut qu'elle était trempée de sueur, tellement ruisselante que sa fine chemise de nuit lui collait maintenant au corps.

Elle s'essuya le visage d'un revers de main et faillit hurler en voyant s'abaisser lentement la poignée de la porte. Tétanisée par la peur, elle se sentit incapable d'esquisser le moindre geste, d'envisager la plus petite défense.

Puis elle regarda le petit Silvère endormi là, à côté d'elle, confiant, sûr de sa protection; elle pensa aussi aux jumeaux et à tout ce qui risquait d'arriver si elle n'intervenait pas d'une façon ou d'une autre, si elle ne faisait pas tout, et même l'impossible, pour les défendre, les protéger.

Elle se leva silencieusement. Dans le même temps, pendant que la porte s'ouvrait maintenant sans bruit et que se devinait l'ombre du visiteur, elle se remémora une scène vieille de dix ans, une scène elle aussi terrorisante. Elle revit, en une fraction de seconde, ce valet sournois qui là-bas, à Paris, dans la lingerie d'une maison bourgeoise, avait tenté de la violer.

Elle revécut ces instants comme une illumination en apercevant sur la table, là, à portée de main, non point un petit fer à repasser les smocks et les dentelles, comme celui qui, jadis, l'avait sauvée, mais le lourd, le solide, celui avec lequel Jacinta repassait le gros linge, les draps, les torchons. Un fer qu'on avait bien en main. Il était froid, bien sûr, mais son poids était rassurant. Elle l'empoigna et se préparait à bondir pour se cacher derrière la porte, de façon à surprendre le voleur, lorsque le vantail s'ouvrit d'un coup.

Une fois encore, pour ne pas affoler les enfants, elle se retint et ne hurla pas quand l'homme entra dans la pièce. Elle resta muette, mais se mordit si fort les lèvres que le sang gicla dans sa bouche.

Pétrifiée, comme paralysée, elle resta immobile, fixant l'intrus en comptant mentalement les pas qui les séparaient.

Il s'avança.

« Quatre... trois... A un, il faudra que je frappe! » songea-t-elle.

Puis elle nota la démarche titubante de l'individu, ses yeux un peu exorbités et fixes, le sourire niais mais redoutablement figé qui lui retroussait les lèvres et sa main gauche qui tremblait tellement en brandissant le bougeoir qu'elle était couverte de grosses larmes de cire chaude. De plus, il empestait l'aguardiente, la sueur, les piments et la crasse.

« Il est bourré de coca et d'alcool, pensa-t-elle avec dégoût, rien ne l'arrêtera... »

Elle avait souvent vu, dans les rues de Santiago ou sur les marchés, ces sortes d'épaves intégralement soumises à la coca. Généralement hébétés et passifs, les hommes ainsi possédés par la drogue pouvaient soudain devenir redoutables et leur force était alors terrifiante.

« Je dois frapper, songea-t-elle, frapper la première! »

Mais ce fut lui qui attaqua. Elle étouffa un gémissement lorsque, prestement, l'homme crocheta d'une main le décolleté de sa chemise et tira. Le tissu se déchira d'un coup, révélant entièrement ce que le fin linon voilait à peine. Sans doute surpris par la facilité avec laquelle il l'avait dénudée, ou à cause de son abrutissement, l'homme hésita un peu avant de retendre la main et d'esquisser un pas.

« Maintenant! » pensa-t-elle. Alors, d'un foudroyant moulinet du bras, elle abattit le fer sur le crâne de l'homme.

Il tituba, lâcha le bougeoir qui s'éteignit en roulant sur le tapis, s'ébroua comme un boxeur choqué, mais resta debout. Puis il sembla prendre conscience du sang qui ruisselait sur son visage; alors chiffonnant spasmodiquement entre ses mains la chemise de Pauline, il la porta à son front pour arrêter l'hémorragie. Mais pas une plainte ne sortit de sa bouche toujours crispée par un sourire absent.

Alors elle releva le fer. Et elle frappa pour faire cesser cette épouvantable scène, pour que s'arrête la danse grotesque et silencieuse de cet homme au crâne ensanglanté qui souriait sous les chocs en tournant sur lui-même.

Un autre coup l'agenouilla enfin; mais un dernier fut nécessaire pour le faire lentement basculer sur le côté; il parut s'endormir et enfin ne bougea plus.

Écœurée, agitée par un incoercible tremblement, Pauline se drapa hâtivement dans sa robe de chambre puis se précipita vers le berceau de Silvère. Le bébé ne broncha pas lorsqu'elle le prit. Il ne s'éveilla pas davantage quand elle le posa contre son frère qui dormait paisiblement dans la pièce mitoyenne. Elle ferma prestement la chambre des enfants à clé, courut jusqu'au bureau d'Antoine, ouvrit la fenêtre et les volets et hurla enfin pour appeler à l'aide.

Quand Arturo arriva, à peine vêtu mais armé d'un lourd gourdin, il la trouva tapie dans un fauteuil et pleurant nerveusement à gros sanglots, à grosses larmes; pleurant pour essayer de se débarrasser à jamais de cette panique qui lui mordait encore le cœur.

Elle se maîtrisa puis accompagna Arturo jusqu'à la chambre; elle faillit hurler de nouveau en constatant que l'homme avait disparu.

Seules la petite chemise de nuit maculée de sang et roulée en boule au milieu de la pièce et la traînée de gouttes pourpres qui mouchetaient le carrelage du couloir en direction du magasin témoignaient qu'elle n'avait pas été la proie d'un horrible cauchemar.

— C'est pas possible! pas possible! Il avait le crâne complètement défoncé! balbutia-t-elle en s'asseyant sur le lit. Elle réfléchit puis sursauta : Mais alors, il est peut-être encore dans la maison!

— Non, non, la rassura Arturo, ne vous inquiétez pas. J'ai traversé le magasin en venant, c'est plein de sang là-bas, et la fenêtre était ouverte, c'est par là qu'il est venu et qu'il est reparti. A quoi il ressemblait, ce voyou?

— C'était un métis, comme toi, pas très grand mais solide, jeune encore.

— Un métis? Ah ça, on a le crâne dur, nous! grogna Arturo.

Il était furieux qu'un homme comme lui, de sa race pour tout dire, ait osé s'attaquer à la jeune femme.

Furieux aussi d'être arrivé trop tard pour apprendre à cette crapule qu'il était des actes à ne jamais commettre, sous peine de mort! Et que le seul fait d'avoir forcé le volet, mais surtout d'avoir effrayé la jeune dame, méritait cent fois de se faire arracher les tripes et le reste, puis d'être longuement fouetté avant d'être prestement égorgé d'un adroit coup de *cuchillo*, ce long coutelas à dépecer les bêtes.

— Oui, redit-il, nous les métis, on a le crâne solide. Mais malheur à celui que je vais rencontrer avec des pansements sur la tête! Sûr que je vous le ramène et, si vous le reconnaissez...

— N'y pense plus, soupira-t-elle, et aide-moi plutôt à nettoyer et à remettre de l'ordre. Mais d'abord, donne-moi un peu de cognac, je crois que ça me fera du bien.

— Vous ne voulez pas que j'aille chercher Jacinta? proposa Arturo en revenant avec la bouteille et un verre.

— Surtout pas! Il faudrait que je reste seule! avoua-t-elle.

Elle n'en avait plus le courage. Jacinta logeait à dix minutes de là et Pauline ne se sentait plus de taille à affronter la solitude, dans cette nuit encore totale avec, peut-être, dans un coin du jardin, un homme blessé prêt à prendre sa revanche.

— Non, non! redit-elle en se servant un petit verre d'alcool, ne me laisse pas. D'ailleurs, dès la nuit prochaine et tant que M. Antoine ne sera pas rentré, tu t'installeras une paillasse dans l'office et tu me trouveras aussi deux vigiles qui monteront la garde dans le jardin. Je ne veux plus rester seule ici, plus jamais. Et maintenant, travaillons.

Elle poussa un petit cri de rage lorsqu'elle entra dans le magasin; il était saccagé. Là, le visiteur, sans doute furieux de ne point trouver l'argent — il n'avait même pas réussi à forcer le tiroir du secrétaire —, s'était vengé en lacérant les toilettes. Les robes, les corsets et les chemisiers déchirés gisaient en tas sur le comptoir et les chapeaux, écrasés à coups de talon, étaient éparpillés dans toute la pièce. Seuls les rayons d'épicerie fine et d'alcool n'avaient pas trop souffert.

— Quel gâchis! murmura-t-elle. Il aurait mieux valu qu'il trouve l'argent, ça nous aurait coûté moins cher. Enfin, on va arranger tout ça, ce ne sera pas la première fois. Et puis, ça aurait pu être tellement pis! se dit-elle pour se consoler.

Ils travaillèrent jusqu'au jour pour remettre en état tous les rayons du magasin. Aussi, lorsque les jumeaux s'éveillèrent, ne virent-ils rien qui rappelât la terrible nuit.

C'est en fin de matinée, alors que ses clientes et ses amies étaient encore là — elles s'étaient précipitées à *La Maison de France* dès l'annonce du cambriolage —, que tomba la première nouvelle. Elle attrista beaucoup Pauline et faillit même avoir raison de son sang-froid, car, ce matin-là, elle aurait eu besoin d'un autre message que le câble laconique qu'Antoine lui avait expédié de Tocopilla; quelques lignes pour la prévenir qu'Edmond et lui partaient vers le nord pour une durée indéterminée.

Quant à la deuxième information, elle ne valait pas mieux et assombrit encore son humeur. Et comment aurait-elle pu être heureuse et rassurée en apprenant que l'armée chilienne venait d'engager une nouvelle campagne contre les alliés et qu'elle progressait vers Tarapaca, là-haut, dans ce nord vers lequel montait Antoine?

Ce fut le soir que Pedro de Morales, de passage à Santiago et averti lui aussi de la visite dont Pauline avait été victime, vint à *La Maison de France* et rassura la jeune femme.

Carte en main, il lui prouva qu'Antoine et Edmond étaient très loin de la ligne du front puisque Quilliagua, vers où ils progressaient, se trouvait à quelque deux cents kilomètres au sud de Tarapaca.

— Je vois, approuva Pauline, je vois. Mais je sais surtout, poursuivit-elle en souriant un peu tristement, que, s'il le faut, Antoine montera en pleine bataille pour retrouver M. Halton. Oui, il y montera, même s'il doit faire deux cents kilomètres en plein désert et sous la mitraille, et c'est bien ça qui m'inquiète.

Cette nuit-là, malgré la présence d'Arturo qui ronflait dans l'office et aussi celle des deux vigiles qui discutaient dans le jardin, Pauline dormit très mal.

Edmond commença à reprendre conscience avec la réalité après plusieurs kilomètres de piste. Jusque-là, depuis qu'Antoine et Joaquin l'avaient tiré du lit, lavé, habillé et rasé tant bien que mal, il s'était laissé faire sans réagir. De même n'avait-il opposé aucune résistance lorsque les deux hommes l'avaient hissé sur son cheval après lui avoir fait ingurgiter presque un litre de café.

Se tenant en selle plus par habitude et réflexe que par volonté, il avait trottiné entre Antoine et Joaquin pendant une bonne vingtaine de minutes avant de s'ébrouer et d'émettre quelques grognements interrogatifs. Puis il avait cessé de dodeliner de la tête au rythme de sa monture et s'était lentement redressé sur sa selle. Antoine avait alors compris qu'il était enfin réveillé.

— Et alors, ça va mieux? lança-t-il en riant car Edmond avait une magnifique tête de fêtard.

– Bon sang! Qu'est-ce qui m'arrive? grogna Edmond en se passant la main dans les cheveux. Hébété, il regarda autour de lui, puis se frotta les yeux et balbutia : Mais qu'est-ce que je fais ici, moi?

— Je vais vous raconter, mais d'abord prenez ça, dit Antoine en lui tendant son bidon. Allez-y! C'est du maté de coca, très fort. C'est Joaquin qui l'a fait; je pense que ça vous réveillera, vous en avez bien besoin!

Edmond goûta, fit une grimace car le breuvage était

très amer; malgré cela, il se décida, but longuement puis soupira :

— C'est pas Dieu possible d'avoir aussi mal au crâne! Ah, mais oui! lança-t-il soudain, les combats de coqs! Ah, dites donc, quelle soirée!

— Nous y voilà, sourit Antoine.

— Quelle soirée! répéta Edmond. J'avoue qu'à un moment je crois avoir un peu perdu pied, non?

— C'est le moins qu'on puisse dire, et si vous voulez mon avis, vous étiez même saoul comme un Prussien!

— A ce point? J'espère au moins ne pas avoir dit trop de bêtises.

— A peine, mis à part le fait d'avoir copieusement insulté et provoqué un métis, vous n'avez pas dit de bêtises! Je tiens pour négligeable le fait que vous m'ayez tutoyé, plaisanta Antoine; c'était inhabituel, mais très amusant!

— J'ai fait ça, moi? C'est pas possible!

— Mais si!

— Et c'est tout, au moins?

— Pas exactement, sourit Antoine, vous avez aussi cru bon de lancer un pari stupide, ce qui fait que vous me devez cent pesos...

— J'ai parié, moi? Je n'ai jamais fait ça de ma vie, je déteste les paris! protesta Edmond.

— Buvez encore un coup de maté, allumez ce cigare et écoutez bien, dit Antoine, vous allez voir ce que peut faire un mélange de *pisco* et de *chicha*.

— C'est pas possible! murmura Edmond quand Antoine eut achevé le récit de la soirée. Enfin, je vous crois sur parole, naturellement, mais je veux dire qu'il fera plus chaud qu'aujourd'hui avant que je remette les pieds dans une de leurs foutues *cantinas*! Enfin, merci, je vous dois une sacrée chandelle, heureusement que vous étiez là! Mais où allons-nous maintenant?

— On monte sur Quilliagua. Ça ne me plaît guère et à

Joaquin encore moins, mais puisque Herbert a cru intelligent de s'y rendre!

— Qui vous l'a dit?

— Un métis, expliqua Antoine, puis il raconta aussi sa rencontre avec Romain Deslieux. Et si je l'en crois, ajouta-t-il, le vrai problème c'est que nous allons devoir traverser le río Loa et que nous serons ensuite en plein territoire ennemi. Enfin, quand je dis ennemi, c'est façon de parler! Je veux dire que nous n'aurons plus affaire avec les Chiliens.

— Quelle folie! marmonna Edmond.

— C'est exactement ce que m'a dit le colonel de Tocopilla tout à l'heure. Oui, expliqua Antoine, j'ai voulu le prévenir que nous partions, il m'a donné un vague laissez-passer, soi-disant valable jusqu'au río Loa.

— Quelle folie! répéta Edmond.

Il avait de plus en plus mal, non seulement à la tête et aux yeux, mais encore à l'estomac, et il aurait payé fort cher pour un bon bain, suivi d'une longue sieste; mais c'était impossible avant longtemps. Il fallait compter au moins deux jours de cheval pour atteindre Quilliagua, et à condition toutefois que tout se passe bien en route.

C'est après avoir négocié la vente de ses vingt livres de minerai d'argent — à onze pesos le marc de deux cent trente grammes — et alors qu'il se préparait à s'offrir un copieux repas que Romain Deslieux se souvint brusquement d'un détail. D'un détail qui lui sembla suffisamment important pour assombrir sa bonne humeur et le laisser songeur devant son assiette.

« Bon sang, c'est idiot de ne pas lui avoir raconté ça », se reprocha-t-il en mâchouillant nerveusement son cigare éteint.

Il se remémora sa soirée de la veille avec Antoine et s'en voulut encore un peu plus d'avoir omis de lui signaler ce qui était peut-être un indice.

« A condition, bien sûr, que l'homme qu'il cherche soit parti vers Quilliagua avec un cheval chilien... »

Chilien comme celui du cadavre sur lequel il avait buté l'avant-veille, là-haut dans le *cerro*, à sept ou huit heures de course. Et maintenant, il ne se pardonnait pas d'avoir complètement oublié d'orienter Antoine dans cette direction.

Certes, il avait des excuses de ne pas avoir prêté grande attention à un squelette d'animal, il en avait déjà tellement vu au cours de ses randonnées! Des carcasses, qu'elles fussent de cheval, de mule ou de lama, c'était tellement banal dans le désert que nul n'en tenait compte; sauf naturellement entre Islay et Ocongat, dans la région des Lomas.

Car là-haut, dans ce triste désert du bas Pérou, c'était l'amoncellement de ces os soigneusement alignés par les caravaniers qui indiquait la piste à suivre. Et malheur à qui perdait de vue ce long ruban de crânes, d'omoplates, de côtes et de fémurs, blanchis au soleil ou encore charnus, au milieu desquels nichaient des urubus et des caracaras tellement gras et repus qu'ils ne prenaient même plus la peine de s'envoler à l'approche des voyageurs; ils étaient là, dans un nuage de mouches vert et bleu, attendant patiemment la chute de quelque animal.

« Oui, songea-t-il, là-haut, dans la pampa d'Islay, les os indiquant la direction à suivre; alors pourquoi ce cheval crevé que j'ai vu avant-hier ne donnerait-il pas, lui aussi, quelque renseignement ? »

Méditatif, il avala son plat de poisson et de haricots, puis il croqua quelques piments rouges qu'il fit passer d'un verre de vin et appela la servante.

— Tu te souviens d'hier soir ? lui demanda-t-il. J'étais avec un étranger, tu te souviens ? insista-t-il en sortant une pièce de dix centavos.

— Oui, oui, assura la *chola* en empochant prestement la piécette.

— Tu ne sais pas où il a logé ?

— Non.

— Et tu ne l'as pas revu, ce matin?

— Si, il est parti.

— Comment le sais-tu?

— Je l'ai vu passer, avec deux hommes, dit-elle en désignant la rue.

— Tu es sûre? insista-t-il, étonné qu'elle ait pu remarquer Antoine et ses compagnons au milieu des soldats, des péons, des gardiens de lamas, des enfants et des femmes indiennes qui grouillaient dans la poussière.

— Sûre, dit-elle, deux Blancs et un métis. J'ai reconnu l'Anglais d'hier soir!

Il ne releva pas l'erreur de nationalité, elle était trop classique. Ici, depuis la découverte et l'exploitation des énormes gisements de Calama, tout ce qui ressemblait à des étrangers devenait anglais! C'est tout juste si les Chinois échappaient à cette règle!

— Et ils sont partis il y a longtemps?

Elle haussa les épaules, réfléchit, compta sur ses doigts :

— Le temps de faire la cuisine, cuire les haricots, tout quoi!

— Très bien.

Il paya son repas et sortit.

Antoine et ses amis ne devaient pas avoir plus de trois heures d'avance. En faisant vite, il était encore possible de les rattraper avant la nuit.

Depuis l'âge de dix-huit ans, c'est-à-dire depuis plus de douze ans, Romain Deslieux avait décidé de toujours se fier à ses premières idées et de les suivre; dans la mesure naturellement où elles n'offensaient pas trop son éthique et ne mettaient pas sa vie en péril.

Il avait très souvent mesuré que les décisions prises dans ces circonstances étaient les bonnes et il ne les regrettait pas, même si certaines ne lui avaient laissé que ses yeux pour pleurer, après l'avoir complètement dépouillé; mais pleurer n'était pas son genre.

Il avait décidé d'appliquer ce principe depuis le 13 juin 1865 exactement. Jusqu'à ce jour, il avait mené la vie éminemment reposante et agréable d'un fils de bonne famille dont le père, notaire à Paris, se targuait d'avoir une des plus belles clientèles de la capitale.

Orphelin de mère depuis sa naissance et fils unique, Romain, jusqu'à ce mardi 13 juin, ne s'était jamais posé la moindre question quant à son avenir et à la façon dont il gagnerait sa vie; la fortune paternelle était là pour résoudre ce genre de détail terre à terre et, pour tout dire, un peu vulgaire. Malgré cela, parce qu'il aimait les études, il était devenu bachelier, à la grande satisfaction de son père Jean-Victor Deslieux.

Tout allait pour le mieux en ce matin du 13 juin. Paris était superbe et la grosse et tiède averse de la nuit avait fait un peu tomber l'infecte poussière que soulevaient chaque jour tous les chantiers ouverts par M. Haussmann.

La veille au soir, Romain était sorti avec quelques amis; leurs pas les ayant entraînés jusqu'au théâtre des Variétés, il était rentré tard à son hôtel particulier de la rue de Bourgogne. Son père devait dormir, car sa chambre était éteinte, et Romain avait pris grand soin de ne pas faire craquer le parquet car cela risquait de le réveiller.

Ce qui le choqua, en ce matin du 13, ce fut d'abord le silence. Sautant du lit peu avant onze heures, il remarqua aussitôt le surprenant manque d'animation de l'hôtel. D'habitude, à cette heure, l'immeuble bourdonnait de tous ces bruits ménagers que font les domestiques en époussetant, en balayant, en battant les tapis, en refaisant les lits, bref, en remplissant les tâches pour lesquelles Me Jean-Victor Deslieux les employait; ils étaient une douzaine, cuisinier et cocher non compris.

« On jurerait qu'ils dorment encore, mais ça, c'est impossible! » s'amusa Romain en enfilant sa robe de chambre; il était en effet absolument impensable que les gens de la maison soient encore au lit puisqu'ils étaient censés prendre leur travail à six heures.

Intrigué, plutôt que d'appeler son valet de chambre grâce au cordon qui sonnait à l'office, il sortit de sa chambre et se rendit dans la salle à manger. Elle était vide et la table, nette de tout couvert, n'était pas prête pour le petit déjeuner.

— C'est quand même un peu fort! grommela-t-il.

Agacé, un peu inquiet même, il descendit jusqu'à l'office d'où montait le brouhaha d'une conversation animée.

— Et alors? Que se passe-t-il? lança-t-il en entrant dans la pièce.

Il nota tout de suite que le personnel n'était pas en tenue et il fut presque intimidé en ne reconnaissant pas immédiatement, dans leurs habits de ville, les femmes de chambre et les valets.

Ce fut Édouard, le maître d'hôtel, qui parla. Son explication fut précise et brève, mais il fallut plusieurs minutes pour que Romain en mesure toute la portée.

C'était tellement imprévu, tellement fou, qu'il se demanda un instant si ce brave Édouard n'avait pas perdu la tête; mais cela impliquait que tout le personnel ait partagé son même coup de folie et c'était peu vraisemblable.

Malgré cela, ce ne fut qu'après s'être rendu dans le bureau de son père qu'il se fit petit à petit à l'idée que Me Jean-Victor Deslieux était un escroc. Et pas de la petite et vulgaire espèce, car non content de s'enfuir avec sa maîtresse en titre — une petite boulotte blondasse que Romain trouvait quelconque et surtout très vulgaire —, il avait aussi pris soin d'emporter tout l'argent des clients, comme le prouvaient sans erreur possible les portes ouvertes des deux gros coffres de l'étude.

Pour Romain, les jours suivants furent épouvantables. Assailli par une foule de clients, qui tous réclamaient leurs biens, et tout à fait incapable de faire face, il vit le monde s'écrouler autour de lui.

A en croire un des confrères de son père qui avait pris l'affaire en main, non seulement Me Jean-Victor Deslieux était parti avec plusieurs millions, mais il en devait presque autant, déjà dilapidés depuis des années pour complaire à quelques cocottes et tenir son rang aux tables de jeu.

Moins de huit jours après sa fuite, Romain savait qu'il était lui-même complètement ruiné, qu'il ne possédait plus un sou et qu'il avait deux jours pour trouver un gîte, car l'hôtel allait être saisi, mobilier, linge et vêtements, argenterie et tableaux compris.

Ce fut ce jour-là qu'il décida de quitter la France pour l'Amérique où, disait-on, son père s'était enfui; il ne voulait pas aller là-bas pour le retrouver mais simplement pour essayer, lui aussi, et à sa mesure, de repartir de zéro.

Mais parce qu'il n'avait nulle envie de voyager clandestinement et qu'il ne possédait même pas de quoi se payer un billet dans l'entrepont d'un quelconque navire d'émigrants, il dut travailler trois ans pour économiser le prix de son transport jusqu'à New York.

Prudent, car se doutant bien que s'il restait à Paris sa route croiserait tôt ou tard celle de quelque victime de son père et qu'il n'avait non plus aucune envie de revoir ses propres relations — elles avaient toutes disparu du jour au lendemain —, il décida de fuir la capitale et d'aller chercher du travail ailleurs, tout en se rapprochant, ne serait-ce qu'un peu, de sa future destination.

C'est ainsi qu'il arriva au Havre. Tour à tour surveillant d'études dans un collège de garçons, calfat et charpentier chez un armateur, et ensuite aide-comptable chez ce même employeur, il gagna sou à sou l'argent de son billet. Il embarqua pour New York le 6 mai 1868, jour de ses vingt et un ans.

L'Amérique ne l'avait pas déçu, elle lui avait même beaucoup appris. Appris, d'abord et avant tout, que rien n'était impossible sur ce continent en ébullition, en pleine folie, en pleine ruée vers toutes les fortunes qui s'offraient à qui avait l'audace de les chercher.

Appris ensuite que la misère appelait la misère et qu'il était important de paraître, sinon argenté, du moins apte à le devenir sous peu et qu'il était donc indispensable de ne pas accepter n'importe quel emploi à n'importe quel prix, faute de quoi la chute était rapide et irréversible. Car il y avait tellement de monde sur un marché du travail que nulle loi ne régissait encore vraiment que la proposition des salaires offerts aux émigrants se faisait toujours à la baisse; et les clients étaient légion pour travailler aux cours les plus bas, quitte à couler très vite vers la misère.

Il avait aussi appris que l'audace n'était rien sans capacité pour l'étayer et qu'il était vain de dire, par exemple : « Oui, je sais conduire une locomotive » — ou tanner une peau ou calfater une coque —, si l'on était incapable de le faire aussitôt, et bien; car, alors, vingt personnes se présentaient, qui, elles, savaient.

Enfin, il avait eu la confirmation qu'il y avait beaucoup de lâches, de voyous, de tricheurs et d'escrocs de par le monde, mais que les autres, ceux qui ne l'étaient pas, gagnaient souvent à être connus.

C'est pour cela qu'il galopait maintenant sur les traces d'Antoine; et aussi parce que, fidèle à son principe, il se fiait à cette impression, à cet instinct qui lui soufflaient que ce cadavre de cheval chilien méritait qu'on s'y intéresse.

# 4

Sans y avoir jamais goûté, Martial avait horreur du thé à la bergamote, de l'eau de fleur d'oranger et du sirop d'orgeat. Le parfum mélangé de ces breuvages lui soulevait le cœur et l'incitait aussitôt à allumer un de ces noirs, puants et foudroyants cigares chiliens dont il se délectait. Il en avait rapporté un énorme stock et se promettait bien d'en commander à Antoine dès que sa provision serait trop entamée.

Rosemonde avait souvent essayé de lui faire comprendre que l'odeur, paraît-il épouvantable, du tabac qu'il affectionnait gênait ses amies et donnait même une mauvaise image de leur maison. Il ne lui avait pas encore dit que ça tombait très bien et qu'il était tout à fait ravi de causer quelque dérangement aux perruches qu'elle croyait bon d'inviter! Mais il voyait venir le moment où, excédé, il entrerait cigare au bec dans le salon où pérorait la brochette de péronnelles et s'y installerait pour lire son journal, après avoir posé les pieds sur la table et s'être servi un verre de muscat!

Ce n'était pas qu'elles fussent toutes désagréables à regarder, les amies de Rosemonde, tant s'en fallait, et il en était même deux ou trois qui devaient être tout à fait ravissantes, à condition toutefois de les extraire de leur pesante robe, de la rigide carapace qui les corsetait et de tous les jupons, dentelles, frous-frous, bas, jarretières et autres fanfreluches qui les épaississaient!

« Mais, de toute façon, ce ne serait pas suffisant, se disait-il avec une mauvaise foi dont il avait tout à fait conscience, même en chemise elles continueraient à jacasser tout en buvant leur infâme sirop ou leur pestilentielle infusion! »

Il ressentait une telle antipathie à leur égard qu'il n'en était même plus à se demander ce qu'il détestait le plus en elles, de leurs bavardages assommants ou du thé à la bergamote qu'elles sirotaient en minaudant, le petit doigt en point d'interrogation au-dessus de la tasse!

Et ce qui devenait terrible et le rendait ombrageux, c'était la facilité avec laquelle ces dames influaient sur son caractère. Ainsi suffisait-il qu'il rentre chez lui, sinon heureux du moins sans mauvaise humeur, pour que l'odeur qui lui sautait au nez dès qu'il ouvrait la porte d'entrée et les pépiements en provenance du salon lui rappellent qu'on était jeudi. Il s'en voulait alors furieusement d'avoir oublié que c'était le jour de réception de Rosemonde et se maudissait de n'être pas resté une heure de plus au travail ou encore de ne pas avoir eu l'idée d'aller faire quelques points au billard.

Car, même en se forçant, il n'arrivait pas à être aimable avec les relations de sa femme; il s'en défiait beaucoup. Elles lui apparaissaient toutes insignifiantes, futiles, mondaines, et il redoutait tellement que Rosemonde se mette un jour à leur ressembler qu'il ne pouvait s'empêcher d'être outrageusement sarcastique et même agressif lorsque parfois, après leur départ, elle lui parlait de l'une ou l'autre d'entre elles.

« Bon sang! Je suis encore tombé dans l'embuscade! » ragea-t-il ce soir-là dès qu'il eut compris que ces dames étaient encore là.

Il faillit ressortir mais se reprocha ce premier et lâche réflexe; il était chez lui et libre d'y rentrer quand bon lui semblait! Et d'ailleurs, rien ne l'obligeait à saluer les amies de Rosemonde, même si, pour aller dans son bureau, il était contraint de passer devant la grande porte vitrée du salon où elles bavardaient.

« Et tant pis si je les vexe! » maugréa-t-il en allumant un cigare.

Il attendit qu'il soit bien embrasé, lâcha alors quelques énormes bouffées de fumée et marcha vers son bureau.

— Tu as fait exprès de ne pas les saluer, n'est-ce pas? demanda Rosemonde dès que la bonne eut rejoint l'office après avoir déposé la soupière sur la table.

Martial haussa les épaules, déplia sa serviette dont il coinça un des bouts dans son gilet et attendit que Rosemonde se servît.

— Tu l'as fait exprès, uniquement pour les choquer! insista-t-elle en le regardant.

— Sers-toi tant que c'est chaud, soupira-t-il en lui souriant avec un peu de lassitude.

— Non, réponds d'abord. Pourquoi es-tu passé en faisant semblant de ne pas les voir?

— Je t'ai déjà dit cent fois que tes amies me fatiguent, elles me fatiguent et m'énervent. Je t'ai déjà dit aussi que je ne les aimais pas, alors pourquoi veux-tu que je les salue? Estime-toi encore heureuse que je te laisse les fréquenter à ta guise!

— Il ferait beau voir que tu essaies de m'en empêcher!

— Mais non, soupira-t-il, rassure-toi et fais ce que tu veux avec ces dindes, mais surtout ne te mets pas à leur ressembler! Allez, n'en parlons plus et sers-toi.

Ils mangèrent quelques instants en silence, mais Rosemonde était trop furieuse pour laisser se désamorcer l'explication qu'elle voulait avoir.

— Il n'empêche que j'ai dû m'excuser auprès d'elles et dire que ton travail te rendait distrait.

— Très bien.
— C'est tout l'effet que ça te fait ?
— Quoi ?
— Que je sois obligée de m'excuser à cause de...
— De ma muflerie, coupa-t-il en se versant un verre de vin. Il le dégusta lentement, s'essuya les lèvres : Non, dit-il soudain avec violence, ce n'est pas tout l'effet que ça me fait ! Parce que, si tu veux savoir, j'ai presque honte de te voir t'humilier devant ces imbéciles ! Bon sang ! Tu trembles à l'idée de leur déplaire ! Mais bon Dieu, regarde-les ! Pas une de ces sinistres pimbêches ne t'arrive à la cheville, pas une ! Pas une n'aurait été capable de faire ce que tu as fait avec Pauline pendant des années ! Pas une n'aurait pu seulement supporter le voyage ! Et le comptoir de la calle de los Manzanos, tu les vois le tenant ? Et pour l'accouchement de Pauline, tu les imagines ? Et même pour gérer *La Maison de France* et pour tout ? Mais bon Dieu ! Observe-les, ces foutues péronnelles ! Elles n'ont eu que le mal de naître et ensuite d'épouser et de se coucher sous quelque gros et gras Bordelais cousu d'or ! Toi et Pauline aviez quand même fait autre chose, non ? Et votre vie a eu une autre allure que celle de ces bourgeoises de naissance ! Alors cesse de vouloir leur ressembler, tu vaux beaucoup mieux que ça !
— Tu n'as vraiment rien compris, dit-elle en agitant la sonnette pour appeler la bonne.
Ils attendirent qu'elle débarrasse la soupière et la remplace par un rôti à la purée. Martial coupa quatre tranches, poussa le plat vers son épouse.
— Parfaitement, répéta Rosemonde, tu n'as rien compris, comme d'habitude !
— Écoute, soupira-t-il, j'ai eu une journée chargée, je suis fatigué, alors, par pitié, change de conversation !
— Non, il faut qu'on parle, dit-elle.
Et, parce que sa voix s'était légèrement cassée, il la

regarda, vit qu'elle avait les yeux brillants et se sentit un peu coupable.

— Bon, maugréa-t-il, d'accord, j'ai été un peu grossier avec tes amies. Eh bien, jeudi prochain, j'arriverai plus tard, quand elles seront parties, c'est promis, n'en parlons plus.

— Il ne s'agit pas du tout de ça, dit-elle. Et, comme il se taisait, ne faisant rien pour relancer le dialogue, elle insista, mais son ton était de plus en plus voilé : Je sais que tu m'en veux, oui, je le sais. Tu m'en veux depuis un an maintenant, depuis que je t'ai obligé à rentrer en France ! Ne dis rien, laisse-moi, c'est bien mon tour de parler ! Oui, tu m'en veux, je le sais, même si tu ne me l'as jamais dit. Mais avec toi, c'est pis, tu te tais et tu me regardes ! Écoute, je sais que tu t'ennuies ici, mais pas moi ! Ici, je suis dans ma ville, chez moi. J'ai retrouvé une vie que j'aime et je ne veux pas la quitter.

— Est-ce que je t'ai jamais demandé de le faire ?

— Non, c'est vrai, tu ne m'as rien demandé, mais tes yeux me reprochent quand même de t'obliger à être là !

— Tu dis des stupidités, lâcha-t-il en haussant les épaules.

— Mais non ! Alors écoute bien, écoute, dit-elle en essayant de sourire : tu sais, mes amies, ce n'est pas pour moi que je les fréquente, enfin pas uniquement...

— Allons donc ! C'est pour moi peut-être ?

— Non plus, mais laisse-moi parler. Tu sais, je suis peut-être bête, mais quand même pas autant que tu le crois ! Mes amies, comme tu dis, je les connais, elles viennent ici et elles me reçoivent uniquement parce que tu as une très belle situation et que tu fais des affaires qui peuvent un jour servir à leurs maris. Oui, ça je le sais, mais ça m'est égal, c'est pas grave, car moi j'ai besoin d'elles.

Et comme il la regardait sans comprendre, elle reprit :

— Nous deux, quoi qu'on fasse et même si tu gagnes encore plus d'argent, jamais on n'appartiendra au même monde que ces dames, jamais...

— Je suis content que tu me dises ça, avoua-t-il en souriant, oui, très content! Depuis notre retour en France, j'avais peur que tu aies oublié d'où nous venons tous les deux...

— Je n'ai rien oublié, rien.

— Pourtant, tu es bien loin de la petite Rosemonde de jadis, dit-il avec un peu de tristesse.

— Et toi! Tu crois que tu ressembles encore au Martial qui venait à l'auberge?

— Je ne sais pas.

— Moi, je sais! Nous ne sommes plus les mêmes, c'est bien normal d'ailleurs...

Songeur, il nettoya distraitement son assiette, se versa un demi-verre de vin.

— Pourquoi as-tu dit que tu avais besoin des personnes dont nous parlions? demanda-t-il soudain.

— J'en ai besoin pour notre petite Armandine. Je veux qu'un jour elle puisse entrer, la tête haute et tout naturellement, dans cette société que tu me reproches de fréquenter. Mais elle ne pourra y entrer que si, bientôt, elle peut jouer avec les filles de ces bourgeoises que tu détestes et si, plus tard, elle fréquente les mêmes établissements qu'elles. C'est comme ça qu'elle deviendra une dame à son tour et pas autrement. Et je ferai tout pour que ça se passe comme ça!

Il la regarda longuement, un peu inquiet de découvrir en elle un esprit calculateur qu'il ne lui connaissait pas.

— Ne me dis pas que c'est uniquement pour ça que tu les reçois? dit-il enfin.

— Non, avoua-t-elle, pas uniquement, j'y prends plaisir, c'est vrai. Je te l'ai dit, j'aime ma vie ici, j'aime cette existence. Elle l'observa, lui sourit et reprit : Écoute, je voulais aussi te dire que... Elle se mordit les lèvres : Tout à l'heure, je disais que je n'ai rien oublié, rien, et surtout pas comment je t'ai forcé la main un jour; ou plutôt un soir, un soir d'été où il faisait si lourd, si orageux... Ne dis rien, je sais que tu n'as pas oublié non plus. A cette époque, tu voulais aller au Chili sans moi... Aujourd'hui aussi tu aimerais y revenir, je le sais, je le vois. Alors, écoute : si un jour tu le veux, fais-le... Oui, fais-le et cette fois sans t'occuper de moi... Elle tendit la main par-dessus la table et la lui posa sur le bras : Repars si tu le veux, insista-t-elle, et surtout ne me dis pas que tu n'en as pas envie!

— Et toi? Tu as envie de me voir repartir?

— Oh moi... Moi, maintenant, j'ai Armandine, je ne suis plus seule. Et puis tu m'as habituée depuis si longtemps à te voir partir! Souviens-toi quand tu t'en allais, que ce soit ici il y a plus de dix ans, ou à Santiago. Il a toujours fallu que tu galopes, c'est ça ta vie.

— Non, dit-il, c'était ça, mais ça ne l'est plus. J'ai vieilli...

Elle secoua la tête en silence, sourit de nouveau, comme pour atténuer le voile de tristesse qui lui brouillait un peu la voix.

— C'est vrai, tu as vieilli, mais ça ne t'empêche pas de t'ennuyer, bien au contraire! Alors je te le redis, va-t'en si tu le veux, quand tu voudras. On fera comme dans le temps, on se retrouvera quand on pourra, quand tu pourras. Je m'ennuierai sûrement, mais beaucoup moins que de te regarder ronger ton frein comme depuis notre retour en France...

— Ça se voit tant que ça?

— Oui. Même en ce moment tu n'es pas avec moi, tu es loin, quelque part vers Coquimbo ou Valparaíso. Je me trompe?

Il soupira, haussa les épaules et garda le silence.

— Il y a du monde là-bas, prévint Joaquin en tirant sur les rênes de sa monture.

Antoine qui faisait entièrement confiance à l'acuité visuelle du métis arrêta lui aussi son cheval. Il avait, pendant presque huit ans, tellement couru les pistes et vécu tant d'aventures avec Joaquin qu'il ne lui serait pas plus venu à l'idée de mettre en doute sa vue exceptionnelle que sa capacité à allumer un feu, à dépouiller une viscache ou à plumer un tinamou, cette succulente perdrix andine.

Aussi, sans jamais oublier que son très superstitieux compagnon avait parfois une fâcheuse propension à exagérer ou à interpréter ses observations, prêtait-il grande attention à ses avertissements.

— Pourquoi vous arrêtez-vous? leur lança Edmond, surpris de ne plus les voir chevaucher à ses côtés.

— Paraît qu'il y a du monde devant nous, expliqua Antoine.

Devant, c'était la désolation désertique, une immense étendue minérale écrasée de chaleur, et vide, désespérément vide et morte.

— Vous plaisantez, fit Edmond en écarquillant les yeux.

— Non, non! Je ne vois rien, moi non plus, mais si Joaquin dit qu'il y a quelqu'un, c'est sûrement vrai.

Sceptique, Edmond haussa les épaules et profita de leur halte pour se désaltérer. Il avait un peu moins mal à la tête qu'au début de la journée, mais était toujours atteint d'une soif insatiable. Il but longuement puis observa la poussiéreuse piste grise qui filait vers les *cerros* ocre et violet qui barraient l'horizon.

— Pas possible, il rêve ou il a des mirages! Où voit-il du monde? ironisa-t-il en s'essuyant la bouche avec sa pochette de soie.

Elle était devenue franchement sale, maculée de taches, et Antoine se demanda avec amusement pendant combien de temps encore il oserait en faire usage.

— Hein, redit Edmond, où diable voit-il quelqu'un?

— Ah ça..., fit prudemment Antoine.

Contrairement à son compagnon, il savait que le métis était très susceptible dès l'instant où l'on mettait ses dires en doute; dans ce cas, il était capable de s'enfermer dans le plus opaque mutisme, ce qui devenait vite très horripilant. Or, manifestement, il s'estimait atteint par le ton ironique d'Edmond et tout laissait présager une grosse bouderie.

— Allons, allons, temporisa Antoine en sortant sa boîte de cigarillos. Tiens, sers-toi, dit-il en la tendant à Joaquin. Il attendit qu'il se serve, lui offrit même du feu et insista : Bon, on n'a pas de temps à perdre. Que vois-tu et où?

— Un groupe, à pied, lâcha Joaquin après quelques instants d'observation. Là-bas, dit-il en tendant la main, au pied de ce *cerro*, un peu à droite de ce gros cactus tout sec qui est juste à côté de la piste...

— C'est une plaisanterie! grommela Edmond vexé de ne rien déceler, pas même le cactus en question.

— Je ne crois pas, coupa Antoine. Et il y a beaucoup de monde dans ce groupe?

Joaquin observa de nouveau, plus longuement encore.

— Une vingtaine d'hommes, dit-il enfin. Ils ne bougent pas, peut-être même qu'ils sont assis. Je ne vois pas, s'excusa-t-il.

— Eh bien, nous sommes encore en territoire chilien; on va voir si le laissez-passer du colonel de Tocopilla vaut quelque chose. Et puis, peut-être qu'ils auront des renseignements sur Herbert! dit Antoine.

Il allait mettre sa bête au trot lorsqu'il se retourna, intrigué par l'attitude de Joaquin qui n'avait toujours pas bougé.

— Et alors, tu rêves? lui lança-t-il.

— Non, non, expliqua Joaquin en le rattrapant, mais là-bas, ils nous ont vus...

— Ah bon?
— Oui.
— Et alors?
— Ils partent...
— Comment ça, ils partent?
— Oui, et vite même, très vite, comme s'ils avaient peur...
— Peur? Tu veux rire! A vingt contre trois!
— Ce sont peut-être des *cholos*, dit Joaquin avec dédain, ces gens-là arrivent à se faire peur rien qu'en pétant! Alors s'ils ont mangé des haricots, ça doit faire du bruit et c'est normal qu'ils partent!
— Non, non, dit Antoine d'un ton soucieux.

Contrairement à Joaquin, il se méfiait de cette troupe qui, les ayant vus, s'empressait de disparaître. Lui-même, jadis, quand il était soldat, aurait agi de même en face des Prussiens, non pour les fuir, mais pour leur tendre une embuscade... Dans le cas présent, ce départ était tout à fait illogique : des Chiliens n'avaient aucune raison de se méfier de trois cavaliers venant du sud; illogique et inquiétant. Il réfléchit, puis se décida :

— On abandonne la piste et on oblique vers la gauche, dit-il soudain. De toute façon, on atteindra quand même le río Loa. Oui, expliqua-t-il à Edmond qui le regardait d'un air intrigué, ce groupe ne me dit rien de bon. Je me trompe peut-être, mais je préfère parcourir quelques kilomètres de plus pour l'éviter.
— Je ne vois pas ce qui vous tracasse, vous avez dit vous-même que c'étaient des Chiliens! Enfin, faites comme vous voulez, bougonna Edmond.

Il était de plus en plus persuadé que la troupe n'existait que dans l'imagination de Joaquin; mais, comme son mal de tête l'avait repris et le torturait, il n'avait aucune envie de discuter.

C'était pendant son séjour au Texas, quatre ans plus tôt, que Romain Deslieux avait pris l'habitude, lorsqu'il était vraiment pressé, d'effectuer ses déplacements avec deux montures.

A cette époque, ses diverses pérégrinations l'avaient conduit jusqu'à Kent où il avait réussi à se faire engager comme pianiste dans un saloon. Ce n'était pas un emploi très bien payé, mais il l'avait trouvé de tout repos. Il est vrai qu'il n'y avait rien de commun entre taper sur un piano — pourtant très mal accordé et auquel il manquait deux touches! — et être garde-chiourme dans cette mine de plomb argentifère de San Pedro, petite bourgade mexicaine située en pleine sierra, au nord de Galeana, où il avait dû travailler pendant trois mois, à son corps défendant.

Car, si on l'avait appâté en lui faisant miroiter une fonction et un salaire de contremaître — il serait chargé de surveiller la solidité des boyaux et leur bon étayage —, il avait vite compris qu'il était surtout là pour faire trimer les mineurs indiens. S'il l'avait pu, il ne serait pas resté vingt-quatre heures dans cet enfer, mais, ayant débarqué là sans un peso, il avait bien dû contracter un emprunt auprès du responsable de cette chiourme. Ensuite, pour modeste que fût la somme avancée, et il en avait besoin, ne serait-ce que pour se nourrir, force lui avait été de travailler pour la rembourser. Mais il gardait un souvenir atroce de cet antre suffocant de chaleur et de poussière, où s'échinaient, quinze heures par jour et nourris d'une poignée de fèves et de maïs, des Indiens prétendument volontaires qu'il devait surveiller. Alors, comparé à ce labeur, son rôle de musicien devenait presque exaltant!

Et tout aurait été parfait si Violette avait habité plus près. C'était une gentille rousse, très accueillante, qu'il connaissait depuis plus de six mois et qui avait beaucoup de charme. C'est en allant la retrouver, deux ou trois fois par mois, qu'il était devenu un excellent cavalier.

En effet, la jeune femme habitait Sierra Blanca, à cent kilomètres de là, et comme il devait être présent tous les soirs devant son piano, il lui fallait faire l'aller et retour en un temps record. C'est alors qu'il avait adopté le système qui lui permettait de couvrir la distance qui le séparait de sa belle en moins de cinq heures, grâce à deux chevaux qu'il enfourchait alternativement. Il avait trouvé ce principe excellent et ne s'était jamais autant réjoui de l'avoir adopté que le jour où il avait dû semer quelques soupirants de Violette tout à fait excédés par les faveurs qu'elle accordait à ce maudit Français!

Et maintenant, parce qu'il voulait rattraper Antoine et ses compagnons le plus vite possible, c'est en se souvenant de cette époque qu'il galopait sur leurs traces; à ses côtés, prêt à prendre la relève, courait, alerte et sans fatigue, le deuxième cheval.

Romain n'avait eu aucune peine à retrouver la piste empruntée par les trois hommes. Il l'avait tout de suite identifiée et savait que rien ne la lui ferait perdre, sauf naturellement un vent de sable.

Curieusement, ce n'était pas à la suite de quelque confidence ou leçon de vieux trappeurs pleins d'expérience qu'il était capable de lire une empreinte, de la dater même. C'était simplement parce que, quinze ans plus tôt et bien avant qu'il ne décidât de disparaître, son père Me Jean-Victor Deslieux possédait, en forêt de Romorantin, trois mille hectares de chasse sur lesquels il courait cerfs, chevreuils, sangliers et même loups deux à trois fois par mois en saison.

Romain aimait ce genre de traque et ce qu'il préférait surtout c'était retrouver le pied d'une bête qui, après s'être forlongée, avait tenté de donner le change en se faisant accompagner par quelques femelles. A cette poursuite, difficile et pleine de pièges, il s'était vite révélé aussi redoutable qu'un vieux piqueux. Aussi traduisait-il maintenant, sans aucune hésitation, tous les indices qui jalonnaient la piste. Et s'il fut étonné en constatant que les empreintes bifurquaient brusquement vers la gauche, il ne ralentit même pas et suivit les traces de sabots qui grimpaient vers le *cerro*.

Antoine dirigea sa monture vers la cime du piton rocheux dont l'altitude devait permettre d'embrasser tout le versant nord, celui qui, logiquement, dévalait vers le río Loa. Il atteignit enfin le sommet et sourit en constatant que le río était beaucoup plus près qu'il ne l'avait pensé. Il était là, à ses pieds, à moins de quinze cents mètres. Il se retourna vers Edmond et Joaquin qui l'attendaient à mi-pente et leur fit signe de le rejoindre.

— Contrairement à ce que je craignais, le fait d'avoir quitté la piste ne nous a pas fait perdre de temps, expliqua-t-il à Edmond dès que ce dernier arriva.

— Eh bien, tant mieux, soupira Edmond, parce que je vous avouerai que j'en ai plein les reins de cette cavalcade à travers les éboulis! Alors, c'est ça, le río Loa? dit-il en s'épongeant le front.

— Oui, et il va s'agir de trouver un gué...

Il était en effet facile de constater que, contrairement à beaucoup de cours d'eau, presque toujours aux trois quarts secs, celui-ci roulait des flots rapides sur toute sa largeur; ils miroitaient au soleil en bondissant de rocher en rocher. Il est vrai qu'ils chutaient de très haut, de ces sommets andins qui crevaient le ciel là-bas, à droite, non loin du volcan Mino, et qu'ils étaient grossis par toute la neige fondue au soleil du printemps.

— Après tout, décida Antoine, rien ne nous oblige à traverser tout de suite. Si j'en crois la carte et la boussole, le rio descend droit vers Quilliagua, donc si nous restons sur la rive gauche, nous limiterons les risques de tomber sur les troupes boliviennes ou péruviennes, parce que, si j'en crois les militaires, nous sommes ici dans un secteur contrôlé par nos amis.

— Possible, mais bien malin qui pourrait s'y reconnaître! fit Edmond en haussant les épaules.

Il tombait maintenant de sommeil et avait hâte de voir venir la nuit, car alors, et pour pressés qu'ils soient, il faudrait bien qu'ils s'arrêtent et établissent un semblant de bivouac; il se sentait prêt à dormir n'importe où, même sur un lit de cailloux. Mais la nuit ne viendrait pas avant deux bonnes heures; il pensa qu'elles allaient être longues, bâilla bruyamment, s'ébroua et s'élança derrière ses compagnons.

L'attaque fut stupéfiante et Edmond, qui trottinait à quatre-vingts mètres derrière Antoine et Joaquin, ne réalisa pas tout de suite ce qui se passait, ni ce qu'était cet attroupement bruyant qui tourbillonnait autour de ses compagnons. Puis il entendit des hurlements, distingua les lames qui brillaient au soleil et comprit. Alors, malgré la peur qui lui serrait le ventre, il empoigna l'arme suspendue à sa selle et lança son cheval au galop, droit sur la mêlée.

C'est en arrivant dans le groupe au milieu duquel, faute d'avoir eu le temps de saisir leur fusil, Antoine et Joaquin se débattaient à grands coups de fouet qu'il s'aperçut que leurs adversaires étaient des femmes, d'abominables matrones vêtues d'oripeaux parmi lesquels, parfois, se reconnaissait une vareuse militaire ouverte sur un poitrail ballottant.

« Des femmes! pensa-t-il, c'est pas Dieu possible, on ne peut quand même pas leur tirer dessus! »

Il en vit soudain une, mafflue, sale, à la bouche édentée grande ouverte en un hurlement de bête, qui courait vers lui en brandissant une machette. Il hésita et, au lieu de lui décharger son douze en plein corps, tenta d'esquiver le coup qui visait son ventre. Il y parvint de justesse, fit volter sa monture et se crut sauvé. Il le croyait encore lorsqu'il ressentit une fulgurante brûlure dans la cuisse droite.

Alors, hurlant de douleur et affolé par le flot de sang qui déjà rougissait son pantalon et sa selle, il vida enfin son arme dans la masse grouillante qui le cernait; la volée de plombs desserra l'étreinte.

Puis il vit, surgissant à ses côtés, Antoine et Joaquin, juchés sur la même monture. Il ne comprit pas bien pourquoi le métis saisissait son cheval à la bride et l'entraînait, mais il se laissa conduire car, paralysé par la douleur, il était presque inconscient.

Antoine galopa jusqu'au sommet du plus proche *cerro*, sauta à terre, ordonna à Joaquin de s'occuper d'Edmond et commença aussitôt à décharger son fusil Henry en direction de la horde qui grimpait vers eux.

Lui non plus n'en revenait pas de la rapidité et de la violence de l'attaque. Certes, il avait déjà entendu parler des *rabonas*, mais il avait toujours pensé qu'il y avait beaucoup d'exagérations dans les récits qui couraient à leur sujet. De plus, contrairement à ses voisins souvent secoués par des révolutions et des guérillas internes, le Chili, en temps de paix, était indemne de ce genre de parasite.

« Ce sont sûrement elles que Joaquin a aperçues tout à l'heure, pensa-t-il en rechargeant son arme; elles nous avaient repérés, elles aussi, et si elles paraissaient fuir, c'était bel et bien pour nous tendre une embuscade. Elles ont dû être furieuses en nous voyant changer de direction, mais ces garces ont vite réagi et nous ont retrouvés! »

Il revit l'attaque, sa violence et aussi le cheval de Joaquin roulant à terre, tendons sans doute tranchés par un coup de sabre.

« Pas croyable, des femelles pareilles! Et ce pauvre Edmond qui avait des scrupules à se défendre! »

Il avait bien vu le long moment d'hésitation pendant lequel son compagnon n'avait pas tiré, comme s'il n'osait pas le faire sur des femmes. C'est alors qu'il s'était rapproché de lui, pas assez vite pour lui éviter un coup de machette, mais suffisamment pour lui sauver la vie.

« Enfin, pour le moment..., songea-t-il. Parce que, bon sang, je ne sais pas comment on va tenir si ces garces décident de monter à l'assaut, et elles semblent bien capables de le faire! De toute façon, il ne faut pas qu'on se fasse surprendre ici par la nuit, donc il faut qu'on parte avant... »

Il tira trois coups en direction d'une silhouette qui se glissait dans les rochers, à cent pas de là, puis se retourna vers Edmond que Joaquin avait sommairement pansé.

— Ça ira?

— Oui, oui, grimaça Edmond, l'estafilade est belle, mais elle n'est pas trop profonde. Enfin, je crois, ajouta-t-il en essayant de sourire.

— Prends mon deuxième fusil, les cartouches sont dans mes fontes de droite, lança Antoine à Joaquin. Et les chevaux, ça va, pas blessés?

— Ça va?

— Bon, on les laisse souffler une petite demi-heure et on file par là, expliqua Antoine en désignant d'un coup de pouce la pente abrupte qui dégringolait vers le sud.

— Pas sûr, pronostiqua Joaquin après avoir jeté un coup d'œil dans la direction indiquée, pas sûr... Ces espèces de salopes sont en train de s'y installer, alors comme elles sont aussi partout ailleurs...

— Eh bien, elles vont voir ce que donne un 44 à seize coups, dit Antoine en tapotant son fusil Henry, parce que faudra bien qu'on passe, crois-moi. Je n'ai aucune envie de coucher cette nuit avec toutes ces femelles dans le secteur, elles ne me plaisent pas du tout. Et puis Mme Pauline ne me le pardonnerait pas! ajouta-t-il en essayant de plaisanter, mais le cœur n'y était pas.

# 5

D'un geste excédé, Edmond chercha à se débarrasser des mouches bleues qui tourbillonnaient autour de lui. Attirées par son pansement souillé sur lequel elles tentaient de se poser, elles bourdonnaient rageusement lorsqu'il les écartait d'un revers de bras en maugréant force insultes à leur adresse.

Pour l'heure, les bestioles lui servaient d'exutoire. Il en voulait au monde entier, aux *rabonas*, à ce pays, à cette guerre, à cette expédition et même à ce bougre d'entêté d'Herbert Halton, premier responsable de cette sale aventure.

Car, à l'inverse d'Antoine, Edmond n'était pas du tout préparé à ce genre d'épreuve. Jusqu'à ces derniers jours, même s'il avait derrière lui neuf ans de Chili, jamais il n'avait été confronté à semblable situation. A Santiago, il avait principalement fréquenté le monde des affaires, du commerce, de la finance et, lorsqu'il lui était arrivé de côtoyer des escrocs et des voyous, ceux-ci cherchaient toujours à sauver les apparences et à donner l'image d'hommes et de femmes civilisés. Et même si, parfois, leur vernis craquait, c'étaient alors les témoins de ce naufrage qui, en gens bien élevés, feignaient de ne rien voir et de ne rien entendre.

Mais là, depuis le début de l'expédition, c'était le

monde renversé et pour lui la découverte de la violence et de la sauvagerie, exacerbées par cette guerre qui, vue de Santiago, paraissait propre et franche, mais sur le terrain se révélait abominable.

Il n'en revenait pas encore de la charge meurtrière de ces femmes et, malgré sa blessure, avait presque du mal à croire qu'elles étaient là, non loin, tapies dans les rochers, prêtes à bondir et à tuer.

Pour lui, ce genre d'attitude était en totale opposition avec l'opinion qu'il se faisait du sexe faible.

« Faible! Ah ouiche! Bon sang, elles cherchaient uniquement à nous étriper! songea-t-il avec amertume et en palpant délicatement sa cuisse blessée. Jamais vu de pareilles furies! Des monstres, oui. »

Il sursauta vivement car Antoine venait de faire feu, posément, calmement, en ajustant bien ses cibles.

— Et alors, qu'est-ce que vous attendez pour tirer? Qu'elles s'installent sur vos genoux et vous fassent des câlins? lui lança Antoine.

Il écarquilla les yeux, chercha en vain une silhouette, brûla à tout hasard une cartouche en direction du plus proche tas de rochers.

— Ça va, le rassura Antoine, elles se sont mises à l'abri. Rien de tel qu'un bon vieux Henry de 44 pour faire réfléchir les crapules. On va en profiter pour leur fausser compagnie. Votre blessure, c'est supportable? Vous pourrez monter à cheval?

— Je pense, si on m'aide un peu.

— Bon, alors vous allez grimper avec Joaquin et partir devant. On va filer par ce versant, et, cette fois, n'ayez pas peur de tirer sur ces garces! N'oubliez pas qu'elles ont récupéré l'arme de Joaquin et qu'elles savent s'en servir! Allez, partez et rendez-vous à cette sorte de *mesa*, là-bas, au milieu de la pampa, décida Antoine en désignant du doigt l'objectif qui se dressait à quelque trois kilomètres de là.

Il attendit qu'Edmond et Joaquin rampent prudemment jusqu'aux chevaux et s'installent sur l'un d'eux.

— Va! lança-t-il à Joaquin.

Sèchement cravaché, le cheval s'élança dans la pente. Antoine sauta alors sur sa bête, l'éperonna et fonça dans les éboulis en ouvrant systématiquement le feu sur tout ce qui bougeait.

« Ma parole, on s'entre-tue là-haut! » songea Romain en entendant la fusillade qui, résonnant de colline en colline, était difficile à localiser avec exactitude.

Il s'arrêta, écouta et finit par estimer que les coups de feu semblaient prendre naissance tout en haut du *cerro* pelé, dressé à sa droite, à mille mètres de là. Comme les traces qu'il suivait n'allaient pas dans cette direction et qu'il avait depuis longtemps acquis la certitude que, dans bien des cas, il ne fallait pas s'occuper des affaires d'autrui, il décida de poursuivre sa course.

Et il se proposait de le faire avec d'autant moins de remords qu'il était intimement persuadé qu'une fusillade aussi nourrie ne pouvait provenir que d'un groupe de soldats en train de se battre. Comme cette guerre n'était pas la sienne et qu'il ne voulait pas prendre de mauvais coups, il éperonna sa monture.

Il n'avait pas fait deux cents mètres qu'il stoppa de nouveau, intrigué par les deux points qu'il venait d'apercevoir dans la pente abrupte du *cerro*.

« Des cavaliers... A la vitesse où ils vont, ils prennent de sacrés risques, parce que, s'ils arrivent en bas sans que leurs chevaux se brisent les jambes, c'est que le bon Dieu est avec eux! »

Par curiosité, il puisa sa longue-vue dans une de ses fontes et la braqua en direction des minuscules silhouettes qui galopaient maintenant dans la pampa désertique.

« Allons bon! Qu'est-ce que c'est que ça? » murmura-t-il en notant que deux hommes chevauchaient la première monture.

Il régla l'oculaire, chercha le deuxième fuyard, le repéra enfin; mais il était beaucoup trop loin pour qu'il pût distinguer ses traits et le reconnaître.

« N'empêche, je cherche trois hommes et là, le compte est bon, sauf s'il en arrive d'autres derrière... »

Il scruta les pentes du *cerro* et jura abominablement en découvrant le groupe de femmes qui s'étaient maintenant rassemblées à mi-pente.

« Pas possible! Encore une troupe de ces putes! Ma parole, elles sont partout! »

Furieux, il démarra en trombe en direction des cavaliers; puis il épaula sa carabine et la déchargea en direction des *rabonas*. Il avait tout à fait conscience de l'inutilité de son tir, car les pillardes étaient à plus de mille mètres de là. Mais il persista quand même, autant pour avertir les fugitifs qu'ils n'étaient plus seuls, que pour prévenir ces fieffées garces qu'elles devaient désormais tenir compte de lui; de plus, l'idée que ses balles, même perdues et à bout de course, pouvaient les contraindre à baisser la tête le remplissait de bonheur.

Martial n'avait jamais été un très grand amateur de whist. Malgré cela, lorsqu'il s'appliquait, il parvenait à tenir sa place à une table de jeu sans s'attirer les regards lourds de reproches de son partenaire et surtout sans se ridiculiser; sauf ce soir-là.

Quoi qu'il fît, il ne parvenait pas à s'intéresser au déroulement de la partie et donnait l'impression d'abattre ses cartes au hasard, sans même les choisir. Il lança un valet de trèfle et nota aussitôt le coup d'œil assassin que lui jeta son vis-à-vis; quant aux adversaires, ils étaient aux anges.

— Excusez-moi, dit-il en se levant, je n'arrive pas à me mettre au jeu.

— Quelque chose ne va pas ? lui demanda son voisin de gauche.

C'était un gros bonhomme, aux molles et grasses bajoues que rendaient encore plus volumineuses les épais favoris poivre et sel qui les recouvraient. Martial le regarda, ainsi que les autres joueurs, et s'efforça de sourire poliment.

Il ne pouvait quand même pas leur dire qu'il s'ennuyait à périr en leur compagnie, qu'il trouvait le jeu totalement stupide et plus stupide encore l'habituelle et plate conversation qui n'allait pas manquer de s'élever dès qu'ils auraient fini de lancer sur le tapis vert leurs ridicules petits morceaux de carton colorié.

Tout cela était d'un grotesque consommé et n'eût été le fait que les trois hommes étaient de bons clients, jamais il n'aurait accepté de fréquenter leur cercle une fois par semaine, comme il le faisait depuis plusieurs mois. Mais, ce soir, il avait trop de soucis en tête : cette mascarade était au-dessus de ses forces; et, comme il n'avait pas plus envie de jouer aux cartes qu'à l'homme du monde bien élevé, il était grand temps qu'il parte.

— Vous êtes souffrant ? insista son voisin en lissant délicatement sa moustache cirée.

— Non, non, assura Martial, enfin, rien de grave, juste un peu mal à la tête. Vous m'excuserez, mais je vais devoir vous laisser.

Ils marmonnèrent de vagues encouragements et assurèrent qu'ils comprenaient très bien, mais Martial n'était pas dupe et savait qu'ils étaient fort dépités de sa défection.

— J'espère que vous trouverez un quatrième pour votre partie, dit-il en enfilant son pardessus qu'un valet venait de lui apporter. Tenez! Voilà justement M. Combes! lança-t-il en s'efforçant de garder son sérieux, car il était connu, dans toute la ville et peut-être même dans toute la Gironde, que M. Combes était un exécrable partenaire, râleur, teigneux et mauvais perdant : un homme à fuir !

Martial salua ses compagnons de jeu, promit qu'il serait au mieux de sa forme la semaine suivante et sortit dans la nuit.

Il pleuvait et la température avait encore chuté ; malgré cela, parce qu'il avait désormais sa soirée libre – il venait de gagner au moins deux heures en abandonnant la partie –, il décida de rentrer chez lui à pied ; ce n'était pas loin et il espérait que cette promenade solitaire lui ferait du bien. Il avait grand besoin de réfléchir, de faire le point.

Depuis sa conversation avec Rosemonde, il flottait sans trop savoir que faire ni que dire. Dans le fond, la franchise de son épouse l'avait quelque peu choqué ; certes, elle ne lui avait pas ouvertement dit qu'elle était heureuse et joyeuse à l'idée de se passer de lui si l'envie le prenait de repartir ; mais elle lui avait quand même assuré qu'il pouvait s'en aller dès qu'il le voudrait, et pour aussi longtemps qu'il le désirerait. Elle lui avait rendu sa liberté.

C'était à la fois touchant et terriblement poignant, et triste. Triste comme la fin d'un rêve, d'une longue et belle période de leur vie, la fin de toutes ces années pendant lesquelles ils avaient toujours œuvré ensemble, sans heurts véritables, comme ils avaient ensemble tant espéré et attendu l'arrivée de la petite Armandine.

Et maintenant, sans beaucoup d'affrontements, mais parce que l'un et l'autre ne portaient plus le même regard sur leur mode de vie et surtout sur leur horizon, les liens s'étaient dénoués. Ils n'étaient ni méchamment coupés ni arrachés en force, mais doucement et inéluctablement défaits et c'était peut-être encore pis. Car, si Rosemonde avait pu lui dire, sans colère et avec lucidité, tout ce qu'elle avait sur le cœur, ce ne pouvait être qu'après avoir beaucoup réfléchi, beaucoup médité, pour enfin choisir.

Et elle avait choisi avec honnêteté, en lui retournant, après un an, le service qu'il lui avait rendu lorsqu'il avait accepté de rentrer en France avec elle, alors que tout le liait au Chili.

Comme elle le lui avait avoué, elle s'en était alors voulu de le forcer à faire ce choix et sans doute se le reprochait-elle encore. Car c'était bien pour ne plus subir des remords qui la gênaient et l'empêchaient d'être pleinement heureuse dans sa nouvelle existence qu'elle en était venue à lui proposer cet arrangement qui, sans être une totale et définitive rupture, reposait quand même sur la séparation.

Et tout le problème était là, car si Martial se sentait tout ragaillardi à la pensée de pouvoir rejoindre le Chili et de se relancer dans des affaires dignes de ce nom, le gênait beaucoup l'idée de se retrouver soudain seul, sans Rosemonde et sans Armandine. Et s'il hésitait encore à prendre sa décision, c'est qu'il n'était pas tout à fait certain de choisir la bonne, celle qui lui laisserait le moins d'amertume au fond de l'âme.

Il arriva enfin chez lui, vit tout de suite que Rosemonde avait rejoint sa propre chambre et en fut dépité. C'était d'abord par devoir que la jeune femme s'était éloignée de leur lit commun. Lorsque la petite Armandine, six mois plus tôt, avait eu une très mauvaise varicelle, nécessitant une surveillance permanente, Rosemonde avait décidé de dormir dans la même pièce que la petite fille. Celle-ci guérie, elle avait conservé cette habitude. Martial était donc seul dans sa chambre.

Mais, ce soir-là, il aurait vraiment aimé que Rosemonde, comme elle le faisait quelquefois, soit encore debout et l'attende. Il aurait aimé la retrouver, comme jadis, heureuse de l'accueillir, amoureuse. Ensuite, l'un et l'autre apaisés, il aurait aimé pouvoir poser sa joue contre son sein et s'expliquer. Dire tout ce qui lui passait par la tête, son besoin d'évasion, d'action, d'initiatives, d'espaces.

Et parler du dégoût que lui inspiraient les affaires trop faciles et simples, sans risques, qu'il devait conclure avec des gens tristes, lugubres, sans rêves ni fantaisie, des clients qui ne pensaient qu'à l'argent et jamais à l'aventure et devenaient ainsi presque aussi racornis que leurs portefeuilles.

Et il aurait aussi voulu lui dire qu'il était heureux avec elle et Armandine, qu'il les aimait l'une et l'autre, mais qu'il n'était plus tellement sûr que cela soit suffisant pour le retenir encore longtemps. Lui dire enfin qu'il ne savait plus très bien ce qu'il devait faire pour se sentir de nouveau plein d'allant, d'idées, de projets.

Mais Rosemonde ne l'avait pas attendu. Ce n'était pas sa faute : elle n'avait pu prévoir qu'il quitterait la table de jeu bien avant l'heure habituelle.

« Elle l'aurait deviné, il y a dix ans, songea-t-il avec un peu de tristesse. Oui, elle aurait senti que j'allais revenir plus tôt que prévu et elle aurait veillé pour m'attendre. Mais, en ces temps-là, on ne faisait pas chambre à part. »

Il n'avait pas sommeil. Aussi, au lieu de rejoindre son lit où il n'avait que faire, il entra dans son bureau. Là, il se servit un doigt de cognac, s'installa dans son fauteuil, alluma un cigarillo et poursuivit la lecture de son journal.

« Je suis là comme un rentier, pensa-t-il, un affreux petit rentier peureux et frileux, qui n'ose pas rêver plus loin que le pas de sa porte. »

Lorsqu'il entendit tirer et qu'il aperçut le cavalier qui galopait vers eux, Antoine pensa aussitôt qu'une des *rabonas* avait sauté sur le cheval de Joaquin et s'était lancée à leur poursuite; avec ces pochardes complètement folles, on pouvait s'attendre à tout, même à l'invraisemblable. Invraisemblable, puisqu'il avait vu la bête s'écrouler, jarrets tranchés. Et pourtant les faits étaient là : on les poursuivait en les prenant pour cibles!

— Mais on n'en viendra donc jamais à bout de ces garces! marmonna-t-il, furieux.

Malgré les tressautements que lui infligeait son cheval au galop, il rechargea son fusil, l'arma, puis ralentit sa monture et décida de se débarrasser une fois pour toutes de l'importune créature qui les suivait.

Très bon tireur, il se faisait fort de la stopper définitivement dès qu'elle arriverait à deux cents mètres et qu'il serait alors possible de bien la repérer au milieu du nuage de poussière qu'elle levait dans sa course. Il arrêta son cheval, le fit volter, attendit qu'il se calme, épaula et visa au centre de la mouvante et rougeâtre nuée qui progressait vers lui.

« Qu'elle fasse encore une centaine de mètres et je vais lui prouver qu'elle aurait mieux fait de rester là-haut, avec les autres... »

Il commençait à mieux distinguer sa cible et allait presser la détente quand il releva brusquement son arme.

— Ça alors! D'où sortent-ils? souffla-t-il en découvrant les deux chevaux qui émergeaient de la poussière.

Il était absolument certain que les *rabonas,* lors de l'attaque, n'avaient pas de monture, alors, même en admettant que l'une des femmes ait enfourché celle de Joaquin, par quel tour de passe-passe pouvait-elle maintenant être en possession de deux chevaux?

— Et en plus, ce n'est pas une de ces maudites femelles, c'est un homme! murmura-t-il en détaillant peu à peu le nouveau venu.

Il éclata soudain d'un rire nerveux et sentit une montée de sueur qui lui glaça le front et le dos en reconnaissant Romain Deslieux.

— Bon Dieu! grogna-t-il en pâlissant, à cinq secondes

près, je logeais deux ou trois balles de 44 dans la poitrine de ce pauvre bougre!

— Et alors! Vous avez des problèmes avec les *rabonas*, on dirait, lui lança Romain en arrêtant ses chevaux contre le sien.

— Plutôt oui, ces chamelles ont bien failli nous avoir, avoua Antoine en s'épongeant le front d'une main un peu tremblante. Mais ce n'est pas à cause d'elles que vous me voyez dans cet état; si j'ai un peu la tremblote, c'est parce que j'ai failli vous fusiller; c'est presque un miracle si vous êtes là!

— Pas possible?

— Parole! assura Antoine. Jusqu'au dernier moment, j'ai bêtement cru que vous étiez une *rabona*...

— Bigre..., fit Romain en hochant la tête. Il observa Antoine, puis son fusil et sourit : Bah, lança-t-il enfin en haussant les épaules, vous avez certes une arme excellente, mais j'allais vite : vous m'auriez sans doute raté!

— Certainement pas, j'ai stoppé des cerfs ou des pécaris qui allaient beaucoup plus vite que vous... Enfin, content de vous revoir en forme. Mais où diable allez-vous comme ça?

— Je vous cherchais. Je crois avoir un renseignement pour vous et vos compagnons. A propos, où ont-ils filé?

— Là-bas. Ils m'attendent au pied de ces rochers. Vous savez que vous tombez bien avec vos deux chevaux! Figurez-vous que...

— Je sais, coupa Romain, j'ai vu qu'il vous en manquait un. Mais, à ce propos, c'est pour ça que je vous ai rejoints...

— Vous saviez que vous auriez à nous prêter un de vos chevaux? plaisanta Antoine en se mettant en marche.

— Bien sûr que non. Mais vous m'avez dit, hier soir, que vous cherchiez un homme perdu dans cette région. Moi, pour rejoindre Tocopilla, en venant de Quilliagua, j'ai pris une piste qui passe à quinze kilomètres à droite d'ici, de l'autre côté du río Loa. Moi aussi, j'ai dû éviter une troupe de *rabonas,* peut-être celles qui vous ont attaqués... A propos, j'espère que vous en avez fait de la charpie de ces furies!

— On a fait ce qu'on a pu, assura Antoine, mais quel rapport avec votre décision de nous rattraper?

— Oh, c'est simple! Moi, j'étais seul, l'autre jour, alors j'ai fui ces teignes, et c'est là que je suis tombé sur un indice, enfin, peut-être...

— Dites toujours?

— Votre ami, celui que vous cherchez, est-ce que vous savez ce qu'il montait?

— Non, pas du tout.

— Évidemment... Mais si, par hasard, il avait choisi un cheval chilien, eh bien, je suis venu pour vous dire qu'il y en a un, enfin, un cadavre, là-bas, dans cette sierra, dit Romain en tendant l'index en direction des montagnes, et si vous voulez, je peux facilement retrouver l'endroit.

— Merci, dit Antoine.

Il était très touché par la démarche de cet homme qu'il connaissait à peine et qui, au lieu de rester à Tocopilla à vider quelques pichets de *Mosto* ou de *Locumba* en caressant les filles — avec l'armée cantonnée là, elles ne manquaient pas! —, avait préféré reprendre la piste pour les prévenir.

Mais il était aussi très inquiet, car, s'il ignorait l'origine du cheval choisi par Herbert Halton, il savait très bien, pour le lui avoir souvent entendu dire à Santiago, que l'Anglais tenait les chevaux chiliens pour les meilleurs de tout le continent...

— Non, je ne sais pas du tout ce qu'il montait; mais, s'il en a eu l'occasion, je pense qu'il aura pris un cheval chilien.

— C'est également ce que j'ai pensé, assura Romain. Cela dit, ajouta-t-il en voyant l'air soucieux d'Antoine, il n'y a quand même pas qu'un spécimen de cette espèce dans la région!

— Bien entendu, mais ça vaut quand même le coup de vérifier, non?

— Je le pense.

Ils trottèrent en silence quelques instants et ils approchaient des éboulis où les attendaient Edmond et Joaquin lorsque Antoine lança :

— Vous aidez toujours comme ça les gens que vous connaissez à peine?

— Oh non, assura Romain en riant, et je pourrais même vous en présenter un certain nombre qui regrettent beaucoup de m'avoir rencontré! Mais il faut dire que ceux-là étaient spécialement désagréables, ou mal élevés, ce qui revient au même!

— Ah bon?

— Oui. Et puis vous, c'est différent, vous êtes français!

— Ce n'est vraiment pas une garantie; il en est qui sont de fieffées crapules!

— Naturellement. Mais alors, je vais vous dire, ceux-là, je ne les ai jamais vus prendre le moindre risque pour aller à la recherche d'un ami; ils profiteraient plutôt de son absence pour mettre la main sur ses affaires, sur sa femme et sur ses maîtresses! Croyez-moi, j'ai été à bonne école. Les crapules et les escrocs, je les sens de loin, de très loin. Et vous avez raison, le monde en regorge et c'est très fatigant! Alors quand, par hasard, je rencontre quelqu'un qui n'a pas l'air d'appartenir à cette espèce, je trouve ça très agréable et très reposant! Oui, très reposant, même si ça m'oblige, comme aujourd'hui, à galoper sur une piste où théoriquement je n'ai rien à faire!

Edmond et Romain sympathisèrent tout de suite. Antoine en fut un peu étonné, car il conservait le souvenir des difficultés qu'il avait eues jadis à vaincre l'espèce de timidité que lui inspirait alors Edmond. Il est vrai qu'à cette époque il n'était qu'un très modeste colporteur et qu'Edmond était, au Chili, le représentant de l'importante Soco Delmas et Cie. De plus, et bien qu'il l'ait quittée depuis plusieurs années, Antoine était encore tout imprégné de sa Corrèze natale et de cette espèce de mentalité qui poussait les simples paysans comme lui à être déférents envers un monsieur de la ville, comme Edmond d'Erbault de Lenty.

Il avait fini par comprendre que cette attitude était ridicule et qu'un individu devait se jauger par rapport à ses actes et non en fonction de ses origines ou de sa fortune. Mais il lui avait fallu plusieurs années, et même la faillite d'Edmond, pour s'habituer à cette idée et cesser d'être un peu gauche en sa présence.

Tout alla beaucoup plus vite entre Edmond et Romain. Sans s'être jamais rencontrés, ils se reconnurent aussitôt et Antoine, amusé, comprit soudain qu'ils étaient du même monde, sans doute du même milieu et de même éducation.

Un jour, lui-même, complètement assommé par ce qu'il venait de découvrir en revenant chez lui, sur ses terres, s'était presque immédiatement lié avec Martial, car d'instinct il s'était senti proche de lui. Il en était de même pour Edmond et Romain, et c'était très bien ainsi.

— Antoine m'a parlé de vous, ce matin, dit Edmond en grimaçant, car la course à cheval avait défait son pansement et mis la plaie à vif. Vous êtes de Paris, m'a-t-il dit, et vous savez tout faire, paraît-il ?

— Oui, de Paris. Pour ce qui est du reste, j'ai surtout appris sur le tas...

— Bah ! Qu'importe les diplômes si on a la capacité ! Moi aussi, j'étais de Paris, dans le temps... Quel quartier ?

— Rue de Bourgogne, dit Romain en observant la

blessure. Vous avez eu beaucoup de chance : d'habitude, les *rabonas* ne blessent pas, elles tuent... Mais il faudrait resserrer les lèvres de cette plaie, autrement ça ne va pas s'arrêter de saigner.

— Vous vous y connaissez ?

— Un peu, comme tout le monde, dit Romain en s'écartant pour laisser la place à Antoine. Et vous, quel quartier ?

— Colline de Chaillot. Arrêtez! Vous me faites un mal de chien! protesta Edmond en essayant de repousser Antoine.

— Sûrement, reconnut celui-ci. Joaquin, passe-moi une solide bande et aussi un peu de gnole pour nettoyer tout ça. Cramponnez-vous bien, ça risque de chatouiller, dit-il en prenant la gourde de *pisco* que lui tendait Joaquin... Vous savez, reprit-il dès qu'Edmond eut fini de hurler en tressautant sous la brûlure que lui infligeait l'alcool, je crois que le plus sage sera que vous rentriez à Tocopilla avec Joaquin. Vous m'attendrez là-bas.

— Pas question, je reste avec vous, grimaça Edmond.

— C'est stupide. Vu son emplacement, cette blessure va affreusement vous gêner pour tenir en selle!

— Je n'ai pas reçu le coup en plein fondement, protesta Edmond; alors, je peux tenir à cheval et j'y tiendrai... Et qu'est-ce qui vous a amené dans ce pays? demanda-t-il à Romain.

— Bah, toute une histoire! La vie, quoi... Et vous?

— Les affaires.

— Je vois.

— Attention, prévint Antoine, même si ce n'est pas votre... fondement qui est touché, il faut que je serre le plus fort possible...

— Allez-y, dit Edmond. Bon Dieu, lança-t-il en se raidissant, j'ai jamais eu affaire à un pareil boucher!

— Vous plaignez pas, s'amusa Romain, moi je vous

aurais carrément cautérisé au fer rouge, comme font les Apaches. Ça fait « pfuiiit » et un peu de fumée, et c'est guéri!

Edmond lui jeta un coup d'œil écœuré, vit qu'il plaisantait et sourit faiblement.

— Ça sera pour la prochaine fois, dit-il.

Puis il s'ébroua, pâlit et s'évanouit.

— Je m'y attendais, maugréa Antoine. Faut dire qu'il a une belle entaille. Mais, dites, vous ne croyez pas, vous aussi, qu'il ferait mieux de rentrer à Tocopilla?

— Si, bien sûr, mais ça m'étonnerait qu'il change d'avis. Et puis, c'est son affaire.

— Possible, mais c'est aussi la mienne. Bon sang, cette expédition avec lui m'inquiétait déjà, mais alors avec un estropié sur les bras!

— On essaiera de faire avec, dit Romain.

Antoine l'observa, faillit lui demander s'il avait mis dans ses plans de les accompagner jusqu'à ce qu'ils aient retrouvé Herbert. Puis il haussa les épaules, inséra la gourde d'alcool entre les lèvres pâles d'Edmond et versa.

— Bon, décida-t-il dès que le blessé eut protesté en crachant, la nuit va venir; on n'a donc pas le temps d'aller jeter un coup d'œil sur votre découverte, n'est-ce pas? Alors on va bivouaquer, pas ici : nous sommes encore trop près des *rabonas*. Mais, si on fait une petite heure de cheval, ce sera bien le diable si elles nous rattrapent! Allez, aidez-moi à relever Edmond, et filons.

Parce qu'il redoutait que l'état d'Edmond n'ait empiré pendant la nuit, ce fut avec une certaine inquiétude qu'Antoine alla le réveiller peu avant l'aube. Il fut tout de suite rassuré lorsqu'il vit que son compagnon parvenait à se lever sans aide et même à claudiquer jusqu'au feu que Joaquin venait d'allumer.

— Ça ira? lui demanda-t-il.

— J'espère, ça me tire beaucoup, mais...

— Normal, ça se cicatrise, marmonna Romain.

Il n'était pas levé et somnolait encore, roulé dans son poncho.

Antoine remarqua qu'il avait dormi avec sa Winchester serrée contre sa poitrine et apprécia; lui aussi n'avait pas lâché son arme de la nuit.

— On boit le café et on part, décida-t-il.

— Il faut aussi que je me rase, prévint Edmond en se passant la main sur les joues.

Antoine allait protester et lui dire qu'il était peut-être superflu de se faire une beauté, mais Joaquin lui coupa la parole.

— Non, dit-il, il ne faut pas se raser, ou alors il faut trouver de l'eau, il n'en reste presque plus... Oui, s'excusa-t-il, c'est sur mon cheval qu'il y avait la réserve et...

— C'est vrai, reconnut Antoine. Eh bien, on puisera dans le río Loa.

— Vous pourrez toujours vous raser avec cette eau, dit Romain en se levant, mais ça m'étonnerait beaucoup que vous puissiez en boire! Il bâilla, s'approcha du feu où chauffait la cafetière : Oui, vous seriez bien les premiers à pouvoir en boire!

— Qu'est-ce qu'elle a? demanda Edmond.

— Elle est bourrée de nitrates comme c'est pas permis! Et plus on descend le río, plus elle est nitrée. Même les mules n'en veulent pas, c'est dire!

— Manquait plus que ça! dit Antoine en soufflant sur son café pour le refroidir. Mais alors, on en trouvera où? Moi, je ne m'engage pas dans le désert sans eau; j'ai déjà fait une expérience, et ça me suffit...

— Vous dites qu'elle est nitrée? releva Edmond. Donc, elle doit traverser de fameux gisements?

— Naturellement. Plus fameux que ça, encore! Certains sont exploités, mais beaucoup ne demandent qu'à l'être.

— Intéressant, murmura Edmond. Mais avec cette guerre, encore faudrait-il savoir avec qui négocier l'exploitation. Qu'en pensez-vous ?

— Écoutez, coupa Antoine, ce n'est peut-être pas le moment de parler commerce. Je sais bien qu'il vous colle à la peau, mais quand même! Enfin, ça prouve que votre blessure ne vous empêche pas de penser aux affaires!

Il vida son gobelet de café, commença à seller son cheval.

— Mais tout ça ne nous dit pas où on trouvera de l'eau, insista-t-il.

— Je connais un puits à environ trente kilomètres au nord-est d'ici, assura Romain. L'eau est un peu saumâtre, mais elle est potable. Je vous y conduirai.

— Si je comprends bien, dit Antoine, vous comptez donc nous suivre même après nous avoir guidés jusqu'au cheval chilien ?

— Pourquoi pas ? dit Romain. J'ai l'impression qu'on ne s'ennuie pas avec vous! De toute façon, tant que vous n'avez pas trouvé de quoi remplacer la monture de votre Joaquin, je suis bien obligé de vous suivre pour vous prêter mon cheval de rechange.

— On peut vous l'acheter tout de suite...

— Ben oui, plaisanta Romain. Mais, manque de chance, il n'est pas à vendre. Alors...

— D'accord, dit Antoine. Je ne sais pas ce qui vous pousse à vouloir faire équipe avec nous; mais, comme je ne vois pas pourquoi nous refuserions votre aide, faisons un bout de chemin ensemble. Vous partirez bien quand vous en aurez assez.

# 6

Contrairement à Joaquin, qui s'était empressé de compter les rapaces — douze urubus, trois caracaras et cinq condors — et d'affirmer péremptoirement que leur vol de droite à gauche ne présageait rien de bon, ce n'était pas leur nombre qui intriguait Romain, c'était leur emplacement.

Les oiseaux ne tournoyaient pas au-dessus du point vers lequel progressaient les quatre hommes. Or, malgré la distance, Romain était certain que ses points de repère étaient bons. Le cadavre du cheval était là-bas, à environ deux doigts à gauche d'un monticule rocheux qui ressemblait à une petite église espagnole, et les vautours planaient beaucoup plus à droite, à au moins cinq cents mètres de là.

— C'est là-bas que nous allons? lui demanda Antoine en désignant le vol de charognards.

— Ben non, justement..., dit Romain.

Il était perplexe, car il ne comprenait pas pourquoi les vautours avaient si rapidement abandonné leur proie.

« Ou alors, calcula-t-il, c'est qu'ils en sont déjà venus à bout et qu'ils ont maintenant repéré quelque guanaco ou vigogne crevé... »

Mais, sans qu'il sût pourquoi, cette explication ne lui convenait pas.

— Un détail vous agace? interrogea Antoine.

— Un peu, oui. Moi, j'aime savoir le pourquoi des choses. Savoir, par exemple, pourquoi ces vautours ne sont pas à la place où je les attendais. Enfin, il suffit de patienter un peu; on sera vite renseignés.

Grâce aux indications de Romain, mais aussi à l'épouvantable odeur qui s'échappait de la bête éventrée, ils atteignirent leur but vingt minutes plus tard.

L'estomac soulevé par la pestilence qui planait aux alentours de la charogne, les quatre hommes restèrent prudemment assez loin de la carcasse que picoraient quelques urubus.

Antoine regarda Edmond, nota qu'il avait pâli et qu'il se tamponnait nerveusement le nez avec les lambeaux de sa pochette de soie.

— Éloignez-vous, lui dit-il, et allez donc nous attendre un peu plus loin. Ce sera plus prudent : tout le coin regorge de mouches; je ne crois pas que ce soit très sain pour votre blessure.

— Vous avez raison, ces saletés me cherchent déjà, murmura Edmond.

Il avait maintenant le cœur au bord des lèvres et était très reconnaissant à Antoine de lui avoir fourni un prétexte pour s'écarter de ce lieu puant. Mais il ne partit pas assez vite, fut saisi par un hoquet et se mit brusquement à vomir; et son air malheureux fit pitié aux trois hommes qui l'entouraient.

— Occupe-toi de lui, nettoie-le, débrouille-toi, dit Antoine à Joaquin. Vous savez, lança-t-il à Edmond, faut pas avoir honte : le même accident peut nous arriver!... Bon, alors le voilà, ce cheval chilien, enfin, ce qu'il en reste! lança-t-il à Romain.

— Oui. Et, à une centaine de pas d'ici, j'ai relevé l'autre jour les traces de toute une troupe en marche, mais j'aurais mieux fait de chercher celles d'un homme seul.

— Vous ne pouviez pas deviner, dit Antoine en mettant pied à terre.

Romain l'imita et ils tournèrent ensemble autour du cadavre en cherchant les quelques improbables indices que les cailloux et la poussière recelaient peut-être.

— On ne trouvera rien ici, dit enfin Romain. Je crois qu'il va falloir aller jusqu'à San Ignacio; c'est un petit pueblo à deux heures d'ici, peut-être qu'on y trouvera des renseignements. Mais, avant, je pense qu'on ne perdrait pas notre temps en jetant un coup d'œil là-bas, dit-il en indiquant l'endroit à la verticale duquel tournaient les vautours.

— Je comptais bien y aller, approuva Antoine, et il alluma un cigarillo pour tenter d'atténuer la puanteur qui les entourait.

Les rapaces étaient tellement nombreux et agglutinés sur leur proie que les deux hommes durent les chasser à coups de pierres pour pouvoir distinguer la nature du cadavre qu'ils becquetaient en craillant. Et parce que certains s'accrochaient encore à lui, Antoine n'aperçut pas tout de suite le pied, puis la jambe de l'homme. C'est en s'approchant qu'il comprit.

— Ben voilà, on l'a retrouvé, murmura-t-il en soupirant.

– J'aurais dû chercher davantage, l'autre jour, dit Romain. Je suis sûr que ce pauvre bougre était déjà là, blessé sans doute, mais encore vivant, car il n'y avait pas de vautours. Quand je pense qu'il m'a peut-être entendu... Pour moi, il est tombé sur des *rabonas* ou des *rateros* qui les ont blessés, lui et son cheval. Sa bête a crevé et il s'est traîné jusqu'ici...

— Attendez un instant, fit soudain Antoine. Il s'approcha du mort et l'observa : Dieu me pardonne, mais rarement cadavre m'aura fait autant plaisir, dit-il joyeusement. Regardez, mon vieux, ce n'est pas notre Herbert! Ou alors, il faudra qu'on m'explique un jour comment ses cheveux roux sont devenus noirs!

— Vous êtes sûr ?

— Tout à fait, ce pauvre bougre était un métis. D'ailleurs, il était beaucoup plus petit qu'Herbert.

— Eh bien, tant mieux, dit Romain en se penchant vers les restes de l'homme. Mais c'est dommage qu'il soit mort à ce point, car il aurait pu nous expliquer où il a trouvé ça...

Il se retourna vers Antoine et tendit la main au bout de laquelle, pendue à sa chaîne d'argent, se balançait une grosse montre.

— Voilà au moins un sérieux indice, même s'il n'est pas rassurant du tout : c'est l'oignon d'Herbert, je le reconnais, dit Antoine en prenant la montre que lui tendait Romain.

Ce dernier hocha la tête et se tut. Il n'avait nul besoin de poser des questions pour comprendre la gravité de sa découverte.

— Bon Dieu ! J'aimerais savoir ce qui s'est vraiment passé, murmura Antoine en portant machinalement la montre à son oreille.

Elle était arrêtée et il haussa les épaules en comprenant l'inutilité de son geste.

— Mais comment est-elle arrivée là ? dit-il en tournant le remontoir.

— Oh, ça..., dit Romain. Oui, je crois que c'est assez simple. Voyez-vous, je suis prêt à parier ma chemise que ce métis était le *vaqueano* de votre ami, alors...

— Alors ? insista Antoine qui pressentait la suite.

— Eh bien, de deux choses l'une, soit votre ami a donné cette montre de son plein gré, pour une raison ou pour une autre, soit on la lui a prise de force... Mais quelle que soit l'hypothèse, je parie aussi que ce bougre de métis était en train de fuir, peut-être même sur le cheval de votre ami, lorsqu'il a fait une mauvaise rencontre.

— Ça se tient, reconnut Antoine. Mais il y a aussi une autre possibilité. Je n'oserais la formuler nulle part ailleurs que dans ce pays en ébullition, parcouru par des pillards de tous âges et de tous sexes qui passent leur temps à s'entr'égorger pour un peso! Alors, pour se prononcer sur le nombre de voyous qui ont empoché cette montre depuis qu'elle est sortie du gousset d'Herbert...

Il réfléchit, regarda le mort, mâchouilla son cigarillo maintenant éteint et commença à transporter des pierres pour recouvrir le cadavre.

— On ne peut quand même pas le laisser comme ça, dit-il en désignant les vautours qui s'étaient posés à trente pas et qui attendaient.

Romain approuva et se mit à son tour au travail.

— Ce qu'il faudrait, dit Antoine après plusieurs minutes, c'est trouver un témoin vivant qui ne soit ni une *rabona,* ni un *ratero,* ni un militaire trop ivre pour répondre, et ça...

— Je crois qu'on devrait pousser jusqu'à San Ignacio. C'est ce que je disais tout à l'heure et je pense de plus en plus qu'on ne perdrait pas notre temps en y faisant un saut. Et puis, si on veut de l'eau, on en trouvera là, un peu saumâtre, mais quand même buvable.

— Vous avez l'air de rudement bien connaître ce coin.

— Oui, tout ce coin, et beaucoup d'autres encore. Mais je n'ai pas grand mérite : j'ai vécu ici plus d'un an. Mon *placer* était à environ cent kilomètres au nord-est d'ici. J'étais sur un fameux gisement d'argent, à mon avis presque aussi riche que ceux qu'on trouve du côté de la Placilla, dans le district de Caracoles. Mais j'ai dû déguerpir : avec la guerre, certains militaires péruviens sont devenus très susceptibles quant à la nationalité des *cateadores*. Ils veulent bien tolérer les prospecteurs étrangers mais alors ils leur prennent des taxes démentes. C'est pour ça que j'ai abandonné.

— Je comprends, dit Antoine, mais vous êtes certain de ne pas prendre de risques en revenant dans ce secteur?

Romain sourit, expédia un gros moellon sur le monticule qu'ils étaient en train d'élever.

— Bah! des risques, on en prend toujours. Mais je ne vois pas en quoi ma présence ici peut gêner qui que ce soit. D'accord, je suis parti, voici peu, sans régler ce que me réclamaient les escrocs qui prétendent faire la loi, mais quelle importance! Mon placer est loin d'ici et ceux qui en voulaient à mon argent sont bien trop feignants pour me courir après! De toute façon, ils ne me connaissent pas, enfin, pas beaucoup... Allez, rassurez-vous, personne ne me cherche, ni ici ni ailleurs!

— Je n'étais pas inquiet, dit Antoine, vous avez l'âge de savoir ce que vous avez à faire... Bon, ce pauvre bougre — que Dieu ait son âme — a suffisamment de cailloux sur ce qu'il lui reste de ventre, on peut s'en aller.

— Oui, dit Romain en posant une dernière pierre sur le tumulus. Il regarda leur travail, hocha la tête d'un air sceptique : C'est un beau tas de cailloux qu'on lui a fait à ce métis, mais je ne crois pas que ça empêchera les coyotes de le retrouver dès la nuit prochaine...

— Certainement, approuva Antoine en marchant vers les chevaux; mais, malgré ça, je n'aurais pas aimé le laisser aux vautours.

— Moi non plus.

— Alors c'est très bien comme ça, dit Antoine.

Il sauta en selle et rejoignit Edmond et Joaquin.

Ils arrivèrent à San Ignacio peu avant midi. Le misérable et petit pueblo était complètement vide, mais ils n'en furent nullement étonnés, car Joaquin les avait prévenus que les habitants s'étaient enfuis à leur approche; Romain, grâce à sa longue-vue, avait confirmé les dires du métis.

— Ils ont déjà dû recevoir quelques mauvaises visites, ça les a rendus prudents, expliqua Romain en poussant son cheval vers le puits. Voilà, il ne reste plus qu'à remplir les gourdes; ensuite je pense qu'il faudra aller plus loin.

Antoine observa Edmond, lui trouva mauvaise mine et s'en inquiéta. Il est vrai qu'il n'était pas habitué à le voir ainsi, avec ses joues bleues de barbe, ses vêtements fripés et sales, ses yeux fatigués aux cils collés par la poussière et son teint déjà recuit et brûlé par le grand air et le soleil.

— Non, décida-t-il en sautant à terre, avant de repartir, on va d'abord manger; moi, j'ai faim. Et puis, dit-il en désignant le *cerro,* si ceux qui nous observent de là-haut voient qu'on ne fouille même pas leurs cases et qu'on n'y met pas le feu, peut-être comprendront-ils qu'on n'est pas des ennemis.

— Vous avez raison, approuva Romain, on ne perd rien à faire une petite halte ici.

Pour bien prouver aux observateurs qu'ils n'occupaient pas la place, ils s'installèrent à l'ombre d'une étable, à la sortie du pueblo.

Pendant que Joaquin allumait le feu et que Romain remplissait toutes les gourdes d'eau, Antoine insista pour examiner la blessure d'Edmond.

Un seul coup d'œil lui suffit pour être rassuré. Contrairement à ce qu'il craignait et en dépit de son air épuisé, son compagnon réagissait bien, sa plaie était franche, nette, sans suppuration.

— Ça vous convient? demanda Edmond.

— Tout à fait.

— Si seulement je pouvais me laver un peu et me raser! soupira Edmond en se passant la main sur les joues et en se grattant le cou.

— Hé! Qui vous en empêche?

— On a le temps?

— On va le prendre, assura Antoine. Il réfléchit, puis sortit de sa poche la grosse montre d'Herbert Halton:

Vous savez, dit-il en la contemplant, j'espérais que quelqu'un de ce pueblo pourrait nous donner quelque renseignement, mais maintenant, je ne sais plus du tout que penser de cette histoire. Et vous?

Edmond avait été lui aussi très inquiet lorsque Antoine lui avait fait part de sa découverte; ce métis mort, possesseur de la montre d'Herbert, ne présageait vraiment rien de bon. Malgré cela, il ne désespérait pas de trouver d'autres indices, mais il souhaitait qu'ils soient moins macabres et démoralisants.

— Moi non plus, je ne sais que penser, avoua-t-il, mais je crois qu'il faut poursuivre les recherches. Et lui là-bas, qu'en dit-il? demanda-t-il en désignant Romain qui était toujours en train de puiser de l'eau.

— Comme nous, qu'il faut chercher encore.

— Eh bien, c'est ce que nous ferons, dit Edmond. En attendant le repas, je vais me laver et me raser, dit-il en claudiquant vers le puits.

— Je vous accompagne. Moi aussi, j'ai grand besoin de me décrasser. Et puis, ça rassurera peut-être les péons qui nous regardent, cachés là-haut dans les rochers.

— Rien n'est moins sûr! La propreté n'est pas un gage d'honnêteté! Je connais un certain nombre de crapules qui sont toujours propres comme des sous neufs!

Au dire de Joaquin qui le repéra tout de suite, le premier à venir en éclaireur fut un gamin.

— Pas plus de dix, douze ans, évalua le métis en scrutant le rocher à côté duquel, disait-il, se tenait l'enfant. Et il fait des signes aux autres.

— Eh bien, ne bougeons pas et attendons, décida Antoine en se taillant une large tranche de *charqui*.

Il appréciait cette viande de bœuf, débitée en lanières et sèche comme du cuir. Certes, elle était un peu coriace, mais elle avait un petit goût de venaison qui n'était pas désagréable du tout; à condition toutefois de ne pas faire comme Edmond qui ne parvenait pas à oublier qu'elle avait longuement séché au soleil, exposée aux mouches...

— Vous croyez que ce gamin va venir? demanda Edmond en avalant sans appétit la bouillie de haricots noirs mitonnée par Joaquin.

— Pas lui, il est juste là pour glaner des renseignements, dit Romain.

— Et il s'en va maintenant, prévint Joaquin. Mais il y a deux hommes plus loin qui nous observent, là-bas, dans cette *quebrada*.

Antoine ne se donna même pas la peine de regarder dans le ravin que lui indiquait le métis, il le croyait sur parole.

— Ils seront là pour le café; alors, fais-en beaucoup! plaisanta-t-il.

Ils se décidèrent une heure plus tard, alors que les quatre hommes, lassés d'attendre, étaient en train de resangler leurs chevaux.

Ils arrivèrent de plusieurs directions à la fois, prudents, craintifs, prêts à fuir en courant, et restèrent d'abord à plus de cent mètres du pueblo. Puis Romain les appela et marcha lentement vers eux, pour se faire reconnaître.

Ils hésitèrent encore un peu, se concertèrent, puis osèrent enfin rentrer dans leur pueblo, ravis d'avoir eu, pour une fois, plus de peur que de mal.

— Ah, maintenant, on va peut-être savoir... J'espère qu'il va se trouver quelqu'un qui pourra nous renseigner, dit Romain.

Ce fut long car, comme pour excuser leur fuite et leur prudence, les hommes expliquèrent que, depuis deux mois, le pueblo avait successivement subi cinq visites.

D'abord celle des *rabonas* qui avaient pillé presque tous les vivres et égorgé un vieillard sourd qui, pensaient-elles, refusait de répondre à leurs questions. Puis des soldats étaient venus qui, après avoir abattu et débité ce qui restait des troupeaux, avaient lâchement abusé des femmes et des filles du village; du moins de toutes celles qui n'avaient pas eu le temps de fuir dans la sierra. Des *rateros* avaient ensuite fondu sur le pueblo; comme il n'y avait plus rien à chaparder et que les femmes avaient eu le temps de se cacher, ils avaient pendu quelques hommes, histoire de rire un peu et de meubler la soirée. Puis l'armée était repassée, puis de nouveau les *rateros*... Alors maintenant, les survivants se méfiaient et fuyaient à la moindre alerte.

— Je comprends, dit Antoine... Au milieu de tout ça, vous n'avez pas vu un Blanc, comme nous, il devait être accompagné d'un *vaqueano*?

— Un homme avec des cheveux rouges? demanda un des péons.

— C'est ça! triompha Antoine. Alors quand? Et vers où allait-il?

Le péon hésita et Antoine, croyant qu'il attendait un encouragement sonnant et trébuchant, sortit une pièce. Mais l'autre, presque vexé, secoua vivement la tête.

— Il ne faut payer que les bonnes nouvelles, dit-il, et celle-là, je ne sais pas si elle est bonne pour vous...

— Ah... Dis toujours..., insista Antoine.

— Il n'était pas avec un *vaqueano*, expliqua l'homme. Il était avec le deuxième groupe de *rateros* qui est passé ici, ça fait...

Il hésita, compta lentement sur ses doigts puis ouvrit deux fois la main et tendit les pouces.

— Douze jours, traduisit Antoine, et il était avec les pillards, c'est ça? Il était prisonnier?

— C'est-à-dire..., hésita une fois de plus le péon, il n'était pas attaché, mais il les suivait quand même, ça c'est sûr. Et même que c'était pas facile pour lui, parce que les autres marchaient vite, surtout ceux qui avaient des chevaux...

— Comment ça, pas facile? demanda Antoine.

L'homme haussa les épaules :

— Il n'avait pas ses bottes ni sa ceinture; alors pieds nus et en tenant son pantalon, il ne pouvait pas aller très vite...

— Pauvre vieux, murmura Edmond, jamais il n'aura pu supporter ça. Vous vous rendez compte?

— Et ils se dirigeaient vers où, ces *rateros*? questionna Antoine.

— Là-haut, dit le péon en indiquant la chaîne montagneuse qui barrait l'horizon.

— C'est la sierra de Moreno, expliqua Romain. J'espère que ces voyous ne nichent pas trop haut dans les massifs, parce qu'alors on ne les retrouvera jamais!

— Ils étaient nombreux? interrogea Antoine.

— Quinze, vingt, pas plus, et encore il y avait trois femmes.

— La belle équipe! ponctua Antoine.

— Vous pensez qu'Herbert peut être encore vivant? lui demanda Edmond.

— Comment savoir...

— Ce n'est pas impossible, intervint Romain. Voyez-vous, si les *rateros* ne l'ont pas tué tout de suite, c'est qu'ils espèrent en tirer quelque chose, donc ils essaieront de le garder en vie. Eh oui, en période trouble, le rançonnement est très porté par ici, et c'est sans doute ce qui a évité à votre ami de se faire étriper dès qu'il est tombé sur cette bande de pillards

— Je vois, dit Antoine, il ne nous reste plus qu'à le retrouver et à le tirer de là. Mais je donnerais cher pour savoir comment on va s'y prendre.

— Avec de l'argent ou à coups de fusil, je crois qu'il n'y a pas d'autre système, dit Romain.

— C'est aussi mon avis, approuva Antoine.

Il lança le peso qu'il tenait en direction d'un gamin et marcha vers son cheval.

Ce fut avec un petit pincement au cœur que Martial déchiffra le bristol que venait de lui apporter son secrétaire. Il réfléchit, puis passa doucement le pouce sur les caractères gothiques finement gravés et relut le nom de l'homme qui désirait le rencontrer : *Ignacio Temulco. 23 Alameda O'Higgins. Santiago Chile.*

Il rêva un instant, pris par tous les souvenirs que lui rappelait la petite carte de visite, puis haussa les épaules, se leva et ouvrit la porte à son visiteur.

Il eut de nouveau un coup au cœur lorsque l'homme entra.

Depuis son retour en France, et bien qu'il fût resté en relations commerciales permanentes avec le Chili, Martial n'avait pas revu de Chilien. Or celui qui était devant lui ressemblait tellement au docteur Portales qu'il faillit lui demander si aucun lien de parenté ne les unissait. Mais c'était stupide, Ignacio Temulco, comme le docteur Portales et des milliers d'autres Chiliens, avait tout simplement quelques ancêtres indiens; c'étaient eux qui donnaient ce type, ce port de tête, cette allure et ce regard sombre.

— Vous êtes bien monsieur Martial Castagnier? demanda l'homme en un français à peine teinté d'un très léger accent.

— Mais oui. Asseyez-vous, je vous en prie, proposa Martial en reprenant place derrière son bureau.

— C'est un de vos amis qui m'a conseillé de venir vous voir, dit l'homme.

Martial haussa les sourcils car il ne se connaissait pas d'amis en France, tout au plus quelques relations d'affaires ou de jeu. Ses amis étaient tous au Chili, mais, aucun ne l'ayant prévenu de la visite d'Ignacio Temulco, il ne voyait pas du tout de qui pouvait parler son visiteur.

— Un de mes amis? insista-t-il.

— Oui. Figurez-vous que nous avons voyagé ensemble de Valparaíso à Antofagasta, il y a environ un mois et demi. Moi, j'étais en route pour la France et j'ai donc continué sur Panamá. Mais avant de nous séparer, votre ami m'a vivement encouragé à venir vous trouver. Il paraît que vous pourriez m'aider, alors comme je viens juste de débarquer...

— Voyons toujours..., dit prudemment Martial, car il comprenait de moins en moins pourquoi Antoine ou Edmond ne l'avaient pas averti. Mais au fait, comment s'appelle-t-il, cet ami ? demanda-t-il.

— Herbert Halton. C'est votre banquier, n'est-ce pas ?

— Ah ! ce sacré Herbert ! Alors ça change tout ! s'exclama Martial. Il se leva, alla jusqu'à un petit meuble d'acajou et revint en portant un flacon de Rivesaltes et deux verres. Et que devient-il, ce brave ? demanda-t-il en servant le muscat.

Il était soudain heureux à l'idée d'avoir devant lui quelqu'un qui allait pouvoir lui donner des nouvelles fraîches, lui parler du Chili, des affaires, de la guerre, de tout.

— Je pense qu'il va bien. Lorsque je l'ai quitté, il était plein de projets. Il comptait se rendre sous peu dans la zone du río Loa.

— Mais, ils ne sont pas en pleine guerre, là-haut ? s'étonna Martial qui connaissait bien la région.

— Si, mais pas au point d'arrêter votre ami. Je crois qu'il avait en vue l'acquisition de vastes gisements divers.

— Ça ne m'étonne pas de lui, il n'a jamais manqué d'audace ! Enfin, je suis content d'apprendre qu'il va bien. Mais au fait, pourquoi vous a-t-il dit de venir me voir ?

Ignacio Temulco vida la moitié de son verre, puis sourit, comme pour excuser par avance l'incongruité de sa question.

— Savez-vous ce que veut dire exactement *rotos*? demanda-t-il.

— *Rotos*? dit Martial après un moment de réflexion. Oui, je pense : en bon français, ça veut dire déguenillés. Mais chez vous, c'est différent, je crois...

— Dites toujours, insista Ignacio Temulco.

— D'après ce qu'on m'a expliqué, c'est un surnom que vos classes riches ont jadis donné à vos soldats, c'est ça ?

— Exactement, approuva l'homme qui semblait ravi de l'érudition de Martial. Oui, chez nous, on dit encore *rotos* pour parler de nos soldats, même s'ils ne sont plus en guenilles depuis longtemps. Mais nous sommes en guerre et ça change tout!

— Bien sûr, mais j'avoue ne pas bien saisir..., dit Martial qui ne voyait pas du tout où voulait en venir son visiteur.

— Vous allez comprendre. Oui, nos ennemis, les alliés péruviens et boliviens, ont trouvé ce système pour nous ridiculiser aux yeux du monde! Déjà, en Amérique du Nord, plusieurs journaux ont repris l'expression et disent de notre armée qu'elle est faite d'une bande de déguenillés. C'est complètement faux, mais c'est tout à fait vexant. De plus, ça nuit beaucoup aux relations que nous voulons maintenir avec tous ceux qui estiment que notre guerre est juste. Mais, je vous le demande, quel gouvernement peut prendre au sérieux un pays dont les soldats sont déguenillés?

— Bien sûr, approuva poliment Martial.

Il resta impassible mais s'amusait secrètement à l'idée que des soldats péruviens ou boliviens avec leurs uniformes fantaisistes, sales, dépareillés — il en avait rencontré entre Antofagasta et Iquique — aient le culot de traiter quelqu'un de déguenillé! C'était vraiment l'hôpital qui se moquait de la Pitié!

— D'ailleurs, insista Ignacio Temulco, je suis certain

que même vos journaux français ont repris l'expression!

— Je ne pense pas, je n'ai rien remarqué de semblable, assura Martial.

Il était soucieux de ne pas vexer son visiteur en lui expliquant que, si certains quotidiens parlaient de la guerre du Pacifique, il était rare qu'ils en fassent leurs gros titres, car la majorité des lecteurs se moquaient éperdument de ce très lointain conflit.

— Alors voilà, poursuivit Ignacio Temulco, mon gouvernement a décidé de réagir. C'est pour ça que je suis là. J'ai pour mission d'acquérir et d'acheminer au plus vite douze mille uniformes complets. Votre ami M. Halton m'a garanti que vous pourriez me trouver ça...

Martial but son muscat, puis se resservit après avoir rempli le verre de son voisin. Ensuite, lentement, car il avait besoin de réfléchir, il proposa un cigare à son client, en choisit un pour lui et l'alluma.

— Douze mille! dit-il enfin, ça fait beaucoup de boutons, tout ça! Je plaisante, naturellement, assura-t-il en souriant. Cela étant, vous me proposez un genre de marché auquel je ne suis pas habitué. Ça ne veut pas dire que je refuse de le traiter, loin de là, et je connais même un fournisseur capable de vous donner entière satisfaction, mais...

— Ah oui! coupa le Chilien en réalisant soudain, j'ai oublié de vous dire : je suis mandaté pour payer comptant...

— Alors à votre santé et à notre marché, dit Martial en levant son verre, vous pouvez considérer que l'affaire est faite.

— Vous êtes certain d'avoir des fournisseurs compétents?

— Tout à fait! La maison Godillot, de Paris, spécialiste des effets militaires, va se faire un plaisir de vous équiper, chaussures comprises, naturellement.

— Ah! de Paris? Ah oui! ça serait très bien, très bien! s'enthousiasma Ignacio Temulco. Vous comprenez, on le fera savoir dans toute la presse et comme ça le monde entier apprendra que nos hommes sont habillés à Paris! Vous vous rendez compte? Des *rotos* habillés à Paris! Qui osera dire ensuite que nos troupes sont déguenillées! Mais pour les délais de livraison?

— On va faire au plus vite, rassurez-vous. Et comptez sur moi pour faire courir le bruit que votre guerre peut prendre fin d'un jour à l'autre et que, dans ce cas, les uniformes...

— Très bien, ça! Très, très bien! jubila le Chilien.

Il vida son verre, puis tira longuement sur son cigare avant de poursuivre en hésitant un peu :

— Il faut que vous sachiez aussi... Mais là, ce n'est peut-être pas possible pour vous, quoi qu'en pense M. Halton... Enfin, je ne sais pas si...

— Dites toujours, insista Martial. Vous savez, acheter et vendre n'importe quoi, c'est toujours du commerce!

— Eh bien, voilà, je dois aussi acquérir des armes, beaucoup. Des fusils, des pistolets, des sabres, des munitions, enfin tout...

— Ah ça, c'est différent, murmura Martial.

— Vous ne voulez pas? C'est trop difficile? s'inquiéta Ignacio Temulco en voyant que Martial se taisait.

— Difficile? Vous plaisantez! Non, c'est même sans doute plus simple que pour vos uniformes! Ce qui me préoccupe un peu, c'est de savoir ce que vous désirez exactement, je veux dire modèles, types, calibres, quantité. Ensuite, ça ira tout seul; il nous suffira de traiter avec les différentes manufactures, Saint-Étienne, Châtellerault, Bayonne, Tulle, pour ne parler que des françaises...

— Alors vous pouvez?

— Naturellement!

— Et comme commission?

— Les conditions habituelles, pas plus, dit Martial en

se levant. Mais venez, nous en discuterons en déjeunant, c'est moi qui vous invite et, vous allez voir, notre cuisine aussi mérite le voyage, sans oublier notre vin, parce que, sans vouloir me vanter, c'est quand même le meilleur du monde!

# 7

Partis de San Ignacio dans le milieu de l'après-midi, ils atteignirent les contreforts de la sierra de Moreno le surlendemain soir, deux heures avant le coucher du soleil.

Ce n'était pas que la distance entre le pueblo et la chaîne de montagne soit très importante, mais, pour la parcourir, ils avaient dû traverser la pampa de Tamarugal où la canicule était très éprouvante. Alors, pour éviter d'épuiser leurs montures et surtout parce qu'Antoine et Joaquin gardaient un souvenir précis d'un autre affrontement avec le désert, ils avaient prudemment choisi de s'arrêter pendant les heures les plus torrides de l'après-midi. Le problème avait été de trouver des rochers assez gros pour dispenser un peu d'ombre; cela fait, ils s'étaient glissés sous ces abris et avaient somnolé en attendant que décline la chaleur.

Et maintenant, lentement, car la pente était de plus en plus escarpée, ils grimpaient dans la sierra en direction des quelques cases que Joaquin avait repérées grâce au filet de fumée qui s'échappait de l'une d'elles. Mais en dépit de son excellente vue, il n'avait pas été capable de déterminer si les gens qui vivaient là-haut étaient de simples *llameros* — ces inoffensifs gardiens de lamas — ou les *rateros* qu'ils recherchaient. Et Romain, malgré sa lunette d'approche, n'avait pu en dire plus; comme Joaquin, il avait compté sept petites cases, un minuscule corral et, légèrement en retrait, une construction ressemblant à un *tambo,* cet abri que les Incas confectionnaient non loin des pistes.

Aussi, ignorant totalement vers qui ils progressaient, étaient-ils tendus, inquiets, prêts à sauter au bas de leurs chevaux pour s'abriter derrière les rochers au premier coup de fusil.

« On doit faire de sacrées cibles, pensa Antoine, et si les gens qui sont là-haut ont de mauvaises intentions, ils ne peineront pas à nous clouer au sol dès qu'ils le décideront. »

Il observa ses compagnons, nota qu'Edmond avait de plus en plus mauvaise mine. Par chance, son piètre état physique n'était pas lié à sa blessure qui se cicatrisait au mieux et sans complications. Mais ce qui l'épuisait sans doute, c'était cette espèce de répugnance qu'il éprouvait envers un mode de vie tout à fait inhabituel pour lui. Antoine avait remarqué qu'il dormait mal, grognant et se retournant sans cesse car incapable de s'habituer à la dureté du sol, qu'il se nourrissait peu car la cuisine de Joaquin le dégoûtait et qu'il avait beaucoup de difficultés à subir la crasse qui leur collait au corps après quelques heures de cheval.

De plus, même s'il ne s'en plaignait pas, Antoine était certain qu'il souffrait du *soroche*, ce mal des montagnes, depuis plus d'une heure. Déjà il haletait bruyamment et, sur son visage creusé par la fatigue, perlait une abondante sueur.

« Manquait plus que ça, songea Antoine. Vrai, ce pauvre vieux aurait mieux fait d'aller nous attendre à Tocopilla. »

Pourtant, malgré les inquiétudes que lui donnait la santé de son compagnon, il appréciait maintenant sa présence et surtout cette opiniâtreté qu'il mettait à vouloir retrouver Herbert Halton, à lui venir en aide malgré tous les risques qui découlaient de cette décision. Une décision qui n'obéissait à nul motif terre à terre, financier ou matériel, mais que dictait simplement le fait qu'Herbert avait besoin d'eux et qu'il fallait donc lui porter secours.

Et parce que c'était aussi la seule raison qui avait poussé Romain à intervenir et à épouser leur mobile, Antoine était rassuré sur la solidité de l'équipe qu'ils formaient. Cela ne voulait pas dire qu'il était très optimiste quant à la réussite finale de l'expédition, du moins était-il certain que, désormais, son éventuel échec ne serait pas dû à quelque saute d'humeur ou à d'irréconciliables affrontements d'idées ou de caractères. Et s'ils échouaient dans leur recherche, ce serait la faute des circonstances, de la guerre, des *rateros*, ou plus simplement de la fatigue et de la maladie, mais pas d'une stupide brouille; il était sûr de cela et c'était réconfortant.

— Tu ne vois toujours pas à qui on a affaire? demanda-t-il à Joaquin pour rompre le silence un peu angoissant qu'ils observaient depuis plusieurs minutes.

— Non, il y a des hommes derrière la murette qui surplombe la piste, mais je ne peux pas encore voir s'ils ont des armes.

— Eh bien, patientons, dit Antoine. Et vous, ça va? demanda-t-il en se tournant vers Edmond.

— Pas fort, avoua ce dernier. J'ai de plus en plus de mal à respirer et puis... Oh, rien...

Il ne voulait même pas avouer qu'il avait l'estomac au bord des lèvres et que le seul fait de le dire, d'en parler, risquait de précipiter l'issue qu'il redoutait.

— Un coup de *soroche*, diagnostiqua Romain, c'est classique et très désagréable, paraît-il. On dit qu'il faut manger beaucoup d'oignon, de l'ail aussi. De toute façon, on assure que ça disparaît après quelques jours. Notez que j'en parle à mon aise, je ne l'ai jamais eu. Et vous? demanda-t-il à Antoine.

— Moi non plus. Et Dieu sait pourtant si, dans le temps, on est montés haut avec Joaquin!

— S'il vous plaît, changez de sujet! supplia Edmond en serrant les lèvres.

Mais, une fois de plus, c'était vraiment trop tard; plié sur sa selle, il vomit dans les rochers en geignant doucement, comme un chien trop souvent battu qui ne comprend pas qu'on le frappe encore.

— Mon Dieu, ça ne finira donc jamais! murmura-t-il en s'essuyant la bouche d'un revers de manche.

Puis il sortit sa pochette de soie, maintenant en loques et grise de crasse, et se tamponna les yeux.

— Veuillez m'excuser, dit-il, je me donne vraiment en spectacle. Mais maintenant, ça va mieux, assura-t-il en essayant de sourire. Allez, ne vous occupez plus de moi et continuons à grimper.

— Cette fois, je les vois bien, assura Joaquin dix minutes plus tard, des hommes, des femmes et des enfants. Ils nous regardent monter et je ne crois pas qu'ils aient des armes.

« Ou alors ils les cachent pour mieux nous fusiller à bout portant... », songea silencieusement Antoine.

— Oui, ça a l'air calme, approuva-t-il. On pourra peut-être passer la nuit là-haut, tranquilles, et aussi avoir des renseignements.

— Et si on n'avait pas pris la bonne direction? hasarda Edmond.

Pour la choisir, ils avaient suivi les indications qu'un *llamero* leur avait fournies le matin même. D'après lui, aucun homme normalement constitué ne pouvait emprunter un autre chemin pour grimper dans la sierra. Mais il était tellement abruti de coca que ses affirmations étaient peut-être complètement erronées; de plus, rien ne prouvait que les *rateros* fussent normalement constitués...

Malgré ces restrictions et parce qu'ils n'avaient pas d'autre solution, Antoine et ses compagnons avaient pris la piste indiquée.

— Eh bien, si on s'est trompés, ils nous le diront là-haut, fit Antoine.

— C'est curieux, intervint Joaquin une nouvelle fois, on jurerait qu'il y a un *padre* avec eux...

— Quoi ? Là-haut ? dit Romain en prenant sa longue-vue. Il la régla, fit oui de la tête : Je crois que tu as raison, on dirait bien un padre. Mais qu'est-ce qu'il fait dans ce pueblo pourri ? C'est invraisemblable !

— Oh, ça ! coupa Antoine, avec certains padres, croyez-moi, on peut s'attendre à tout, même aux pires folies !

Et il se mit doucement à rire au souvenir du père Damien qui, lui aussi, semblait mettre son point d'honneur à aller s'installer dans les coins les plus reculés.

Il leur fallut encore plus d'un quart d'heure pour atteindre le village. Les derniers rayons du soleil l'illuminaient lorsqu'ils y entrèrent. Aussi Antoine remarqua-t-il tout de suite que les femmes et les enfants avaient disparu et que les hommes — de purs Indiens —, groupés au centre de la toute petite place, les regardaient avec inquiétude.

— Ils ont l'air encore moins rassurés que nous, constata Romain à voix basse, et même le padre n'est pas très à son aise...

C'était un vieil homme, un métis au teint olivâtre, petit et gros, au regard fuyant, lointain. Il se tenait à quelques pas en retrait et paraissait attendre que les visiteurs se présentent.

— Enfin, heureusement qu'il est là, poursuivit Romain en descendant de cheval, il pourra au moins nous servir d'interprète. Eh oui, insista-t-il devant l'air étonné d'Antoine, vous n'avez pas remarqué ? Ah, c'est vrai que vous n'êtes jamais monté aussi haut dans le nord ! Nous sommes chez les Indiens Aymaras; on assure que ce sont les plus laids de tout ce continent et je le crois volontiers. Mais ce ne sont pas de mauvais bougres; l'ennui, c'est qu'ils jargonnent une sorte de dialecte tout à fait hermétique! Salut! lança-t-il en marchant vers le padre, pouvons-nous passer la nuit ici?

Le prêtre les observa longuement, médita un instant.

— *Dominus vobiscum!* dit-il enfin. Il parut attendre le répons, puis haussa les épaules: C'est possible si vos intentions sont pures, vos cœurs sans arrière-pensées et vos âmes sans perversité! récita-t-il en tripotant nerveusement sa croix pectorale.

— C'est-à-dire... Oui! sans doute. Enfin, j'espère..., balbutia Romain en se retournant vers ses compagnons pour les prendre à témoin.

Il était complètement décontenancé par l'emphatique tirade du padre.

— Alors, c'est donc que vous n'êtes ni américains, ni anglais, ni allemands, ni français car tous ceux-là sont des hérétiques, disciples de Luther, Calvin et autres antéchrists! récita le padre en se signant trois fois.

— Allons bon, murmura Antoine en aidant Edmond à descendre de cheval, je crois qu'on a tiré le mauvais numéro! L'est complètement *loco*, ce pauvre vieux!

— Je le crains aussi; mais, enfin, si ça ne va pas plus loin...

— Donc vous êtes espagnols! C'est un peuple saint qui a apporté sa foi à tout ce continent païen! enchaîna le padre sans prêter la moindre attention aux quatre hommes. Voici mon église, dit-il en désignant le *tambo* qui s'élevait à quelque cent pas de là. J'espère vous y voir sous peu!

Puis il se signa de nouveau trois fois et partit en direction de la bâtisse en psalmodiant un cantique.

— Eh ben..., c'est pas rien! souffla Romain.

— Faut pas faire attention, son esprit a fondu comme la neige au printemps, dit alors un des Indiens.

C'était un vieillard édenté, maigre, sec comme une branche d'*espino* et d'une saleté repoussante.

— Ah! en voilà au moins un qui parle espagnol, dit Romain; ça va rudement simplifier les affaires!

— Nous parlons tous espagnol, ici. Le padre nous a appris depuis bien longtemps, j'avais encore mes dents et...

Il se tut soudain car, faisant demi-tour, le prêtre revenait vers eux en trottinant sur ses jambes courtes.

— Vous avez du vin? lança-t-il d'aussi loin qu'il put. Vous avez du vin? répéta-t-il d'un ton plein d'espoir en s'adressant à Romain.

— Du vin? Non.

— Alors, vous n'avez pas de vin..., dit le petit homme d'une voix triste. Eh bien... Il essuya ses yeux larmoyants, sourit : Eh bien tant pis, alors!

Il se signa de nouveau trois fois, fit une pirouette et repartit en chantonnant les complies.

— Mais..., lança Romain interloqué, on peut quand même vous offrir un coup d'aguardiente, si ça peut vous faire plaisir! Tenez! proposa-t-il en détachant la gourde pendue à sa selle.

— Non, intervint le vieil Indien, il n'a pas besoin d'alcool; d'ailleurs, nous en avons. Il veut du vin, c'est tout...

— Je crois comprendre, dit Antoine en se souvenant soudain d'une conversation qu'il avait eue avec le père Damien.

Un jour, celui-ci lui avait expliqué qu'outre les difficultés d'arriver à vivre en bonne entente avec les Indiens et de ne pas trop s'ennuyer avec ces seuls interlocuteurs, se posait parfois le problème du ravitaillement. Celui en vin étant, pour un prêtre, le plus important car, sans vin, il n'était plus possible de célébrer la messe.

— Le vin, c'est pour la messe, n'est-ce pas? demanda-t-il.

— C'est ça, approuva le vieil Indien. Il n'en a plus depuis des années et, comme on ne descend jamais dans la plaine, on ne peut pas en rapporter. Quelquefois, ça le fait pleurer, et c'est peut-être aussi pour ça qu'il a du vent dans la tête...

— Sans doute, fit distraitement Antoine en remarquant qu'Edmond, malade et tremblant, s'était assis au pied d'une case. Il faut qu'on se mette à l'abri. Alors, trouvons d'abord à nous loger, dit-il à Romain, on les questionnera plus tard.

— C'est le plus sage. D'ailleurs, ça les rassurera. Voyez, ils ne le sont pas encore tellement puisque les femmes et les enfants ne sont toujours pas revenus! Vous voulez que je négocie pour trouver une case?

— C'est ça, moi je m'occupe d'Edmond, il en a bien besoin.

Ce fut après s'être installés pour la nuit dans un coin de case offert par un des Aymaras – et Edmond, malade, ne prêta pour une fois nulle attention à la crasse et se coucha à même le sol – que Romain et Antoine revinrent discuter avec le groupe d'Indiens qui papotaient autour du feu; les femmes et les enfants étaient de retour et les regardaient avec curiosité.

Pruden', pour relancer le dialogue, Antoine évoqua le padre dont la présence l'intriguait beaucoup. C'est ainsi qu'ils apprirent son histoire.

Il était arrivé au pueblo quelque douze ans plus tôt. Il descendait de la cordillère et avait dû faire un très long voyage car ses sandales étaient complètement usées par les cailloux, sa soutane et son poncho en loques. De plus, ses yeux rouges, boursouflés et sanguinolents témoignaient qu'il avait subi les terribles éblouissements et brûlures de la neige ensoleillée des sommets.

Mais à part cela, nul n'avait jamais su d'où il venait

exactement ni pourquoi il s'était arrêté là. Après avoir chassé les lamas qui y dormaient, il s'était installé dans le *tambo*, et parce qu'il n'était ni méchant ni arrogant et qu'il jouissait de l'aura que lui conférait son état, le village l'avait adopté.

Il n'était pas difficile à nourrir et, en contrepartie de quelques denrées, racontait les belles histoires de l'Évangile, apprenait l'espagnol à tous ceux qui le voulaient, disait la messe, baptisait les enfants et enterrait les morts.

Certes, il était déjà un peu bizarre, mélangeant les grandes colères et les crises de fou rire et maudissant tous les hérétiques, mais ça ne gênait personne.

Pas plus que ne dérangeait vraiment le fait que, chaque dimanche depuis au moins dix ans maintenant, après avoir rassemblé tous ses paroissiens, il célébrait sa messe en remplaçant tout simplement le vin manquant par quelques gouttes de lait de lama blanche. Ce qui, de l'avis des Indiens, n'était pas un sacrilège, puisque, comme chacun savait, les lamas blanches étaient sacrées; exactement comme la lune — la *Killa* — dont elles possédaient la couleur et les vertus.

C'est après avoir poliment écouté ce récit, que presque tous les Indiens émaillèrent de détails et aussi d'interminables digressions, qu'Antoine et Romain finirent enfin par obtenir des nouvelles d'Herbert. Et ils se réjouirent intimement d'avoir eu la patience d'écouter la longue épopée du padre car, dès qu'ils évoquèrent les *rateros*, un mutisme réprobateur et peureux figea les Aymaras.

Il fallut toute la diplomatie de Romain et d'Antoine, et les grandes rasades de *pisco* qu'ils versaient généreusement, pour apprendre enfin que les pillards étaient bien passés là. Pour apprendre surtout qu'ils avaient établi leur campement à une demi-journée de marche du pueblo et enfin qu'ils étaient suivis par un homme aux cheveux rouges et aux pieds nus. Ils s'en souvenaient tous d'autant mieux que le padre, apprenant qu'il était anglais, donc hérétique, avait voulu interdire qu'on lui donne de l'eau!

— Mais on l'a quand même fait boire, assura un des Indiens, parce que le padre, c'est juste comme un petit enfant : il n'est pas méchant, mais il ne sait pas trop ce qu'il dit!

Seuls les plus hauts sommets de la cordillère commençaient à rosir au soleil lorsque les quatre hommes quittèrent le pueblo. L'escalade vers le premier col était si abrupte qu'ils durent l'entreprendre en tirant leurs chevaux par la bride. Devant eux, marchant sans peine, indifférent à l'altitude et au froid vif de l'aube, grimpait leur guide. Moyennant la promesse d'un vieux couteau — les Aymaras n'avaient que faire des pesos —, Antoine avait réussi à convaincre un jeune Indien de les guider le plus près possible du campement des *rateros*; ils espéraient l'atteindre avant midi.

— Par pitié, pas si vite! protesta faiblement Edmond.

Outre sa blessure, d'où fusaient parfois de terribles élancements, il souffrait toujours du mal des montagnes. Haletant avec peine, il lui semblait ne plus pouvoir aspirer la moindre goulée d'air et il voyait venir avec effroi le moment où l'altitude, de plus en plus élevée, viendrait à bout de ses dernières forces. Déjà il tanguait et titubait comme un homme ivre, et sans doute serait-il tombé s'il n'avait eu la possibilité de s'accrocher aux crins de sa monture.

Il vit que Joaquin et Antoine l'attendaient et tenta de leur sourire pour s'excuser. Mais sa tête tournait tellement qu'il dut fermer les yeux pour que cesse l'épouvantable tourbillon qui ronflait dans son crâne et sifflait dans ses oreilles.

— Est-ce que vous pourriez tenir en selle? lui demanda Antoine soucieux de le voir dans cet état.

— Peut-être, mais ça monte trop, le cheval ne pourra jamais me porter...

— Eh bien, il fera comme s'il pouvait! décida Antoine. Allez, installez-vous et, s'il le faut, attachez-vous. Nous, on tirera votre cheval.

Ils atteignirent le col au petit jour. Avachi sur l'encolure de sa monture, blanche d'une sueur mousseuse, Edmond ressemblait à un dormeur que quelque mauvais rêve aurait fait geindre.

— Maintenant, on va redescendre un peu, ça ira mieux, assura Romain en lui tendant sa gourde pleine de maté de coca.

Edmond refusa d'un signe de tête.

— Prenez-en, insista Romain, c'est tonifiant et le moins qu'on puisse dire est que vous avez franchement besoin d'un bon tonique!

— Il a raison, approuva Antoine.

— On en a encore pour longtemps? demanda faiblement Edmond après avoir bu quelques gorgées de la décoction.

Il n'avait plus la notion du temps et avait l'impression d'être en selle depuis des heures.

— Pas trop, assura Antoine, et puis Romain a raison, ça va sûrement aller mieux, on va redescendre un peu...

Il ne pouvait quand même pas lui dire qu'il faudrait ensuite regrimper pour sortir de la vaste cuvette qui s'ouvrait au-dessous d'eux, grimper encore plus haut! Quant au temps qu'il leur faudrait pour atteindre leur but, il dépendait précisément de l'état d'Edmond...

— Je crois que vous ne me dites pas la vérité, dit Edmond après avoir observé le paysage. Mais vous avez sans doute raison : peut-être que j'abandonnerais si je la connaissais...

— Mais non, dit Antoine, la preuve, vous allez nous suivre et pourtant vous avez deviné! Oui, on va d'abord descendre et ensuite remonter encore plus haut pour passer ce col, juste en face. Herbert est derrière, enfin, si j'en crois notre guide, mais peut-être qu'il ment, lui aussi!

Surprises dans leur sieste, une quinzaine de vigognes s'enfuirent dans la pente en bondissant. C'est en les suivant du regard que Joaquin découvrit le campement. Il était là, à environ cinq cents mètres sous leurs pieds, tapi sur une petite corniche où, jadis, quelques *llameros* avaient érigé une dizaine de cases. Presque toutes étaient en ruine, mais de l'une d'elles — la seule qui possédât encore un toit — montait un filet de fumée.

Prudent, le jeune Indien qui leur avait servi de guide avait refusé de s'aventurer jusqu'en haut du deuxième col. Aussi, après avoir glissé dans sa ceinture le couteau promis par Antoine, avait-il déguerpi à toute allure en direction de son pueblo.

Après son départ, les quatre hommes avaient encore grimpé pendant trois heures. Ahanant, râlant, contraints de s'arrêter tous les cent mètres pour reprendre leur souffle, ils avaient tous craint ne jamais voir le bout de leur ascension. Car même si Edmond était le seul malade — il vomissait tous les quarts d'heure —, ses compagnons avaient presque autant de mal que lui à respirer et leurs doigts étaient bleuis par la cyanose.

D'après Romain, qui se référait à l'altitude d'un proche volcan — il pensait reconnaître, au sud, le San Pedro qui culminait à près de six mille mètres —, ils étaient eux-mêmes aux environs de quatre mille cinq cents mètres. L'oxygène était de plus en plus rare et le soleil, maintenant au zénith et que rien ne filtrait, brûlait comme de l'or en fusion.

— Sont là! prévint Joaquin en arrêtant brusquement sa monture. (Il tendit la main pour qu'Antoine et ses compagnons s'immobilisent et fit même reculer son cheval.) Sont là, en dessous, répéta-t-il en souriant.

— Ils ne t'ont pas repéré, au moins? s'inquiéta Antoine.

— Non, non, pas eu le temps. Et puis, s'ils ont aperçu quelque chose, ils penseront que ce sont les vigognes.

— Allons voir, proposa Romain en prenant sa longue-vue.

— Laissez-moi le temps de souffler, dit Edmond en s'allongeant à l'ombre d'un rocher.

Le laissant là, ils rampèrent jusqu'au bout de la falaise.

— Là-bas..., indiqua Joaquin en tendant l'index vers les cases.

— D'accord, dit Romain en dépliant sa lunette. Attendez, dit-il après un instant, je vois... une, deux...

— Trois femmes et quatre mules, coupa Joaquin.

— C'est bien ça, trois femmes et quatre mules, approuva Romain.

— Permettez? dit Antoine en tendant la main vers la longue-vue.

Il la régla à son œil, regarda plus longuement, s'attarda sur les alentours du minuscule pueblo en ruine, revint sur la case d'où montait la fumée.

— Pas trace d'Herbert, dit-il enfin, mais peut-être qu'il fait la sieste avec les hommes; après tout, c'est l'heure.

— Possible, reconnut Romain, mais comment savoir?

— Avec un peu de patience, assura Antoine. On est bien ici; alors on va manger, mais sans perdre notre cible des yeux. Si les hommes dorment, il s'en trouvera bien un pour sortir de son trou dans l'heure qui vient; ben oui, ces gens-là aussi ont besoin de pisser! Allez, Joaquin, sors le casse-croûte. Pendant qu'on déjeunera en guettant ici, toi tu surveilleras la pente d'où on vient, s'agirait pas de se faire surprendre dans notre dos!

— Bravo pour la prudence, commenta Romain.

— Ça peut servir... A ce propos, essayez aussi de voir s'il y a des chiens. On ne pourra jamais approcher discrètement s'il y en a, alors autant être au courant.

— Des chiens? Non.

— Alors pas d'aboiements, c'est déjà ça, dit Antoine.

Il entendit un bruit de cailloux derrière lui, vit Edmond qui se glissait vers eux.

— Vous feriez mieux de rester à l'ombre et de faire une petite sieste, lui dit-il, ça vous ferait le plus grand bien.

— Tout à l'heure, grogna Edmond. Maintenant il faut que je me rende compte. Bon Dieu, je ne veux pas être monté si haut pour rater le spectacle!

— Pas grand-chose à regarder, prévint Romain en lui prêtant sa longue-vue.

Edmond la prit, fixa le pueblo.

– Pas grand-chose? jubila-t-il après quelques secondes d'observation, pas grand-chose?... Herbert est là! dit-il en riant, oui, oui! Je le vois, c'est bien lui! Ah, le fieffé bougre! Il est là, on l'a enfin retrouvé! Tenez, dit-il en tendant la lunette à Antoine.

Celui-ci observa à son tour, puis passa l'instrument à Romain.

— Oui, on l'a retrouvé, mais dans quel état! murmura-t-il avec pitié. Car s'il avait bien reconnu les cheveux roux de l'Anglais, il avait surtout remarqué qu'il était toujours pieds nus; et, s'il était impossible, à cause de la distance, d'apprécier leurs plaies, il était en revanche facile de constater qu'Herbert ne pouvait avancer que très lentement et en s'appuyant sur deux bâtons, comme un vieillard infirme.

Prudents, malgré la colère qui les animait depuis qu'ils avaient vu l'état d'Herbert, ils patientèrent pendant plus d'une heure en se relayant pour guetter le pueblo et tenter de déterminer s'il était vraiment vide de tout *ratero*.

— Vous savez, dit enfin Romain, je crois qu'il n'y a que ces trois femmes pour garder votre ami.

— Moi aussi. D'ailleurs, vu son état, une seule suffirait, dit Antoine.

— Alors? questionna Edmond.

Il s'était reposé un long moment et semblait moins malade malgré son teint cireux et ses joues creuses, noires de barbe.

— Alors, on va y descendre, mais avec prudence, décida Antoine. Je ne voudrais pas que ces garces, prises de panique, fassent un mauvais sort à notre ami.

— Faudrait pouvoir s'approcher discrètement, calcula Romain.

— Impossible, dit Antoine. Avec le glacis qui entoure le campement sur les cent derniers mètres, même un lapin ne passerait pas inaperçu, alors inutile de rêver. Non, le mieux va être d'essayer de distraire leur attention d'un côté, puis de les surprendre par un autre.

— Plus facile à dire qu'à faire! estima Edmond.

— Je sais, approuva Antoine.

Agacé, car tous les plans qu'il ébauchait comportaient trop de risques, il était à deux doigts de choisir la plus violente des solutions — une attaque éclair en bonne et due forme — lorsqu'il remarqua que Joaquin, après avoir soigneusement vérifié son paquetage, venait de grimper en selle.

— Où vas-tu comme ça? lui lança-t-il.

— En bas, expliqua le métis. Cette fois, on a assez perdu de temps! Il n'y a pas d'hommes dans ce pueblo, juste trois femmes qui ne me font pas peur et qui n'auront pas peur de moi parce qu'on est de la même race. Si vous vous faites voir, elles comprendront et tueront M. Herbert. Tandis que si c'est moi tout seul qui vais là-bas, elles seront tranquilles et n'auront le temps de rien faire...

— Et si elles se méfient quand même ?

— Non, elles seront mortes avant, dit candidement Joaquin.

— Mais attends, bon Dieu ! lança Antoine en le voyant partir. Laisse-nous au moins nous glisser dans les rochers le plus près possible du village pour qu'on puisse intervenir à coups de fusil s'il le faut, ensuite tu iras !

— Non, décida Joaquin en poussant sa monture, ces femmes sont comme moi, elles ont de très bons yeux, elles vous verront tout de suite, et alors...

Il éperonna son cheval et le lança dans la pente qui plongeait vers le pueblo.

— Mais nom d'un chien, ne le laissez pas faire ! protesta Edmond, il va tout gâcher !

— Je ne crois pas, dit Antoine en haussant les épaules, c'est un malin, Joaquin ! Et je crois aussi qu'il en fait une affaire personnelle. Oui, je pense que ça le vexe beaucoup d'être de la même race que les *rabonas*. Je n'aimerais pas être à la place de ces femmes... Enfin, si ça tourne mal, on pourra toujours tirer en direction du pueblo, ça fera diversion, dit-il en s'allongeant au bord de la falaise.

Romain et Edmond l'imitèrent et observèrent la manœuvre du métis.

Comme l'avait deviné Antoine, Joaquin était furieux. Pour lui, toute cette histoire n'avait que trop duré. Déjà, la veille au soir, il avait rongé son frein en notant avec quelle patience, prudence et diplomatie Antoine et Romain avaient interrogé ces abrutis d'Aymaras. Si on l'avait laissé faire, au lieu de subir les palabres inutiles de cette bande de loqueteux, il en aurait pris un dans le tas et, après lui avoir collé son couteau sous le menton, lui aurait fait dire, sans délai, tout ce qu'il savait !

Ensuite, malgré la nuit, il l'aurait contraint, à grands coups de botte dans les reins, à les conduire jusqu'ici. Ils y seraient arrivés au petit jour et toute cette affaire serait réglée depuis longtemps. Et maintenant, ils galoperaient gaiement sur le chemin du retour et les vautours feraient la fête dans ce pueblo maudit!

Mais parce que, une fois de plus, les maîtres avaient tergiversé, trop réfléchi et attendu, tout restait encore à faire!

Il atteignit le bas de la pente et s'élança au petit trot vers le pueblo. Il en était encore à une centaine de mètres, lorsqu'il se mit à chantonner, comme un homme heureux, un quelconque *cateador* tout content, après sa journée de recherche, de trouver un abri pour la nuit. Pendu autour de son cou, son fouet tressautait au rythme du cheval.

Intriguées, mais pas du tout inquiètes, les femmes le regardèrent approcher. Et si elles n'avaient pas marmonné à mi-voix que cet homme seul était une proie on ne peut plus facile, Herbert n'aurait peut-être pas observé le nouveau venu avec autant d'attention. De loin, il l'avait d'abord pris pour un pillard rejoignant le village. Puis, en entendant les femmes, pour un prospecteur égaré qui allait, sous peu, se faire dépouiller.

Et soudain, alors que le métis n'était plus qu'à quelques mètres, il le reconnut et comprit. Sans hésiter, malgré son piteux état et sa faiblesse, il agit. Et Joaquin aussi intervint très vite.

Tapis dans les rochers, à cinq cents mètres de là, Antoine et Edmond ne virent pas grand-chose; seul Romain, l'œil collé à sa lunette, fut le témoin de toute la scène. Elle ne dura que quelques secondes, mais sa violence fut à l'échelle de sa rapidité.

Brandissant un des bâtons noueux qui le soutenaient, Herbert attaqua le premier, sèchement, durement. Il visa la nuque de la plus proche de ses gardiennes et frappa. Il fut surpris de constater qu'un seul coup suffisait : déjà la *rabona* roulait dans la poussière.

Dans le même temps, et alors que Joaquin lançait son cheval en avant, il entendit nettement les coups sourds que fit le manche plombé du *penca* — ce redoutable fouet — lorsque le métis, en deux fulgurants revers, foudroya les autres pillardes.

Et ensuite, sans bien comprendre, c'est en sanglotant de joie qu'il se retrouva dans les bras de Joaquin, tandis qu'au-dessus d'eux, tombant de la falaise, retentissaient des hurlements de victoire.

Pendant les quelque dix minutes qui s'écoulèrent entre la délivrance d'Herbert et les brefs préparatifs de leur fuite, Antoine ne prêta guère attention aux *rabonas*. Inconscientes, elles gisaient dans la poussière et il pensa qu'elles étaient définitivement hors d'état de nuire.

C'est au moment où Joaquin ramenait les quatre mules du corral et qu'il sellait l'une d'elles que la matrone assommée par Herbert se redressa péniblement; un peu de sang tachait ses cheveux. Assise par terre, elle se frotta le crâne, contempla ses doigts poisseux puis, comprenant soudain la situation, se mit à agonir les hommes d'injures. Et elle braillait tellement qu'ils se demandèrent un instant si ce n'étaient pas ses hurlements qui tirèrent une de ses compagnes de son évanouissement.

Maintenant, les deux mégères faisaient assaut d'invectives, de menaces et de grossièretés tellement énormes et précises qu'Antoine amusé crut qu'Edmond allait en rougir!

— Fichtre! Elles auraient bien pu attendre qu'on soit partis pour se réveiller! plaisanta Antoine en aidant Herbert à se hisser en selle.

— Oui, pas de chance, murmura l'Anglais. Vous ne le croirez pas, mais la plus grosse, oui, celle que j'ai frappée et qui beugle le plus, eh bien, elle est complètement folle de son corps! Oui, j'ai dû me défendre contre ses avances! Quelle horreur! acheva-t-il en grimaçant.

Puis il gémit car un de ses orteils venait de frotter contre le flanc de la mule.

Il avait les pieds tellement tailladés et couverts de plaies qu'Antoine se demanda comment il allait pouvoir tenir à cheval, car il lui était sûrement tout aussi impossible de faire usage des étriers que d'enfiler des chaussures.

— Vous pourrez galoper? s'inquiéta-t-il.

— Mais oui, souffla Herbert en se tassant sur sa selle. Pour m'échapper de cet enfer, je crois que je serais capable d'enfourcher un taureau sauvage!

— Alors, en route! dit Antoine.

Il avait déjà une botte à l'étrier lorsqu'il s'aperçut que Joaquin n'était plus avec eux. Il se retourna et comprit.

Debout devant les *rabonas*, le métis répondait vertement à leurs insultes. Et tout en leur expédiant force coups de botte dans les côtes et dans le ventre, il les avertissait charitablement qu'elles n'avaient plus que quelques secondes à vivre et qu'il était donc urgent, pour elles, d'invoquer toute la miséricorde de la *Virgen del Carmen*! Car, ajouta-t-il en redressant son arme, il allait sous peu leur faire sauter le crâne, histoire de débarrasser la terre des maudites charognes qu'elles étaient!

— Mais c'est qu'il le ferait, cet âne! grommela Antoine. Arrête! hurla-t-il, et en selle, on s'en va!

— Ben... On va quand même pas les laisser comme ça, ces pourritures? protesta Joaquin.

Il observa Antoine, comprit qu'il ne plaisantait pas et secoua la tête avec dépit.

Il était complètement écœuré par la faiblesse dont Antoine faisait preuve à l'égard de ces garces. Vrai! C'était bien à cause de toute cette fade générosité, de cette mièvre indulgence que des bandes de *rabonas* pouvaient écumer tout le pays! Elles avaient beau jeu à le faire puisqu'elles restaient impunies! Et ces trois putes n'allaient sûrement pas se priver, en égorgeant leurs prochaines victimes, de ricaner au souvenir du Blanc qui, par stupide bonté, leur avait sauvé la vie!

— Faut pas les laisser comme ça, insista-t-il, c'est des tueuses! Et puis souvenez-vous de l'embuscade de l'autre jour. Elles voulaient bien nous tuer, elles! Et la blessure de M. Edmond, c'est rien alors? Ça compte pas?

— En selle! répéta Antoine, on a assez perdu de temps. Et range ton arme, andouille!

— Je peux quand même leur tirer dans les fesses? quémanda Joaquin. Dans les fesses, juste pour les empêcher de nous suivre!

— Rien du tout! Tu ne vois pas dans quel état elles se trouvent? Elles sont même incapables de se relever, et je ne parle pas de celle qui a encore le nez dans la poussière...

— Oui, fit Joaquin en l'observant et en lui décochant sournoisement un coup de pied dans les flancs, elle n'est pas fraîche, cette putasse, dit-il enfin en souriant, je crois même qu'elle va crever! Mais les autres? Ça a la peau dure, ces saletés, sûr qu'elles vont nous courir après! Alors je peux au moins leur casser les jambes? Je peux, hein?

Antoine marcha vers lui, le prit par le bras et le poussa vers les chevaux.

— On s'en va, ordonna-t-il.

— Eh bien, j'espère que les urubus et les condors vont venir leur bouffer les yeux, les mamelles et les tripes avant qu'elles soient debout! maugréa Joaquin en crachant vers les femmes.

Il leur lança un dernier coup de botte, puis se laissa entraîner.

Antoine attendit qu'il s'installe sur son cheval, lui fit signe de partir le premier et s'élança à son tour.

Pour éviter d'avoir à retraverser la sierra, puis la pampa de Tamarugal, ils filèrent plein sud, droit sur Calama qui, d'après Romain, n'était pas à plus de cent vingt kilomètres.

# 8

Depuis la cauchemardesque visite nocturne qu'elle avait reçue, Pauline dormait mal. Le moindre craquement la faisait sursauter et la jetait debout; elle se retrouvait au pied du lit, cœur battant à tout rompre et sueur au front, et il lui fallait alors de longs instants pour se souvenir qu'Arturo était dans la maison, que les deux vigiles veillaient devant sa fenêtre et qu'elle ne risquait rien.

Mais, par malchance, outre les affreux souvenirs qui revenaient peupler ses nuits, le petit Silvère, peut-être perturbé par l'anxiété de sa mère, se mit à son tour à fuir le sommeil, à geindre et à pleurer. Aussi, au jour, épuisée par toutes les heures d'insomnie, Pauline se sentait-elle irritable, nerveuse et d'humeur sombre.

Elle avait alors conscience d'être dure, donc injuste, envers les six vendeuses de *La Maison de France*, mais aussi avec Jacinta et Arturo. Elle se le reprochait, mais avait le plus grand mal à refréner les bouffées de colère qui l'emportaient parfois.

Ce matin, ce furent d'abord les jumeaux qui firent les frais de sa mauvaise nuit. S'excitant mutuellement, chahutant, ils s'y prirent de telle façon qu'ils expédièrent au milieu de la cuisine l'un des bols pleins de lait qu'elle venait de leur servir.

Furieuse, elle calotta les deux gamins qui braillèrent à

qui mieux mieux en proclamant chacun leur innocence, donc l'injustice patente dont l'un et l'autre se disaient victimes.

— Taisez-vous! hurla-t-elle. Dépêchez-vous de déjeuner et mettez-vous au travail!

Antoine et elle ne s'étaient pas encore décidés à envoyer les enfants à l'école. Ils savaient pourtant qu'un jour viendrait où ils devraient s'y résoudre, mais estimaient que rien ne pressait encore : ils trouvaient les jumeaux trop jeunes.

Mais cela n'empêchait pas Pauline de s'astreindre chaque jour à leur inculquer quelques rudiments de ce savoir qu'elle avait elle-même acquis très tardivement. Elle leur apprenait vaille que vaille l'alphabet, ainsi que des rudiments de calcul et d'écriture.

— Allez! insista-t-elle, dépêchez-vous! Vous prendrez ensuite vos ardoises et vous me ferez trois rangées de ronds et trois de bâtons!

Puis elle appela Jacinta pour nettoyer le carrelage où s'étalait une grosse flaque de lait jonchée de morceaux de bol.

— Arrange-moi ça, lui lança-t-elle, et surveille les enfants! Moi, il faut que je m'occupe de Silvère.

En effet, pour ne pas être de reste, le bébé s'était réveillé plus tôt que d'habitude et hurlait maintenant de rage.

La vue du poupon, trépignant d'impatience et rouge de colère, apaisa un peu la jeune femme. Elle le mit au sein et apprécia le calme qui s'établit soudain. Mais il ne dura pas, car, sans doute à cause de sa mauvaise nuit, Pauline avait peu de lait. Aussi, habitué qu'il était à s'endormir le ventre plein, Silvère reprit-il ses braillements dès qu'il eut compris que ce premier repas de la journée serait beaucoup plus léger que d'habitude.

Elle essaya en vain de le calmer, puis y renonça, le changea et le recoucha. Elle n'aimait pas le laisser crier ainsi, mais elle dut s'y résoudre pour aller ouvrir le magasin et surveiller que chaque vendeuse était bien à son poste.

L'homme arriva peu après. Avant même de penser qu'il pouvait s'agir d'un client, et contre toute logique puisqu'il ne portait pas d'uniforme, Pauline crut d'abord qu'il s'agissait d'un représentant de l'ordre. Elle avait fait prévenir la police après le cambriolage et attendait toujours qu'on vienne lui annoncer l'arrestation de son voleur.

Elle était bien consciente que ce vœu était totalement utopique, car l'officier qui était venu enquêter ne lui avait pas caché qu'il y avait à peu près autant de chances de rattraper l'agresseur que de voir l'Aconcagua recouvert par la marée!

Malgré cela, parce qu'elle avait peur que l'homme ne veuille se venger de sa blessure et de son échec, elle caressait l'espoir que, pour une fois, les autorités se montreraient efficaces.

— Vous désirez? demanda-t-elle lorsqu'elle réalisa que le nouveau venu n'était pas en uniforme.

Il lui arrivait souvent d'avoir à servir des hommes qui venaient discrètement acheter quelques toilettes féminines. Comme, dans la majorité des cas, c'était pour leur maîtresse, beaucoup étaient gênés d'avoir à formuler leur désir en public. Aussi avait-elle pris l'habitude de les guider aussitôt vers le rayon où étaient exposés les coquins pantalons froufroutants, les affriolantes guêpières, les combinaisons ajourées et les chemises de nuit arachnéennes.

— Monsieur Antoine Leyrac? demanda l'homme.

Comme elle était très loin de s'attendre à cette demande, elle ne la comprit pas et, sans doute à cause de la fatigue et de la nervosité accumulées par trop de nuits sans sommeil, elle envisagea aussitôt le pire.

— Qu'est-ce qui lui est arrivé? balbutia-t-elle. Mais dites-le, quoi!

— Ben, je sais pas, moi! fit l'homme très surpris.

Simple commissionnaire, il était décontenancé par la réaction de la jeune femme. Aussi, parce qu'il ne tenait pas à être mêlé à une affaire qui ne le concernait pas et surtout parce qu'il ne comprenait pas pourquoi Pauline semblait si affolée, jeta-t-il :

— Moi, on m'a dit de vous apporter ça, dit-il en tendant une enveloppe, c'est tout! Ça vient de l'ambassade de France...

— De l'ambassade? répéta Pauline d'une voix blanche et en pâlissant.

Épuisée, il ne lui vint même pas à l'idée de regarder à qui était destinée la missive et elle se persuada que ce message venait lui annoncer qu'Antoine avait eu un accident, ou peut-être même pire... Pour elle, c'était la seule explication logique à cette intervention de l'ambassade. Elle prit la lettre d'une main tremblante.

— Mais... faut pas vous mettre dans des états pareils! dit l'homme, très gêné. Après tout, c'est pas grave si M. Leyrac n'est pas là, il trouvera la lettre à son retour!

— A son retour? murmura-t-elle.

Elle réagit, reprit pied, comprit qu'elle venait de se donner en spectacle.

— Excusez-moi, dit-elle, je suis fatiguée, très fatiguée, j'avais cru que...

— C'est pas grave, assura l'homme, pressé de s'éloigner, c'est pas grave du tout, dit-il en reculant vers la sortie.

Elle le salua distraitement, s'assit et contempla l'enveloppe.

« Suis-je bête! pensa-t-elle en voyant qu'elle était adressée à M. Antoine Leyrac, si jamais un jour Antoine... Eh bien, c'est à moi que sera destiné le câble, pas à lui! »

Elle se mit à rire nerveusement, puis songea que le

message était peut-être très important et qu'elle devait alors en transmettre le contenu à l'adresse qu'Antoine lui avait laissée à Tocopilla. Elle décacheta l'enveloppe et lut.

Et le passé l'envahit. Car cette lettre qui, vu sa date, avait mis plusieurs mois avant de rejoindre Antoine, venait de France, de Corrèze. Et Pauline revit cet été de 1871, la grange brûlée qui empestait le bouc, le pin parasol et les Fonts-Miallet. Et elle revécut sa rencontre avec Antoine. Et puis Lodève, et Brive à nouveau, et cette orageuse entrevue avec la mère d'Antoine.

Et voilà que le notaire de Brive, laconiquement, mais d'une belle écriture pleine de majuscules à arabesques, expliquait maintenant que la mère d'Antoine, étant décédée le 8 juin 1879, les Fonts-Miallet, conformément à son testament, revenait à son fils aîné, Antoine Leyrac, à charge pour lui de régler les frais de notaire...

— Ça alors, murmura-t-elle émue, elle y a pensé. Et pourtant...

Pourtant, après s'être brouillé avec sa mère juste avant de quitter la France, Antoine était resté plusieurs années sans lui donner signe de vie; il ne lui pardonnait ni d'avoir vendu les terres des Fonts-Miallet ni d'avoir si mal reçu Pauline.

Et puis, au fur et à mesure que s'apaisait sa rancœur et que leur situation à Santiago devenait plus florissante, il avait pris l'habitude, deux fois par an, de lui faire parvenir de l'argent. Et il avait aussi écrit pour donner des nouvelles.

Mais jamais il n'avait reçu la moindre réponse ni le plus petit remerciement. Et Pauline, qu'il avait pourtant laissée en dehors de tout cela, avait deviné qu'il était un peu triste du silence de sa famille.

Bien sûr, sa mère ne savait pas écrire mais, que diable, les écrivains publics ne manquaient pas en France! Il avait alors cessé d'envoyer la lettre qu'il rédigeait chaque année au moment de Noël, mais avait continué à expédier de l'argent de temps en temps.

« Et maintenant sa mère est morte », songea Pauline. Elle-même n'était pas triste, car elle gardait un très mauvais souvenir de la façon dont elle avait été reçue par cette femme qui, pour bien marquer les distances, s'était ingéniée à ne parler que patois en sa présence! Non, elle n'était pas triste et ne pouvait pas l'être. Elle essaya de deviner quelle allait être la réaction d'Antoine, se souvint alors de sa propre mère et sentit ses yeux se brouiller.

« Allons, se dit-elle, je suis stupide, tout ça ne sert à rien, il faut que je me secoue! »

Elle alla dans sa chambre pour ranger la lettre et constata avec plaisir que Silvère s'était rendormi. Quant aux jumeaux, loin de lui avoir obéi en prenant leurs ardoises, ils jouaient dans la chambre en faisant la ronde autour de Jacinta, ravie.

Elle faillit intervenir, puis sourit, haussa les épaules et rejoignit le magasin.

Il était tellement évident que seule une terrible volonté permettait à Herbert de se maintenir en selle qu'Antoine décida de bivouaquer après seulement trois heures de course. Il jugea prudent de s'arrêter avant que l'Anglais ne roule dans la poussière et qu'Edmond, lui aussi épuisé, ne l'imite.

Ils s'installèrent au bord du río Loa qui, à ce point de son parcours encore proche de sa source, offrait une eau fraîche et potable dans laquelle Herbert alla longuement tremper ses pieds ensanglantés. Ensuite, comme un somnambule, il claudiqua jusqu'au rocher en surplomb à l'abri duquel Joaquin venait d'allumer le feu, s'emmitoufla dans un poncho et s'endormit aussitôt. Et son sommeil était si profond, si lourd, qu'Antoine et ses compagnons pensèrent que rien ne pourrait l'éveiller avant le lendemain matin.

Aussi furent-ils très surpris lorsqu'ils le virent s'agiter vers dix heures du soir. Ils venaient de dîner et commençaient à somnoler autour du feu en fumant un cigare lorsque Herbert, après quelques grognements, se dressa et s'assit. Il les dévisagea l'un après l'autre, fronça les sourcils comme s'il cherchait à comprendre, sourit enfin.

— Par Dieu ! Il est plusieurs choses que je paierais un bon prix, dit-il enfin en passant la main sur ses joues envahies par une barbe roussâtre : me raser, boire et manger, savoir quel jour nous sommes et enfin m'offrir une bonne prise !

— Facile, assura Antoine en tendant sa gourde : tenez, buvez. Ensuite Joaquin va s'occuper de votre souper; je n'ai pas de tabac à priser, mais pour la date nous sommes le... Il calcula un instant car lui aussi avait perdu la notion du temps : Sans doute le 6 novembre, dit-il enfin.

— Pas plus ? Vous êtes sûr ? s'étonna Herbert après s'être longuement désaltéré. Vous êtes sûr ?

— Oui, pourquoi ?

— Parce que j'ai l'impression qu'il y a bien plus d'un mois que je suis parti de Tocopilla. Or je l'ai quitté le 5 octobre, ça j'en suis certain, et c'est vers le 14 ou le 15 que je suis tombé aux mains des pillards. Alors vous êtes sûr que vous ne vous trompez pas de date ?

— Sûr, mais qu'est-ce qui vous étonne ?

— Quelque chose ne va pas, dit Herbert en secouant la tête. Si nous ne sommes que le 6 novembre, il n'y a pas plus de dix ou douze jours que j'ai réussi à convaincre l'autre abruti de vous faire passer un message, alors comment diable avez-vous fait pour venir aussi vite de Santiago ?

— Quel abruti ? Quel message ? intervint Edmond.

Herbert les regarda l'un après l'autre, puis se gratta le crâne et les joues.

— Vous voulez dire que personne ne vous a prévenus? demanda-t-il enfin d'un ton incrédule.

— Personne.

— Alors qui vous a dit de venir à mon secours?

— Mettez-vous à notre place, plaisanta Antoine. Dès que vous vous absentez plus de cinq jours, vous nous abreuvez de câbles et de dépêches, comme si vous redoutiez que nous partions avec la caisse en votre absence! Alors après presque trois semaines sans nouvelles, on s'est dit que vous aviez sûrement des problèmes et on est venu voir sur place!

— Ça alors! dit Herbert en se mettant à rire pour cacher son émotion, ça alors! Et vous avez décidé de partir comme ça, sans même savoir où j'étais?

— On s'en doutait quand même un peu, intervint Edmond, vous nous avez assez rebattu les oreilles avec vos projets d'achat avant votre expédition! Mais on aimerait quand même que vous nous disiez ce que vous avez fabriqué depuis que vous avez eu cette idée saugrenue de venir dans cette région.

— Vous avez raison, reconnut Herbert en se mettant à piocher avidement dans l'assiette que Joaquin venait de lui tendre. Mais alors, si je comprends bien, dit-il entre deux bouchées, la chandelle que je vous dois est encore plus importante que je ne le pensais!

— Vous ne croyez pas si bien dire, plaisanta Antoine, ça va vous coûter un maximum! Mais en attendant, racontez-nous votre périple.

— Oh, c'est simple, dit Herbert en s'étouffant presque avec une grosse cuillerée de haricots qu'il poussa à l'aide d'une énorme tranche de *charqui*. C'est en arrivant à Tocopilla qu'un message m'a appris que les responsables des concessions m'attendaient à Quilliagua. Ça ne faisait pas mon affaire, mais j'ai quand même voulu y aller. Naturellement, je n'ai trouvé personne à l'arrivée. Allez savoir ce qui leur est passé par la tête, à ces jean-foutre de l'administration minière! Enfin, sachez que j'ai quand même repéré des gisements de nitrate d'une importance dont vous n'avez pas idée! Aussi, dès que la guerre sera finie... Et quand je parle de nitrate, je sais qu'il y a aussi beaucoup d'argent et de cuivre par ici et...

— Et que ça a failli vous coûter la peau, et à nous aussi, coupa Antoine d'un ton badin. Alors, dites-nous maintenant comment vous vous êtes mis dans ce pétrin, qu'on s'amuse un peu!

— Vous avez raison, approuva Herbert, j'ai peut-être agi un peu légèrement en acceptant de monter si près de la zone péruvienne, mais tout n'est pas ma faute quand même!

Accompagné par un *vaqueano* qui semblait compétent, c'est en revenant de Quilliagua qu'il s'était littéralement jeté dans une bande de *rateros* qui bivouaquaient au bord du Loa.

— Il y avait là une bonne vingtaine d'individus tout à fait répugnants, commença-t-il en tendant son assiette vide en direction de Joaquin. Par Dieu, j'ai vraiment cru qu'ils allaient m'égorger sans me laisser le temps de me présenter! Oui, je veux dire par là que j'ai crié très fort que j'étais banquier et très, très riche et prêt à payer tout ce qu'on voudrait, à condition de rester en vie, naturellement. Et je crois qu'ils ont été impressionnés par la somme d'argent que je transportais; pour des minables comme ces pillards, elle n'était pas négligeable!

— Et votre *vaqueano*? coupa Romain.

— Mon guide? Ne m'en parlez pas! Il a été parmi les premiers à me dépouiller! C'est lui qui m'a volé mes bottes et mon fusil, à croire qu'il était de mèche avec ces malandrins!

— C'est évident, approuva Romain, et c'est sûrement lui qui vous a conduit droit sur leur bivouac. Sachez-le, les *vaqueanos* sont beaucoup trop observateurs, intuitifs et compétents pour aller se jeter dans une bande de *rateros*, sauf s'ils la cherchent, et c'était sûrement le cas du vôtre. D'ailleurs il ne s'est pas fait égorger, n'est-ce pas?

Non, il m'a dépouillé et je ne l'ai plus revu.

— Alors plaignons son prochain client! commenta Romain.

— Si j'avais su..., murmura Herbert. Il paraissait vexé d'avoir été ainsi manœuvré par un homme à qui il avait fait confiance. Enfin bref, dit-il, je me suis retrouvé complètement détroussé, pieds nus, mais vivant. Après, ma foi, j'ai dû suivre cette cohorte de malfaiteurs et leurs horribles femmes, et ce ne fut pas facile, non, pas facile du tout... Dix fois par jour, je m'attendais à ce qu'ils me tordent le cou, surtout quand ils estimaient que je ne marchais pas assez vite, mais il faut dire que pieds nus... Oui, je pense qu'ils ne savaient plus trop que faire de moi et qu'ils auraient sans doute fini par m'étriper. Alors, chaque fois que j'en voyais un me regarder d'un sale œil, je lui répétais que je valais beaucoup d'argent. Vous n'avez pas idée de la somme que j'ai pu promettre! C'est d'ailleurs comme ça que j'ai pu en convaincre un de vous faire passer un message. Enfin, j'ai cru qu'il l'avait fait, c'était il y a dix ou douze jours, je pense, juste avant qu'on ne traverse la pampa de Tamarugal.

— Il n'avait pas un cheval chilien, votre messager? demanda Romain.

— Si, une bête superbe, qu'il montait à cru. Comment le savez-vous?

— Et il n'avait pas votre montre en plus? poursuivit Antoine en entrant dans le jeu de Romain qui maintenant riait doucement.

— Si! Il me l'a volée dès le premier jour et il en était fou! Je lui ai dit qu'il en aurait cent encore plus belles s'il vous faisait prévenir. Mais puisque vous êtes au courant de tout ça, c'est qu'il a réussi! Ah, je savais bien, c'était pas possible autrement, vous ne m'auriez jamais retrouvé! N'empêche, vous n'avez pas perdu de temps!

— Faut pas déduire trop vite, reprocha gentiment Antoine en fouillant dans son gousset, mais tout le monde peut se tromper. Nous aussi, quand nous avons découvert votre messager plus mort qu'il n'est permis, nous nous sommes trompés, et je crois même que Romain avait parié sa chemise... Enfin, le principal est que cet objet vous revienne... Tenez, reprenez-la, dit-il en tendant la montre à Herbert.

Et il se mit à rire en voyant son air effaré.

— C'est bien mon oignon, murmura enfin Herbert.

— Oui, je l'ai tout de suite reconnu, moi aussi, dit Antoine.

— Mais comment diable?...

— Ah ça, comme vous dites, c'est sûrement le diable qui s'est occupé de votre commissionnaire et on ne saura jamais comment. Mais pour la suite, c'est à ce monsieur qu'il faut dire merci, expliqua Antoine en désignant Romain.

Il vit qu'Herbert comprenait de moins en moins et raconta à son tour leur expédition.

Et même s'il le fit sommairement, sans fioritures ni complaisance, il nota vite à quel point leur compagnon était ému, touché; c'était même un peu gênant pour eux, car il était exceptionnel que le banquier perde son flegme et laisse transparaître aussi ouvertement ses sentiments. Aussi, quand Antoine acheva son récit, ce fut surtout pour laisser à Herbert le temps de se ressaisir qu'il demanda à Joaquin de faire chauffer du café et de leur servir une goutte d'alcool pour fêter leurs retrouvailles.

Ils arrivèrent à Calama le surlendemain, en fin de matinée. Exactement comme à Tocopilla, ce fut l'odeur qui frappa Antoine. Ici aussi la petite ville sentait la guerre, l'armée; et des *cantinas* pleines de monde suintait l'écœurante odeur de la sueur, du *pisco* et de la *chicha*.

Occupée par les Chiliens depuis leur victoire du 23 mars sur les Boliviens, la ville bourdonnait des bruits de la troupe et aussi du rassemblement des prospecteurs, mineurs, transporteurs et *llameros* attirés par cette oasis, ses commerçants, ses auberges et ses quelques filles de joie.

Ce fut donc sans grande illusion qu'Antoine et Romain cherchèrent deux chambres à louer. Ils espéraient y installer Herbert Halton et Edmond pour le restant de la journée et pour la nuit à venir, car leur état nécessitait du repos et les soins d'un médecin.

Mais ce fut en vain qu'ils firent la tournée des quelques *posadas* que comptait la bourgade. Alors, en désespoir de cause, ils louèrent un chariot bâché, comparable à celui dont usait jadis Antoine et y firent monter les deux hommes.

Ce fut un métis, qui se prétendait médecin, qu'Antoine réussit à convaincre de venir examiner les blessés. L'homme s'occupa nonchalamment d'Herbert, fit la moue en voyant ses pieds tailladés par de profondes coupures et les palpa sans douceur du bout d'un index à l'ongle noir.

Puis, sans prodiguer les moindres soins, il regarda l'estafilade qu'arborait Edmond, la tripota un peu et assura que tout allait bien puisque ni la plaie d'Edmond ni celles d'Herbert ne suppuraient. Il les enduisit néanmoins d'une épaisse couche d'onguent verdâtre qui puait la graisse rance et qu'il étala avec les doigts, et les entoura d'une bande à la propreté plus que douteuse. Puis il empocha la pièce d'argent que lui tendit Antoine et partit en direction de la plus proche auberge en s'essuyant les mains sur son pantalon.

— On aurait peut-être mieux fait de s'adresser à un médecin militaire, murmura Edmond en grimaçant car la bande le serrait trop.

— On voit que vous ne les connaissez pas! dit Antoine.

Eux, ils vous auraient coupé la jambe après l'avoir désossée à hauteur de la hanche, ils adorent ça, les bougres! Quant à Herbert, il serait cul-de-jatte! Allez, dit-il en riant de l'air écœuré et inquiet d'Herbert, je crois que le plus sage serait de filer tout de suite sur Antofagasta. Vous allez voir, on voyage très bien dans un chariot. Mais cela dit, c'est à vous de décider si on part maintenant ou demain matin. Réfléchissez, moi je vais faire quelques provisions pour la route et aussi passer une dépêche à ma femme pour lui annoncer notre retour.

— Dites-lui surtout de mettre une caisse de Dom Pérignon au frais, lança Herbert, du 70, c'est le meilleur que possède *La Maison de France*! Sur mon compte, naturellement!

Ils prirent la piste pour Antofagasta moins d'une heure plus tard.

Lorsqu'elle le vit revenir, Rosemonde devina tout de suite. Depuis le temps qu'elle connaissait Martial, elle avait appris à traduire ses attitudes, ses intonations de voix et surtout son regard. Et, ce soir, il avait les yeux pétillants, brillants d'excitation et de bonheur. Elle ne lui avait pas vu de telles flammes dans le regard depuis leur retour en France, aussi comprit-elle qu'un événement exceptionnel était venu ensoleiller sa journée.

Ce matin-là, elle l'avait vu partir comme un homme un peu triste, un peu voûté, qui se rend à son travail par devoir, parce qu'il ne peut pas faire autrement. Qui s'en va sachant très bien qu'il ne coupera pas à l'ennui du train-train journalier, des heures qui n'en finissent pas de s'écouler, de l'affreuse et sclérosante routine.

Et, maintenant, sa journée de travail accomplie, au lieu de revenir sinon franchement grognon, du moins terne et sans le moindre enthousiasme, il était heureux. Et Rosemonde songea qu'il n'aurait pas fallu l'encourager beaucoup pour qu'il se mette à siffloter. Et peut-être même l'avait-il fait pendant son trajet de retour, entre ses bureaux et la maison!

Elle l'observa, nota que sa mine joyeuse le rajeunissait, lui rendait cet air un peu gamin qui ensoleillait ses traits lorsque, jadis, il se lançait dans une nouvelle affaire, aventureuse peut-être, mais tellement passionnante, épanouissante.

En ces temps-là, alors qu'ils vivaient encore en France, Rosemonde pouvait ainsi deviner qu'il se préparait à partir à la conquête d'un marché, soit en Hollande, soit en Angleterre, et qu'elle ne le reverrait pas avant un mois ou deux. Plus tard, installés à Santiago, c'était la même attitude qui la prévenait que son époux caressait des projets nouveaux. Des projets qui allaient l'expédier à Valdivia, Concepción ou Iquique!

Elle ne pouvait rien contre cela, elle était désarmée, vaincue d'avance et elle le savait. Tout comme elle savait qu'il ne chercherait pas à dissimuler la réalité. Il suffisait d'attendre qu'il parle, qu'il dévoile sa décision. Et point n'était besoin d'être devin pour la connaître! Ce soir, il allait lui annoncer son départ. C'était certain, déjà ses yeux le proclamaient...

Mais ce n'était quand même pas à elle de lui tendre la perche et de le pousser à la prévenir qu'il s'apprêtait à l'abandonner et qu'entre elle et l'aventure son choix était fait!

Aussi feignit-elle l'indifférence, fit-elle semblant de ne point voir qu'il embrassait la petite Armandine avec plus d'exubérance que d'habitude. De même, lorsque, après avoir reposé l'enfant, ravie, il se pencha vers elle, remarqua-t-elle, le cœur un peu serré, que le baiser qui d'habitude n'effleurait distraitement que ses lèvres était plus appuyé, plus intime, plus amoureux.

Mais elle se tut, le laissa recharger le feu de quelques rondins de charme, puis, comme chaque soir, se servir un verre de muscat et se mettre à feuilleter son journal en attendant l'heure du dîner. Mais, contrairement à son habitude, il ne déplia même pas son quotidien après s'être installé dans son fauteuil. Il but une gorgée de vin, reposa son verre et la regarda.

Alors, pour calmer l'émotion qu'elle sentait naître en se souvenant d'une scène presque identique, vieille maintenant de plusieurs années, elle se mordit un peu les lèvres et souhaita qu'il s'explique vite. Et qu'il le fasse sans détour, sans faux-fuyants et surtout sans qu'elle ait besoin d'intervenir. Car si elle était prête à entendre ce qu'il allait lui dire, elle ne se sentait quand même pas suffisamment forte pour l'aider à exposer sa décision.

— Tu sais, j'ai reçu une visite très intéressante aujourd'hui, dit-il enfin. Oui, figure-toi que j'ai vu un Chilien, un homme remarquable. C'est Herbert Halton qui lui a dit de venir me voir. C'est amusant, non?

Elle acquiesça, se força à sourire.

— Tu sais, poursuivit-il, il est venu me passer une fameuse commande. Oui, c'est une belle affaire qu'il m'a apportée sur un plateau.

Il vida la moitié de son verre, alluma un cigare. Elle vit qu'il semblait hésiter à poursuivre; alors, comme neuf ans plus tôt, malgré la promesse qu'elle venait de se faire de ne pas intervenir, ce fut elle qui porta le fer dans la plaie, pour en finir plus vite.

— Tu vas partir, n'est-ce pas? Tu l'as décidé, alors dis-le, ça simplifiera tout. Et puis, de toute façon, je t'ai dit l'autre jour que tu pouvais le faire. Quand tu voudrais, pour aussi longtemps qu'il te plaira... Mais, moi aussi, j'ai choisi. Cette fois, je reste ici.

Il opina doucement, se resservit un doigt de muscat.

— Tu as raison, dit-il, je vais repartir.

— Quand?

Il haussa les épaules.

— Dès que la commande sera prête, enfin celle qui

nécessite d'être accompagnée, c'est une des conditions posées par mon client...

— Et c'est quoi ?

— Des uniformes, mais aussi des armes, surtout des armes...

— Mais... tu n'en as jamais vendu !

— Il y a un commencement à tout.

— Et ce n'est pas... dangereux ?

— Pas plus que de vendre des moulins à minerai, vingt kilomètres de rail ou une scierie !

Elle fit oui de la tête, hésita un peu comme si elle redoutait la réponse qu'il allait devoir faire.

— Tu reviendras ?

— Bien sûr !

— Quand !

— Je ne sais pas encore...

Il vit qu'elle fermait les yeux, comme pour masquer la tristesse qui les voilait.

— Je reviendrai, promit-il. Il se leva, marcha jusqu'à elle et, du revers de l'index, lui caressa longuement la joue : C'est juré, assura-t-il. Si tout va bien, j'espère pouvoir revenir souvent, pour affaires, mais aussi pour vous revoir, toi et la petite. Oui, souvent. Au moins tous les ans.

— Très bien, dit-elle en s'efforçant de sourire. Eh bien, moi, je serai là, pour Armandine. Je serai toujours là.

— Tu m'en veux beaucoup ? demanda-t-il sans cesser de lui caresser la joue et le cou.

— Non, beaucoup moins que la première fois, quand tu méditais de partir là-bas sans moi. Cette fois, je ne peux pas t'en vouloir autant, c'est d'abord ma faute si tu repars. Je n'aurais jamais dû t'obliger à revenir en France...

— N'en parlons plus.

— C'est ça, approuva-t-elle, n'en parlons plus, la page est tournée...

— Et que comptez-vous faire maintenant? demanda Antoine en poussant une poignée d'*ichus* dans le feu.

— Je ne sais pas trop, j'hésite, avoua Romain en contemplant les flammes qui crépitaient en dévorant les épineuses graminées.

Les deux hommes veillaient seuls devant le foyer. A l'inverse d'Edmond et d'Herbert qui avaient rejoint l'abri du chariot dès leur dîner fini, ils n'étaient pas fatigués.

Depuis leur départ de Calama, ils n'avaient fait que cinq heures de piste, à faible allure, et se sentaient encore dispos. Antoine, qui savait à quel point un chariot secoué par le galop des mules pouvait être inconfortable pour des blessés, avait recommandé à Joaquin d'éviter les cahots et les ornières, donc de ne pas pousser les bêtes. Aussi Romain et lui, qui trottinaient à côté du véhicule, avaient-ils pu somnoler en selle. Et maintenant, ils n'avaient plus du tout sommeil.

— Vous n'avez pas une petite idée, non? reprit Antoine. Enfin, je veux dire : vous deviez bien en avoir une, avant notre rencontre. Mais ne vous croyez pas tenu de répondre; après tout, vive la liberté!

— C'est bien mon avis, approuva Romain en tirant sur son cigare. Mais c'est vrai, je ne sais plus trop que faire... Cela dit, avant notre rencontre, j'avais mis dans mes projets de faire un saut à Lima.

— Pourquoi spécialement Lima?

— Parce que j'aime bien. C'est une ville où j'ai mes aises et mes habitudes. Alors, quand j'ai un peu d'argent d'avance, je vais là-haut. Enfin, depuis que je suis dans cette Amérique. Avant, j'allais à Mexico, San Francisco ou Atlanta, au hasard de mes pérégrinations. Mais à Lima, j'ai découvert l'hôtel de la Plaza San Martín; c'est un superbe établissement, comme je les aime, où pendant une semaine, un mois, quelquefois plus, je vis comme un nabab. Faut dire que ça me rappelle des souvenirs... Il se tut, sourit en voyant l'air un peu étonné d'Antoine : Eh oui, reprit-il, vous savez ce qu'on dit : « La caque sent toujours le hareng! » Moi, c'est pareil : de temps en temps, j'ai des relents de luxe qui me reviennent. Je n'y peux rien!

— Bah, si ça ne gêne personne!

— C'est ce que je me dis. Alors, je m'installe dans ce palace. Les chambres y sont grandes comme des cours de caserne et les tapis plus épais que la main. Les lits sont immenses et délicieusement moelleux avec des draps parfumés au jasmin, et les baignoires de marbre sont assez vastes et profondes pour qu'on puisse s'y baigner à deux sans faire de vagues! Je le sais, j'adore ça... Quant à la cuisine, elle est excellente. Et je ne parle pas du service qui est fantastique : vous sonnez à n'importe quelle heure du jour ou de la nuit et trois ou quatre domestiques accourent. Le paradis, quoi! Pour moi, Lima, c'est ça. Ajoutez à cela que les femmes y sont superbes et vous comprendrez pourquoi c'est mon point de chute. Enfin, quand j'en ai les moyens, naturellement!

— Est-ce vrai qu'elles sont si belles?

— Les femmes? Oui, et même mieux que ça encore! Surtout celle que je vais rejoindre...

— On me l'avait déjà dit, assura Antoine. Un moine..., ajouta-t-il, pas mécontent de prouver à son voisin que lui aussi avait des souvenirs personnels.

— Ça devait être un fameux moine alors, non?

— Pas du tout ce que vous croyez! Mais, que voulez-vous, il n'avait pas toujours été moine... Pas plus que vous n'avez toujours été coureur de piste et moi homme d'affaires ou régisseur!

— Je ne l'ai pas volé! reconnut Romain. Et vous, qu'allez-vous faire maintenant?

— D'abord retrouver ma femme et mes enfants, ensuite faire un saut jusqu'à l'hacienda dont j'ai la charge.

— Et les affaires?

— Oui, reprendre aussi les affaires, mais c'est surtout le rayon des deux spécialistes qui ronflent en ce moment dans la carriole.

— Je m'étais dit..., commença Romain après un long silence.

Il se tut puis s'allongea sur le dos, comme pour chercher la suite de sa phrase dans la contemplation du ciel.

— Oh, dites donc, souffla-t-il, que d'étoiles ce soir! Voyez la Croix comme elle brille, et Achenar et Canopus! Oui, enchaîna-t-il sans transition, je m'étais dit, pour ce qui est des affaires, peut-être qu'on pourrait s'entendre. Je commence à en avoir un peu assez de courir tout seul les pistes et les métiers, alors...

— Dites toujours?

— Votre ami, là, celui qu'on est venu chercher... Eh bien, il a raison : tout le territoire dont il a parlé est d'une richesse folle!

— Possible, mais en ce moment on ne sait même pas à qui il appartient, sauf peut-être aux *rabonas* et aux *rateros*. Et traiter avec eux...

— C'est vrai, mais ça n'aura qu'un temps. Un jour viendra où l'on trouvera des interlocuteurs valables.

— Sans doute, mais je ne vois pas ce que vous voulez faire dans l'immédiat.

— Faut prendre des risques...

— Eh bien, allez dire ça à Herbert et à Edmond!

— Je sais, je sais! Il n'empêche que, sur tous ces terrains, il faudrait d'ores et déjà déposer des options là où c'est encore possible. Vous voyez, si j'avais une affaire comme la vôtre, c'est-à-dire des capitaux et des relations, j'investirais. Oui, oui, insista Romain en voyant l'air sceptique d'Antoine, j'investirais! Je veux dire par là que je partirais du principe que certains gisements peuvent un jour être revendiqués par trois nations.

— C'est bien ce qui rend tout marché impossible!

— Eh bien, moi, à l'heure actuelle, poursuivit Romain sans tenir compte de l'interruption, je ne miserais sur aucun des pays en liste, mais plutôt sur les trois... Parfaitement, j'essaierais de les amadouer financièrement tous les trois à la fois : il s'en trouvera fatalement un qui emportera le morceau.

Il se tut, vérifia de la main la température de la cafetière, posa le récipient dans les braises et activa le feu de quelques bribes de bouse sèche.

— Car, voyez-vous, reprit-il, ma petite mine d'argent dont je vous ai parlé et que j'ai dû abandonner, eh bien, légalement, elle m'appartient. Malgré cela, j'ai deux chances sur trois de la perdre pour la bonne raison que je ne l'ai payée qu'aux Péruviens. Alors, supposez que ce soit le Chili ou la Bolivie qui récupère le secteur où elle se trouve, je doute beaucoup qu'il soit tenu compte de mon acte de propriété...

— Ça, c'est évident, reconnut Antoine. D'ailleurs, la guerre actuelle n'a pas d'autres mobiles que l'expropriation des biens chiliens situés en zone litigieuse.

— C'est bien ça. Alors, si je prends soin de graisser la patte aux deux autres éventuels vainqueurs, je pense que je rentrerais largement dans mes fonds et dans ma mine, le moment venu...

— Astucieux, reconnut Antoine. Mais à deux conditions : d'abord, bien repérer les gisements et, ensuite, investir quelques solides capitaux.

— Je pourrais éventuellement faire l'un, si vous faites l'autre, dit Romain en se versant un gobelet de café.

— Vous voulez dire que vous êtes prêt à remonter d'où nous venons? lança alors Herbert.

Ils se retournèrent et l'aperçurent, assis sur le plancher du chariot, jambes ballantes et pieds nus.

— Oui, poursuivit-il, je vous écoute depuis cinq minutes. C'est intéressant ce que vous dites là. Mais vous êtes sérieux ? Vous êtes prêt à prospecter comme j'ai modestement tenté de le faire pendant mon périple ?

— En mieux, sans vouloir vous vexer, dit Romain. La prospection, je connais et j'en ai fait ; par observation géologique, puis par analyse chimique ou chauffage. Oui, rien de tel qu'un bon chalumeau pour séparer le plomb de l'argent. Je me fais fort de vous trouver de bons gisements. De nitrate, bien sûr, mais aussi de cuivre, de plomb argentifère, d'or... Ensuite, une fois les relevés effectués sur la carte, ce sera à vous de négocier l'exploitation avec les trois belligérants.

— Ça coûtera une fortune ! dit Antoine.

Comme toujours lorsqu'il s'agissait d'affaires de cet ordre, il était un peu dépassé et avait tendance à prêcher la prudence.

— Mais non, dit Herbert, pas tant que ça, et je m'en veux de ne pas y avoir pensé plus tôt. Moi, comme un âne, je misais sur la victoire du Pérou, mais c'est vous qui avez raison : il faut ratisser beaucoup plus large.

Il descendit du chariot, marcha lentement et douloureusement vers les deux hommes et s'installa entre eux.

— Et je n'aurais pas aujourd'hui les pieds dans cet état, poursuivit-il en allumant un cigarillo avec un tison. Ça ne coûtera pas tellement cher, parce que nous sommes en guerre, que l'issue est incertaine, l'exploitation des mines dangereuse et très ralentie, et que tous ces gens qui se fusillent allégrement ont besoin de beaucoup d'argent ! Ils seront donc obligés de tenir compte de toutes les propositions, même des plus faibles. Financièrement, ils ne sont pas en état de trop discuter, et moi, en tant que banquier, je raffole de ces situations... Mais vous êtes bien certain d'être prêt à repartir ? insista-t-il en regardant Romain, parce que, si c'est le cas, on scelle tout de suite notre accord d'association !

Romain les observa l'un après l'autre, but lentement son café.

— Oui, dit-il enfin, je crois qu'il est temps que je me lance à mon tour dans les affaires et il ne me déplairait pas que ce soit avec vous. Alors, si ça vous va, topons là! Mais à une condition : vous me laissez, disons... un bon mois de battement. Ensuite je reprends la prospection, ça va?

— Vous ne trouvez pas que c'est beaucoup, un mois? dit Herbert.

— Non. Il vous faudra bien tout ce temps pour remarcher normalement et oublier vos cicatrices. Quant à moi, si j'ai besoin de tout ce temps, c'est parce que je compte me rendre à Lima et que je tiens à bien profiter de son hôtel, de ses cafés et... et du reste! C'est bien le moins que je puisse demander avant de reprendre la piste!

# DEUXIÈME PARTIE

# LES CONQUÉRANTS DE L'ATACAMA

# 9

Antoine avait soif, mais n'osait bouger. Vaincue par la fatigue, Pauline avait fini par s'endormir, d'un seul coup, comme foudroyée par le sommeil. Et maintenant, lovée contre lui, ses bras l'étreignant encore et une de ses jambes chevauchant les siennes, elle reposait enfin. Son souffle était aussi calme, faible et régulier que celui du petit Silvère assoupi dans son berceau.

Mèche au plus bas, la lampe à pétrole éclairait à peine la pièce, suffisamment cependant pour qu'Antoine puisse lire l'heure à sa grosse montre posée sur la table de nuit : une heure dix.

Couchés dès dix heures, Pauline et lui, après avoir célébré leurs retrouvailles, avaient parlé pendant plus de deux heures. Ils avaient tellement à se raconter! Et pourtant Pauline n'avait pas attendu cette fin de soirée pour lui donner la dépêche qui annonçait la mort de sa mère; elle la lui avait tendue dès son retour, avant même qu'il n'enlevât ses bottes.

— Je préfère que tu le saches tout de suite, lui avait-elle dit comme pour s'excuser de l'accueillir avec une pareille nouvelle.

Il avait pris connaissance de la missive, avait hoché la tête mais s'était tu, et elle n'avait pu savoir ce qu'il ressentait.

Ce n'était que beaucoup plus tard dans la soirée qu'il avait enfin évoqué sa mère. Auparavant, Pauline lui avait narré son épouvantable nuit et la façon dont elle s'était défendue – et il avait pâli à ce récit. Ensuite, c'est lui qui avait raconté toute leur aventure, sans rien omettre, ni du courage d'Edmond et d'Herbert ni de l'intervention de Romain. Et puis, sans transition, comme si quelque chose le tracassait, il avait lâché :

— Quand même, elle n'était pas si âgée que ça... Elle est partie bien vite...

— Quel âge avait-elle ?

— Elle était de vingt-six, ça fait... cinquante-trois ans, c'est pas terrible. Dans le fond, elle n'avait que dix-neuf ans de plus que moi... Dix-neuf ans, c'est rien quand on y pense et c'est si vite passé !

Pauline avait alors compris que la mort de sa mère l'avait brutalement poussé à prendre conscience de son âge, à mesurer le chemin parcouru et, sans doute, à évaluer celui qui, peut-être, restait à faire... Mais, parce qu'elle refusait de croire que c'était seulement cela qui le chagrinait, elle avait demandé :

— Tu es triste ?

— Oui, sans doute, un peu... Mais faut comprendre : ça ne veut plus dire grand-chose d'apprendre la mort de quelqu'un six mois après ! On a l'impression d'être un peu volé de son chagrin. Le chagrin, c'est fait pour l'immédiat. Après, ça devient autre chose, un petit pincement, un regret de n'avoir pas su tout de suite, un remords peut-être de n'avoir pas deviné. Il s'était tu, lui avait tendrement caressé la joue du dos de la main avant de poursuivre : Parce que, tu vois, quand ça se passe comme ça, avec tout ce retard, on se met à se souvenir et on se dit : Tiens, pendant que ma mère mourait — ou mon père, ou ma sœur ou un ami —, moi j'étais en train de vivre comme d'habitude. J'étais peut-être en train de boire, de manger, de rire, ou même de t'aimer, exactement comme si rien ne se passait. Et ça, je trouve que c'est vexant, comme une mauvaise farce, tu comprends?

— Oui. Moi, quand ma mère est morte, j'étais à côté d'elle et je savais ce qui allait arriver...

— C'est ça. Et puis, tu vois, je crois aussi qu'elle était déjà un peu morte pour moi depuis le jour où j'ai su qu'elle avait vendu toutes les terres... Et, après, on s'était encore dit des mots, à cause de notre départ.

— Et à cause de moi...

— Oui, aussi... Enfin voilà... Et, malgré tout, elle y a quand même pensé!

— C'est exactement ce que je me suis dit, avait murmuré Pauline qui devinait à quoi il faisait allusion.

— Les Fonts-Miallet! Tu te rends compte? Ça doit être une vraie jungle aujourd'hui, tout doit être mangé par les ronces et les orties! Enfin, maintenant, c'est vraiment à nous et peut-être qu'un jour les petits seront contents de savoir qu'ils possèdent, dans un coin de Corrèze, une maison brûlée, une grange en ruine, une petite cartonnée de mauvaise terre et, au milieu, s'il n'a pas crevé, un pin parasol planté par leur arrière-arrière-grand-père Antoine, en novembre 1815... Oui, peut-être qu'ils en seront contents.

— Sûrement, dit-elle. Tu sais bien qu'ils en connaissent toute l'histoire; pour eux, là-bas, c'est un pays de rêve, c'est la France.

Pauline avait en effet tenu à ce que les jumeaux n'ignorent rien de la vie que leurs parents avaient eue avant de venir au Chili. Elle leur en parlait souvent et leur avait même expliqué pourquoi il y avait des pins parasols dans le jardin de la calle de Los Manzanos, derrière le magasin tenu par M. Chou. Et aussi pourquoi leur père, à force d'entêtement, avait réussi à en faire prendre deux, malgré leur âge et leur taille, dans le jardin de *La Maison de France*. Et enfin pourquoi, dès qu'il l'avait pu, et en accord avec M. de Morales, il en avait transplanté quatre autres — dont un seul avait pris — sur une des collines de l'hacienda de Tierra Caliente.

Ces arbres, c'était tout ce qui les rattachait à la France. Pour Antoine, ils représentaient sa terre, sa Corrèze, sa ferme. Grâce à eux, il perpétuait le souvenir de toute une tranche de sa vie, sans regret, sans nostalgie, mais comme un terrien qui sait la valeur des racines et tous les soins qu'elles méritent.

— J'y songe, avait alors murmuré Pauline qui luttait maintenant contre la fatigue, M. de Morales est passé plusieurs fois. Il reviendra demain, pour quelque chose d'important, une histoire de... Je ne sais plus quoi... Demain...

Et elle avait sombré d'un coup dans le sommeil. Antoine la regarda, toujours étroitement blottie contre lui et sourit en la voyant si jeune encore, si mignonne. Puis, parce qu'il avait maintenant très soif, délicatement, il se défit de son étreinte et se leva pour aller boire.

Pedro de Morales arriva à *La Maison de France* quelques minutes après l'ouverture. Il salua Pauline, s'excusa d'être aussi matinal et demanda aussitôt si Antoine était enfin de retour.

— Je suis là! Ne vous inquiétez pas! assura Antoine qui, de son bureau, avait reconnu la voix du visiteur. Je me préparais à aller vous voir à votre hôtel et je m'excuse de vous avoir fait venir une fois de plus. Vraiment, c'était à moi de me déplacer.

— Laissons cela, l'heure n'est pas au protocole, dit Pedro de Morales en lui serrant chaleureusement la main. Vous êtes là, c'est le principal!

— Eh bien, installons-nous dans mon bureau. A cette heure, vous prendrez bien une tasse de café? J'étais en train de boire le mien.

— Volontiers, fit M. de Morales en s'asseyant... Je ne sais pas si vous avez pu vous tenir au courant du conflit, pendant votre expédition, dit-il en posant son journal sur la table, mais ça a vite évolué...

— Oui, j'ai vu, assura Antoine. Enfin, je n'ai pas vu les détails, mais j'ai quand même pu constater le nombre considérable de soldats stationnés à Antofagasta.

— Douze mille! coupa Pedro de Morales. Je tiens ce chiffre de l'Intendance générale, et je ne parle pas des troupes disséminées ailleurs... C'est précisément à cause de tous ces soldats que je suis là.

— Comment ça?

— Tenez, dit Pedro de Morales en désignant le journal *El Mercurio*. Aujourd'hui, comme chaque jour, notre gouvernement fait un appel à la nation. Il a déjà lancé de nouvelles émissions de papier monnaie et tout le monde a approuvé. Il a limité les dépenses administratives, et nos fonctionnaires ont accepté que leur solde soit temporairement réduite. Maintenant, une fois de plus, il nous demande à tous de l'aider. Nous devons le faire. Nos hommes ont besoin de tout, d'armes, de munitions, d'uniformes, mais aussi de nourriture, vous comprenez?

— Je crois, dit Antoine. Enfin, je comprends votre état d'esprit, expliqua-t-il en remplissant les tasses de café.

— Bien. Alors voilà : pour répondre à l'appel de notre gouvernement, j'ai décidé de livrer au plus tôt le maximum de denrées à l'armée.

— Pourquoi pas? dit Antoine. De toute façon elles sont à vous et vous en faites ce que vous voulez!

— Exactement! Je veux donc très rapidement un état des stocks, de tous les stocks, y compris de vin. Vous pouvez me l'établir?

— Naturellement. Mais, vous savez, nous sommes au printemps et nous avons déjà écoulé une partie de nos dernières récoltes...

— Je sais, mais nous livrerons tout ce qui nous reste, d'ailleurs là n'est pas le plus important. Non, ce qu'il faut, ce que je veux, c'est accroître toutes nos productions, dès cette année! Laissez-moi finir! dit-il en voyant qu'Antoine voulait intervenir. Un jour, vous m'avez dit que Tierra Caliente pouvait produire beaucoup plus qu'elle ne le faisait et que six mille cinq cents hectares de culture sur un total de vingt-huit mille ce n'était rien, vous me l'avez dit, n'est-ce pas?

— Oui, bien sûr, mais...

— Et, dès cette année, vous avez commencé à me le prouver, poursuivit Pedro de Morales.

— C'est ce que je voulais dire, nous avons déjà gagné dans les onze cents hectares; ce n'est pas rien!

— Je sais! Mais il faut faire encore mieux, beaucoup mieux, et tout de suite!

— Je ne peux pas faire de miracle, dit Antoine; d'ailleurs vos *inquilinos* et vos péons risquent de ne pas être d'accord du tout pour fournir ce nouveau coup de collier!

— Eh bien, vous promettrez une plus grande dotation de terre aux premiers, et des primes aux seconds! Et, s'il le faut, vous embaucherez toute la main-d'œuvre supplémentaire nécessaire : péons, *inquilinos* ou *chacareros*, peu importe. Ce que je veux, c'est que toutes nos productions soient en forte augmentation, dès cette année!

— Très bien, dit Antoine, c'est votre hacienda, c'est vous qui payez, je vais voir comment organiser tout cela au plus vite. Mais pour ce qui est des primes aux péons, jusqu'où puis-je aller?

— A combien sont-ils en ce moment?

— Soixante centavos par jour, nourris bien sûr.

— Eh bien, passez-les à quatre-vingts ou même à une piastre, ou plus si vous le jugez bon!

— Et pour les *inquilinos*?

— Faites pour le mieux, je vous fais confiance!

— Bien, dit Antoine, qui déjà calculait tous les terrains de l'hacienda sur lesquels il allait tenter d'installer des *inquilinos* ou des *chacareros*.

Lorsqu'il avait accepté, un an plus tôt, le poste de régisseur de Tierra Caliente, il n'avait pas eu grand mal à s'adapter au système d'exploitation en vigueur dans toutes les grandes propriétés. Il reposait sur trois sortes de main-d'œuvre.

D'une part, celle des péons, simples et misérables journaliers employés en fonction des saisons et des travaux. Ensuite, à peine moins mal traités, celle des *inquilinos*; c'étaient des genres de colons à qui l'on concédait la jouissance d'une certaine surface de terre et qui étaient donc tenus de fournir, en contrepartie, un nombre bien déterminé de journées de travail au propriétaire. Enfin venaient les *chacareros*, sorte de métayers qui, eux, devaient donner la moitié de la récolte qu'ils tiraient des *chacras*, lopins allant de un à cinq hectares, rarement plus. C'étaient tous ces gens-là qu'il allait devoir motiver et répartir.

— Et vous avez une préférence pour les productions? demanda-t-il.

— Non, ça c'est votre affaire; mais il me semble que des haricots, du maïs, des pommes de terre...

— Entendu, dit Antoine. Il réfléchit quelques secondes puis demanda : Vous avez parlé de l'Intendance générale, tout à l'heure... Vous êtes en bonnes relations avec les militaires?

— Oh oui, excellentes! sourit Pedro de Morales.

— Parfait. Alors vous allez essayer d'obtenir des explosifs, beaucoup. Oh, je sais, les militaires vous diront qu'ils en ont besoin ailleurs; c'est sûrement vrai, mais vous leur expliquerez que nous en avons besoin pour les nourrir...

— Mais? Je ne vois pas..., dit Pedro de Morales en fronçant les sourcils.

— Mais si, vous allez comprendre! Beaucoup de vos terres, gagnées sur la forêt, comme d'ailleurs celles de vos voisins, sont difficiles à cultiver à cause de toutes les souches qui les encombrent...

— Vous parlez des souches d'*espinos*?

— Exactement, ces saloperies qui ressemblent un peu à de l'acacia et que les péons n'essaient même pas d'arracher, parce qu'elles sont trop dures et que c'est un travail qui ne rapporte rien! Eh bien, elles nous font perdre beaucoup de temps; de plus, elles prennent de la place et abîment le matériel. Alors, trouvez-moi de l'explosif et je me fais fort de vous en débarrasser très vite!

— J'essaierai, mais je ne vous promets rien.

— Et puis, je m'excuse, poursuivit Antoine, ne croyez pas que je veuille vous pousser à la consommation et vous obliger à acheter davantage de matériel, mais il va bien falloir penser à augmenter le nombre d'outils : charrues, herses, râteaux, faucheuses, tout...

— Votre société peut m'en fournir, n'est-ce pas? dit Pedro de Morales. Oui? Alors qu'est-ce que l'associé de la Sofranco que vous êtes attend pour les livrer au régisseur que vous êtes également?

— Très bien, on tâchera de faire au mieux et le plus vite possible.

— J'y compte, dit Pedro de Morales en se levant. Au fait, dit-il en se dirigeant vers la porte, je descends dans trois jours à Concepción. On voyage ensemble?

— C'est-à-dire... Je ne suis rentré qu'hier au soir...

— Je comprends, sourit Pedro de Morales. Faites ce que vous voulez. Mais n'oubliez pas : le temps presse!

— D'accord, décida Antoine après un instant de réflexion, on voyagera ensemble; mais ça ne vous dérangera pas si je viens avec ma femme et mes enfants?... Eh oui, expliqua-t-il en voyant l'air surpris de son visiteur, j'avais promis à mon épouse de lui faire connaître Tierra Caliente dès le printemps venu. Alors, si non content de repartir trois jours après mon retour, j'oublie ma promesse, je crois que cette fois ça ira très mal!

Sa décision une fois arrêtée, Martial retrouva tout son allant et tout son enthousiasme. La première affaire qu'il régla, avant de s'occuper des commandes d'Ignacio Temulco, fut de proposer à son principal courtier — un homme jeune encore, animé par une ambition honnête et constructive — la charge des bureaux de la Sofranco de Bordeaux.

C'était une offre importante, une promotion, un gage de confiance que l'homme eut l'intelligence de ne point accepter aussitôt, ce qui n'eût pas manqué d'inquiéter Martial et de le faire douter de son choix. Il ne donna son accord qu'après quelques jours de réflexion et surtout après avoir réglé dans les moindres détails les modalités de sa nouvelle fonction.

Martial apprécia le sérieux de son interlocuteur et, rassuré quant à l'avenir de la succursale bordelaise de la Sofranco, il put se donner à fond pour satisfaire au plus vite les commandes de son client chilien.

Comme il l'avait dit à Ignacio Temulco, les armes furent plus rapidement réunies que les uniformes. Il est vrai que le gouvernement du très prudent M. Grévy, sans vouloir s'immiscer directement dans la lointaine guerre dite « du guano » et tout en restant soucieux de conserver de bonnes relations avec les trois belligérants, avait très vite compris tous les avantages que les manufactures d'armes pouvaient tirer de ce conflit.

Déjà, bien avant qu'Ignacio Temulco ne s'adressât à Martial, d'autres amateurs avaient eu toute satisfaction en prenant possession soit de vieux chassepots (ils avaient fait leurs preuves en 70 et ne coûtaient pas cher), soit du célèbre fusil Gras à répétition, modèle 1866 modifié 74, de calibre 11 mm. Il était équipé de la fameuse baïonnette modèle 74, de cinquante et un centimètres, à lame quadrangulaire et à poignée de bronze de nickel, et se révélait redoutable.

De même, aucun acheteur ne s'était encore plaint de l'efficacité et de la robustesse des canons, système Bange, modèle 77, de 80 et 90 mm.

Ce fut pourtant au sujet de ces dernières armes qu'Ignacio Temulco éleva de si solides objections que Martial en resta coi. Il est vrai que l'argumentation du Chilien le laissa sans voix et que, pour une fois, et malgré tout son talent de débatteur, il ne put démonter le raisonnement qu'on lui opposa. Il fut pris de court, car son client refusa tout net d'être mis en rapport avec les responsables prêts à lui fournir des canons. C'était d'autant plus étonnant que, jusque-là, le Chilien l'avait laissé mener à sa guise l'achat de fusils, de sabres et d'uniformes.

— Vous êtes sûr que vous ne voulez pas de canons de campagne ? insista Martial surpris.

— Si, si, nous en avons besoin, mais... Enfin, je préfère... On verra plus tard, tergiversa l'homme.

Il semblait tellement gêné que Martial, croyant deviner les mobiles de cette soudaine dérobade, crut bon d'insister :

— Vous savez, si c'est le prix qui vous fait reculer, je suis certain que nos arsenaux sont prêts à vous faire des facilités de paiement !

— Le problème n'est pas là ! coupa Ignacio Temulco. Je vous ai dit que mon gouvernement payait comptant, et en or, et je n'y reviendrai pas.

— Mais alors, je ne comprends pas ! Expliquez-moi au moins pourquoi...

— J'aurais préféré éviter cette discussion, dit le Chilien après quelques instants de silence. Oui, je n'ai qu'à me réjouir de l'aide que vous m'avez apportée jusque-là et je m'en voudrais beaucoup de vous vexer...

— Et pourquoi diable me vexerais-je?

— C'est très simple : quoi que vous fassiez et que vous disiez, vos canons n'arriveront jamais à surpasser ceux de M. Krupp! D'ailleurs, nos ennemis ne s'y sont pas trompés et ils ont maintenant des Krupp!

— Ah, c'est donc ça! fit Martial.

— Ne le prenez pas en mal, poursuivit le Chilien, mais vous savez très bien que c'est à cause de l'artillerie que vous avez perdu la guerre de 70...

— Oui, c'est ce qu'on a avancé, dans le temps..., reconnut Martial qui, pour rien au monde, ne voulait avouer qu'il n'y connaissait rigoureusement rien. Exempté de service, la seule arme qu'il eût jamais possédée était un Lefaucheux de 16, avec lequel, jadis, il chassait les lièvres et les perdreaux rouges dans les causses de Lodève. Alors, les canons...

— On fait beaucoup plus que de l'avancer, insista le Chilien, on le prouve! Nul n'ignore que les Prussiens vous ont attaqués avec des Krupp, en acier, se chargeant par la culasse! Et vous, vous n'aviez que des canons de quatre ou de huit, à chargement par la gueule, n'est-ce pas?

— C'est possible, fit prudemment Martial.

— Et d'ailleurs, vous étiez tellement fiers des pièces qui vous avaient rendus vainqueurs à Solferino que, lorsqu'en 1867, après l'exposition, M. Krupp vous a proposé ses canons, vous les avez refusés! Parfaitement, refusés! Eh oui, sourit Ignacio Temulco en notant l'air stupéfait de Martial, nous apprenons aussi cela dans notre université de Santiago...

— Ah bon, fit Martial. Mais alors, demanda-t-il soudain et un peu rageusement, puisque vous êtes si bien renseigné et si spécialiste, pourquoi diable m'avez-vous demandé de vous aider à acheter des fusils?

— Oh, c'est très simple... En 70 toujours, vos chassepots étaient, eux, très supérieurs au vieux mauser périmé depuis trente ans, et les Prussiens ont d'ailleurs payé cher cette faiblesse. De plus, depuis 70, vous avez encore amélioré ces sortes d'armes, voilà pourquoi nous les achetons! Quant à l'aide que je vous ai demandée, là aussi c'est simple. Voyez-vous, on peut avoir quelques connaissances en armement et être tout à fait ignare en commerce, j'avais donc besoin de vous!

— D'accord, comme ça j'aime mieux, dit Martial. Et, dans le fond, nous sommes quittes car, entre nous, je n'y connais rien en armes!

— Je m'en suis rendu compte...

— Ah bon? Pourtant...

— Oui, oui, je l'ai vite compris lorsque j'ai vu avec quelle prudence, lors des négociations, vous laissiez soigneusement parler nos interlocuteurs, je me trompe?

— Non, dit Martial en riant. Je vous l'ai dit : comme ça, nous sommes quittes! Alors, c'est décidé, pas de canons français?

— Pas de canons français.

— Mais vous pourriez au moins vous renseigner! Moi, d'accord, je ne suis pas spécialiste, mais...

— Restons-en là, coupa le Chilien. Vos Bange sont peut-être très efficaces, mais ils n'ont pas encore fait leurs preuves sur un vrai champ de bataille : mon gouvernement ne veut pas prendre le risque de l'expérience. Allez, n'en parlons plus et dites-moi plutôt quand vous comptez embarquer, le temps presse!

— Je sais. Si tout va bien, je pense qu'il sera possible de prendre la mer fin décembre. Soit le 20 sur l'*Albatros*, départ du Havre, soit le 29 sur le *Chambord*, départ de Saint-Nazaire. Les contacts sont pris avec les compagnies; c'est avec elles que la Sofranco traite tous ses transports : il n'y aura pas de problèmes.

— Par la route du sud, n'est-ce pas?

— Mais oui, je vous l'ai déjà dit, ne vous inquiétez pas, c'est la route habituelle qu'empruntent ces navires, dit Martial.

Il avait dû, dès le début, rassurer le Chilien quant à l'itinéraire que suivraient les armes. En effet, Ignacio Temulco ne voulait faire courir le moindre risque à la cargaison en lui faisant longer les côtes ennemies. Sans compter qu'il était peu pratique et très coûteux de prendre la route de Colón à Panamá. En effet, cela impliquait un transbordement, puis un transport par la Panamá Railroad Company et enfin un nouvel embarquement sur un navire desservant Valparaíso. C'était aussi s'exposer à d'éventuels problèmes avec les Colombiens qui pouvaient très bien exiger quelque taxe sur les armes!

Pour éviter tous ces ennuis, la précieuse cargaison aborderait le Chili par le détroit de Magellan.

Ainsi Martial allait suivre la route qu'il avait empruntée huit ans plus tôt avec Rosemonde, mais aussi avec Antoine et Pauline, sans oublier le père Damien. C'était en l'automne 1871 et, à l'époque, ils avaient effectué la traversée à fond de cale, dans d'épouvantables conditions.

Là, c'était en classe de luxe qu'il allait faire ce voyage et il ne faisait pas de doute qu'il allait être très agréable. Malgré cette certitude et la joie qu'il ressentait à l'idée de repartir, il avait, parfois, sinon des remords, du moins quelques regrets à l'idée qu'il allait être seul dans ce confortable appartement, avec sa cabine d'acajou, son salon capitonné et sa minuscule salle de bains de cuivre. Seul, sans Rosemonde, puisque, comme elle l'avait dit, désormais une page était tournée...

Malgré tout ce qu'avaient pu lui raconter les médecins après avoir examiné son état général et les multiples blessures qui lui zébraient les pieds, Herbert Halton avait catégoriquement refusé de rester au lit. De même s'était-il opposé à se voir confiner dans sa chambre comme le lui recommandaient les praticiens.

Ce n'était pas pour le plaisir de crâner qu'il agissait ainsi, mais uniquement parce qu'il pressentait que l'inaction et l'immobilité auxquelles on voulait le contraindre risquaient de l'engourdir dans une dangereuse morosité.

Aussi, en dépit de sa fatigue et des difficultés qu'il avait à se déplacer, décida-t-il, après seulement trois jours de repos, d'être présent à son bureau tous les après-midi. Il estimait déjà peu courageux de ne rien faire de toute la matinée, qu'il passait cependant à lire les journaux et les bulletins financiers.

Cela l'occupait jusqu'à onze heures, moment à partir duquel il se mettait à guetter l'arrivée d'Edmond. Car lui non plus ne s'était pas plié aux directives médicales. Certes, sa plaie à la cuisse le gênait encore et lui donnait toujours une démarche de vieillard goutteux, mais elle avait belle allure et se cicatrisait sans problèmes. Comme Herbert, Edmond pensait que l'inactivité était plus redoutable que la douleur qui le faisait parfois grimacer ou que la faiblesse ressentie en fin de journée.

Aussi, comme il était malgré tout en bien meilleure condition que son compagnon, venait-il chaque jour prendre l'apéritif chez lui. Souvent même, il déjeunait avec Herbert puis, vers quatorze heures, l'un soutenant l'autre, à petits pas, ils se rendaient jusqu'au bureau du jeune banquier où ils discutaient des affaires, des projets et des finances de la Sofranco.

Et leur emploi du temps était si bien réglé que, ce matin-là, Herbert ne pensa pas une seconde, en entendant tinter la clochette de l'entrée, que c'était Edmond qui venait de l'agiter aussi vivement. Il était à peine neuf heures et demie et jamais son associé ne s'était présenté aussi tôt. Il continua donc à se raser minutieusement, mais faillit se couper lorsque son valet de chambre vint le prévenir que M. Edmond d'Erbault de Lenty venait d'arriver et demandait à le voir.

— A cette heure? fit Herbert en jetant un coup d'œil sur sa grosse montre d'argent encore posée sur la table de nuit. Eh bien, fais-le entrer! Mais oui, ici! insista-t-il en voyant l'air réprobateur de son valet. Bon sang! Il m'a vu dans d'autres situations, dans d'autres états et dans d'autres tenues!

— C'est exactement ce que je me tue à dire à cette andouille! lança Edmond en entrant dans la pièce.

Il feignit de ne point voir le lit défait ni surtout la petite chemise de nuit de linon bleu, rehaussée de dentelles, qui gisait sur la descente de lit. Car, même s'il était au courant de la liaison qu'Herbert entretenait depuis des mois avec la jeune et gracieuse veuve d'un avocat, il n'eût pas été décent d'y faire la moindre allusion.

— Par Dieu! Que se passe-t-il? interrogea Herbert. Ne me dites pas que vous allez m'annoncer une mauvaise nouvelle, votre mine réjouie me prouve le contraire!

— Exact! A votre avis?

— Bah, je ne sais pas, dit Herbert en haussant les épaules. La guerre est finie, peut-être?

— Absolument pas! D'ailleurs est-ce que ça serait une bonne nouvelle?... Je veux dire strictement du point de vue affaires, naturellement! Non, non, vous n'y êtes pas! Martial revient! Voilà la nouvelle du jour, je viens de recevoir sa dépêche. Vous vous rendez compte? Il aura à peine tenu un an! Malgré tout, j'aimerais bien savoir ce qui motive un si rapide retour.

— Moi, je le sais, grogna Herbert qui, menton en l'air, se rasait délicatement le cou aux abords de la pomme d'Adam. Oui, oui, je le sais, assura-t-il, il arrive avec une cargaison d'armes et d'uniformes...

— Bon sang! Des armes et des uniformes? Mais comment êtes-vous au courant? dit Edmond.

Il était tellement stupéfait qu'il s'assit sans y prendre garde au bord du lit après avoir machinalement ramassé la petite chemise de nuit bleue qui traînait entre ses pieds.

— Blague à part, comment êtes-vous au courant? insista-t-il en triturant distraitement la fine lingerie discrètement parfumée à la citronnelle.

— Je le suis, c'est le principal, dit Herbert en le regardant. Oui, je le suis, exactement comme vous êtes au courant de mes relations avec Mme Anna Linares, ce qui ne vous donne pas pour autant le droit de déchirer sa chemise...

— Veuillez m'excuser, balbutia Edmond en rejetant le vêtement sur le lit et en se levant. Pardonnez mon étourderie, mais tout cela ne m'explique pas comment... Et puis nous n'avons jamais vendu d'armes. C'est un marché tout à fait à part et...

— Mon cher, là n'est pas le problème, puisqu'il y a des clients, c'est vendable! Quant au fait que je sois prévenu, n'oubliez pas qu'un banquier sérieux doit tout savoir ou tout deviner! plaisanta Herbert en s'humectant les joues de quelques gouttes d'eau de lavande. Allez, rassurez-vous, je n'ai aucun mérite et je vous dois même des excuses. Oui, j'ai complètement oublié de vous parler d'une rencontre faite voici bientôt trois mois. Vous savez, j'avais déjà envie de faire une expédition dans le nord et j'étais monté jusqu'à Antofagasta pour voir si c'était réalisable.

— Je m'en souviens, et alors?

— Alors, sur le bateau, j'ai fait une rencontre qui, je l'avoue, m'est ensuite complètement sortie de l'esprit, il est vrai que j'avais d'autres idées en tête. Oui, j'ai voyagé avec un Chilien, un homme très bien, mais dont j'ai oublié le nom. Il partait en France pour acheter des uniformes et des armes. Comme il semblait un peu hésitant quant à la marche à suivre pour entrer le plus rapidement possible en rapport avec de bons fournisseurs, je lui ai conseillé d'aller voir notre ami Martial. Alors, puisque vous m'annoncez qu'il revient, c'est certainement avec des armes et des uniformes!

— C'est sûrement ça, murmura Edmond, et ça explique sa dépêche. J'ai eu du mal à la comprendre car elle est plutôt laconique, expliqua Edmond en sortant un papier de sa poche. Écoutez : *J'embarque le 20 décembre sur l'*Albatros, *serai à Valparaíso avec armes et bagages vers le 5 février. Préparez champagne pour fêter ensemble 1880 et nouveaux marchés... :* Avec armes et bagages! redit-il, ça alors, quand Antoine va apprendre ça!

— Quand revient-il de Concepción ?

— Aucune idée, je crois qu'il a beaucoup de travail sur l'hacienda. Mais je vais le prévenir tout de suite.

— Oui, il sera sûrement heureux de cette nouvelle. Moi aussi, je le suis. Voyez-vous, avec Martial, Antoine et notre ami Romain, j'ai le sentiment que la Sofranco va faire un fameux bond en avant. Surtout si la guerre s'éternise; mais ça, on ne peut pas le souhaiter, n'est-ce pas ?

— Effectivement, mais on peut s'en accommoder.

— C'est exactement ce que je voulais dire...

# 10

Bondissant de colline en colline et amplifiés par les épaisses frondaisons dans lesquelles ils résonnaient, les sons graves et tremblants de la corne d'alerte vibrèrent dans la campagne.

Retenant son cheval d'une poigne ferme et prêt à stopper son élan, Antoine vérifia que tous les hommes employés au désouchage s'éloignaient bien de leur lieu de travail. Il attendit qu'ils fussent tous à l'abri, allongés derrière les replis du terrain ou sous le couvert des bosquets d'eucalyptus, et fit alors signe à Joaquin en agitant son feutre à bout de bras.

Le métis était là-bas, à cent cinquante pas, et n'aurait donné sa place pour rien au monde. Antoine avait été tout à fait étonné, quinze jours plus tôt, de constater avec quelle rapidité, quelle dextérité et quel instinct Joaquin avait assimilé l'art et la manière d'user des explosifs. A croire qu'il avait fait cela toute sa vie et que la pyrotechnie n'avait aucun secret pour lui.

Il s'était très vite révélé expert dans la façon de disposer les charges et c'était donc maintenant lui qui glissait les bâtons de dynamite dans les souches d'*espinos* qui encombraient les champs.

Tout marchait au mieux, ce qui n'avait pas été le cas les premiers jours de désouchage. En effet, malgré les recommandations et même les menaces, plusieurs péons n'avaient pas cru devoir tenir compte des appels à la prudence prodigués par Antoine.

Ainsi, dès le premier matin, intrigués et fort intéressés par la petite fumée bleue et odorante qui progressait en grésillant le long de la mèche lente, trois Indiens et un métis avaient cru bon de la suivre. Ensuite, heureux comme des gosses découvrant un jouet, ils s'étaient penchés au-dessus de la grosse souche bourrée de dynamite...

La fumée de l'explosion une fois dissipée, Antoine, après avoir regroupé les quelque trois cents ouvriers du chantier, avait espéré que l'accident servirait de leçon et que tous comprendraient le mortel danger que représentait l'explosif. Et, pour que le drame reste dans toutes les mémoires, il avait exigé que tous les ouvriers défilent devant les corps déchiquetés des victimes; sans oublier surtout de jeter un coup d'œil sur le bras, presque intact, qui se balançait doucement au gré du vent, accroché à une branche d'eucalyptus, à quelques mètres du cratère...

Et pourtant cela n'avait pas suffi, à croire comme l'avait dédaigneusement déclaré Joaquin que tous ces *inquilinos* du sud étaient plus bêtes que des *cholos* péruviens!

— Mais il est vrai, avait-il ajouté comme pour excuser ses compatriotes, qu'ici ils n'ont pas de mines pour apprendre à connaître la dynamite!

Toujours est-il que, trois jours après le drame, un métis qui ne s'était pas assez éloigné des explosions s'était fait arracher la moitié de la tête par un éclat d'*espino*.

Depuis, Antoine avait mis la corne d'alerte en vigueur et aussi, pour ne rien négliger, un système encore plus dissuasif. Armé de son gros Remington 45, il guettait les irréductibles curieux et déchargeait son fusil à quelques mètres devant eux, jusqu'à ce qu'ils se mettent à l'abri.

Grâce à ces précautions, il n'avait plus eu à déplorer de nouvelles victimes.

Il regarda Joaquin qui détalait maintenant comme un lapin en direction d'un rocher; il se pencha alors pour flatter de la main l'encolure de son cheval qui broncha cependant nerveusement lorsque commencèrent à s'égrener les explosions.

Attentif, il les compta à mi-voix. Car il redoutait plus que tout les cartouches qui fusaient sans déflagrer, soit que le détonateur se soit révélé défectueux, soit que la dynamite — plus ou moins stable suivant la température — n'ait point réagi. Elle n'en restait pas moins très dangereuse et devait être détruite. Il importait donc de bien repérer les souches qui, au lieu d'être pulvérisées, se contentaient de projeter un peu de fumée et conservaient en leur centre, dans l'excavation creusée au foret, les redoutables bâtons de dynamite qu'il faudrait activer avec une deuxième charge.

C'était pour ne pas perdre le compte des coups de mine qu'Antoine limitait chaque tir à vingt-cinq souches; au-delà, on risquait trop de s'embrouiller dans le total.

— Vingt-trois, vingt-quatre... Vingt-quatre...

Il sursauta lorsque retentit la vingt-cinquième explosion et sourit en entendant les hurlements de triomphe de Joaquin qui, lui aussi, avait méticuleusement compté les coups et qui soufflait maintenant à pleins poumons dans sa trompe pour ramener tous les péons sur le chantier.

Ils allaient s'abattre là comme des fourmis et, pendant que certains d'entre eux ramasseraient et entasseraient les racines et les troncs d'*espinos* déchiquetés, les autres s'attaqueraient au forage des souches où, bientôt, Joaquin introduirait les bâtons de dynamite.

Et il en serait ainsi jusqu'au soir, jusqu'à la nuit. Sans répit, puisqu'il fallait coûte que coûte gagner de la terre arable dans les plus brefs délais. Car le tout n'était pas de défricher et de nettoyer, encore fallait-il pouvoir ensemencer les nouveaux champs avant que la saison ne soit trop avancée.

Antoine attendit que les péons se soient remis à l'ouvrage, fit volter son cheval et le poussa vers un autre chantier. Il savait que sa présence stimulait beaucoup tous les employés de l'exploitation, qu'il s'agisse des chefs d'équipe ou des simples journaliers.

Et c'était pour cette raison qu'il avait décidé de prolonger son séjour à Tierra Caliente. Ce n'était pas pour lui déplaire, car il appréciait beaucoup cette existence. D'ailleurs, n'en eût-il tenu qu'à lui, sans doute aurait-il consacré la majorité de son temps à son rôle de régisseur. Mais ce n'était pas si simple.

D'abord, il devait faire face à tout le travail que demandait la Sofranco; ensuite, il y avait *La Maison de France*, à laquelle Pauline tenait beaucoup et qu'elle ne voulait pas abandonner. C'était d'ailleurs pour cette raison qu'elle avait rejoint Santiago avec les enfants, après seulement une douzaine de jours passés à l'hacienda.

Antoine avait compris sa décision, car il connaissait son attachement au magasin. *La Maison de France* était son œuvre, sa réussite; celle de Rosemonde aussi, mais elle n'était plus là et Pauline se sentait seule responsable.

De plus, Antoine avait tout de suite vu que son épouse avait quelques difficultés à s'habituer à cette vie exclusivement campagnarde. Non qu'elle fût inconfortable, loin de là! Pedro de Morales leur ayant aimablement laissé la jouissance de huit des quarante grandes pièces que comptait sa demeure et tous les domestiques dont Pauline pouvait avoir besoin, la jeune femme n'avait eu aucun travail pendant son séjour. Elle en avait donc profité au maximum, mais sans pour autant s'enthousiasmer autant qu'Antoine l'espérait.

Il en avait d'abord été un peu attristé, car il n'arrivait

pas à comprendre qu'on pût rester, sinon insensible, du moins réservé devant le spectacle de la nature toute resplendissante au soleil du printemps.

Puis il s'était souvenu que Pauline n'avait jamais rien connu de tel et qu'elle était sans doute un peu dépaysée, un peu angoissée par ces immenses étendues et par cette campagne dont elle ignorait tout. Elle avait toujours vécu à Paris ou à Santiago, quelques mois à Lodève, jamais en pleine nature. Il avait aussi réalisé qu'elle était incapable de rester sans rien faire. Habituée à travailler tous les jours et à gérer *La Maison de France*, elle avait eu du mal à rester désœuvrée; contrairement à ses nouvelles amies chiliennes, elle ne savait pas meubler son temps en jouant du piano ou en pratiquant le pastel ou l'aquarelle.

En outre, et bien qu'elle ait toute confiance en l'employée à qui elle avait confié le magasin, Antoine la sentait un peu inquiète à l'idée d'être là à ne rien faire, alors qu'il y avait sans doute tellement de travail à Santiago : avec les beaux jours, les élégantes aimaient changer de toilettes et peut-être risquaient-elles de prendre ombrage de son absence.

Aussi avait-il admis qu'elle ne veuille point s'absenter trop longtemps et qu'elle profite du retour de Pedro de Morales et de son épouse dans la capitale pour voyager avec eux. Ils étaient repartis depuis une semaine et Antoine, désormais seul, passait tout son temps à surveiller l'avancement des travaux. Il arpentait aussi tous les terrains encore boisés ou en friche qui bientôt deviendraient à leur tour de plantureux champs.

Debout dès l'aube, il employait ses journées à galoper de chantier en chantier et veillait tard le soir pour poser sur le papier tous les projets d'aménagement et de culture qu'il comptait entreprendre. Certains étaient déjà largement entamés ou devaient commencer au plus tôt et d'autres ne verraient le jour que dans les années à venir, si toutefois Pedro de Morales lui gardait sa confiance.

Il allait atteindre un des petits ponts qui enjambaient l'un des multiples canaux d'irrigation qui serpentaient dans les basses terres, lorsqu'il aperçut un cavalier qui galopait vers lui en agitant son feutre à bout de bras.

Intrigué, il stoppa sa monture, reconnut de loin un des serviteurs attachés à la maison de Pedro de Morales et se demanda avec un peu d'inquiétude ce qui pouvait motiver sa démarche. Puis il vit que le métis brandissait une dépêche et devint soucieux. Il avait beau savoir que Pauline n'était pas seule à *La Maison de France* — il avait exigé que l'irremplaçable M. Chou et sa femme viennent loger avec elle chaque fois qu'il serait absent —, il ne pouvait s'empêcher de penser à la sinistre visite nocturne qu'elle avait reçue. Aussi, est-ce avec une certaine appréhension qu'il décacheta la missive que lui tendit le messager.

Il la parcourut rapidement puis, n'osant croire ce qu'il venait de déchiffrer, il recommença. C'est après la deuxième lecture, lorsqu'il eut enfin compris que Martial était de retour, qu'il éclata d'un tel rire que les perruches qui pépiaient dans un proche bosquet fusèrent, effrayées, en traits multicolores et jacassants.

Romain posa délicatement son cigare sur le cendrier, puis pressa au-dessus de sa tête l'énorme éponge gorgée d'eau chaude. Il s'ébroua, s'essuya le visage d'un revers de la main et s'allongea un peu plus dans la vaste et profonde baignoire de marbre.

En face de lui, menton au ras de l'eau et sa lourde chevelure noire relevée en un gros chignon au sommet de son crâne, Clorinda Santos semblait dormir.

Taquin, il étendit la jambe et, du bout des orteils, lui caressa les côtes.

— Tu vas bien ?

— Très bien.

— Que fait-on aujourd'hui ?

— Ce que tu voudras, dit-elle en haussant les épaules. Arrête tes chatouilles, pouffa-t-elle, tu m'agaces!

Comme il persistait, elle se redressa pour échapper à ses attouchements, puis lui empoigna vivement la cheville et tira.

Surpris, il glissa, plongea dans l'eau jusqu'aux yeux et avala une ou deux gorgées.

— Tu me le paieras! dit-il en émergeant.

Mais il riait tellement qu'il but une nouvelle gorgée; il crachouilla, attrapa le peignoir, s'essuya le visage et reprit son cigare.

— Alors que faisons-nous? insista-t-il.

Elle s'étira, soupira :

— Comme d'habitude, décida-t-elle enfin, c'est ce que nous réussissons de mieux.

Il lui cligna de l'œil, sourit.

— Bon, d'accord, comme d'habitude. Mais, crois-moi, avec ce qu'on leur rapporte par jour, ils vont nous regretter, dans cet hôtel!

Depuis quinze jours qu'il avait rejoint Lima, Romain, retrouvant ses habitudes, menait la vie la plus coûteuse qui fût.

Pour marquer ses retrouvailles avec Clorinda Santos — il n'avait pas vu la jeune femme depuis six mois —, il lui avait offert, d'entrée, un pectoral en feuilles d'or que n'eût pas dédaigné la favorite d'un Inca!

Pour le remercier d'un tel hommage, mais sans doute aussi pour masquer son émotion, la jeune Péruvienne lui avait malicieusement déclaré qu'elle n'avait aucun scrupule à accepter le bijou; elle y voyait en effet toute la reconnaissance d'un homme touché par la fidélité qu'elle lui témoignait depuis trois ans malgré toutes les demandes en mariage qu'elle recevait!

Romain s'était presque étranglé de rire en entendant

cette déclaration, car Clorinda n'avait jamais cherché à lui cacher qu'elle s'était mariée deux fois depuis trois ans, ce qui ne l'avait pourtant nullement empêchée de l'accueillir lors de ses passages à Lima!

Son premier mari était un Américain du Nord qui, moins de deux mois après les noces, affolé et surtout complètement épuisé par le tempérament de sa jeune épouse, l'avait conjurée de lui rendre sa liberté, seul moyen, pensait-il, de retrouver un peu de santé! D'après Clorinda, il était parti quasiment ruiné, car il avait dû la dédommager des soixante jours et nuits qu'elle lui avait amoureusement accordés. Mais il était parti heureux, quoique exsangue, et en courant; d'après la jeune femme, il courait sans doute encore!

L'autre homme qui avait tenu à l'épouser était un général d'intendance, ce qui justifiait sa colossale fortune. En revanche, cela n'expliquait pas du tout comment il avait trouvé le moyen de se faire tuer quelques mois après le début de la guerre; la légende assurait qu'il était mort en brave, sabre en main.

En fait, avait expliqué Clorinda à Romain, il était mort d'apoplexie, bouteille au poing, après quarante-huit heures de beuverie et de débauche dans un bouge d'Arica.

— Et depuis, on m'a demandée trente fois en mariage! Alors, tu vois bien que je te suis restée fidèle! avait minaudé la jeune femme en l'enlaçant.

— Mais, bien sûr, ma belle! D'ailleurs ta fidélité m'émeut jusqu'aux larmes! avait-il dit en s'essuyant les yeux car, effectivement, ils ruisselaient des pleurs que son fou rire avait fait naître.

Assurément, Clorinda pouvait être fidèle, quinze jours ou trois semaines, et à condition de ne pas lui concéder trop de liberté! Mais cela ne dérangeait nullement Romain, car, outre son époustouflante beauté et son tempérament, elle était drôle, spirituelle, intelligente et toujours de bonne humeur.

Grand seigneur, il avait donc été heureux de pouvoir lui offrir le bijou qu'elle ne quittait plus et qui s'épanouissait en ce moment entre ses seins luisants d'eau.

Dès l'arrivée de Romain et selon leur habitude, au lieu de rester chez Clorinda, ils avaient rejoint le Grand Hôtel de la place San Martín pour y goûter tout ce qu'un établissement de cet ordre pouvait procurer à des clients fortunés.

Installés depuis plus de quinze jours, ils passaient presque tout leur temps dans leurs appartements. Ils s'y faisaient servir des repas fins que Romain commandait parfois plusieurs jours à l'avance, pour donner au chef le temps de trouver les produits et les ingrédients nécessaires à leur confection. Le champagne ne manquait jamais et, chaque soir, à l'heure du dîner, vers vingt-deux heures, Romain en abreuvait généreusement les cinq ou six musiciens qui venaient faire l'aubade jusque tard dans la nuit. Commençaient ensuite de longs moments d'intimité que Clorinda excellait à meubler, pour le plus grand bonheur de Romain.

Attendri par tous ces souvenirs, il la regarda, puis se souvint soudain des propos qu'il avait récemment tenus à Antoine au sujet de la taille des baignoires de l'hôtel et se mit doucement à rire. C'est vrai qu'elles étaient spacieuses et qu'on pouvait s'y prélasser à deux sans faire de vagues, sauf naturellement si on se mettait à chahuter un peu, mais ça, l'ami Antoine n'avait pas besoin de le savoir!

— Tu comptes passer toute ta matinée dans la baignoire? lui demanda Clorinda en se dressant.

— Non, mais on a le temps, et l'eau est encore chaude.

Il la contempla pendant qu'elle sortait du bain et pataugeait dans l'eau qui maculait le carrelage et pensa, une fois de plus, qu'aucune des femmes qu'il avait connues ne soutenait la comparaison avec elle. Aucune n'avait cette silhouette, ni surtout cette parfaite proportion des formes, cette fermeté et cette souplesse, cette grâce. De plus, Clorinda avait un visage ouvert et franc et des yeux noirs splendides.

— Bon, alors tu veux le journal? lui demanda-t-elle.

Elle connaissait bien ses habitudes et savait qu'il avait plaisir à prendre connaissance des nouvelles tout en flemmardant. Il lui sourit lorsqu'elle lui tendit le quotidien.

— Allez, vas-y, raconte-moi tout! fit-elle.

Cela aussi, c'était presque devenu un rite. Il parcourait d'abord les articles, puis les lui commentait pendant qu'elle s'habillait, se peignait, s'apprêtait. Ce matin, ce fut son silence qui lui fit comprendre que Romain était soudain préoccupé.

— Que se passe-t-il? murmura-t-elle en venant s'asseoir au bord de la baignoire.

Il la regarda, se pencha un peu vers elle pour lui poser un baiser sur la hanche puis haussa les épaules.

— Tu veux que je te dise? Tes compatriotes sont des jean-foutre! Je n'ai jamais rien vu de pareil! Enfin, ça m'arrange plutôt...

— Que se passe-t-il?

— Bah, rien que de très normal. Vous êtes gouvernés par des bons à rien! Et vos généraux sont tous des polichinelles! Enfin, pour ce qui est des généraux, je ne t'apprends rien, je pense?

— Explique! dit-elle en lui tirant l'oreille.

— Votre fameux général Buendia, celui que les Chiliens ont obligé ces jours-ci à se retrancher à Dolores avec ses dix mille hommes, eh bien, il vient de prendre la plus mémorable raclée de sa vie! Et pourtant les autres étaient trois fois moins nombreux et simplement commandés par un colonel, un certain Satamayor; sûr qu'il aura de l'avancement, celui-là!

— Et alors?

— Alors votre bravache a pris la fuite vers Tarapaca. Le problème est que pour courir plus vite il a abandonné aux Chiliens non seulement tous ses blessés, mais aussi ses armes et son matériel!

— Eh bien, dit Clorinda en se dirigeant vers sa coiffeuse, on les récupérera la prochaine fois! Mais pourquoi as-tu dit que ça t'arrangeait?

Il replia le journal, l'expédia vers un tabouret et sortit de l'eau.

— Tout simplement parce qu'il va bien falloir que je reprenne le travail! Avec la vie que nous menons, je n'aurai bientôt plus un centavo en poche!

— Tu regrettes? plaisanta-t-elle.

— Mais non, pas du tout! Il n'empêche que je vais devoir rejoindre ces territoires où vos militaires sont en train de se ridiculiser. Alors, s'ils continuent à reculer comme ça, je saurai au moins que c'est définitivement avec les Chiliens qu'on devra traiter, ça fera des économies!

— Nous ne sommes pas encore battus! Oui, ça peut très bien s'arranger pour nos troupes, dit-elle négligemment. Tu sais, expliqua-t-elle en se tournant vers lui mais sans cesser de brosser ses longs cheveux, il suffira de fusiller ce mauvais général et tout rentrera dans l'ordre!

— Ben, pardi! fit-il en s'essuyant. Et tant que vous y êtes, vous pourriez aussi fusiller votre président, non?

— Pourquoi pas? On en a déjà fusillé d'autres et ce n'est pas une si mauvaise idée! dit-elle en lui souriant candidement.

Il haussa les épaules, se mit à rire et commença à s'habiller.

C'est au moment de l'apéritif, une petite heure plus tard, que le maître d'hôtel, après avoir rempli les flûtes de champagne, crut de son devoir d'informer Romain que, suite à la déroute du général Buendia, le peuple de Lima était allé exprimer son mécontentement sous les fenêtres du président Prado. Cela expliquait les bruits de foule que le señor et la señora avaient peut-être entendus, tôt dans la matinée. Mais cela ne remettait nullement en question le menu prévu qui, selon l'habitude, serait servi dans l'appartement, à quatorze heures...

Dès qu'ils eurent connaissance de la défaite péruvienne, Edmond et Herbert pensèrent que la victoire était désormais acquise pour les Chiliens. Ils se préparèrent donc à reprendre activement toutes les affaires qu'ils voulaient traiter dans le nord.

Tout fut remis en cause, le 27 novembre, par la bataille de Tarapaca. Elle fut désastreuse pour les Chiliens, car, sans doute pour retrouver son honneur perdu quelques jours plus tôt à Dolores, le général Buendia, à la tête de cinq mille hommes, écrasa les troupes chiliennes, épuisées par de longues journées de marche à travers le désert.

Herbert et Edmond, sans être fins stratèges ni l'un ni l'autre, pensèrent alors que le cours de la guerre venait de basculer et que leurs amis chiliens auraient maintenant le plus grand mal à défendre et à conserver tous les terrains occupés.

Et soudain, ce fut avec stupéfaction qu'ils apprirent que l'armée péruvienne n'avait pas osé profiter de sa victoire et que, comble de pusillanimité, elle avait préféré se retirer au nord du río Camarones — à Tacna et Arica — et abandonner ainsi aux Chiliens toute la riche province de Tarapaca, dont les ports d'Iquique et de Pisagua!

— On dira ce qu'on voudra, ces gens-là ne raisonnent pas comme nous! Ils sont vraiment incohérents! commenta Edmond en tapotant le journal du plat de la main. Nous, Français, à la suite d'une semblable victoire, je parle de Tarapaca, nous aurions aussitôt foncé plein sud, droit sur Santiago! Eux, ils reculent!

— Eh oui! lança perfidement Herbert en remplissant les verres de *mosto,* mais eux, ils n'ont aucun Bonaparte pour les pousser à de telles extrémités. C'est peut-être d'ailleurs ce qui les sauvera...

Ils s'observèrent un instant, puis se mirent à rire.

— Possible, poursuivit Edmond, mais en attendant, certains Chiliens ne se cachent pas pour dire qu'il faut monter prendre Lima.

— Allons, allons! Nous n'en sommes pas là! D'ailleurs Lima est beaucoup trop loin! Non, si vous voulez mon avis, cette guerre va s'enliser.

— Votre avis? fit Edmond en souriant pour atténuer tout ce que son haussement d'épaules pouvait avoir de vexant, vous m'excuserez, mon cher, mais c'est bien lui qui vous a expédié traiter je ne sais trop quelle mirifique affaire du côté du Loa! Et c'est à lui que nous devons de nous traîner comme deux vieillards! Allons, je vous taquine. Plaisanterie à part, moi, je n'ai aucune opinion quant à la suite du conflit. Et, dans l'immédiat, la seule chose que j'aimerais savoir, c'est ce que fabrique l'ami Romain; il serait grand temps qu'il commence les prospections!

— Oui, moi aussi, j'aimerais avoir de ses nouvelles.

— A propos de nouvelles, dit Edmond en faisant lentement tourner son verre de *mosto* entre ses doigts, savez-vous que nos... confrères, MM. Obern et Reckling, se sont eux aussi lancés dans le commerce des armes?

— Je l'ignorais, mais ils auraient tort de s'en priver. Il y a de la place pour tout le monde dans ce genre de marché, et surtout pour des voyous comme eux!

— Vous ne croyez pas si bien dire! Figurez-vous que ces messieurs fournissent les trois pays à la fois! Un peu le Chili, pour être tranquilles, mais surtout le Pérou et la Bolivie...

Herbert le regarda, feignit l'innocence la plus complète et lança :

— Mais comment, diable, êtes-vous au courant de tout ça ?

C'était pure hypocrisie de sa part, car il savait, depuis des mois, que son ami avait renoué de solides et très intimes liens avec Mme Obern, la femme d'un des banquiers.

Elle avait été sa maîtresse quelques années plus tôt. Puis ils avaient rompu, s'étaient ignorés un certain temps et s'étaient enfin gentiment rabibochés. Il est vrai que la jeune femme disposait d'une grande liberté puisque son époux, de plus en plus volage lui aussi, passait le plus clair de son temps à Lima. Il avait, jadis, beaucoup apprécié cette ville grâce aux maîtresses qu'il y entretenait ; il était donc bien normal, les affaires aidant, qu'elle devienne son principal lieu de travail. Mais son épouse était toujours à Santiago ainsi que son associé, M. Reckling.

Edmond savait qu'Herbert n'ignorait rien de cette situation et il estima que son ami allait vraiment un peu loin dans la duplicité. Néanmoins, parce qu'il devinait que tout cela n'était qu'un amusement, il joua le jeu.

— Comment je l'ai appris ? dit-il le plus sérieusement du monde. Eh bien, figurez-vous que j'ai, moi aussi, mes informateurs ! Des personnes en qui j'ai toute confiance...

— Je vois, approuva Herbert en pensant aussitôt au joli minois, au fripon décolleté et à la gracieuse chute de reins de Mme Obern, je vois très bien... Et vous dites que votre... vos informateurs vous ont prévenu que ces messieurs vendaient aux alliés ?

— Oui, et depuis le début du conflit. Ils achètent en Allemagne et aussi en Amérique du Nord.

— Tiens donc..., murmura Herbert en réfléchissant. Il se leva, fit quelques pas dans la pièce. Ses blessures étaient presque toutes cicatrisées, mais quelques-unes le faisaient encore un peu souffrir et le contraignaient à la boiterie. Si j'étais certain..., reprit-il, oui, si j'étais certain...

— Si vous parlez de mes sources, elles sont sûres!

— Je n'en doute pas, ce n'est pas à cela que je pensais. Non, expliqua-t-il en se rasseyant, je me disais simplement que ce genre d'information, bien présenté à quelques responsables du gouvernement, pourrait sans doute gêner un peu ces deux crapules d'Obern et de Reckling, voire les contraindre à aller trafiquer ailleurs. Dans le fond, ils trahissent leur pays d'adoption, non?

— Peut-être, mais votre idée n'est quand même pas très fair-play, murmura Edmond après quelques secondes de silence.

— Allons, ne mélangez pas tout! Le fair-play n'a rien à voir dans cette histoire! Et, pour tout dire, nous, à Londres, on pendrait de semblables individus! Et puis, dois-je vous rappeler qu'ils ont failli vous ruiner et que, de plus, ils ont tout fait pour mettre nos amis sur la paille?

— Je n'ai rien oublié, mais...

— Ah! je comprends! dit soudain Herbert en souriant. Il ne faudrait pas que ces révélations gênent en quoi que ce soit votre... je veux dire, vos informateurs! D'accord, je n'ai rien entendu et je n'ai rien dit! Tenez, reprenez un peu de *mosto* et ne parlons plus de tout ça. Allez, dit-il en levant son verre, buvons! Oui, buvons à nos amours, par exemple. C'est un bon choix, non?

— Excellent, approuva Edmond, et souhaitons qu'elles n'aient jamais à pâtir de cette guerre...

— Tout à fait d'accord, murmura pensivement Herbert.

Edmond l'observa et fut soudain certain qu'il était en train de chercher un moyen qui permettrait, sinon d'éliminer ses concurrents, du moins de leur mener la vie dure, sans naturellement gêner en quoi que ce soit Mme Obern.

Connaissant la vieille amitié qui liait son époux à Martial, Pauline avait été ravie d'apprendre son retour. Son bonheur eût été encore plus complet si Rosemonde avait, elle aussi, décidé de revenir à Santiago. Mais c'était impensable et Pauline savait très bien qu'elle ne remettrait jamais les pieds au Chili. Elle le regrettait souvent, car, malgré toutes ses occupations, son travail et ses journées bien remplies, il lui arrivait de s'ennuyer. Ou, plus exactement, de se sentir un peu isolée, sans vraie confidente ni authentique amie sur qui elle aurait pu s'appuyer, surtout lorsque Antoine était absent.

Naturellement, elle avait lié connaissance avec des jeunes femmes de son âge, comme la femme du docteur Portales ou celle de M. de Morales ou même cette jeune et sympathique veuve qui, d'après Antoine, ne laissait pas Herbert Halton indifférent. Néanmoins, malgré leur gentillesse, Pauline ne se sentait pas encore avec elles en totale complicité, comme jadis avec Rosemonde.

Cela ne l'empêchait pas de les recevoir très souvent pour le thé ou de répondre à leurs invitations. Cet après-midi-là, elle était en train de préparer les tasses lorsqu'une soudaine oppression la rendit suffisamment mal à l'aise pour la contraindre à poser le plateau qu'elle tenait. Sueur au front, cherchant à comprendre ce qui motivait son état, elle sourit distraitement aux jumeaux; ils jouaient sur le tapis, mais, intrigués par sa pâleur, l'observaient maintenant avec une grave curiosité.

— Ce n'est rien, leur dit-elle en s'essuyant les tempes, rien du tout...

Et brusquement, plusieurs secondes avant que le sol ne se mît à frémir, elle comprit et bondit.

— Dehors! hurla-t-elle en se précipitant dans la

chambre où dormait le petit Silvère. Dehors, tous! hurla-t-elle de nouveau. Ça va trembler, je le sens!

Elle attrapa le bébé, courut dans le salon, s'assura que les jumeaux avaient obéi et les rejoignit dans le jardin.

Habitués à ce genre d'événement, les deux petits s'étaient sagement installés au milieu de la pelouse, loin de la maison et des arbres.

Pauline remarqua que les employées du magasin étaient elles aussi sorties. Elle comprit en voyant leurs grimaces qu'au moins deux d'entre elles devaient crier de terreur, mais elle n'entendit rien. Car maintenant, comme agitée par quelque poigne géante, la terre vibrait, paraissait même onduler. Les secousses se firent plus fortes, plus violentes et le sourd mugissement qui grondait en sous-sol devint sinistre, effrayant.

Serrant les enfants maintenant affolés contre ses jupes, Pauline dut se faire violence pour ne pas se mettre à hurler à son tour. Elle avait, comme toujours, une peur incoercible des tremblements, mais ne voulait pas transmettre sa panique aux petits qui, déjà, sanglotaient en se cachant la tête.

Elle vit que quelques tuiles commençaient à dégringoler du toit, mais nota pourtant que la violence des chocs diminuait de seconde en seconde, tandis que s'éloignait vers les profondeurs de la terre l'affreux grondement du sol en mouvement.

— Ça va être fini, dit-elle en caressant la tête des jumeaux. Promis, ça va être fini.

Puis elle vit que Silvère hurlait, non de peur, mais parce qu'il était sans doute furieux d'avoir été réveillé en sursaut. Pour le faire taire et surtout pour le consoler, elle déboutonna son corsage et lui donna le sein.

— Allons, insista-t-elle en voyant que Pierrette n'arrivait pas à se calmer, tu vois bien que c'est fini! On va attendre encore un peu pour être sûrs que ça ne recommence pas et puis on rentrera ranger la maison. Tu vas m'aider, n'est-ce pas? Il faut que tout soit propre pour recevoir Mme Portales, Mme Linares et Mme de Morales; et tu sais, quand elles viennent, elles t'apportent toujours des gâteries. Mais que diront-elles si elles te voient pleurer!

La petite fille tenta de sourire, renifla et s'essuya le nez d'un revers de manche.

— Allons, gronda gentiment Pauline, tu sais bien qu'on ne se mouche pas comme ça!

— Dis, comment tu l'as su? demanda soudain Marcelin en la regardant avec curiosité.

— Su quoi?

— Que ça allait trembler.

— Je ne sais pas, dit Pauline, je ne sais pas du tout. C'est la première fois que ça me fait cet effet; d'habitude, c'est après les tremblements que je suis malade.

— Alors, tu fais comme Joaquin maintenant? insista le petit garçon. Lui, il dit qu'il sent les *temblores* et les *terremotos* bien avant tout le monde!

— C'est ça!

— Et parrain?

Depuis que les jumeaux avaient appris le retour de Martial, ils ne tarissaient pas de questions à son sujet.

— Ah, je ne sais pas si votre parrain fait pareil.

— Et papa?

— Papa, lui, il devine tout et il n'a pas peur, affirma-t-elle.

— Dis, tu es sûre qu'il y pensera, parrain? demanda Pierrette en reniflant.

— Mais oui, sourit Pauline en changeant Silvère de côté.

Elle n'avait même pas besoin de demander d'autres explications. Pas plus que son frère, Pierrette n'avait oublié les promesses faites par Martial un an plus tôt.

— Et elle sera comment, ma poupée? insista la fillette.

— Très belle, en porcelaine, avec des yeux bleus et des anglaises blondes, expliqua Pauline une nouvelle fois.

— Et moi, j'aurai des soldats de plomb, décida Marcelin, tout plein de soldats de plomb avec des fusils!

— Et pourquoi marraine Rosemonde revient pas? Elle est gentille, Rosemonde, dit la petite fille; alors pourquoi elle revient pas, elle?

— Oui, elle est gentille. Elle ne revient pas, parce qu'elle est encore un peu malade... Je te l'ai déjà dit. Voilà, maintenant, on peut rentrer, décida la jeune femme en marchant vers la maison dans laquelle s'affairaient déjà Arturo, Jacinta et les employées.

Il y avait peu de dégâts dans le magasin, juste quelques étagères de guingois. En revanche, Pauline se sentit pâlir et se mit à trembler en entrant dans le salon où, moins de dix minutes plus tôt, elle préparait le plateau du thé pendant que les jumeaux jouaient sur le tapis : là, toute une moitié du plafond s'était effondrée et, juste à l'endroit où les enfants s'amusaient, avait chu une grosse solive.

— Pourquoi tu pleures maintenant? dit Marcelin étonné. Tu vois bien que ça ne tremble plus!

— Tu as raison, dit-elle en souriant, je suis sotte.

Elle attira Pierrette, lui caressa les cheveux.

— Regarde, dit-elle. C'est à cause de ça que marraine ne veut pas revenir, à cause des *temblores*. C'est aussi à cause d'eux qu'elle est partie, oui. Et quand je vois ça, murmura-t-elle, je ne peux pas lui donner tort...

# 11

Même s'il l'avait désiré, Martial n'aurait pas eu le temps de prendre du repos lorsqu'il arriva au Chili. Il est vrai qu'il n'en avait nullement besoin, car la traversée s'était déroulée dans les meilleures conditions possibles. Le navire avait été pourtant rudement secoué, aussi bien dans l'Atlantique, au large du Brésil et de l'Argentine, que dans le Pacifique, à la sortie du détroit de Magellan et vers Chiloé.

C'est en ces occasions que Martial avait pu mesurer à quel point il était plus facile de résister à une forte mer, douillettement allongé sur la couchette d'une cabine de luxe, qu'entassé dans un dortoir de l'entrepont! Aussi n'avait-il presque pas souffert du gros temps et se sentait-il tout à fait reposé en arrivant à Valparaíso.

Cela lui permit de faire face à tous les événements qui déferlèrent soudain. A peine avait-il eu le temps de poser pied sur le quai et de donner une fraternelle accolade à son vieux complice Antoine qu'il fut assailli par une demi-douzaine de militaires impatients de voir débarquer la cargaison qu'ils attendaient. Un peu abasourdi, il leur promit de se rendre au plus tôt aux bureaux militaires du port et soupira dès qu'ils se furent éloignés.

— Qu'est-ce que c'est que cette façon d'accueillir les gens? dit-il en se tournant vers Antoine.

— C'est la nouvelle mode! plaisanta ce dernier. D'ailleurs, pour ne rien te cacher, c'est plutôt pour faire patienter ces quelques officiers que pour t'attendre que je suis venu! Ton bateau a trois jours de retard et j'ai bien cru que ces fichus galonnés allaient tout casser dans les locaux de la Sofranco!

— Le gros temps nous a un peu ralentis, expliqua Martial en observant l'animation qui régnait dans le port... Fichtre, c'est vrai que vous êtes en guerre!

En effet, ce qu'il voyait ne correspondait pas au souvenir qu'il gardait de Valparaíso : des quais pleins d'animation et tout grouillants de dockers s'activant dans la multitude des navires. Elle était toujours là, cette bruyante main-d'œuvre, mais ce qui changeait tout, c'est qu'elle semblait comme étouffée, submergée par une foule de soldats en armes. Et, aux abords des entrepôts et des grues, outre les amoncellements de marchandises diverses, s'entassait toute l'intendance d'une armée, avec ses mules et ses chevaux, son fourrage.

— Oui, redit-il, ça sent la guerre.

— Tu ne crois pas si bien dire, approuva Antoine, et tu tombes bien : d'après ce que j'ai cru comprendre, ils préparent un débarquement dans le nord! Bien sûr, c'est un secret, plaisanta-t-il, mais ils auront du mal à nous faire croire qu'ils s'apprêtent à appareiller pour la Terre de Feu!

— Ils ne vont quand même pas envahir le Pérou?

— Qui peut le dire?... Tu sais, j'ignore ce qu'on pense, en France, de ce conflit, mais ce n'est pas une rigolade, ils s'en mettent vraiment plein la gueule!

— A ce point?

— Plus que ça encore! Allons, viens, occupons-nous de ton matériel, dit Antoine en l'entraînant vers les bureaux du port. Eh oui, sourit-il, on décharge, on recharge et on accompagne jusqu'à Antofagasta! Parfaitement, les militaires m'ont prévenu que c'est là-haut que tu dois livrer les uniformes!

— Manquent pas d'audace, ce n'est pas ce qui est stipulé dans le contrat!

— Possible, mais ton contrat a été signé à Bordeaux, et c'est loin... Mais, si ça t'ennuie vraiment d'aller dans le nord et si tu préfères rejoindre Santiago, je peux me charger tout seul de la livraison, j'ai l'habitude.

— Non, non, il faut bien que je me remette dans le bain! Et pour les armes, que fait-on?

— Ne t'inquiète pas pour elles, ils les prennent tout de suite en charge. Ils en ont bien trop besoin et redoutent aussi de les voir disparaître. Tu n'as pas idée des vols et des trafics qui se font ici!

— Ça ne m'étonne pas, c'était déjà le cas avant la guerre... Bon, il faut donc qu'on grimpe à Antofagasta?

— Oui. J'en profiterai pour te parler de tout ce qui se passe ici et aussi des affaires de la Sofranco. De toute façon, avec ou sans uniformes à livrer, il fallait que j'y monte! Oui, je t'expliquerai.

— Bien, bien, fit Martial un peu abasourdi quand même, et Pauline?

— En pleine forme.

— Rosemonde et Armandine aussi, dit Martial comme pour couper court à toute autre question sur ce sujet. Et les petits?

— Silvère est superbe et les jumeaux pètent de santé. A propos, j'espère que tu as pensé à ta promesse?

— Les soldats et la poupée? sourit Martial en choquant de son poing l'épaule d'Antoine. Qu'est-ce que tu crois? C'est uniquement pour les apporter que je suis revenu! Les uniformes et les armes ne sont qu'un alibi!

— C'est bien ce que je pensais! Bon, occupons-nous tout de suite des militaires et après nous irons voir ce que devient Joaquin.

— Il est là?

— Bien sûr, et heureusement! Il est bougrement

efficace. Tu vois, en ce moment il est en train de surveiller l'embarquement de cent cinquante tonnes d'*alfalfa*, la luzerne d'ici, que nous fournissons à l'armée et que nous devons livrer à Antofagasta. Cent cinquante tonnes, ça représente un sacré tas de ballots de cinquante kilos! Eh bien, grâce à Joaquin, il n'en manquera pas un à l'arrivée!

— La Sofranco vend de la luzerne, maintenant? On aura tout vu! s'étonna Martial.

— Pas de la luzerne, mais les machines qui permettent de la conditionner! Oui, c'est bien connu, la guerre a parfois du bon. C'est grâce à elle que j'ai convaincu M. de Morales qu'il fallait absolument acheter des presses à fourrage; c'est le seul moyen de le transporter facilement, et comme on va en vendre quelques milliers de tonnes... Alors je lui ai fait prendre des engins superbes; à entraînement par la vapeur, venus tout droit de Denver, grâce à la Sofranco, naturellement!

— Si je comprends bien, dit Martial en s'arrêtant pour allumer un cigare, les affaires marchent?

— Mieux que jamais et dans tous les domaines! Crois-moi, tu ne regretteras pas d'être revenu.

Ce qui faisait la force de Romain et le rendait très efficace, c'était sa grande faculté d'adaptation. Il est vrai que depuis le mois de juin 1865 et la ruine totale dans laquelle il s'était trouvé après la fuite de son père, il avait toujours prudemment évité de tenir une situation, un emploi ou même une certaine aisance pour définitivement acquis. Mieux, il se défiait du sort lorsque celui-ci lui semblait par trop favorable.

Cette extrême prudence lui avait maintes fois sauvé la mise, et parfois même la vie, et c'était donc pour mieux parer à toute éventualité, revers de fortune ou croc-en-jambe du destin, qu'il veillait à ne jamais s'engourdir dans les habitudes et la facilité.

Ainsi, lorsqu'il le fallait, pouvait-il, sans transition ni difficulté, passer du luxe le plus raffiné à la vie la plus spartiate, de l'hôtel de grande classe à la hutte d'Indien.

Comme promis à Herbert et à Edmond, il avait quitté Lima au jour prévu. Il était parti sans regret, presque avec soulagement, car point n'était besoin d'être très observateur pour sentir que la situation politique se dégradait de jour en jour, sinon d'heure en heure. L'ambiance générale était tendue et, dans les rues ou sur les places, la population devenait hargneuse, sournoise, prête à se regrouper pour bondir vers on ne savait quelle résidence ou massacrer on ne savait trop qui.

Il avait donc abandonné — pour un temps, espérait-il — la délicieuse Clorinda Santos et l'hôtel de la place San Martín. De toute façon, l'eût-il voulu qu'il n'aurait pu y séjourner deux jours de plus! En effet, il ne lui restait pour tout argent que le minimum : juste de quoi payer son voyage jusqu'à Tocopilla, où l'attendaient sa selle et son matériel. Là, il avait eu encore de quoi acquérir deux chevaux, ainsi que la nourriture et le tabac nécessaires pour quelques semaines, puis il avait repris la piste.

Patiemment, lentement, avec l'instinct presque infaillible des professionnels de la prospection, il avait parcouru l'immense territoire dans lequel Herbert avait eu, lui, grand tort de s'aventurer.

Car il fallait vraiment être du métier et avoir derrière soi plusieurs années d'expérience pour oser se lancer ainsi, surtout en plein été, dans ces étendues mortellement désertiques. Elles étaient de surcroît toujours sillonnées de bandes plus ou moins fréquentables de soldats ou de *rabonas*, car, si les Péruviens avaient fui vers le nord, les Boliviens, eux, n'étaient pas loin.

Mais tout cela n'était pas pour lui déplaire. Non seulement il aimait se mesurer avec la nature et les éléments, mais, de plus, il adorait jouer à cache-cache avec les éventuels détrousseurs qui hantaient la sierra. Pour cela, il ne négligeait aucune trace, récente ou ancienne, aucun indice, se défiait des petits défilés ou des *quebradas* trop resserrées, propices aux embuscades et aussi des rares points d'eau.

Prudent, il dormait toujours dans les pueblos dont il connaissait les péons et dont il était sûr; sinon, faute d'une case, il grimpait s'installer pour la nuit au plus haut d'un *cerro*, en des nids de rocaille faciles à défendre, imprenables. De plus, il avait pris soin, tant à Tocopilla, Toco ou Calama d'avertir les autorités militaires et même de se faire donner des laissez-passer.

Depuis plus de deux mois maintenant, toutes ces précautions lui avaient permis de parcourir une gigantesque surface de sierra et de désert. Comme il l'avait pressenti, il avait découvert des gisements de cuivre d'une inestimable richesse. Des sites qui, selon la carte détaillée qu'il possédait, n'étaient, jusqu'à ce jour, attribués à aucun concessionnaire. Ils s'étendaient du *cerro* Colupa, au sud de Tocopilla, jusqu'au río Loa, au nord et à l'est. Et c'est aussi au nord, dans les *cerros* Poseda et de la Mica, qu'il avait décelé, s'étalant sur des kilomètres, un sol qui semblait exclusivement composé d'une épaisse couche de nitrate de soude. Bien exploité, tout cela représentait une fortune, mais encore fallait-il en acquérir le droit.

Après le nord, il avait audacieusement poussé au-delà du río Loa et à travers la pampa de Tamarugal en suivant un chemin presque parallèle à celui qu'il avait emprunté à la recherche d'Herbert. C'était non loin de la source du río Loa qu'il avait relevé plusieurs échantillons de sable aurifère et, presque dans le même secteur, de plomb argentifère.

Mais il n'était pas le premier arrivant, comme l'indiquaient les quelques *placers* qu'il avait vus. Certes, les installations étaient désertes, mais elles n'étaient pas en ruine et tout prouvait qu'elles revivraient une fois la guerre terminée.

Il avait pris soin de bien relever tous les emplacements de façon à pouvoir éventuellement revendiquer les gisements non encore exploités.

Circonspect, parce qu'il n'était pas très loin de la petite mine qu'il avait dû abandonner aux Péruviens quelques mois plus tôt, il n'était pas redescendu vers le sud en suivant le río : il risquait trop d'y faire de mauvaises rencontres. Il avait obliqué vers la sierra de Moreno puis, enfin, vers Calama.

Et maintenant, après plus de deux mois de solitude et de recherches, il galopait, heureux, sur la piste qui serpentait vers Cobija; une fois là, il pousserait jusqu'à Antofagasta pour prévenir, par câble, Herbert Halton, Edmond et Antoine de ses découvertes.

Il ne lui vint même pas à l'idée de faire un léger détour pour éviter la petite troupe de soldats qui progressait sur la piste. Il était à moins d'une heure de Colupa, en territoire depuis longtemps occupé par les Chiliens et les soldats étaient chiliens.

Malheureusement ils avaient beaucoup bu à la petite *pulpería* de Colupa et Romain, ce civil, venait du nord. De ce nord où les alliés, ces foutus chiens bâtards maudits, préparaient, disait-on, l'invasion du Chili.

On assurait aussi qu'ils expédiaient des espions, déguisés en prospecteurs. Or cet homme venait du nord et c'était un *cateador*, comme le prouvaient son outillage, sa pioche et sa *barreta*, cette petite pince d'acier; et il avait sûrement un chalumeau dans ses fontes et aussi quelques flacons de réactif...

De plus, il avait l'insupportable audace de venir se pavaner, avec deux chevaux, au milieu des vaillants défenseurs de la patrie qui eux étaient à pied...

Fauché par un violent coup de crosse en plein ventre, Romain roula à terre en vomissant de douleur.

Ce furent des coups de pied dans les côtes qui le sortirent de son évanouissement, et peut-être aussi l'abominable odeur que dégageaient les hommes qui l'entouraient. Ils étaient une douzaine et puaient tous la sueur, la crasse, le tabac et surtout le mauvais *pisco*, la *chicha* et les piments, la coca.

Tout en cherchant à se protéger des coups qui visaient maintenant son bas-ventre et son visage, il se releva en geignant.

— Eh! doucement! doucement! fit-il en reniflant pour arrêter l'hémorragie nasale qu'un coup de crosse avait déclenchée. Qu'est-ce qui vous prend? Je ne suis pas un ennemi! dit-il en cherchant du regard celui qui devait être le chef de cette bande d'ivrognes.

Il renonça à le trouver car, le délaissant, les hommes fouillaient maintenant ses bagages en jacassant comme des aras. La découverte de sa carte toute mouchetée d'indications et zébrée de relevés les fit hurler de triomphe.

— Doucement, redit-il en voyant le groupe d'hommes se refermer autour de lui. Il esquiva d'un saut un sournois coup de pied. Ben quoi! cria-t-il, qu'est-ce qui vous excite? Je suis français et prospecteur, c'est pas interdit, non?

— Mais ce qui est interdit, c'est d'espionner, grasseya celui qui brandissait maintenant la carte.

— Espionner, moi? Vous rigolez, non? Je vous dis que je suis français, vous entendez?

— On s'en fout, dit l'homme. Nous, on est en guerre et on sait que les gringos travaillent pour les alliés.

— Mais pas tous, bon Dieu! Pas moi! Tenez, dit Romain en fouillant dans sa veste, j'ai des laissez-passer des autorités militaires de Tocopilla, Toco et même de Calama! Voilà, vérifiez! dit-il en tendant les papiers.

L'homme, un sergent, les lui arracha des mains, et,

lentement, presque cérémonieusement les consulta. Romain l'observa et se sentit blêmir.

— Merde, murmura-t-il en français, ce con-là ne sait pas lire...

Et pourtant, gravement penché sur les documents, le sous-officier semblait les dévorer des yeux. Mais ce qui était très inquiétant, c'est qu'il les tenait à l'envers.

— Tout ça ne vaut rien, dit enfin le sergent en haussant les épaules et en déchirant les feuillets, rien du tout! Tu es un foutu espion allié et nous, les espions, on doit les fusiller! C'est le capitaine qui nous l'a dit! Il éructa, exhala une pestilentielle bouffée d'alcool et se tourna vers ses hommes : Pas vrai qu'on va le fusiller, ce gringo espion?

Ils approuvèrent en ricanant et Romain en vit même plusieurs qui manœuvraient joyeusement la culasse de leurs armes.

« Cette fois, c'est mal parti, pensa-t-il, ces abrutis sont saouls comme des porcs et brûlent d'envie de m'assassiner. »

Il avait peur, très peur, mais savait qu'il ne devait en aucun cas le montrer. Il fallait au contraire paraître fort, sûr de soi, arrogant même. Car, s'il se révélait faible, timide et surtout terrorisé, les autres en profiteraient aussitôt pour l'écharper.

Pour le moment, ils hésitaient encore un peu, à peine, mais juste assez pour ne pas presser la détente de leurs fusils; cependant, certains semblaient très impatients...

Ce n'était pas la première fois que Romain vivait pareille aventure. Déjà, au Mexique, au Texas et même en Virginie, il s'était retrouvé avec un canon dans les reins ou dans l'estomac. Il avait toujours su retourner la situation, par la ruse ou la violence. Mais alors, contrairement à aujourd'hui, il n'était menacé que par une seule arme et non par douze.

Il rejeta la folle idée qui le poussait à tenter de fuir.

Pour cela, il aurait fallu qu'il saute en selle et détale au grand galop avant que les soudards ne réagissent. C'était impensable. Il avait affaire à des soldats aguerris par plusieurs mois de batailles, d'embuscades, de tueries, et tout laissait prévoir que même le plus ivre et maladroit d'entre eux l'abattrait avant qu'il ait eu le temps de parcourir dix mètres!

Ce qu'il fallait, c'était se défendre verbalement, discuter, marchander sa vie, par le bluff, les promesses, les mensonges, les affirmations, les menaces, n'importe quoi, mais tout ce qui permettrait de retarder l'instant où le vicieux petit sergent, maigre et nerveux, au regard chafouin et à l'haleine redoutable, donnerait l'ordre à ses brutes de le fusiller sans plus attendre.

Il regarda ses laissez-passer qui gisaient, déchirés, entre les jambes du sous-officier. Il faillit les ramasser, mais réalisa, à temps, que le seul fait de se baisser, de s'incliner, pouvait être interprété comme ce signe de faiblesse que les autres attendaient sans doute.

Or il devait réagir, non seulement en homme innocent, mais même en gringo, c'est-à-dire en personnage qui ne se laisse pas impressionner par des *cholos*, fussent-ils militaires! Mais, parce que ces métis étaient ivres et qu'on était en guerre, il fallait moduler sa réaction, la doser, pour éviter de vexer des gens que l'alcool rendait aussi instables et dangereux qu'une bonbonne de nitroglycérine.

— Vous vous trompez, je ne suis pas un espion! Non seulement je ne suis pas pour les alliés, mais en plus je travaille pour le Chili, déclara-t-il. Et d'abord, dites-moi comment s'appelle votre capitaine! lança-t-il sèchement.

— Sergio Rey... Pourquoi? dit le sergent en lui jetant un regard soupçonneux.

— Vous avez bien dit Sergio Rey? Alors vous avez mal lu mes papiers! jeta Romain en désignant les morceaux de ses laissez-passer que le vent commençait à éparpiller.

Oui, vous avez mal lu, insista-t-il, mais ça peut arriver à tout le monde. Ramassez les feuilles et vous verrez que c'est le capitaine Sergio Rey lui-même qui a signé une de ces autorisations de déplacement!

C'était faux, mais cela pouvait peut-être mettre le doute dans l'esprit du sous-officier.

— Allez-y, insista Romain, lisez, vous verrez bien! Tiens, lança-t-il à l'adresse d'un des soldats, toi, là, oui toi! ramasse ces papiers et donne-les à ton chef. Il va tout de suite voir que je ne mens pas!

— Non, laisse ça, grogna le sergent qui, peut-être, ne tenait pas à repasser un examen de lecture auquel il était certain d'échouer. Tes papiers ne valent rien, je l'ai tout de suite vu. D'ailleurs je connais la signature du capitaine, oui, je la connais!

Romain pensa que c'était peut-être vrai et que l'autre, malgré son analphabétisme, pouvait en effet avoir en mémoire l'image du paraphe de son supérieur. Malgré cela, il bluffa encore.

— Vous n'avez lu qu'une feuille, dit-il. La signature du capitaine est sur une autre. Allez, vérifiez!

Soupçonneux, le petit homme l'observa longuement, il hésitait.

— Ouais, dit-il enfin, sûr qu'on va vérifier! Toi, tu viens avec moi, dit-il à un des soldats; et vous dépêchez-vous de rejoindre le poste! lança-t-il aux autres.

Il sauta sur le cheval de Romain, attendit que son compagnon se hisse sur la deuxième monture.

— Oui, on va vérifier, et sans traîner, dit-il en regardant Romain. Vous allez pas y gagner, prévint-il. Le capitaine, il adore faire parler les gens avant de les fusiller. Oui, oui, vous allez voir...

— J'espère bien, dit Romain, et je peux même vous garantir que vous me ferez des excuses!

Il se sentait soudain très soulagé car, pour la première fois, le sergent venait de le vouvoyer.

Avant même d'embarquer en direction d'Antofagasta, Martial comprit que tout avait changé dans le commerce du Chili. Désormais, et sans doute pour la durée de la guerre, c'était avec les militaires qu'il fallait traiter. Et les escales dans les petites villes côtières du nord, toutes grouillantes de soldats, le renforcèrent dans l'idée qu'il y avait de nouveaux et très importants marchés à saisir.

Il remarqua aussi qu'Antoine était très à l'aise dans ses rapports avec les officiers d'Intendance. Il les traitait sans flagornerie, avec juste ce qu'il fallait de déférence pour ne jamais les humilier, mais suffisamment de fermeté pour qu'ils n'oublient pas que Pedro de Morales, tout en étant son employeur, était de ses amis.

Or le petit homme jouissait d'une indiscutable aura. D'abord, parce qu'il était un fournisseur bien connu pour son patriotisme et son honnêteté, mais surtout — Antoine l'avait appris récemment — parce qu'un de ses beaux-frères était général.

Ce fut aussi au cours de ce voyage, pendant lequel Antoine le mit au courant de tous les événements de l'année écoulée, qu'il découvrit ce qui était certainement une des faiblesses de la Sofranco. C'est au retour, après l'escale à la Caldera, qu'il en parla à Antoine.

Le bateau venait d'embarquer une grosse cargaison de cuivre, car, malgré l'engagement de nombreux mineurs dans l'armée, les mines de Copiapó produisaient encore. Il est vrai qu'elles appartenaient presque toutes à l'ancien président de la République et qu'il eût été du plus mauvais effet qu'elles ne participassent point à l'effort de guerre.

— On a chargé un sacré tonnage, constata Martial.

Accoudé à la rambarde bâbord, il regardait le bruyant attroupement des oiseaux de mer qui, entre deux plongeons et vols tourbillonnants, s'agglutinaient par milliers sur les falaises.

— Oui. Enfin, maintenant, on sera vite à Santiago et, cette fois, rassure-toi, on prendra le temps de boire le champagne à *La Maison de France*!

— J'y compte bien. Dis, est-ce que tu te souviens de ce qui a accéléré la faillite de la Soco Delmas et Cie?

— Vaguement, dit Antoine en haussant les épaules. Tu sais, à cette époque et contrairement à toi, je n'étais qu'un simple colporteur.

— Il y a une fortune à faire dans ce pays, poursuivit Martial, et pas uniquement dans ce que tu crois, je veux dire les mines, le commerce industriel et l'agriculture... Mais il ne faut pas faire l'erreur de la Soco Delmas, et je m'étonne qu'Herbert et Edmond s'en soient désintéressés. C'est le coût du fret qui a accéléré la ruine de M. Delmas.

— Tu veux dire?...

— Qu'il faut décider Herbert à investir au plus tôt dans une petite flottille de caboteurs. Et, si j'étais toi, j'essaierais aussi de convaincre M. de Morales de lâcher quelques milliers de pesos dans cette histoire. Enfin, quand je dis quelques...

— Tu sais, ce n'est pas tellement son genre, ce n'est pas un commerçant, lui, pas au sens où nous l'entendons.

— Eh bien, il faut qu'il le devienne! Oui, tu te rends compte des gains qu'il ferait si, au lieu de passer par un quelconque transporteur, il pouvait faire charger son... Tiens, sa luzerne par exemple, en port de Concepción, sur un rafiot bien à lui qui monterait jusqu'à Iquique et redescendrait à Valparaíso bourré de nitrate, de guano ou de cuivre!

— Évidemment, reconnut Antoine, ça simplifierait bougrement.

— Et ça rapporterait beaucoup. Crois-moi, il faut absolument qu'on discute de ça avec Herbert et Edmond. C'est le moment ou jamais de jouer cette carte, surtout avec tout ce que réclame l'armée... A ce propos, j'ai vu que tu te défendais rudement bien avec les militaires, à croire que tu les as fréquentés toute ta vie!

— Pas tout à fait. Mais tu sais, les militaires de tous les pays se ressemblent. Suffit de leur dire qu'ils sont les meilleurs, les plus forts et les plus futés et qu'on serait complètement perdus sans eux! Et puis, c'est bien connu, dès que tu dis à un traîneur de sabre que tu es ami avec son supérieur, il se demande aussitôt quelle couillonnade il vient de faire! Ça le tarabuste; alors, pour éviter d'en faire une autre, il devient tout gentil, et dans le commerce ça peut servir! Tu vois, il y a longtemps que j'ai fait mes six ans d'armée, mais j'y ai appris ça et j'ai pas oublié!

Si Romain ne s'effondra pas, au cours de l'heure qui suivit, ce fut davantage grâce à Herbert Halton qu'à la sollicitude du sergent.

En effet, si le sous-officier ne lança pas sa monture au galop pour revenir à Cobija, ce fut simplement pour que son prisonnier arrivât à peu près vivant au poste. Néanmoins, pour ne pas perdre trop de temps, il mit son cheval au trot et prévint Romain qu'il serait encouragé à coups de cravache si, d'aventure, il ne suivait pas l'allure.

Romain devina que son gardien brûlait d'envie de passer aux actes et commença à courir comme on le lui ordonnait, malgré l'épouvantable chaleur qui écrasait toute la pampa et l'âcre poussière que levaient les chevaux.

C'est alors qu'il se raccrocha au souvenir d'Herbert. Lui, il avait été soumis à un régime cent fois pire : si ses ravisseurs allaient à pied, il n'avait même pas de bottes pour se protéger du sable brûlant, des cailloux, des épines. Et pourtant il avait résisté pendant des jours et des jours, sans faiblir. Et, certainement aussi, sans jamais se départir de cette espèce de dignité qui avait frappé Romain lorsqu'il l'avait vu pour la première fois dans le campement des *rateros*.

« Si ces salauds pensent m'avoir, ils se trompent, songea-t-il en essayant de rythmer son souffle avec sa course. Ah, les fumiers! Vont m'entendre à l'arrivée! »

Il s'en voulait d'avoir été trop confiant. Puis il oublia les regrets et ne pensa plus qu'à courir. A courir sans ralentir, sans trébucher et surtout sans tomber.

Enfin, gorge et poumons en feu, il aperçut, comme dans un brouillard, le village de Cobija. Il y était passé deux ans plus tôt et en conservait le souvenir de quelques cases, grises de poussière, à l'ombre desquelles somnolaient des *cholos* complètement paralysés et abrutis par la canicule et la *chicha*.

Rien n'avait changé dans le pueblo, car les militaires ne s'y étaient pas installés. Ils avaient préféré élever leur camp à environ deux cents mètres des cases : un campement sommaire, une douzaine de tentes rapiécées, groupées autour d'un mât où pendait le drapeau aux trois couleurs, frappé de l'étoile. Le tout était cerné par une symbolique murette de cailloux que longeaient lentement des sentinelles au regard morne.

Romain se sentit pousser dans une des guitounes et, encore tout ébloui par le soleil, mit plusieurs secondes avant d'apercevoir quelques gradés. Il tituba vers eux. Il était à l'extrême limite de ses forces, mais néanmoins fou de rage et bien décidé à dire leur fait à des officiers capables de supporter sous leurs ordres des brutes comme celles qui l'avaient arrêté.

Il voulut hurler toute sa colère, mais ne put émettre, tant sa gorge était sèche, qu'un affreux et ridicule petit son, un vague pépiement, grotesque comme celui d'un jeune poulet s'essayant à chanter.

— Qu'est-ce que c'est que ce gringo, et d'où sort-il? grogna un des officiers en s'approchant.

Romain compta les galons, en déduisit qu'il avait devant lui le capitaine Rey et tenta, en vain, de répondre.

— Qu'est-ce qu'il a, il a bouffé sa langue? insista le capitaine.

— Il venait du nord, il dit qu'il est juste prospecteur, mais c'est un espion! expliqua le petit sergent très fier de lui; et il brandit la carte sur laquelle Romain avait pointé les gisements.

— Du nord? Un *cateador*? Tiens, tiens, fit le capitaine en s'approchant.

Romain fronça les narines car l'homme puait comme un bouc.

— Je suis français, articula-t-il enfin très faiblement, français! Donnez-moi à boire.

— Mais qu'est-ce qu'il marmonne? Et où l'avez-vous trouvé? grommela le gradé.

Il ruisselait de sueur et s'essuya les aisselles et le torse en glissant la main dans sa vareuse ouverte.

— A une heure de cheval d'ici. Il semblait venir de Calama, mais je suis sûr qu'il venait du nord! Et puis il dit qu'il vous connaît et qu'il a un papier de vous, mais je vois bien que c'est pas vrai. C'est un espion! affirma le petit sergent.

Romain secoua vivement la tête puis réussit enfin à hurler d'une voix de fausset :

— Arrêtez de dire des bêtises! Je suis prospecteur et, si cette andouille de sergent n'avait pas déchiré mes laissez-passer, vous le sauriez immédiatement! Et maintenant donnez-moi à boire!

Le capitaine l'observa longuement, puis lui lança une gourde. Mais il avait l'air si sournois et cauteleux, en dépit de son sourire, que Romain comprit que rien n'était encore gagné. Il sut qu'il devait se montrer vigilant; tout en buvant à plein goulot, il se sentit peu à peu revivre; sa colère et ses forces s'accrurent, car, même si l'eau était tiédasse et saumâtre, elle lui parut succulente et fraîche.

— Alors, comme ça, vous traitez mon sergent d'andouille ? dit l'officier dès que Romain s'arrêta de boire.

— Oui ! lança Romain, et je ne vous ai sûrement rien appris !

Maintenant qu'il avait bu, il ne se sentait plus d'humeur à subir encore longtemps une aussi stupide situation.

— C'est très grave ce que vous dites, très grave..., lâcha le capitaine en s'asseyant sur un des châlits. Vous savez, ce n'est pas parce que nous sommes de simples troupes de réserve, juste créées pour la guerre, qu'il faut nous insulter ! On nous a quand même confié l'occupation de ce territoire !

« Pas de chance, songea Romain, j'ai encore tiré le mauvais numéro : d'ici à ce que celui-là aussi ne sache pas lire, tout chef de poste qu'il soit !... »

— Bon, dit-il enfin, nous n'en serions pas là si votre sergent avait bien voulu tenir compte de mes laissez-passer !

— Vous les avez ? sourit l'officier.

— Bon Dieu ! Je me tue à vous dire qu'il les a déchirés !

— C'est vrai ? Pourquoi ? demanda le capitaine en se tournant vers le sergent.

— Ils étaient faux, ça se voyait tout de suite !

— Non, mais c'est pas possible, c'est un cauchemar ! murmura Romain en se passant la main sur le front. Écoutez, dit-il en sortant son portefeuille, regardez mes autres papiers, ils sont en règle !

— Mais ils sont peut-être faux, eux aussi, insinua le capitaine en se versant un verre de *pisco*. Il le but d'un trait, alluma un cigare puis regarda négligemment les pièces d'identité étalées devant lui sur la paillasse crasseuse. Eh oui, redit-il avec une moue dégoûtée, rien ne prouve que ces papiers sont valables.

— Bon, d'accord! s'énerva soudain Romain. Ils sont faux, comme mes laissez-passer, et je suis un espion! Alors, fusillez-moi! Mais ça n'empêche que, si vous appreniez à lire à vos hommes au lieu de les laisser s'enivrer, nous n'en serions pas là!

— C'est vrai que tu ne sais pas lire, José? demanda l'officier.

Romain l'observa et fut certain qu'il connaissait la réponse et qu'il la connaissait depuis le début! Il comprit soudain qu'il avait devant lui un homme qui, par ennui sans doute, parce qu'il se desséchait dans ce pueblo crasseux depuis des mois, qu'il n'avait rien à faire, juste à commander une troupe d'ivrognes, prenait maintenant un grand plaisir à jouer avec un gringo, à lui faire peur. A l'humilier devant ses hommes, ses subordonnés; histoire de leur prouver que lui, capitaine Sergio Rey, n'avait pas volé ses galons!

— Non, coupa Romain, il ne sait pas lire et vous le savez très bien! Cela étant, je dois vous prévenir que, si vous ne me relâchez pas immédiatement, vous aurez des ennuis avec vos supérieurs!

— Tiens donc, fit le capitaine, et comment ça?

— Je suis attendu à Antofagasta, mentit Romain, alors si on ne me voit pas revenir...

L'homme s'essuya de nouveau les aisselles et la poitrine, glissa la main dans son pantalon pour se gratter le bas-ventre puis haussa les épaules.

— Bah! dit-il, le désert est si grand et les condors si voraces! Si je veux, je peux vous faire fusiller tout de suite et personne n'en saura rien...

— Mais si! Il se trouvera toujours un de vos hommes pour parler! Tous les ivrognes parlent un jour ou l'autre, c'est bien connu!

— Peut-être, peut-être... Mais il faut me comprendre : je veux bien vous laisser partir, mais il faudrait pouvoir me donner un gage qui prouverait votre bonne foi, soupira le capitaine désireux et heureux de poursuivre son jeu.

— Que voulez-vous que je vous dise? Vous ne croyez rien de ce que j'avance! lança Romain. Tenez, à Antofagasta, j'ai rendez-vous avec le propriétaire de *La Maison de France* de Santiago! Parfaitement, avec M. Antoine Leyrac, de *La Maison de France*! Paraît que tout le monde connaît ça, à Santiago!

— Pas moi! ricana l'officier, manifestement ravi de ce nouveau rebondissement, pas moi! Je n'ai jamais mis les pieds dans la capitale : elle est à plus de mille kilomètres de chez moi! Je suis de la région de Taltal! Vous n'avez que ça comme gage?

— Je crois qu'il dit la vérité, intervint soudain un lieutenant qui, allongé sur sa paillasse, semblait avoir sommeillé pendant tout l'interrogatoire. Oui, expliqua-t-il en s'asseyant, ça doit être vrai... Il bâilla longuement avant de reprendre : *La Maison de France* existe bien, et c'est très connu, paraît-il.

— Comment sais-tu ça, toi? lui reprocha le capitaine qui, de toute évidence, regrettait l'intervention, car elle n'allait pas dans le sens qu'il souhaitait. Et puis tu ne m'as jamais dit que tu avais été à Santiago!

— Je n'y suis pas allé. Mais, quand j'ai été malade et qu'on m'a envoyé à Chañaral, oui, pour ma pleurésie, il y a quatre mois, j'ai été soigné par un médecin de Santiago, c'est lui qui m'en a parlé.

— Allons donc! fit son supérieur en haussant les épaules.

— Si, si, assura le lieutenant. Il sourit, hésita un peu, comme s'il était gêné, puis se décida : Oui, pour l'anniversaire de ma... ma fiancée, j'ai voulu lui offrir un beau corset, quelque chose de bien; un jupon aussi, et du parfum, alors...

— Eh bien, coupa le capitaine, elle te revient bon marché, ta fiancée! Moi, les miennes, c'est elles qui me font des cadeaux! Et puis, en plus, j'aime pas les corsets, c'est trop long à enlever! dit-il en clignant de l'œil.

— Alors, poursuivit le lieutenant, comme il y avait un blessé qui partait en convalescence à Santiago, je lui ai demandé de me rapporter tout ça. Le docteur était là; c'est lui qui nous a dit qu'on trouverait tout à *La Maison de France*. Je m'en souviens très bien, parce qu'il a insisté. Il a dit comme ça : « Va à *La Maison de France*, chez Mme Pauline Leyrac, et tu diras que tu viens de la part du docteur Arturo Portales. » Voilà...

— Ah bon! Alors, très bien, très bien, fit le capitaine d'un ton maussade.

Romain l'observa, comprit qu'il n'avait plus le goût au jeu vicieux qu'il avait mené jusque-là ou que, peut-être, il avait maintenant envie de reprendre sa sieste. Mais, prudent, il se tut et attendit. Simplement, et d'une façon très naturelle, il récupéra ses papiers et sa carte et les glissa dans sa poche.

— Alors, comme ça, vous êtes attendu à Antofagasta? demanda le capitaine.

— Exactement.

— C'est bien, vous pouvez partir, soupira l'officier après un instant de méditation. Vous pouvez partir, répéta-t-il en ébauchant un petit geste de la main, comme pour chasser une mouche.

— Pas tout de suite, décida soudain Romain en tâtant son nez tuméfié et sa pommette éclatée. Non, pas tout de suite. Ça serait trop facile, assura-t-il en voyant l'air étonné du capitaine. Oui, de deux choses l'une : ou votre imbécile de sergent s'excuse de m'avoir battu et malmené; ou, dès demain à Antofagasta, je fais un rapport et, ma parole, celui qui en prendra le plus gros, ce sera vous...

Il vit que l'officier blêmissait un peu, se demanda s'il n'avait pas été trop loin, mais ne regretta rien. Jamais il ne se serait pardonné de s'être laissé traiter comme il l'avait été, puis d'être ensuite congédié d'un geste de la main, sans réagir.

Et il sut qu'il avait eu raison de ne pas céder à la prudente lâcheté qui lui conseillait de prendre la fuite sans rien dire, lorsqu'il entendit rire le capitaine. Rire, mais surtout ordonner :

— Tu as compris, José ? Espèce de couillon ! Excuse-toi tout de suite ! Il a raison, cet homme ! Et, si j'étais à sa place, je t'éplucherais la peau du cul à coups de fouet ! Il a raison ! Quand on ne tient pas l'alcool, qu'on ne sait ni boire ni lire, on ne s'attaque pas à un gringo, jamais ! Ou alors on le tue, mais on ne l'arrête pas ! Excuse-toi ! Et rejoins ton poste, tu as assez perdu de temps comme ça ! Allez, vite, excuse-toi !

— Mais... Je croyais que... Je ne savais pas ! murmura l'homme complètement héberlué.

— Ça ira comme ça, décida Romain, je vois que le cœur y est, n'en parlons plus.

Il sortit de la tente, vérifia que tout son matériel était bien encore sur ses chevaux, sauta en selle et s'éloigna.

## 12

Le retour de Martial à Santiago fut dignement célébré à *La Maison de France*. Comme promis, le champagne ne manqua point et tout le monde estima que ces retrouvailles étaient parfaitement réussies.

Tout le monde, sauf Pauline. Bien entendu, elle était heureuse de revoir Martial; elle savait tout ce qu'elle lui devait et n'était pas près de l'oublier. Aussi fut-elle une excellente hôtesse, enjouée, souriante et attentive avec tous ses invités.

Pourtant, pour elle, la fête n'était pas complète car, dans le salon de *La Maison de France* manquait Rosemonde. Rosemonde avec qui, pendant des années, elle avait partagé ses joies, ses projets, ses soucis, ses idées. Rosemonde sans qui *La Maison de France* n'aurait pas vu le jour, car Pauline ne se serait jamais lancée seule dans une telle aventure. Rosemonde qui, surtout en ce moment, aurait été la confidente et l'amie. Mais, ce soir, elle était absente et Pauline en était un peu triste.

Elle ne lui en voulait pas d'avoir refusé de revenir au Chili, car elle ne pouvait oublier dans quel état elle avait fini par s'enliser. Comme l'avait dit, à l'époque, le docteur Portales, elle avait sombré dans une langueur que seul le retour en France pouvait faire cesser. Il était donc bien logique qu'elle n'ait eu nulle envie de revoir des horizons qu'elle était devenue incapable de supporter.

Pauline ne reprochait pas non plus à Martial d'être là, seul. Elle admettait très bien qu'il n'ait pas pu rester plus longtemps loin de ce continent qui, pour lui, représentait l'aventure, l'avenir, la vie; loin de ce pays qu'il appréciait pour ses possibilités, ses contrastes, ses risques, sa démesure, ses glaces et son désert, tout!

Aussi ne mettait-elle en cause ni le choix de Rosemonde ni celui de Martial: il était humain. Mais cela ne l'empêchait pas de déplorer l'absence de son amie car, avec son aide, il eût été plus facile de supporter cette sorte d'excitation un peu folle dont le pays semblait frappé.

Le pays, mais aussi Antoine, Edmond, Herbert, et même Pedro de Morales et aussi Joaquin et Arturo, bref, tous les hommes qu'elle côtoyait. Cette excitation dont Martial, pourtant à peine arrivé, semblait à son tour atteint. A croire que la guerre les avait tous transformés!

Pauline avait été très surprise de constater que même Antoine était saisi par cette sorte de fièvre. Aussi n'avait-elle pu s'empêcher de lui faire part de son étonnement et aussi de sa lassitude de ne plus entendre parler que de la guerre, des militaires, des faits d'armes, des rumeurs de débarquement, à Lima ou ailleurs!

— Tu m'avais toujours assuré que tu détestais la guerre, lui avait-elle dit, et pourtant tu en discutes à longueur de journée avec tes amis... A croire qu'il n'y a plus que ça qui compte!

— Je sais. Je n'aime pas la guerre, mais elle existe.

— Elle ne nous concerne pas!

— Oh, si! On est toujours concerné par une guerre, surtout quand elle a lieu dans un pays où l'on vit.

— Mais ce n'est pas le nôtre!

— Ça n'a aucune importance et ça n'empêche pas de prendre parti. Et nous, qu'on le veuille ou non, notre parti, c'est la victoire des Chiliens. Eh oui, suppose un instant que ce soient les alliés qui gagnent; tu les imagines débarquant à Santiago?

— Ne dis pas ça..., avait-elle murmuré en se souvenant de ce qu'avait été l'entrée des Versaillais dans Paris.

Elle se souvint de son quartier grouillant de soldats, se revit sous le porche du passage Fallempin et secoua la tête.

— Alors, tu comprends? Et puis quoi, avait-il plaisanté, je ne me suis quand même pas engagé!

— C'est vrai, mais, avec tout le travail que ça te donne en plus, tu pars aussi souvent et aussi longtemps que lorsque tu n'étais qu'un simple colporteur. Et tu vas vers le nord, vers les combats, et moi, je m'inquiète...

Et c'était aussi de cette inquiétude, et de tout le reste, qu'elle aurait voulu parler avec une amie. Une amie comme Rosemonde; mais c'était impossible, car il était évident qu'elle ne reviendrait jamais. Aussi Pauline ne fut pas entièrement heureuse au cours de la soirée qui célébra le retour de Martial.

Et quand furent partis les quelques connaissances professionnelles et les voisins et qu'elle se retrouva seule femme au milieu du groupe d'hommes formé par les amis d'Antoine, elle se sentit vraiment très isolée. Comme l'heure était avancée et que, manifestement, ces messieurs voulaient discuter affaires, elle s'excusa et prit congé.

La conversation changea dès que Pauline eut tourné les talons.

Ce n'était nullement parce que les hommes redoutaient quelque indiscrétion ou papotage de sa part qu'ils évitaient de parler métier en sa présence; mais uniquement parce qu'Herbert et Edmond jugeaient très incorrect d'évoquer certains sujets, par exemple celui de l'argent, en présence d'une dame.

Pauline partie, Martial aborda aussitôt le projet qu'il espérait mener à bien dans les plus brefs délais. Plus il y pensait, plus son idée de créer une petite flottille de caboteurs lui semblait excellente et Antoine partageait entièrement son point de vue.

Curieusement, ce ne fut pas Edmond qui se fit tirer l'oreille — il était plutôt alléché par le principe d'avoir quelques bâtiments de moyen tonnage pour assurer une partie des transports de la Sofranco. Ce fut Herbert, qui se révéla tout de suite très réticent — il est vrai que c'était lui qui devait principalement investir dans l'opération et qu'il savait compter. De plus, ce soir-là, il semblait beaucoup moins enjoué que d'habitude, soucieux même. Martial l'avait remarqué; cependant, il insista :

— Allons, dit-il en emplissant une nouvelle fois les flûtes, ne me faites pas croire que vous avez peur de miser sur la marine, vous, un Anglais! Ce serait vraiment un comble!

— Tss, tss, fit Herbert, vous ne m'aurez pas avec ce genre d'argument!

— Mais, bon sang! On ne risque rien et on a tout à gagner!

— C'est une façon de voir, mais dois-je vous rappeler que la guerre fait rage dans le nord?

— Et alors? dit Martial, tout le monde sait que les alliés n'ont plus aucun bâtiment de guerre!

— Ils peuvent y remédier et il me déplairait beaucoup de voir nos caboteurs envoyés par le fond à coups de canon... Et puis le vrai problème n'est pas là...

— Il suffirait de ne pas aller dans la zone des combats, dit Antoine. Enfin, vous ferez ce que vous voudrez; mais je peux vous assurer que, simplement avec la production de l'hacienda et vu le coût actuel des transports, l'affaire vaut d'être jouée! Eh oui, d'ici l'hiver, j'ai des milliers de tonnes à expédier. Que ce soit de la luzerne, des haricots, des céréales ou du vin! Alors à vous de voir s'il est plus rentable de laisser tout ce fret à d'autres...

— Et puis, renchérit Edmond, si nous concrétisons nos projets d'exploitations minières dans le nord, cela nous rendrait de fameux services pour acheminer le matériel d'extraction. Ce n'est pas parce que nous sommes toujours sans nouvelles de Romain qu'il faut négliger cet aspect des choses...

— Bien sûr, mais sait-on ce qui peut arriver? soupira Herbert.

Il semblait tellement peu intéressé que son attitude les étonna tous. Jusqu'à ce soir, il avait toujours été plein d'idées quant à l'exploitation de nouveaux gisements; soudain, il semblait presque indifférent.

— On dirait que l'affaire ne vous tente plus, dit Antoine très surpris. Je ne parle pas du cabotage, je parle des gisements.

— C'est vrai, dit Edmond, on vous a vu plus enthousiaste!

Herbert vida sa flûte, se resservit puis alluma un cigare et fit quelques pas dans la pièce. Il semblait soucieux.

— J'aurais peut-être dû vous parler plus tôt, dit-il enfin, mais je ne voulais pas gâcher cette soirée de retrouvailles. Enfin, le ciel m'est témoin que c'est vous qui m'avez mis au pied du mur... Alors, messieurs, pour ne rien vous cacher, je vous le dis tout net; j'ai de gros ennuis.

— Comment ça? fit Edmond. Les affaires n'ont jamais aussi bien marché!

— C'est vrai, mais il n'empêche que j'ai des problèmes. Eh oui, dit-il avec un geste fataliste de la main, on cherche à me faire payer deux choses. D'abord, le fait que j'aie voulu rester coûte que coûte indépendant vis-à-vis de mes confrères, quels qu'ils soient, y compris mes compatriotes. Ensuite et surtout, ma participation à une entreprise qui, pour certains, a le grand tort de n'être pas entièrement anglaise... Voyez-vous, tout le monde n'aime pas la Sofranco et beaucoup même l'exècrent! On trouve qu'elle a les dents beaucoup trop longues et des ambitions tout à fait choquantes... Ses dernières fournitures d'armes et d'uniformes n'ont rien arrangé! On me l'a fait savoir, pas plus tard que ce matin. Et quand je dis « on », c'est mon ambassadeur, par l'intermédiaire d'un conseiller et d'un petit attaché tout à fait désagréable et prétentieux. Voilà...

Ils restèrent tous silencieux quelques instants, comme pour mieux analyser la révélation.

— Alors, ce n'étaient donc pas des ragots, dit enfin Martial. Oui, expliqua-t-il, juste avant mon départ de France, le bruit courait, dans certains milieux boursiers, que vous, les Anglais, cherchiez à obtenir l'exclusivité de l'exploitation du cuivre, tant au Chili qu'au Pérou. C'est vrai?

— En partie, approuva Herbert. Et, comme ces deux pays ont vraiment besoin d'argent, il y a beaucoup de chances pour qu'ils acceptent.

— Et on disait aussi que c'étaient vos compatriotes qui ont fait le nécessaire pour que la guerre éclate, c'est exact?

— Je n'irai pas jusque-là, dit Herbert, et franchement je n'en sais rien. Cela dit, il a bien fallu que quelqu'un souffle aux Chiliens qu'il existait un pacte secret d'alliance entre le Pérou et la Bolivie, un pacte que le Chili ne pouvait tolérer. Mais qui a vendu la mèche? Je l'ignore. En revanche, je sais très bien qu'on a quasiment cherché à me forcer la main. Et le marché est simple. Ou bien je vous laisse choir, j'entends par là que je me retire de la Sofranco avec mes capitaux, et je pense que vous aurez du mal à trouver un banquier comme moi, surtout en ce moment. Ou bien je reste avec vous et je perds alors tout le financement que m'apportent mes compatriotes qui travaillent dans ce pays; et ce n'est pas rien, croyez-le. Voilà mon problème. Alors ne me demandez pas de monter une flottille de caboteurs!

Il se tut, regarda tour à tour ses trois amis comme pour quémander leur opinion.

— Et, quel que soit votre choix, que se passe-t-il pour l'extraction du cuivre ? demanda enfin Edmond.

— Je crois que mon pays réussira à mettre la main sur tous les gisements qui restent à exploiter, et ils sont nombreux. Pour les autres, ceux qui sont déjà ouverts, ça ne changera rien, naturellement.

— Donc, insista Edmond, il faudrait pouvoir déposer tout de suite nos nouvelles demandes d'exploitation, c'est ça ? Et il n'est pas certain que nous les obtenions puisque nous ne sommes pas anglais ?

— Exactement, dit Herbert.

— Moi, dit Antoine en regardant distraitement le champagne qui pétillait dans son verre, il est une question qui me semble plus importante que les histoires de cuivre. Des deux marchés qu'on vous a mis en main, lequel choisissez-vous et avec qui êtes-vous en fin de compte ? Je crois connnaître la réponse, mais ça ferait plaisir de l'entendre...

— Je comprends, sourit Herbert. Mais, à mon tour, une question : croyez-vous que j'aurais parlé de mes problèmes si je n'avais déjà répondu ? Non, naturellement. Alors voyez-vous, à ceux qui m'ont contacté pour me convaincre de couler la Sofranco, car c'était bel et bien leur but, j'ai expliqué qu'il me trottait encore en mémoire, et pour longtemps, le souvenir d'une récente expédition que des amis avaient organisée en ma faveur. Une expédition que ceux qui me proposaient ce vilain marché n'auraient sans doute même pas eu l'idée de mettre sur pied! Et croyez-moi, c'est sciemment que j'ai parlé de pied...

— Et alors ? insista Antoine en riant.

— Alors, ils n'ont rien compris. C'est normal : ce sont des hommes d'argent, donc des infirmes bornés! Ils m'ont dit qu'il ne fallait pas mélanger les sentiments et les affaires. C'est exact, enfin, dans presque tous les cas; de toute façon, je n'ai pas apprécié que ce soient ces imbéciles qui me le rappellent. Je les ai donc vertement éconduits. Vous vous souvenez, j'ai fait ça avec Obern et Reckling, il y a quelques années; ça ne m'a pas trop mal réussi. Mais il n'empêche que, dans l'immédiat, j'ai des problèmes. Et qu'ils ne font sans doute que commencer.

— Je vois, dit Edmond. Mais alors, du point de vue capitaux, on risque donc de se retrouver sinon à court, du moins trop juste pour investir dans de nouveaux gisements?

— C'est une éventualité, reconnut Herbert. Tout va dépendre de la rapidité avec laquelle mes compatriotes vont me mettre en quarantaine. Mais tels que je les connais, je doute qu'ils perdent beaucoup de temps... Déjà, à l'heure qu'il est, mon sort doit être réglé!

— Bon, alors ne comptons plus sur eux, trancha Martial en débouchant une nouvelle bouteille de champagne. Ne comptons plus que sur nous et sur les nouveaux clients que vous allez trouver!

— Ce n'est quand même pas si simple, dit Herbert.

— D'accord, ça ne se fait pas du jour au lendemain, reconnut Martial, mais on en a vu d'autres, non? Et de bien plus sévères! C'est vrai, personne n'est ruiné cette fois, on ne repart pas de zéro. Et en plus on a la situation bien en main. Alors, il faut bousculer le sort et, comme toujours, prendre tout le monde de vitesse en tenant compte du fait que nos... amis anglais vont nous avoir à l'œil!

— C'est le moins qu'on puisse dire, assura Herbert.

— Parfait, ça confirme ce que je disais. Dans un premier temps, et si toutefois ce Romain dont vous me parlez et que j'ai hâte de connaître donne signe de vie, il faut nous débrouiller pour étendre nos exploitations minières. Ensuite, il faut battre les Anglais sur leur propre terrain... Avec des caboteurs, parfaitement!

— Désolé, dit Herbert, je reconnais que l'idée est bonne, mais, là, je n'ai vraiment pas de quoi investir, vous savez maintenant pourquoi.

— On verra ailleurs! Et, pour commencer, je suis sûr qu'Antoine est capable de convaincre M. de Morales de se ranger de notre côté. N'est-ce pas? dit-il en regardant Antoine.

— Ça doit pouvoir se discuter. Il a été très impressionné et surtout très touché quand je lui ai dit que Martial revenait avec une cargaison d'armes. Oui, il est très patriote. Alors, peut-être qu'en faisant appel à ses sentiments et en lui expliquant que la Sofranco travaille pour son pays...

— Pas mauvais ça, murmura Herbert. Il médita un instant puis sourit avant de reprendre : Oui, pas mauvaise, votre idée! Et même, si j'étais vous, je lui suggérerais qu'il serait très bien de sa part d'aider aussi son pays à trouver des armes... Oui, parce que, dans le fond, on en a fait venir de France, mais on pourrait aussi bien en trouver aux États-Unis, non? Alors avec deux ou trois petites goélettes pour les transporter rapidement...

Ce ne fut que huit jours plus tard, lors d'un séjour à Tierra Caliente, qu'Antoine eut l'occasion de parler à Pedro de Morales; il avait beaucoup à lui dire.

Trois jours après la soirée à *La Maison de France*, un câble de Romain était enfin arrivé. Il était bref mais suffisamment explicite pour inciter les destinataires à entamer les démarches qui permettraient à la Sofranco de revendiquer l'exploitation des gisements découverts.

L'affaire était hasardeuse et difficile, car Herbert Halton s'était vu confirmer qu'il ne devait plus compter sur les capitaux de ses compatriotes. Or il fallait beaucoup d'argent, tant pour négocier rapidement cette opération et prendre ainsi de vitesse les concurrents anglais, que pour ouvrir ensuite les chantiers. Certes, malgré la défection de ses gros clients britanniques, Herbert Halton n'était pas ruiné, loin de là; néanmoins, ses disponibilités et celles de la Sofranco risquaient d'être insuffisantes pour faire face.

Ce fut tout cela qu'Antoinc exposa à Pedro de Morales. Il le fit sans détour et surtout sans chercher à ruser. L'expérience lui avait appris que le petit homme, malgré son air un peu naïf et son apparent mépris des problèmes matériels, était redoutable en affaires; il savait très bien compter et avait surtout horreur qu'on le prenne pour un niais. Antoine l'avait vu congédier plusieurs chefs d'équipe et de nombreux fournisseurs qui avaient cru pouvoir le berner sans peine.

Aussi n'essaya-t-il même pas de jouer la carte des sentiments patriotiques, comme le lui avait suggéré un peu cyniquement Herbert. Certes, il choisit son heure et veilla à ce que son interlocuteur soit de la meilleure humeur possible. Ce fut donc au soir d'une tournée d'inspection en sa compagnie, lorsqu'il fut certain que Pedro de Morales était satisfait de tout le travail accompli sur l'hacienda, qu'il orienta franchement la discussion.

— J'aurais besoin de votre avis, dit-il après avoir bu deux gorgées du verre de *mosto* que son hôte venait de lui offrir.

— Pour Tierra Caliente? s'étonna Pedro de Morales

— Pas du tout.

— Ça m'aurait étonné. Vous savez que je vous ai donné carte blanche et que je me félicite de cette décision. Alors?

— C'est au sujet de la Sofranco... Voilà, nous cherchons des capitaux.

— Je croyais que votre banquier était là pour ça, c'est un homme sérieux, non? Et très efficace?

— Oui, très sérieux, mais ce n'est pas si simple, expliqua Antoine.

Et il raconta tout.

— J'étais au courant du projet britannique, dit Pedro

de Morales lorsque Antoine s'arrêta, je crois effectivement qu'il aboutira et je le déplore pour mon pays. Il faut toujours se défier des monopoles; c'est en les instaurant sur le salpêtre et en cherchant à nous exproprier que les alliés nous ont contraints à la guerre. Oui, je me méfie des monopoles, à plus forte raison lorsqu'ils émanent de l'étranger. D'autant que, dans ce cas précis, les Anglais ne visent pas uniquement le cuivre... Eh oui, ils lorgnent aussi, et je dirais même surtout, en direction des nitrates. Vous l'ignoriez?

— Herbert Halton a surtout parlé du cuivre, mais...

— Oui, c'est la technique, et même lui s'y est fait prendre! On feint de s'intéresser à un but pour mieux en rafler un autre! Cela dit, cette guerre nous coûte une fortune et nous avons besoin d'argent, alors... Mais vous avez très bien fait de me parler; j'irai voir M. Halton et nous verrons ce que nous pouvons faire. Je ne vous garantis rien car, comme tout le monde, j'ai beaucoup de capitaux dehors, mais enfin, moi aussi j'ai des amis qui n'aiment pas non plus les privilèges...

— Très bien, dit Antoine, mais il faudrait faire vite.

— Rassurez-vous, c'est bien ce que j'ai compris.

— Autre chose, dit Antoine, seriez-vous intéressé par un investissement dans le cabotage?

— Pardon?

— Oui, insista Antoine qui, de nouveau, exposa les projets lancés par Martial.

— Ce qui m'étonnera toujours, dit Pedro de Morales quand Antoine eut fini sa démonstration, c'est le nombre de trouvailles qui peuvent germer dans la tête de votre ami! Il n'est jamais fatigué? Il se mit à rire, se leva et fit quelques pas autour du jet d'eau qui chantait au centre du patio : Notez bien que ce n'est pas une mauvaise idée, dit-il en revenant, mais je ne suis pas Crésus et les bateaux coûtent cher! Non, il faut choisir, je veux bien voir M. Halton au sujet des gisements, mais pour le reste, vraiment, ce ne serait pas prudent.

Antoine hésita, faillit parler des transports d'armes, de la défense de la patrie, user ainsi du seul atout capable de convaincre le petit homme. Mais il se tut, car il lui déplaisait de se livrer à cette sorte de chantage, surtout avec Pedro de Morales qui lui faisait toute confiance. Il ne voulait pas se jouer de lui ni se servir d'arguments qu'il jugeait un peu vicieux, un peu bas, voire un peu sales.

— Alors tant pis, dit-il enfin. N'en parlons plus.

— Si, si! nous en reparlerons, je retiens l'idée, mais pour plus tard, quand la guerre sera finie et qu'on saura où on en est. Et maintenant, allons dîner et parlez-moi de vos projets d'aménagement de mes terres. Ça, c'est concret!

Dans le souci de couper court à tout ragot, Martial décida sagement de ne point habiter *La Maison de France*. La place ne manquait pas pourtant et il eût pu très facilement s'y installer sans gêner Antoine et Pauline et sans troubler leur intimité familiale.

Mais parce qu'il savait tout le mal que pouvaient faire les mauvaises langues et avec quelle rapidité allaient se répandre les perfides insinuations s'il passait une seule nuit sous le même toit que Pauline en l'absence d'Antoine, il eut la sagesse de s'installer à l'hôtel dès que son ami dut partir pour l'hacienda.

Antoine et Pauline comprirent très bien cette attitude et lui surent gré de l'avoir adoptée; comme lui, ils savaient très bien qu'ils n'avaient pas que des amis à Santiago et qu'il importait de ne pas donner d'arguments aux calomniateurs, aux jaloux ou même, plus simplement, aux concurrents commerciaux.

Martial s'installa donc à l'hôtel San Cristóbal, celui-là même où descendait Pedro de Morales lorsqu'il venait dans la capitale.

C'était exactement le genre d'établissement qui attirait

Romain Deslieux quand il décidait de s'offrir quelques fantaisies après avoir bien travaillé. Ce fut donc là qu'il arriva lorsque, après avoir refait ses forces en dormant presque sans interruption pendant quarante-huit heures dans la crasseuse auberge d'Antofagasta, il avait sauté dans le premier bateau venu.

Mais comme, en débarquant à Valparaíso, il lui restait juste assez d'argent pour prendre le train jusqu'à Santiago, ce fut sans bagages et mains dans les poches qu'il s'adressa au réceptionniste de l'hôtel San Cristóbal. Il tenait à être présentable et rassasié avant d'aller voir Edmond à la Sofranco; dans l'immédiat, pas rasé depuis plusieurs jours, d'une propreté qui laissait beaucoup à désirer, vêtu de sa tenue de prospecteur, il tranchait tellement au milieu du somptueux hall d'entrée que le portier, voyant l'embarras de son compagnon, s'empressa d'aller avertir le gérant qu'un loqueteux tentait de s'introduire dans l'hôtel.

Et il courut chercher de l'aide avec d'autant plus de rapidité que Romain réclamait, haut et fort, une des plus belles suites, un repas dans les meilleurs délais possible et, juste pour patienter, une bouteille de champagne qu'on devait lui servir au salon.

Dix ans d'hôtellerie à Valparaíso avaient appris au gérant qu'il fallait être très prudent avec les vagabonds. Il en avait vu de beaucoup plus miséreux et crasseux que Romain qui, en quelques instants, grâce à d'énormes pépites d'or ou d'argent qu'ils extrayaient de leurs guenilles, pouvaient s'offrir à peu près tout ce qu'ils souhaitaient.

Aussi, importait-il d'être très poli et déférent avec ce genre d'individus tant qu'on n'avait pas acquis la certitude qu'ils n'étaient que de vulgaires pouilleux. Ce fut donc avec un large sourire qu'il s'avança vers Romain.

— Notre employé nous signale que vous désirez descendre chez nous, dit-il en s'installant à côté du réceptionniste qui feignait d'être absorbé par ses comptes.

– C'est tout à fait exact, dit Romain.

— Parfait, parfait, dit l'homme en rectifiant machinalement son nœud papillon. Croyez que nous sommes très touchés que vous ayez choisi le San Cristóbal... Mais monsieur comprendra certainement que le renom de notre établissement et la condition de nos pensionnaires nous contraignent à demander quelques arrhes aux clients que nous ne connaissons pas encore, mais que nous ne demandons qu'à satisfaire!

— J'espère bien! dit Romain. Il sourit, puisa dans sa poche l'unique moitié de cigare qui lui restait et l'alluma. Allez, décida-t-il, soyons sérieux, cessons de jouer. Vous voulez voir mon argent, c'est bien normal. Alors, pour tout vous dire, il ne me reste même pas un demi-peso en poche! Mais j'ai d'autres ressources! s'empressa-t-il d'ajouter en voyant que le gérant venait d'appeler discrètement le portier à la rescousse.

— Et ces ressources? insista l'homme un peu sèchement.

— M. Halton, Herbert; oui, le banquier! Il réglera ma note, il me doit bien ça!

— Je n'ai jamais entendu parler de ce monsieur...

— Allons bon! s'amusa Romain, moi qui pensais que c'était le financier le plus connu du Chili! Bien, alors je précise que c'est la Sofranco qui m'invite, et ne me dites pas que vous ne connaissez pas!

— Il se trouve que j'ignore totalement à quoi correspond cette sorte de chose! Veuillez sortir immédiatement!

— C'est bien ma chance, pouffa Romain. Et *La Maison de France*, vous connaissez au moins? Ce sont des amis qui la possèdent.

— Évidemment, tout le monde connaît *La Maison de France*! Aussi n'importe qui peut en parler! Sortez sans faire de scandale!

— D'accord, dit Romain en se grattant les joues, car sa barbe le démangeait. Mais, au fait, où se trouve *La Maison de France* ?

— Vous vous recommandez de cet établissement et vous ignorez son adresse ? ricana le gérant. Ne comptez pas sur moi pour vous la donner, j'aurais trop peur que les propriétaires me reprochent de leur envoyer des vagabonds !

— Ça part d'un bon sentiment, reconnut Romain. Bon, je trouverai tout seul. L'ennui, c'est que j'ai horreur de me présenter chez les gens dans une tenue qui n'est pas convenable. Enfin, à la guerre comme à la guerre, n'est-ce pas ?

— Foutez le camp ! ordonna le gérant.

— A tout à l'heure, dit Romain, et n'oubliez pas : je veux la plus belle suite, avec un grand salon ! Pensez aussi au champagne, bien frais, n'est-ce pas ?

Il expédia adroitement son mégot dans le gros crachoir de cuivre et sortit.

— Va dire à Fernando de préparer la 23 ! ordonna le gérant après quelques secondes de réflexion. Mais dépê-che-toi ! lança-t-il en voyant que le réceptionniste ne bougeait pas.

— La suite 23 ? Pas pour ce pouilleux complètement *loco*, quand même ? Il n'osera pas revenir !

— Je crois que si. Je ne m'explique pas ce qui me fait dire ça, mais je pense qu'on le reverra sous peu. Va faire préparer la 23 !

Romain n'eut aucun mal à trouver *La Maison de France*. Un gamin lui indiqua la *calle Cinco de Abril* et lui assura qu'il verrait tout de suite le magasin car c'était le plus beau de tout le quartier !

« La voilà donc cette fameuse *Maison* ! » songea Romain quelques instants plus tard en contemplant l'établissement.

Il s'approcha et se plongea dans la contemplation des

vitrines où étaient exposés, d'un côté les vêtements, chapeaux et dessous parisiens, de l'autre l'épicerie fine, les grands vins, le champagne et les alcools.

Il y avait très longtemps, presque douze ans maintenant, qu'il n'avait pas revu un étalage aussi typiquement parisien. Il avait eu l'occasion au cours de ses périples, tant aux États-Unis qu'à Mexico, à Veracruz ou à Lima, de retrouver et de déguster des produits français. Mais jamais encore il n'avait trouvé un magasin qui lui rappelât à ce point tous ceux de son quartier, ceux de la rue de Bourgogne ou de la rue Saint-Dominique.

Il en fut ému car, même si une épaisse vitre le séparait des produits, il avait encore en mémoire la sublime odeur qui régalait le nez dès qu'on entrouvrait la porte de ces épiceries fines. Une odeur à la fois tendre et épicée, faite d'un subtil mélange de thé et de café, de chocolat, mais aussi de muscade et de cannelle, de vanille et de girofle. Une merveilleuse odeur, entêtante comme un parfum de femme et qu'il était certain de retrouver dès qu'il allait ouvrir la porte de *La Maison de France*.

Puis il se surprit aussi à énumérer les diverses marques, le nom des grands crus et des alcools et se sentit tout attendri. Il le fut encore plus lorsque, après avoir poussé l'huis, il entendit tinter une clochette qui avait le même son que celle de la confiserie de la rue de Bellechasse où sa nurse l'emmenait parfois, quand il avait dix ou douze ans.

Et, comme il l'avait deviné, les délicieux effluves qui s'exhalaient des bocaux et des boîtes amoncelés dans la partie du magasin réservée à l'alimentation lui sautèrent au visage.

Yeux mi-clos, il rêva un instant puis découvrit soudain le métis, qui, abrité derrière un rayon, l'observait d'un œil réprobateur et inquiet. Il eut conscience de l'allure suspecte qu'il devait avoir et en voulut franchement à l'homme qui lui avait refusé une chambre et surtout une salle de bains à l'hôtel San Cristóbal.

— Bonjour! lança-t-il en souriant. Je voudrais voir M. Leyrac, Antoine. Il doit être à table; alors, dites-lui que M. Romain Deslieux lui présente ses plus plates excuses!

— Le señor est pas là! jeta Arturo en serrant le manche de pioche qu'il dissimulait derrière lui.

Il avait repéré Romain dès qu'il s'était planté devant les vitrines, n'avait pas aimé son manège, encore moins sa tenue pouilleuse et pas du tout l'audace qui l'avait poussé à entrer. Aussi était-il bien décidé à faire tous les ennuis possibles à cet intrus, tout gringo qu'il fût!

— M. Leyrac n'est pas là? insista Romain.

— Non.

— On peut dire que c'est mon jour de chance..., murmura Romain. Et Mme Leyrac, elle est là?... Il nota qu'Arturo hésitait et insista aussitôt, pour l'empêcher de mentir : Va lui dire que M. Romain Deslieux aimerait la voir. Allez va! Je suis sûr que M. Antoine lui a parlé de moi!

Mais Arturo était trop futé pour quitter des yeux l'importun — et le magasin –, ne serait-ce que quelques secondes, les voleurs étaient si rapides! Il appela donc Jacinta, lui transmit la demande.

Romain entendit d'abord un trottinement, puis il aperçut Marcelin qui le dévisageait gravement. Il lui cligna de l'œil et lui sourit.

— Tu ressembles à ton papa, lui dit-il.

Le petit garçon haussa vivement les épaules avant de détaler et Romain s'amusa en l'entendant hurler dans le couloir :

— Maman! y'a un monsieur très sale dans le magasin! Faudrait qu'il se lave!

Romain était en train de calculer comment il allait faire payer toutes ces humiliations au gérant de l'hôtel lorsque Pauline arriva.

Il eut un choc, car il n'avait pas imaginé un seul instant

qu'Antoine pût avoir une épouse aussi troublante et surtout aussi parisienne. Car ce n'était pas sa beauté qui surprenait — la jeune femme était gracieuse, mais sans plus —, c'étaient son allure et ce paisible charme qui, dans son souvenir, caractérisaient les élégantes qu'il côtoyait dans sa jeunesse.

Comme, de plus, elle était habillée à la dernière mode de Paris et qu'elle était dans un cadre dont chaque détail rappelait la France, il se crut pendant un instant dans un riche magasin du quartier Saint-Honoré ou du Louvre.

— C'est fantastique, stupéfiant! dit-il avant même de se présenter et de s'excuser pour sa tenue. Ici, on se croirait en France, à Paris! Et même chez moi, rue de Bourgogne!

Il nota qu'elle avait légèrement sursauté avant de sourire.

— Vous êtes monsieur Romain Deslieux, n'est-ce pas? demanda-t-elle enfin.

— C'est ça, et, malgré mon lamentable état, je vous présente mes hommages.

— Mon mari m'a beaucoup parlé de vous. Malheureusement, il est provisoirement absent. Mais vous allez pouvoir rencontrer MM. Halton et d'Erbault de Lenty; je vais les faire prévenir tout de suite.

— Excusez-moi, mais j'aimerais, si possible, que vous me donniez simplement un mot de recommandation pour le gérant de l'hôtel San Cristóbal. Oui, je voudrais me laver et me changer et ce monsieur refuse de me laisser entrer...

— Je le comprends un peu, s'amusa Pauline, mais on va arranger ça. Vous voulez y aller tout de suite?

— Oui.

— Très bien. Arturo va vous accompagner avec une carte de la maison, ça suffira.

— Vous êtes très connue, n'est-ce pas?

— *La Maison de France*? Oui, je crois. Elle hésita un

peu, puis se décida, car, pour elle aussi, il était émouvant de savoir que Romain était d'un quartier qu'elle connaissait si bien et qu'elle ne pouvait oublier : Vous habitiez rue de Bourgogne ?...

— Oui, à gauche en descendant, presque à l'angle de la rue Saint-Dominique. Pourquoi, vous connaissez ?

— Il y avait de bien beaux hôtels par là, se souvint-elle. Vous habitiez l'un d'eux ?

Il approuva d'un signe de tête.

— Moi, j'étais du quartier de Grenelle, reprit-elle, mais j'allais souvent rue de Bellechasse ou rue de Varenne...

— Ça alors ! On aurait pu se rencontrer !

— Je ne crois pas. Voyez-vous, à cette époque, j'étais repasseuse et j'avais des clients dans votre quartier ; mais je ne pense pas que vous fréquentiez les lingeries et les offices ?

— Effectivement, reconnut-il, mais c'est quand même amusant de savoir qu'on s'est peut-être croisé et qu'il aura fallu venir ici, au bout du monde, pour faire connaissance.

Elle acquiesça d'un sourire et lui tendit un carton gravé.

— Tenez, dit-elle. Avec ça, ils vous laisseront entrer. Et puis, j'y pense : là-bas, demandez à voir M. Martial Castagnier, c'est un de nos associés ; il revient de France et lui aussi connaît très bien Paris. Et maintenant Arturo va vous conduire.

— Merci de votre aide, et encore bravo ! Oui, bravo pour tout ça, pour cette *Maison de France,* ce magasin, ces produits et ces robes de Paris, pour tout !... Ça fait plaisir à voir !

Romain demanda à Arturo d'arrêter le cabriolet juste au bas du grand escalier qui desservait l'hôtel San

Cristóbal. Une fois là, il fit signe au portier qui s'empressa d'accourir.

— Va me chercher le gérant!

L'homme ne devait pas être loin, car il arriva presque aussitôt.

— Mes appartements sont-ils prêts, oui ou non? demanda Romain sans bouger de son siège et en s'éventant avec la carte de *La Maison de France*.

— Mais naturellement, monsieur! assura le gérant en s'effaçant pour permettre à Romain de descendre de voiture.

— Bien. Alors dites à vos laquais de me faire couler un bain, tout de suite. En attendant, vous me servirez le champagne au salon. Vous me ferez monter ensuite un repas dans mon appartement et vous convoquerez aussi un barbier, un tailleur, un chapelier et un bottier.

— Parfaitement.

— Et donnez tout de suite vingt pesos à mon cocher!

— Vingt pesos? crut devoir répéter le gérant scandalisé par l'importance du pourboire.

— J'ai bien dit vingt! lança Romain en entrant dans l'hôtel.

Il adressa un petit signe de la main au réceptionniste et pénétra dans le grand salon d'un pas alerte.

## TROISIÈME PARTIE

# LE SABLE ROUGE D'ARICA

# 13

Comme chaque soir avant de se coucher, Antoine s'assurait que toutes les portes et les fenêtres étaient bien fermées, lorsque la terre trembla légèrement. C'était la troisième fois en vingt-quatre heures que le sol donnait ainsi l'impression de s'ébrouer. Car ce n'étaient pas de gros frissons qui avaient secoué la ville, ces *terremotos* terrifiants et grondants qui jetaient tout le monde hors des maisons. C'étaient d'agaçants et éprouvants petits spasmes qui, pour quelques instants, donnaient aux gens l'impression d'être un peu ivres et flageolants. Antoine savait que Pauline détestait toujours autant ces désagréables soubresauts du sol et s'empressa de rejoindre la chambre.

— N'aie pas peur, dit-il en entrant ; ce n'est rien, ça ne durera pas.

Il vit qu'elle était déjà debout, sa robe de chambre sur les épaules, à côté du berceau, prête à bondir dans le jardin avec le bébé qui dormait toujours.

— N'aie pas peur, redit-il, ça se calme déjà !

— Si, j'ai peur, avoua-t-elle. Tu sais très bien que j'ai toujours peur ! Enfin, ce soir, tu es là, mais quand je suis seule avec les petits, quelle horreur ! Dieu que je déteste ces *temblores* à répétition ! Et puis pourquoi ce pays bouge-t-il tout le temps ?

— Va savoir! dit-il en haussant les épaules.

Il s'immobilisa un instant, pour mieux évaluer la stabilité du sol.

— Voilà, c'est fini, assura-t-il; tu peux te recoucher.

— Tu es certain?

— Mais oui. D'ailleurs, je te rejoins.

Mais elle n'était pas pleinement rassurée et au lieu d'aller au lit, préféra s'asseoir dans un fauteuil.

— Au fait, je ne t'ai pas dit, lança-t-il pour lui changer un peu les idées, c'est après-demain que M. de Morales rencontre Herbert; il me l'a annoncé hier soir.

— Tu crois qu'il pourra vous aider?

— J'espère.

— Tu iras?

— A cette entrevue? Non. Tu sais bien que les finances ne sont pas tellement mon rayon et puis je dois redescendre à l'hacienda. Il n'y aura qu'Edmond et Herbert pour discuter, et c'est bien suffisant.

— Martial n'y va pas non plus? s'étonna-t-elle.

— Non, il part pour Valparaíso avec Romain. Tu sais, quand il a une idée en tête, lui!

— Quelle idée?

— Celle du cabotage, pardi!

— Je croyais que vous manquiez de capitaux!

— C'est vrai, mais, comme dit Martial, ça n'empêche pas de se renseigner sur le prix des bateaux! Et Romain est de son avis. C'est fou ce que ces deux-là sont faits pour s'entendre; à se demander comment ils ont pu vivre jusque-là sans se connaître!

Et c'était vrai que les deux hommes avaient tout de suite sympathisé. Ils partageaient le même goût de l'aventure, du risque, et pensaient l'un et l'autre que le commerce et les affaires devaient se conduire avec le plus d'audace possible, surtout dans un pays en guerre. Ils étaient pleins de projets et d'idées.

— Enfin, dit Antoine en commençant à se dévêtir, je

suis ravi qu'ils s'entendent à ce point. Et si Romain veut me décharger un peu de mon travail à la Sofranco, ce n'est pas moi qui m'en plaindrais, ce serait même parfait. Moi, j'ai largement de quoi m'occuper à Tierra Caliente. Tu ne te couches pas? Tu vois bien que ça ne tremble plus!

Elle jeta sa robe de chambre sur le dossier d'une chaise et grimpa dans le grand lit.

Elle était vêtue d'une élégante et très fine chemise de nuit de soie rose, aux manches et à l'encolure délicatement rehaussées de dentelle de Calais. Une de ces chemises qui, avec toutes les autres toilettes parisiennes, faisaient le renom de *La Maison de France*.

— Je ne la connaissais pas, celle-là, dit-il en s'asseyant au bord du lit et en palpant le fin tissu.

— Elle faisait partie du lot qui est arrivé avant-hier. J'en avais trois douzaines comme ça et j'en ai déjà vendu sept, dit-elle fièrement, dont deux à Mme Linares!

— Ça prouve qu'Herbert aime la belle lingerie et qu'il a du goût, plaisanta-t-il.

Il la contempla, lui caressa doucement le visage du bout des doigts.

— Oui, elle est superbe, cette chemise, dit-il, et toi aussi... C'est vrai qu'il a raison, ce voyou, ajouta-t-il en riant doucement.

— Qu'est-ce qui t'amuse? Et de qui parles-tu?

— Allons, allons, dit-il pour la taquiner, tu vois sûrement de qui je parle... Tu sais bien, ce gentil et beau garçon, ce Parisien qui est presque du même quartier que toi, l'ami Romain...

— Oh, c'est malin de dire ça! protesta-t-elle en rosissant un peu et en haussant les épaules. C'est fin! Et puis, fit-elle après lui avoir frappé les côtes de son poing, il faut vraiment être un paysan comme toi pour dire qu'on est du même quartier! Lui, il était chez les riches, tandis que moi...

— Riche ou pas, il n'empêche que tu lui as joliment

tapé dans l'œil! insista-t-il pour le plaisir de la voir protester.

— Eh bien, tant mieux! Ça prouve au moins que ta femme n'est pas un laideron! lança-t-elle. Mais pourquoi as-tu dit qu'il avait raison?

— Ah, voilà, devine..., dit-il en glissant l'index dans l'échancrure de son décolleté et en lui caressant la naissance de la gorge. Remarque, c'est un beau compliment, ajouta-t-il, et il a tout à fait raison de dire que tu es une vraie Parisienne, élégante et distinguée!

— S'il a osé te raconter ça, tu lui diras de ne plus jamais remettre les pieds ici! déclara-t-elle sérieusement. Non mais, pour qui me prend-il? Et tu l'as laissé parler?

— Ben pardi! Tu ne voulais pas que je dise le contraire! Allez, je plaisante, fit-il en l'attirant, ça ne s'est pas du tout passé comme tu crois. C'est vrai que tu l'as impressionné, ça, il ne s'en cache pas; et il m'a même félicité d'avoir une épouse qui incarnait aussi bien la France et Paris, voilà.

— Quand même, je trouve qu'il ne manque pas d'audace!

— Je préfère qu'il me l'ait dit à moi et devant Edmond et Martial plutôt qu'à toi toute seule au fond d'un canapé!

— Et tu crois que je l'aurais laissé parler? lança-t-elle en se dégageant vivement. Ça, alors! Et arrête de rire comme un âne, ordonna-t-elle en le boxant de nouveau.

— Tu vois comment tu es! hoqueta-t-il, car il était secoué par le rire. Tu me dis : « Je ne l'aurais pas laissé parler! » Mais tu ne m'as pas dit : « Je n'aurais jamais été avec lui dans un canapé! » Tu sais, on peut faire beaucoup de choses sans parler!

— Mon Dieu que tu es sot! dit-elle en éclatant de rire à son tour.

Puis elle se laissa attirer dans ses bras.

La cause que voulaient défendre Herbert Halton et Edmond fut admirablement servie par les événements.

En effet, les opérations militaires qui stagnaient depuis novembre repartirent soudain sous l'impulsion du général don Manuel Baquedano qui commandait désormais les troupes chiliennes.

Comprenant que le conflit risquait de s'éterniser dans l'immensité désertique où stationnaient les armées, il décida d'isoler une grande partie des troupes alliées du gouvernement central et de les priver de toute aide en provenance de Lima.

Pour ce faire, grâce à l'indiscutable suprématie de la flotte chilienne, il instaura, dès le 27 février, le blocus total du port péruvien d'Arica. C'était par lui que transitait la majorité de l'intendance indispensable aux forces alliées qui tenaient Tacna et toute sa région et verrouillaient ainsi la route du nord.

Arica une fois bloqué, Baquedano, au lieu d'attaquer de front, par la redoutable pampa Colorada, les troupes des généraux alliés Pierola et Campero, osa un audacieux coup de force et fit débarquer douze mille hommes en plein territoire ennemi, à Ilo et à Pacocha, minuscules ports situés à une centaine de kilomètres au nord de Tacna.

Pedro de Morales était encore tout émoustillé par ces bonnes nouvelles quand il rendit visite à Herbert. Ce dernier devina aussitôt tout le parti qu'il pouvait tirer des excellentes dispositions du petit homme. Il adressa un coup d'œil complice à Edmond, fit installer son visiteur dans son meilleur fauteuil, sortit les cigares et l'alcool et lança la conversation sur le sujet qui rendait le Chilien si heureux.

— Vous avez réussi un bien joli coup, dit-il en emplissant les verres d'un vieux cognac rapporté par

Martial; on voit que votre général connaît son affaire!

— Effectivement, approuva Pedro de Morales, et je pense que ce n'est qu'un début; nous allons mettre les alliés à genoux. Et pour longtemps!

— Mais pourquoi avoir débarqué si haut? insista Herbert.

Il connaissait très bien la réponse, car il avait étudié la carte peu avant l'arrivée du petit homme et aussitôt compris la manœuvre de Baquedano. Malgré cela, parce qu'il devinait que Pedro de Morales aurait du plaisir à exposer les plans de l'état-major, il feignit la plus complète curiosité.

— C'est très simple, dit Pedro de Morales. Il se leva, alla se planter devant la carte qui ornait un des murs de la pièce... Ici, Tacna, solidement défendue par les alliés, expliqua-t-il. Là, nos points de débarquement. Le général Baquedano veut manifestement couper les forces péruviennes en deux. Donc, à mon avis, il va d'abord réduire toute la région de Moquegua. C'est en effet de là que pourraient provenir les vivres, le matériel et les renforts dont les troupes de Tacna vont avoir de plus en plus besoin, car n'oubliez pas qu'elles ne peuvent plus rien attendre d'Arica...

— Bien joué, reconnut discrètement Edmond. Mais ensuite?

— Ensuite? dit Pedro de Morales qui paraissait vraiment étonné qu'on pût poser une question aussi incongrue. Ensuite, mais c'est très simple! Nos hommes n'auront plus qu'à descendre plein sud, droit sur Tacna!

— Eh bien, ils ne sont pas arrivés! dit Herbert qui, cette fois, pensait vraiment ce qu'il disait. Eh oui, poursuivit-il, si j'en crois notre ami Romain, qui connaît bien cette région, ce secteur est très montagneux et, mises à part les vallées du Locumba et du Soma, très désertique aussi.

— C'est vrai, dit Pedro de Morales, mais il l'est quand même moins que la région du sud de Tacna où les alliés espéraient bien nous voir nous perdre! Et puis, n'oubliez pas que, là au moins, il y a quelques régions agricoles dans les vallées; nos hommes pourront s'y ravitailler, ce qui n'était pas du tout le cas dans le désert du sud. Oui, franchement, notre état-major a superbement manœuvré!

— Félicitations, dit Herbert. Et maintenant, si nous regardions ici, dit-il en pointant sur la carte, à la hauteur de Tocopilla, la grosse règle d'ébène qu'il venait de prendre sur son bureau.

— Ah, vous parlez des gisements? sourit Pedro de Morales en observant attentivement les sites qu'Herbert désignait maintenant l'un après l'autre.

— Oui, dit Edmond. Ils nous donnent quelques soucis, enfin, je crois qu'Antoine vous en a parlé...

— Parfaitement.

— Et avez-vous réfléchi à ce qu'il proposait? demanda Herbert.

— Oui. Et j'en ai même discuté avec quelques amis qui partagent mon point de vue. Je veux dire qu'ils estiment, comme moi, qu'il n'est pas bon que l'économie d'un pays soit entre les mains d'une puissance étrangère comme la Grande-Bretagne.

— Nous ne sommes quand même pas les seuls en course, coupa Herbert, qui, malgré les récentes défections de ses compatriotes, tolérait mal qu'on les attaquât en sa présence; il estimait être mieux placé que quiconque pour se livrer à ce genre de critique!

— Je sais, reconnut Pedro de Morales, il y a aussi les Allemands, et ils ne sont pas les derniers à avoir des visées sur nos richesses. Enfin, tout ça pour dire que le mal est fait, du moins en partie; ce n'est pas à un Anglais, banquier de surcroît, que je l'apprendrai. Bref, disons que certains Européens sont bien implantés chez nous, c'est ainsi et nous n'y pouvons rien. D'ailleurs, l'honnêteté m'oblige à dire que nous n'y perdons quand même pas tout! acheva-t-il en ébauchant un sourire d'excuse.

— Donc, vous vous inclinez? lança Edmond qui redoutait que toutes ces explications aient pour seul but de refuser l'aide demandée.

— Je me suis mal exprimé. En fait, mes amis et moi pouvons un peu limiter l'emprise étrangère; à notre échelle, c'est-à-dire modestement, bien sûr. Mais quoi, c'est mieux que rien!

— Tout à fait d'accord, dit Herbert en humant le verre d'alcool qu'il était en train de réchauffer entre ses paumes. Et qu'appelez-vous « mieux que rien »?

— Impossible à chiffrer pour l'instant. Nous sommes en guerre et l'État nous a déjà beaucoup demandé sous forme d'emprunts et même de dons. Mais je pense que nous pourrons vous aider à exploiter une partie des gisements que votre ami a découverts. A condition bien sûr que nous en devenions actionnaires, au même titre que vous.

— Ça va de soi, acquiesça Herbert.

— Voilà une excellente nouvelle, dit Edmond en se resservant un doigt de cognac. Donc, nous pouvons entreprendre les démarches?

— Oui. Mais, si j'ai bien compris, les gisements sont proches de ceux que mon pays faisait déjà exploiter et que les alliés ont voulu nous confisquer?

— Tout à fait exact, dit Herbert, mais je n'ai pas l'impression qu'ils soient maintenant à la veille de remettre les pieds dans ces territoires! Ce n'est pas simplement pour la gloriole, du moins je le pense, que vos armées veulent conquérir la région de Tacna...

— Effectivement.

— Alors, je suis certain que votre gouvernement va s'empresser de reprendre en main les mines dont il peut légitimement revendiquer l'exploitation. Celles qui nous intéressent sont du lot. Le tout sera maintenant d'obtenir les concessions, ce qui était presque impossible pour la seule Sofranco, mais qui ne doit plus poser de gros problèmes grâce à votre aide et à votre participation...

— Voilà donc une affaire à suivre! dit Pedro de Morales en levant son verre en direction de ses hôtes.

Ce fut à ce moment-là qu'Herbert décida de pousser la discussion un peu plus loin.

— Au fait, dit-il négligemment, j'ai appris que l'armée avait réquisitionné une partie des bateaux chiliens.

— Il fallait bien, dit Pedro de Morales, on ne transporte pas douze mille hommes, le matériel, les armes et les vivres sur une coquille de noix!

— C'est bien mon avis, opina Herbert en prenant dans son gousset sa petite tabatière d'argent. Il y puisa une légère prise qu'il renifla discrètement, ferma les yeux un instant comme pour mieux jouir des effets du tabac et demanda enfin : Mais, à ce sujet, ne vous attendez-vous point à rencontrer quelques difficultés pour fournir aux troupes les denrées que vous produisez et que vous devez leur expédier? Des centaines, non, des milliers de tonnes, si j'en crois notre ami Antoine.

— Il est exact que cela risque de poser des problèmes, reconnut Pedro de Morales, mais nous affréterons des caboteurs allemands de la Kosmos, par exemple.

— Et ils vous coûteront les yeux de la tête, car je doute qu'ils laissent passer une semblable aubaine sans majorer leurs prix. C'est bien normal, surtout s'ils sont les seuls à pouvoir assurer les transports...

— Je vois, sourit Pedro de Morales qui savait très bien où Herbert tentait de l'entraîner. Votre ami Antoine m'a aussi parlé de ce projet. Je lui ai dit non, et c'est toujours non!

— Alors, c'est que je me suis mal fait comprendre, dit Herbert. Voyez-vous, il m'est venu une idée que vous ne pouvez manquer de prendre en considération. Dans un premier temps, oublions le transport de vos produits agricoles et, puisque nous sommes en guerre, parlons-en. Vos armées ont toujours besoin d'armes et de munitions. Je le sais. Or il se trouve que votre principal fournisseur de Valparaíso, mais oui, le propriétaire de la maison « Rose Innes »...

— Ah, coupa Pedro de Morales, vous êtes aussi au courant de ça...

— Bien entendu, c'est un secret de polichinelle! Donc votre fournisseur ne sait plus où donner de la tête! C'est d'ailleurs pour ça que Martial a été contacté et qu'il est revenu avec ce que vous savez...

— Et c'est tout à son honneur, dit le petit homme, oui, vraiment, tout à son honneur!

— Vous avez raison, approuva Herbert, mais puisque vous trouvez ça tout à fait remarquable, qu'attendez-vous pour nous aider à en faire autant?

— Je vous comprends mal, dit Pedro de Morales en fronçant les sourcils.

— Allons donc! Supposez que nous, la Sofranco, disposions d'un ou plusieurs petits navires, battant pavillon français ou anglais, ce qui les mettrait à l'abri des réquisitions. Eh bien, supposons maintenant que nous les mettions au service des transports d'armes. D'armes que nous irions, par exemple, chercher au Mexique ou aux États-Unis. Vous ne croyez pas que ça rendrait un fameux service à votre pays?

— Naturellement, avoua Pedro de Morales après plusieurs secondes de réflexion. Et vous seriez vraiment prêts à aller chercher des armes?

— Si votre gouvernement les paie aussi bien que les autres, aucun problème; j'ai déjà pris des contacts...

— Je vois..., dit Pedro de Morales. Il regarda son verre, but la dernière gorgée : En plus, reprit-il, on pourrait effectivement livrer mes produits aux troupes et même monter les approvisionner jusqu'au Pérou...

— Voilà exactement ce que je voulais dire, approuva Herbert en reversant un peu de cognac dans les verres.

— Je n'avais pas vu ça sous cet angle, dit Pedro de Morales. Il faut que je réfléchisse et que j'en parle aussi à mes amis, ainsi qu'à mon beau-frère, oui, le général.

— C'est ça, dit Herbert, mais ne traînez pas trop. A propos, dit-il négligemment, mais tout en regardant Edmond avec insistance comme pour prévenir d'éventuelles protestations, figurez-vous qu'un de mes confrères et ami, qui est en poste à Lima, a cru devoir me signaler tout ce que pouvait avoir de choquant l'attitude de certains... disons... financiers, qui ont pignon sur rue, ici même à Santiago...

— Je ne vois pas du tout de quoi vous voulez parler, dit Pedro de Morales sans remarquer les petits toussotements dont Edmond était maintenant victime.

— Alors, je serai franc, dit Herbert. Mais que ça ne sorte pas d'ici. Il va de soi que je ne peux, en aucun cas, faire publiquement état de confidences purement amicales. Là, nous sommes entre gens bien élevés et je peux parler. Quelle que soit votre réaction, je sais que vous ne me mettrez pas en cause, n'est-ce pas ?

— Certes, certes, mais dites toujours !

— Je suis un peu gêné, dit Herbert d'un ton tellement hypocrite qu'Edmond se demanda comment le petit homme pouvait être dupe. Oui, poursuivit-il, vous comprenez, il s'agit de confrères et... Enfin, c'est vraiment parce que leur attitude me révulse que je parle. Voilà, MM. Obern et Reckling, que vous connaissez sûrement de réputation, se livrent au trafic d'armes. Je veux dire par là qu'ils ne se contentent pas d'en vendre à votre gouvernement, ils en livrent aussi aux alliés...

— Vous en êtes certain ? dit Pedro de Morales scandalisé.

— Un renseignement de première main, émanant d'une personne tout à fait respectable et elle-même au fait de tout! assura Herbert en souriant discrètement à Edmond. Cela étant, je ne vous ai rien dit, naturellement. De plus, je crois qu'il sera très difficile à vos services de faire la preuve de ces transactions, car ils sont malins, ces bougres d'Allemands!

— On ne peut quand même pas les laisser faire! protesta le petit homme.

— Ce serait en effet immoral, approuva Herbert. Il faut choisir son camp, on ne peut pas vivre et profiter des uns et servir les autres... Mais parce que ces messieurs, que je connais bien, sont aussi très prudents, je pense qu'ils cesseraient immédiatement leur petit jeu s'ils savaient qu'on les soupçonne. A mon avis, il suffirait donc que vos militaires refusent désormais de leur acheter des armes – mais la Sofranco remédiera vite à cette rupture d'approvisionnement – et ensuite, oui, je vois très bien quelques articles dans *El Mercurio.* Des papiers qui laisseraient entendre tout cela, sans nommer qui que ce soit, naturellement, je crois que ce serait très efficace...

— Vous avez raison, tout à fait raison, dit Pedro de Morales, et je vous remercie de m'avoir averti. J'en parlerai à des gens qui feront le nécessaire...

— N'oubliez pas que je ne suis au courant de rien. Sorti d'ici, je nierai tout, la tête sur le billot!

— Comptez sur moi, tout sera fait discrètement, assura le Chilien en se levant. Quant au reste, je veux dire aux navires, je vais y réfléchir. Et maintenant il faut que je vous quitte, j'ai d'autres rendez-vous.

— Je vous accompagne, dit Herbert en lui ouvrant la porte et en s'effaçant pour le laisser passer.

— Il faut que je vous avoue une chose, lui annonça Edmond dès qu'il fut de retour, j'ai une grande habitude du métier, mais vraiment...

— Je sais ce que vous allez me dire, coupa Herbert en

lui posant la main sur l'épaule. Vous allez me dire : « Des crapules, j'en ai vu beaucoup, mais des crapules comme vous, c'est la première fois! » Eh oui, mon bon, je sais, mais comme on dit, c'est le métier!

— Possible, dit Edmond en souriant, car il était plus amusé que choqué par le cynisme d'Herbert, mais je n'aurais pas dit que vous êtes une crapule. Non, chez nous, en France, on dirait simplement que vous êtes le plus grand des salauds que la terre ait portés!

— Peut-être, reconnut Herbert. Mais, mon cher, vous irez chercher un salaud qui, non content de remporter toutes les affaires et de régler ses comptes avec deux voyous, vient de créer une nouvelle opération – je parle du cabotage, car je suis sûr que notre ami donnera son accord – et d'ouvrir un autre marché, celui des armes! Et tout cela, sans pour autant mettre une seconde en péril votre... indicateur favori! Car c'est bien cela qui vous inquiétait, non?

— Il n'empêche que vous êtes un fieffé...

— N'en dites pas plus, plaisanta Herbert. Un fieffé ce que vous voudrez! Mais, quand les affaires et la guerre se mélangent à ce point, c'est le plus salaud qui gagne! Tout cela, naturellement, pour le plus grand bénéfice de la Sofranco, ne l'oubliez pas!

Ce fut à Tierra Caliente où il était descendu pour surveiller le bon déroulement des dernières coupes de luzerne, la préparation des battages et des vendanges qu'Antoine revit Pedro de Morales.

Ayant quitté Santiago douze jours plus tôt, il ignorait l'issue de l'entrevue du Chilien avec Herbert et Edmond et s'en préoccupait fort peu. Il est vrai qu'il avait beaucoup de travail et ne voyait pas s'écouler le temps.

Il s'était en effet vite rendu compte que l'acquisition de machines modernes, comme les grosses presses à fourrage, ne servait à rien si les utilisateurs présumés étaient incapables d'en faire un bon usage. Aussi devait-il galoper de chantier en chantier pour inculquer un minimum de savoir-faire aux péons qui, bien souvent, découvraient pour la première fois les outils mis à leur disposition.

Par chance, parmi tout le personnel de l'hacienda, existaient quelques dizaines d'ouvriers chez qui Antoine avait vite décelé d'incontestables dispositions pour la mécanique. Il les avait donc répartis sur tous les chantiers de Tierra Caliente avec pour mission d'initier leurs compagnons aux secrets des engrenages, des pignons, des chaînes et des bielles. Mais tout cela ne se faisait pas sans difficultés ni surtout sans une constante vigilance.

Heureusement, là encore, Joaquin s'était révélé excellent collaborateur; il était très intéressé par les machines, avait vite compris leur fonctionnement et n'en était pas peu fier. Pas peu fier non plus d'apparaître désormais comme le bras droit d'Antoine.

Celui-ci venait de remettre en marche une grosse presse une fois de plus détériorée par l'absorption d'une branche d'*espino* — certains péons n'avaient pas encore réalisé que l'engin ne pouvait pas tout avaler sans dommage —, lorsqu'il aperçut, cahotant vers lui, le petit break de Pedro de Morales.

Il essuya ses mains pleines de cambouis, se tourna vers Joaquin.

— Range les outils et fais redémarrer le chantier. Et tâche d'expliquer une fois de plus à ces andouilles que les presses n'aiment ni les branches ni les cailloux!

— Moi, je crois qu'ils le font exprès, dit Joaquin. Ouais, pendant qu'on répare, ils n'ont pas de travail et ils font la sieste! Regardez-les! expliqua-t-il avec un coup de menton en direction de la quinzaine de péons qui sommeillaient à l'ombre de la grosse meule de luzerne qu'il fallait mettre en ballots.

— C'est ma foi vrai! murmura Antoine. Ils en seraient

bien capables, ces bougres. Il réfléchit un instant, puis reprit : Bon, fais ronfler la chaudière et mets en marche. Mais avant, préviens-les que je ne veux plus avoir à réparer cette machine et que je ne veux donc plus la voir en panne! Si ça recommence, toute l'équipe sera renvoyée, sans salaire, naturellement.

— Pour l'exemple, on ferait mieux d'en fouetter quelques-uns, estima Joaquin qui jugeait Antoine bien timoré.

— C'est toi que je devrais fouetter pour avoir de pareilles idées, sourit Antoine. Allez, va faire travailler ces lambins; moi, je vais accueillir M. de Morales.

— Heureux de vous revoir! lança peu après le petit homme.

Il avait arrêté son cheval à l'ombre d'un gros chêne, à une bonne centaine de mètres du chantier, loin de la poussière et du bruit.

— Moi aussi, assura Antoine en notant avec satisfaction que le halètement de la grosse locomobile venait de s'accélérer et que la presse ronflait convenablement. Avez-vous fait bon voyage?

— Excellent. On dira ce qu'on voudra, mais ces nouveaux pullmans sont bien agréables et confortables!

— C'est exact, approuva Antoine.

Depuis qu'il avait abandonné le colportage, il empruntait lui aussi, pour descendre à l'hacienda, la ligne de chemin de fer récemment terminée qui reliait Santiago à Concepción, via Curicó, Talca et Chillán. Sauf imprévu, les convois parcouraient les cinq cent soixante-dix kilomètres en vingt-trois heures, ce qui était tout à fait appréciable; surtout lorsqu'on avait les moyens de voyager dans les très luxueux wagons que la compagnie mettait à la disposition de ses clients fortunés.

— Et ici, tout va bien? s'enquit Pedro de Morales en descendant de son break.

— Très bien, nous finissons de presser l'*alfalfa* et nous ne tarderons pas à commencer les battages. Quant aux vendanges, elles s'annoncent excellentes.

— Parfait, opina Pedro de Morales. Je n'ai pas besoin de vous rappeler que l'Intendance militaire compte sur nous...

— Je sais. J'ai prévu de faire expédier trois cent cinquante tonnes de luzerne cette semaine. Quant aux céréales, elles partiront au fur et à mesure des battages. D'après mes estimations, et vu le nombre de meules, nous devons atteindre cette année les vingt-deux hectolitres à l'hectare, un peu plus en terre irriguée; le grain est lourd, il pèse au moins soixante-dix kilos à l'hecto, ceci pour l'orge. Le froment sera plus faible, dans les quinze hectolitres l'hectare, mais enfin, comme nous en avions plus de mille hectares...

— Bon. Mais veillez surtout à ce que toutes les livraisons soient faites à temps. A propos, je vous avertirai des ports que nous devrons desservir et je peux déjà vous dire que certains sont au Pérou.

— Iquique? Pisagua? hasarda Antoine.

— Oui, et même plus haut. Ilo, entre autres... A ce sujet, nous ne nous sommes point revus depuis que j'ai rencontré vos associés...

— C'est exact. J'espère que tout s'est bien passé?

— Oui, au mieux. Ce sont des hommes sérieux et compétents... J'ai convaincu un certain nombre de mes amis : ensemble, nous allons participer à l'essor que votre société veut donner à nos gisements.

— Voilà une excellente nouvelle, dit Antoine.

— Mais vous ne m'aviez pas tout dit, lui reprocha gentiment Pedro de Morales. Oui, vous ne m'aviez pas parlé de ces transports d'armes que serait prête à assurer votre Sofranco, si toutefois elle possédait les navires adéquats. Vous ne m'avez parlé que de commerce, pourquoi? Je suis pourtant certain que vous étiez au courant de tout...

— C'est exact, dit Antoine, je n'ai pas cru devoir mettre cet argument en avant.

— Pour quelle raison?

— Sans doute pour laisser quelques atouts à mes amis.

— Je n'en crois pas un mot, lâcha Pedro de Morales en lui offrant un cigare.

Antoine le huma en connaisseur, sourit, mais garda le silence.

— Et c'est bien la question que je me suis posée en sortant de chez vos amis. Voyez-vous, je me suis dit : j'étais opposé à cette idée de cabotage, je l'ai dit à Antoine et à M. Halton. Et puis, soudain, celui-ci m'a convaincu avec un argument de poids que n'a pourtant pas voulu utiliser mon propre régisseur! Pourquoi?

— Eh oui, pourquoi? sourit Antoine, heureux de constater, une fois de plus, que le petit homme pouvait être aussi madré et retors qu'un paysan corrézien en foire de Brive ou de Turenne.

— Alors, je me suis posé une autre question : MM. Halton et d'Erbault de Lenty sont-ils sincères? Le Chilien se tut, alluma son cigare. Car le problème est là, reprit-il. Sont-ils sincères et surtout honnêtes, puisqu'ils ont usé d'une tactique que n'a pas voulu employer Antoine, que je tiens, lui, pour un honnête homme! Alors?

— C'est très simple, dit Antoine. Eux, ce sont de vrais hommes d'affaires, des financiers, des banquiers, ce qui n'est pas mon cas. Mais, ce qui importe, ce ne sont pas les arguments, c'est de savoir s'ils auraient tenu leurs promesses au sujet des armes, une fois les caboteurs acquis, n'est-ce pas?

— C'est exactement ce que je me suis dit, approuva le petit homme, exactement! Et alors, à votre avis, que devais-je en conclure?

— Qu'ils tiendraient parole.

— Vous avez raison, c'est ce que j'ai fait. Et savez-vous ce qui m'a convaincu ?

— Non.

— Vous! Je me suis dit : jamais il n'aurait couru autant de risques pour aller délivrer M. Halton si celui-ci était une crapule! Voilà ce qui m'a convaincu!

— Alors, on va avoir des caboteurs ? Vous m'en voyez ravi, dit Antoine. Et, croyez-moi, ils vont naviguer.

— Non, dit Pedro de Morales en regardant distraitement le bout de son cigare, non, nous n'aurons pas de caboteurs. Voyez-vous, pour persuadé que je sois de leur utilité, c'est vraiment au-delà de nos moyens. Croyez-moi, c'est la seule raison.

— Tant pis, dit Antoine, on continuera comme par le passé.

Il se retourna vivement, sourcils froncés, car le son de la locomobile venait de changer, comme si la machine peinait pour entraîner la grosse presse : « Si jamais... », murmura-t-il. « Ah non! » sourit-il, car le ronronnement venait de retrouver son octave habituelle.

— Vous ne m'aviez pas non plus parlé du trafic d'Obern et de Reckling, dit Pedro de Morales.

— Ça, dit Antoine, c'est vraiment un oubli. Que voulez-vous, je ne passe pas mes jours à penser à ces deux crapules!

— Vous avez raison. Enfin, leur cas est réglé, au mieux et discrètement, comme il devait l'être. Lorsque j'en ai parlé à qui de droit, j'ai appris que nos services étaient déjà au courant. Et depuis longtemps!

— Vous ne les avez quand même pas expulsés.

— Que Dieu nous en garde! Notez que nous étions en droit de le faire, mais nous avons trop besoin d'eux! Pas pour les armes, ça c'est terminé, mais pour le reste... Croyez-moi, ils vont nous être très utiles et seront aussi très, très gentils avec nous...

— Gentils ? Ça m'étonnerait! fit Antoine sceptique.

— Mais si! Vous l'ignorez sans doute, mais, en tant que banquiers, ils sont gros actionnaires de la compagnie maritime allemande Kosmos... Eh oui, tous ces vapeurs qui desservent nos côtes! Alors, il m'est venu une petite idée que je n'ai eu aucun mal à faire partager. Voilà : désormais, pour que nous, Chiliens, oubliions quelques récentes indélicatesses, ces messieurs vont nous faire des prix de transport tout à fait exceptionnels, et ce, pour toute la durée de la guerre... C'est bien normal, non?

— Je ne sais pas, dit Antoine en riant, mais il est une chose dont je suis sûr, c'est que vous valez très largement mon ami Herbert pour le choix des arguments!

# 14

Même si cela lui donnait quelques remords, Rosemonde était obligée de s'avouer qu'elle arrivait à ne pas trop s'ennuyer en l'absence de Martial. Elle avait pourtant redouté son départ et si, à l'époque, elle avait tout fait pour cacher son chagrin, l'honnêteté l'obligeait à reconnaître que, Martial parti, elle avait vite retrouvé sa joie de vivre, sa gaieté, même.

Cela ne l'empêchait pas de penser très souvent à son époux et, certains jours, de déplorer son absence et surtout l'absence de l'affection et de la tendresse qu'il lui donnait.

Mais elle se ressaisissait vite, se souvenait de la promesse qu'il lui avait faite de revenir au moins une fois par an et se disait que douze mois étaient relativement vite passés. De plus, elle s'était trouvé de multiples occupations et remplissait ainsi très bien ses jours.

D'abord, même au risque de choquer ses amies et relations, car il était mal admis qu'une femme s'intéressât au commerce, elle avait tenu à ce que Martial la mît au courant de la marche de la succursale bordelaise de la Sofranco.

Elle se faisait donc conduire tous les matins à onze heures aux bureaux de la rue du Couvent. Là, elle prenait connaissance du courrier, des commandes, des arrivées et des départs de marchandises; bref, pour rapide que soit son passage, le gérant et le personnel savaient qu'ils devaient en tenir compte. Pour eux, elle était la représentante de Martial, ils l'avaient tous admis et s'en accommodaient très bien. Elle n'était ni vindicative ni tatillonne; elle était présente et c'était suffisant.

Cette visite accomplie, elle allait déjeuner, soit chez une de ses sœurs, soit, le plus souvent, chez elle en compagnie de la petite Armandine qui, du haut de ses trois ans et demi, refaisait chaque jour le monde par ses discours; elle était bavarde comme une pie-grièche dans un buisson d'aubépine!

Rosemonde consacrait généralement ses après-midi à la promenade qu'Armandine réclamait; ou encore à rendre visite à ses amies qu'elle recevait de toute façon chez elle tous les jeudis, comme au temps où Martial était là.

Seules les soirées étaient parfois longues à meubler. Elle les passait à la broderie en papotant avec la gouvernante dont Martial, avant son départ, avait exigé la présence permanente. Il n'avait pas voulu que Rosemonde n'eût que la cuisinière et la bonne pour seules compagnes. Elle avait donc accueilli Mme Léonie, une dame d'une cinquantaine d'années, affable mais sans excès, calme et de conversation agréable. Veuve sans enfant depuis trente ans, elle brodait à la perfection, jouait agréablement du piano — et c'était important, car Rosemonde tenait beaucoup à l'initiation musicale de sa fille — et savait à merveille préparer et faire infuser le thé à la bergamote; elle avait, assurait-elle, un secret pour bien ébouillanter la théière de terre cuite.

Rosemonde donc ne s'ennuyait pas. Sauf certains soirs lorsque, après avoir fait sa toilette et s'être assise devant sa psyché, elle brossait vigoureusement sa longue chevelure. Et, parce qu'elle voyait dans la glace son corps encore gracile et fin, que dissimulait mal la chemise de linon blanc, elle se prenait à songer aux soirs où Martial, l'œil rieur, après s'être glissé derrière elle à pas de loup, l'enlevait dans ses bras et allait la poser au centre du lit ouvert.

Elle allait avoir trente et un ans et se disait alors qu'elle n'était quand même pas très vieille et qu'il était un peu dommage et triste d'être là, seule, prête à se glisser dans un grand lit à deux places.

Pour étouffer les pensées moroses qu'elle savait toutes prêtes à déborder, elle s'asseyait devant son secrétaire et écrivait de longues, d'immenses lettres à Martial. Elle lui parlait de tout, du temps qu'il faisait, des amies rencontrées, des bateaux vus au port, de la dernière robe achetée, des bons mots d'Armandine, des conversations de Mme Léonie et des paroles aimables que lui avait adressées le curé de Saint-André après la grand-messe du dernier dimanche.

Et puis, ne pouvant faire autrement, elle évoquait aussi ce petit sanglot qu'elle connaissait bien et qu'elle maîtrisait, mais qui était là, à ras de gorge, tout palpitant, prêt à l'envol. Elle avouait ces quelques larmes, absentes de ses yeux, mais si chaudes et brûlantes du côté cœur. Ces larmes, si discrètes dans la journée et même pendant des semaines, mais soudain si présentes certains soirs.

Présentes à un tel point qu'elle devait, pour les refouler, se mettre à aligner sur son papier à lettres mauve toutes les phrases et toutes les histoires, même les plus banales, qu'elle aurait dites à Martial, s'il avait été là.

Alors, peu à peu, au fil des mots, s'éloignaient la petite douleur, le petit pincement. S'apaisaient les fugitifs et surprenants frémissements dont les ondes, brûlantes, la faisaient parfois tressaillir. S'estompait la chaude vague qui, après avoir nimbé tout son corps, durci la pointe de ses seins et rosi ses joues, lui laissait maintenant l'attendrissant et doux souvenir de Martial, penché sur elle.

Sa missive enfin terminée, elle se couchait heureuse, fière d'avoir su venir à bout de ces sournois coups de cafard et de tristesse qu'elle redoutait beaucoup, mais qui, par chance, étaient peu fréquents.

Lorsqu'il avait une idée en tête, il était rare que Martial l'abandonnât. Et si, de surcroît, il obtenait l'approbation de ses amis, il devenait alors exceptionnel qu'il baissât les bras.

Il fut donc assez dépité d'apprendre, lorsqu'il revint de Valparaíso avec Romain, que Pedro de Morales ne pouvait les aider à financer l'achat des caboteurs. Cette décision du Chilien, qu'Edmond et Herbert jugeaient irrévocable, ne suffit pas pour autant à le décourager; tout au plus l'obligea-t-elle à voir un peu moins grand.

— Et pour les mines, que fait-on? demanda-t-il.

— Là, pas de problèmes, assura Edmond.

— Disons plutôt : pas de gros problèmes, intervint Herbert. En fait, nous vérifions en ce moment que personne n'a pris d'option sur les terrains que nous revendiquons; il apparaît que certains sont déjà retenus, mais rassurez-vous, il en restera! Nous exploiterons en priorité les gisements proches de la côte. Et je pense qu'avec ceux que nous possédons déjà à Taltal, ce sera très bien.

— Vous voulez dire que vous vous désintéressez des filons d'or et d'argent que j'ai découverts aux sources du Loa? s'enquit Romain.

— Je n'ai pas dit ça. Tout nous intéresse, mais, pour l'instant, nous sommes financièrement tenus de limiter nos prétentions, surtout si nous voulons mettre en place des installations modernes. Cela dit, nous déposerons, comme il se doit, les demandes pour tous les sites qui seront libres, quitte à n'entreprendre l'exploitation qu'un peu plus tard.

— J'aime mieux ça, assura Romain qui avait craint qu'une partie de son dangereux périple dans le nord n'ait servi à rien.

— Donc, c'est en passe d'être réglé pour les mines, dit Martial. Voyons donc le reste.

Il puisa un cigare dans le coffret ouvert sur le bureau d'Herbert, le fit craquer contre son oreille avant de l'allumer.

— Oui, reprit-il, Romain et moi avions trouvé quatre petits rafiots tout à fait corrects et prêts à prendre la mer. Puisque le projet est, si j'ose dire, à l'eau, oublions-les. En revanche, j'aimerais que nous parlions du cinquième bâtiment, un yacht mixte, que Romain a découvert...

— Je pensais que vous aviez compris que nous abandonnions l'idée du cabotage, fit Herbert en se glissant discrètement une pincée de tabac dans chaque narine. Il éternua trois fois, s'excusa d'un sourire avant de reprendre : Je ne vois donc pas ce que nous pouvons dire à ce sujet, sinon émettre des regrets...

— Doucement, nous n'en sommes pas encore là, assura Martial. Je vous fais grâce des quatre petits bricks. Je conçois que leur achat soit actuellement impossible. Mais, que diable, la Sofranco n'est quand même pas aux abois, elle en est même loin! Il faut donc faire un effort et acquérir le yacht qui, si nous le voulons, sera à nous dès ce soir! Nous avons juste un câble à passer à Valparaíso et l'affaire est faite!

— On peut dire que vous avez de la suite dans les idées, vous! plaisanta Edmond. Enfin, il y a longtemps que je le sais, alors racontez-nous tout!

— Demandez à Romain, dit Martial, c'est lui le découvreur.

— Un coup de chance..., commença Romain.

Ce n'était pas en rôdant sur les quais ou aux abords des chantiers qu'il avait appris l'existence du yacht, c'était à l'hôtel où Martial et lui étaient descendus.

Ce soir-là, alors que Martial, fatigué, avait rejoint sa chambre, Romain s'était installé dans l'un des salons où, très vite, il en était venu à disputer une partie de billard avec deux autres clients.

A dire vrai, ce n'était pas dans l'intention de jouer qu'il était entré au salon, mais simplement pour essayer de savoir si le vieux monsieur qui accompagnait la belle jeune femme aperçue au cours du dîner était son grand-père ou son tuteur.

Il était en effet difficile de croire qu'il pût être son amant, car il avait, au bas mot, quarante ans de plus qu'elle. Certes, il ne semblait nullement sénile, portait beau, se tenait droit, mangeait bien et buvait sec, ce qui avait pour premier résultat d'entretenir et même d'accentuer le rouge brique de son teint recuit par le grand air.

Romain avait failli faire un méchant accroc au tapis de billard lorsqu'un de ses partenaires, amusé par les regards intéressés qu'il posait sur la jeune femme, l'avait discrètement prévenu qu'elle était l'épouse du vieux monsieur et que le couple était là en voyage de noces!

— Vous êtes sûr? avait insisté Romain. Elle a épousé ce vieillard? Je suis certain qu'il a plus de soixante ans et qu'elle atteint tout juste les vingt! Bigre, ça doit pas être drôle tous les soirs... enfin, pour elle...

— Ne la plaignez pas trop. Elle sait très bien ce qu'elle fait; il est suffisamment riche pour faire oublier son âge!

— Vous en parlez comme si vous le connaissiez.

— Oui, bien sûr, de réputation. On ne peut pas être natif de Valdivia, comme je le suis et où il vit d'habitude, et ignorer son existence! Voyez-vous, depuis près d'un demi-siècle, ce monsieur fait la pluie et le beau temps dans le commerce et l'exportation des peaux et des laines vers l'Europe : chinchilla, alpaga, viscache, mais aussi cuirs de bœuf, de veau, de cheval. Oui, M. Archibald Percival est très connu chez nous. C'est un Australien. On assure, mais ce n'est peut-être qu'une légende, qu'il a débarqué ici comme mousse, voilà plus de cinquante ans, et qu'il a commencé en piégeant lui-même les chinchillas et les viscaches. Ce dont on est certain, c'est qu'il est très riche.

— Et qu'il a aussi une bien jolie femme. Mon Dieu, quelle allure!

— Ce qui est amusant, avait murmuré l'homme, et que personne n'avait prévu, c'est qu'il succomberait un jour aux charmes du mariage. Il avait la réputation de ne pas aimer les femmes, vous vous rendez compte? Enfin, ça lui apprendra à se méfier des Liméniennes!

— Vous dites?

— Parfaitement, elle est de Lima. Il paraît qu'il ne la connaît que depuis un mois et que quinze jours ont suffi à cette jeune personne pour se faire épouser, mais aussi pour le convaincre de vendre son affaire et d'aller s'installer à Paris! Vous vous rendez compte? A Paris, en France! Avouez que c'est étonnant?

— Pas du tout, avait souri Romain en tournant autour de la table pour chercher le meilleur angle de tir, et je dirai même que je suis étonné qu'elle ait eu besoin de quinze jours! A mon avis, faite comme elle est, une petite semaine devait suffire pour régler l'affaire...

— Tout ça pour dire, avait plaisanté l'homme, que, si vous êtes dans le commerce, le sien est à vendre, oui, celui des peaux.

— Ça ne m'intéresse pas, avait distraitement lancé Romain car il s'appliquait pour réussir le coup. Moi, je cherche seulement un bateau.

— Le sien est à vendre, un yacht mixte de deux cents tonneaux...

Pour la deuxième fois, le sang-froid de Romain lui avait évité d'accrocher le tapis, mais il avait quand même raté le point!

Cela n'avait aucune importance, car il en savait désormais assez pour engager une conversation.

— Et voilà, acheva-t-il en prenant à son tour un cigare sur le bureau d'Herbert, l'évocation de Lima, puis de la France et de Paris a fait le reste...

— Quel reste? ironisa Edmond. Ne me dites pas que vous avez osé faire du charme à une jeune femme en voyage de noces?

— Peut-être..., s'amusa Romain. Vous savez bien que les Français ont une réputation à tenir, et comme elle veut vivre en France... Mais, pour être sérieux, c'est surtout à lui que j'ai fait du charme, je veux dire au vieux monsieur. Alors, voilà : il quitte définitivement le pays et cherche à vendre son bateau, celui avec lequel il collectait les peaux tout le long de la côte. Un beau yacht mixte, avec une solide chaudière, des voiles en très bon état, une coque parfaite, bref, un bâtiment idéal pour le cabotage.

— Combien? lâcha Herbert encore sous le charme du récit.

— A mon avis, c'est donné. Il est vrai que le vieux monsieur est pressé de vendre; sa jeune femme et lui embarquent dans quinze jours.

— Tout ça ne me donne pas le prix! insista Herbert.

— Vingt-cinq mille pesos. Je pense sincèrement qu'il en vaut quarante-cinq mille dans l'état où il est, et pas loin de cent mille à l'état neuf...

— Nous l'avons visité, renchérit Martial, on ne peut pas souhaiter mieux.

— Quand même, vingt-cinq mille! protesta Herbert. Dois-je vous rappeler que nous avons d'autres investissements en vue?

— Je sais, dit Martial, mais il faut acheter ce navire et si Antoine était là, il serait de mon avis. Il y a des affaires qu'il ne faut pas laisser passer; ensuite, on le regrette toute sa vie!

— Je pense que Martial a raison, dit Edmond. Mais, enfin, Herbert n'a pas tort de dire que c'est une somme!

— Je vous le concède, reconnut Martial en regardant

Herbert, mais quoi! Vous n'allez quand même pas m'obliger à aller voir un de vos confrères pour lui demander une petite aide financière?

— Bonne idée! A mon avis, vous devriez même aller voir Obern et Reckling! lâcha Herbert le plus sérieusement du monde. Bon, décida-t-il, allons-y. Vous dites qu'il suffit de passer un câble à Valparaíso? Alors faites-le au plus vite et réglons cette affaire! La Sofranco aura donc son navire. Ah, dans le câble que vous allez expédier, renseignez-vous aussi sur le prix de son affaire d'exportation de peaux, on ne sait jamais, n'est-ce pas? Eh oui, dit-il en souriant devant l'air stupéfait de ses amis, j'ai lu, récemment, qu'il avait été exporté vingt-deux mille douzaines de peaux de chinchilla, l'année dernière, et principalement en direction de la France. Alors, ça vaut bien la peine de se renseigner, non?

— Tout à fait d'accord, approuva Edmond.

— Ah, j'y pense! dit Romain. A propos du navire, il faut que je vous dise quand même qu'il est sous pavillon australien : M. Percival n'a jamais voulu se faire naturaliser chilien; et qu'il a un nom très typique, tellement typique que je ne suis pas certain qu'il vous plaise, fit-il en regardant Herbert et en riant doucement.

— Dites toujours, dit Herbert.

— Puisque la décision de l'acheter est maintenant prise... Bon, le navire s'appelle la *Rabona*...

— Vous vous foutez de moi?

— Pas du tout. Comme me l'a expliqué Archibald Percival, pour trouver les peaux, le bateau écumait les ports, comme une *rabona* les pueblos!

— Eh bien, on le débaptisera, ça vous pouvez me croire! décida Herbert. Ou alors, parole de banquier, je n'y mettrai jamais les pieds; j'aurais trop peur que mes cicatrices se rouvrent!

Les explications que Pedro de Morales avait données à Herbert et à Edmond au sujet des opérations militaires se révélèrent exactes en tout point.

Après leur débarquement parfaitement réussi, les troupes chiliennes, galvanisées à l'idée d'avoir devant elles et déjà à portée de main toutes les richesses que produisait la fertile vallée d'Ilo, déferlèrent dans le pays.

Jusqu'à ces jours, les hommes s'étaient battus dans les pampas désertiques d'Antofagasta, de Calama ou d'Iquique; et là, malgré l'évidente satisfaction morale que les victoires avaient apportée, ils n'avaient ressenti que le modeste plaisir d'être les possesseurs de quelques arpents supplémentaires de cailloux et de sable.

Mais désormais, tout était différent. La richesse du pays n'était point comparable à celle des plantureuses et grasses contrées des régions du Maule ou du Bío-Bío, au sud de Santiago; malgré cela, parce qu'ils venaient du désert et qu'ils vivaient, depuis des mois, dans l'aride et suffocante pampa d'Atacama ou de Tamarugal, les hommes se crurent dans l'antichambre du Paradis.

Car, en ce début d'automne, s'offraient devant eux les prometteuses vignes lourdes de grappes, les vergers de pommiers, les champs de maïs et de canne à sucre. Et dans les oliviers, les orangers et les eucalyptus, voletaient les tangaras bleus, les tourterelles à collier et les chirotes au jabot de flamme.

De plus, malgré la chaleur des derniers jours de l'été, l'eau était là, partout, fraîche et gazouillante. Succulente aussi pour des hommes habitués jusque-là à se désaltérer avec le jus tiède et saumâtre qui suintait au fond des puits ou qui stagnait dans les citernes.

Enfin, aussi loin que portait la vue, apparaissaient entre les peupliers les petites taches blanches que faisaient les haciendas et les pueblos. Et ici, tout pouvait être pris, saisi, dégusté, emporté...

L'armée chilienne fonça vers Moquegua et rien ne

semblait pouvoir l'arrêter tant les troupes avaient hâte d'en découdre avec l'ennemi. Hâte aussi de jouir du pays qu'on leur offrait.

Et Moquegua tomba.

Surpris par l'ardeur qui animait l'armée chilienne, les Péruviens s'enfoncèrent alors vers le nord et les sierras. Persuadés que nul ne pourrait les vaincre s'ils se retranchaient sur les hauteurs, ils s'installèrent non loin de Moquegua, à Los Ángeles exactement, inexpugnable position que protégeait un inviolable défilé.

Malgré cela, parce qu'il ne voulait pas courir le risque de descendre vers Tacna en laissant de dangereuses forces ennemies dans son dos, le général Baquedano ordonna l'assaut. Et, là encore, s'illustrèrent les redoutables mineurs de Copiapó.

Enrôlés dans l'armée depuis le début du conflit, ils s'étaient déjà dépensés dans toutes les batailles. Endurcis à l'extrême par toutes les années passées dans les mines — et presque toujours dans d'abominables conditions de travail —, ils étaient solides comme des rocs, batailleurs, teigneux, méchants, terrifiants; rescapés des chantiers où l'on mourait comme des mouches, ils n'avaient rien à perdre.

Aussi habiles à manier le fusil que la pioche, ils étaient, de surcroît, tous armés du *corvo,* ce couteau à lame courte et courbe, affûtée comme un rasoir. Et, parce qu'ils en usaient avec une mortelle adresse, c'est avec lui qu'ils se lançaient dans les cauchemardesques corps à corps dont dépendait généralement la victoire.

Dopés par quelques généreuses rasades de *Chupilca del diablo* — cette mauvaise aguardiente mélangée de poudre à fusil —, ils bondirent à l'assaut de Los Ángeles et anéantirent les troupes péruviennes.

Désormais assuré qu'il ne serait plus menacé sur ses arrières, le général Baquedano commença alors sa marche vers le sud.

Lorsque Antoine apprit, à son retour de l'hacienda, que Martial et Romain avaient eu gain de cause et que la Sofranco disposait désormais d'un caboteur, il vit immédiatement tout le parti qu'il pouvait en tirer. Car, même si le navire était de modeste tonnage, donc trop petit pour transporter efficacement des produits à faible densité et gros encombrement, comme le fourrage, il pouvait en revanche être d'une grande utilité pour livrer l'orge, le blé ou le maïs en un temps record. Le fait d'être doté d'une chaudière lui permettrait, surtout pour revenir du nord, de gagner de nombreux jours.

En effet, autant il était simple pour un voilier partant de Concepción ou de Valparaíso de filer à pleine allure vers Antofagasta ou Arica, grâce aux vents favorables et au courant de Humboldt, autant le retour était souvent difficile et lent car les atouts qui avaient favorisé l'aller devenaient des handicaps.

Ce fut donc de très bon cœur qu'Antoine et Pauline invitèrent à dîner à *La Maison de France* les associés de la Sofranco pour fêter l'acquisition du bateau et surtout son nouveau baptême. Car si, à l'en croire — mais personne ne le croyait —, Herbert assurait sans rire ne pas savoir comment il allait financièrement s'en sortir, il proclamait avec la même véhémence que le nom du yacht lui était une insulte personnelle et qu'il importait d'en changer au plus tôt!

— Moi, je trouve pourtant que la *Rabona* est un très joli nom! ironisa Martial à la fin du repas.

— C'est vrai ça, approuva Romain, chacun sait que les *rabonas* sont d'adorables petites femmes, charmantes, racées, distinguées, pleines de délicatesse et d'attention...

— Et d'une douceur! renchérit Edmond en massant doucement la longue cicatrice qui ornait sa cuisse droite.

— Moi, intervint Antoine, je n'ai pas d'idée pour le nom; ce qui m'importe, c'est de savoir quand je vais pouvoir disposer de ce bateau.

Il nota qu'Herbert et les autres regardaient discrètement en direction de Pauline et comprit que, selon leur habitude, ils ne voulaient pas discuter métier devant elle.

— Que se passe-t-il? dit-il. Il y a un problème? N'hésitez pas : Pauline s'occupe des affaires autant que moi, sinon plus! Et puis il ne s'agit pas d'affaires!

— Si, expliqua Martial, il y a un petit problème...

— Écoutez, intervint Pauline, j'apprécie votre délicatesse, mais parlez sans hésiter, ça ne me dérange pas du tout.

— Alors? insista Antoine. Moi, j'annonce la couleur, je vais avoir du blé, du maïs et surtout de l'orge à expédier de Concepción à Ilo, oui, au Pérou; et pas quelques sacs, croyez-moi, des tonnes et des tonnes!

— Excellent! dit Herbert, mais quand?

— Dès qu'on attaquera les battages, ce qui nous met les premières livraisons d'ici à trois semaines.

— Le navire ne sera pas disponible à ce moment-là, dit Herbert.

Pauline s'aperçut qu'il semblait vraiment gêné par sa présence et qu'il hésitait à s'expliquer.

— Bien, dit-elle en se levant et en souriant. Allons, c'est fête, je vous laisse... disons dix petites minutes pour régler votre histoire. Le temps de voir si les enfants dorment et de revenir avec le champagne. Dix minutes, pas plus! lança-t-elle en quittant la pièce.

— Alors quoi? Que se passe-t-il? demanda aussitôt Antoine.

— Rien de grave, assura Herbert, au contraire. Mais avant de transporter des céréales, le navire doit aller chercher des armes. J'ai personnellement négocié cette affaire et je tiens à ce qu'elle se fasse au plus tôt. C'est une très belle occasion : quatre mille cinq cents winchesters et Springfield, plus les munitions naturellement, à aller chercher à Panamá et à livrer aux troupes chiliennes le plus vite possible.

— Alors ça vous tient toujours? plaisanta Antoine. Moi, je croyais que c'était une idée en l'air, juste pour appâter Pedro de Morales!

— Ce n'était pas le cas, assura Herbert, oui, j'ai vite compris que l'argument méritait d'être sérieusement étudié. Alors voilà, le navire ne sera pas disponible avant plusieurs semaines; ensuite, c'est entendu pour vos transports.

— Très bien, dit Antoine, mais qui va aller chercher les armes?

— Romain et moi, dit Martial. Enfin, surtout Romain, car moi je veux rester quelque temps à Panamá. On parle de plus en plus d'ouvrir le canal et je crois qu'il y aura beaucoup à fournir là-haut. Alors, je veux voir...

— On prétend que ça va occuper des dizaines de milliers d'ouvriers, expliqua Edmond. Ça mérite qu'on y pense...

— Effectivement, reconnut Antoine, ça fait un joli marché pour les pioches et les pelles! Je devrais peut-être y monter avec Joaquin et la carriole! Bon, dit-il en riant, je peux appeler Pauline maintenant? On oublie les affaires un moment?

— Entendu, dit Herbert, on parlera plus tard des peaux...

— Quelles peaux?

— La Sofranco a pris une participation majoritaire dans l'affaire d'exportation de cuirs et peaux de M. Archibald Percival. Je vous expliquerai.

— Je croyais que vous manquiez de capitaux! s'étonna Antoine.

— Oui, mais pas au point de baisser les bras! Et

maintenant, vous avez raison, oublions les affaires et cherchons un nom pour ce sacré rafiot!

Ce fut après plusieurs coupes de champagne et l'élimination de sobriquets aussi fantaisistes que peu sérieux, comme le *Bas l'eau* ou le *Bel Herbert*, que proposait Edmond très pince-sans-rire, qu'ils en arrivèrent enfin à chercher sérieusement des noms.

— Tout bien pesé, ce n'est pas facile, reconnut Edmond, et on pourrait peut-être garder la *Rabona*...

— Pas question! grinça Herbert.

— Alors, pourquoi pas... Je ne sais pas, moi, dit Antoine qui pensait à sa Corrèze natale, le *Turenne*, le *Gaillard*, le *Limousin*!

— Et pourquoi pas le *Paris* ou le *France*? proposa Pauline. Ou alors tout simplement le *Damien*, en souvenir du padre...

— Pas mal, reconnut Martial. Cela dit, reprit-il en se souvenant de son ancien métier de courtier en vin, on pourrait le baptiser *Saint-Émilion* ou *Meursault*, histoire de prouver aux Chiliens que nos vins traversent très bien les océans!

— Et le *Royal*? Ou le *Reine Victoria*? dit Herbert qui tenait à rappeler que la Sofranco, comme son nom l'indiquait, était aussi anglaise que française.

— Vous ferez ce que vous voudrez, dit Romain, mais je trouve que l'idée de prénom féminin est bonne. Il regarda Antoine, puis Pauline et ajouta : Et si vous le permettiez, je trouve que *Pauline* serait un très beau nom de navire...

— Excellent! approuvèrent les hommes qui, déjà, levaient leur verre à la santé de la jeune femme.

— Non, dit-elle alors en posant la main sur celle d'Antoine, je vous remercie, je vous remercie tous, je suis très touchée. Mais je ne veux pas accepter. En revanche, si vous voulez me faire plaisir, et si vous voulez vraiment un prénom féminin, eh bien, ce bateau, nous allons l'appeler le *Rosemonde*, si toutefois Martial est d'accord. Elle vit qu'il approuvait d'un sourire et poursuivit : Comme ça, Rosemonde sera un petit peu avec nous, comme dans le temps. Et puis, je suis certaine que ça lui fera grand plaisir lorsque nous le lui annoncerons.

## 15

Pour rejoindre Panamá, Romain et Martial n'avaient pas prévu de faire escale à Callao. D'abord, parce qu'ils se méfiaient un peu des autorités portuaires péruviennes. On les disait tatillonnes, fureteuses et souvent même gourmandes, n'hésitant point, par exemple, à réclamer quelques solides pourboires en échange d'un coin de quai. Ensuite, parce qu'étant pressés d'aller chercher les armes, ils avaient fait le plein de charbon à Pisagua, espérant ainsi éviter toute escale au Pérou, donc toute perte de temps.

Aussi, même si Romain n'avait pas caché à Martial qu'il aurait grand plaisir à revoir son amie Clorinda Santos à Lima, ce fut sans enthousiasme qu'ils se virent contraints de mettre le cap sur Callao.

Au dire du capitaine Fidelicio Pizocoma, qui semblait compétent et qui connaissait bien le navire — il le commandait sous l'ancien propriétaire et avait accepté de travailler pour la Sofranco —, ce n'était pas que la panne fût très grave. Néanmoins, il importait de ressouder, dans les meilleurs délais, la grosse tubulure d'où fusait un méchant jet de vapeur dès qu'on augmentait la pression.

— Et vous pensez que la réparation prendra beaucoup de temps? demanda Martial en mâchouillant nerveusement son cigare.

— Bah, ça dépendra de l'humeur des chaudronniers...

— Vous les connaissez? insista Martial.

— Disons que je connais bien ce port, oui, assura le capitaine.

— Alors débrouillez-vous et faites en sorte qu'on ne traîne pas!

— On essaiera..., promit le capitaine.

Mais il n'avait pas l'air du tout convaincu et c'est donc d'assez mauvaise humeur que Martial débarqua. Il devint vraiment furieux lorsqu'il apprit, une heure plus tard, qu'il ne fallait pas compter reprendre la mer avant au moins trois jours, et encore à condition de faire vite...

— Venez, dit Romain en l'entraînant, inutile d'attendre ici. Ce port est franchement répugnant et tous les hôtels sont minables. Filons sur Lima; là au moins, je vous promets quelque chose de bien. Ça nous consolera!

— Attendez, dit Martial qui ne s'avouait pas si facilement vaincu.

Il rejoignit le capitaine Pizocoma qui discutait avec quelques hommes du port et l'attira à l'écart :

— Écoutez bien, dit-il, j'ai l'impression que vous m'avez mal compris, tout à l'heure. Voilà : nous sommes très pressés; alors, prévenez les mécaniciens qu'il y aura une bonne prime pour eux si nous pouvons repartir dès demain. Et, si vous réussissez à les convaincre, il y aura aussi quelque chose pour vous...

— Une prime? Ah bon!... Alors ça doit pouvoir se faire, dit le capitaine.

Et parce qu'il semblait soudain prêt à remuer ciel et terre, Martial comprit qu'il aurait dû commencer par là.

— Faudra l'avoir à l'œil, ce salaud! dit-il en rejoignant Romain. Je ne suis pas du tout certain qu'on ait fait une bonne affaire en lui laissant le commandement. Mais il aura intérêt à comprendre que ce rafiot ne s'appelle plus la *Rabona*!

Romain n'eut même pas besoin d'atteindre le cœur de Lima pour noter à quel point la ville avait changé. Sans savoir encore pourquoi, il s'y sentait mal à l'aise. Et ce n'était pas l'épaisse et pestilentielle *garúa* qui nimbait la capitale qui lui inspirait ce désagréable sentiment ; du brouillard sur Lima, c'était habituel dès que l'automne arrivait. Ce n'était pas non plus les marchands et les mendiants qui jacassaient sur les trottoirs : ils étaient semblables à eux-mêmes, à croire qu'ils n'avaient pas changé de place depuis qu'il avait quitté la ville, début décembre.

Déjà, à cette époque, il avait noté que la cité semblait ne plus vivre de la même joyeuse façon qu'avant, un peu comme si elle retenait sa respiration dans l'attente d'événements graves. Et maintenant, on la devinait dans l'inquiétude, dans l'angoisse, presque.

C'est en arrivant à son hôtel habituel, place San Martín, qu'il commença à mieux percevoir les changements intervenus. Il fut d'abord étonné de ne pas revoir tous les garçons et maîtres d'hôtel qu'il connaissait. Beaucoup manquaient, remplacés par quelques vieux *cholos* que l'on devinait plus aptes à ramasser les courges ou le maïs qu'à découper un poulet.

De plus, l'établissement, si propre d'habitude, au carrelage luisant, aux glaces et aux vitres étincelantes, paraissait mal entretenu, presque sale.

— Et alors ? Que se passe-t-il ici ? lança-t-il en apercevant enfin un des gérants qu'il connaissait bien.

— Ah, monsieur, c'est la guerre ! fit l'homme en écartant les bras en un geste fataliste. La guerre, oui... Beaucoup d'hommes ont dû y partir.

— D'accord, dit Romain, mais nous venons d'un pays qui est lui aussi en guerre et on n'y ressent pas du tout ce climat, alors ?

— Nous avons eu aussi des petits problèmes..., éluda l'homme. Oui, il a fallu changer de gouvernement...

— Je sais, dit Romain, vous avez remplacé Prado par Piérola. Je ne garantirai pas que vous ayez gagné au change, mais j'ai l'impression que, selon vos habitudes, vous n'avez pas fait ça dans la douceur! Bon, fais-moi préparer deux belles chambres. Et, ce soir, nous serons sans doute trois à dîner. Oui, dit-il en se tournant vers Martial, j'espère que mon amie est libre et que sa présence ne vous dérangera pas.

— Pas le moins du monde, au contraire!

— Alors, vous allez m'excuser, je vais m'absenter un peu, le temps d'aller chez elle. En attendant, dit-il au gérant, occupez-vous de ce monsieur encore mieux que s'il s'agissait de moi!

Ce fut lorsque la calèche qui le conduisait chez Clorinda Santos déboucha sur la place d'Armes que Romain comprit. Ici, il était manifeste que les « petits problèmes » dont lui avait parlé le gérant étaient loin d'être réglés. En effet, massée entre la cathédrale et le palais des Vice-Rois que défendait la troupe, grondait une mouvante foule.

Elle n'était pas en contact direct avec les soldats et semblait vouloir encore respecter les quelques mètres qui la séparaient des baïonnettes. Mais les hommes et les femmes qui la constituaient criaient en tendant les poings, hurlaient leur colère, lançaient des menaces et des insultes, comme pour s'encourager mutuellement et s'exciter avant de bondir.

— Qu'est-ce que tu attends pour filer de là, espèce d'andouille! lança Romain au cocher.

— On peut pas, dit l'homme en haussant les épaules. Ils bouchent la rue où nous devons passer.

— Bon Dieu, je le vois bien, mais ce n'est pas une raison pour rester là!

Il se sentait très mal à l'aise au sein de cette grouillante horde qui, insidieusement, mais très rapidement, se refermait maintenant autour de la calèche. Il tenta de se rassurer en se disant que, pour le moment, nul ne le regardait avec animosité, pas même avec colère. Tout au plus lisait-il dans les regards qui se posaient sur lui une espèce de curiosité et d'étonnement, comme si tous ceux qui l'entouraient se demandaient pourquoi il était là, au milieu d'eux.

Mais il savait que tout risquait d'évoluer d'une seconde à l'autre et que ces hommes et ces femmes, dont certains venaient de lui sourire, pouvaient subitement se transformer en bêtes furieuses que rien n'arrêterait. Il comprit qu'il devait fuir avant que ne s'opère cette métamorphose.

— Essaie de reculer! gronda-t-il à l'adresse du cocher.

— On peut pas, dit l'homme. Maintenant, ils sont partout...

En effet, débouchant de la moindre ruelle et s'amalgamant aussitôt, arrivaient des centaines de manifestants.

— Bon Dieu de bon Dieu! grommela Romain, il faut absolument filer d'ici avant que ça tourne mal!

— Faut pas avoir peur, dit le cocher, ils disent juste qu'il faut égorger tous les Chiliens, faut pas avoir peur...

Mais sa voix était si tremblante et son visage tellement gris et décomposé par la frayeur que Romain faillit éclater de rire, malgré les circonstances.

— C'est ça, t'as raison, approuva-t-il, faut pas avoir peur!

« Ou plutôt, songea-t-il, il ne faut pas que ces braillards se rendent compte que j'ai peur... »

— Bon, décida-t-il en glissant discrètement une pièce au cocher. Chacun pour soi; moi, je m'en vais!

Il sauta à terre et commença à se frayer un passage dans la foule.

Il sut très vite que son choix était bon, car, avec ses vêtements fripés par plusieurs jours de navigation et sa barbe négligée, il se noyait très bien dans la cohorte déguenillée et sale; il s'y fondait, devenait anonyme.

Mais il n'était pas facile de progresser à contre-courant de toute cette masse hurlante qui marchait vers le palais; pas facile de s'ouvrir un chemin au milieu de tous ces gens qui avançaient coude à coude, en un bloc sans faille, épais, soudé.

Malgré tout, même s'il se sentit plusieurs fois violemment bousculé et presque entraîné de force dans une direction opposée à celle qu'il avait choisie, il parvint enfin à quitter la place d'Armes.

Épuisé par l'effort qu'il avait dû fournir, il s'appuya contre un immeuble pour reprendre son souffle.

C'est en palpant ses poches pour y prendre son mouchoir, afin d'essuyer la sueur noirâtre et grasse de poussière qui ruisselait sur son visage et dans son cou, qu'il s'aperçut que ses poches étaient vides. Cœur battant, il fouilla ses vêtements et jura sourdement en constatant que sa bourse, sa montre et son étui à cigares avaient disparu.

— Ah, les maudits chiens! Les enfants de salauds! grogna-t-il. Je m'en souviendrai!

Il était plus vexé que vraiment ennuyé, car la bourse ne contenait que quelques dizaines de pesos – il gardait tous ses papiers et son argent dans sa ceinture, qui elle était intacte; quant à la montre et à l'étui, ce n'étaient pas des objets de grande valeur. Malgré cela, il se sentait humilié d'avoir été dépouillé.

« Il est vrai, pensa-t-il pour se consoler, que j'aurais très bien pu me faire trancher la gorge, alors... N'empêche, ce pays est devenu vraiment malsain. »

Il lui fallut moins de dix minutes pour que cette opinion se trouvât de nouveau concrètement étayée. En effet, le quartier qu'il traversait maintenant avait manifestement subi lui aussi le déferlement d'une foule en colère; ce n'était pas récent, mais les traces étaient encore bien visibles.

Ici, malgré les grilles ou les balcons de bois ajouré qui les protégeaient, c'étaient les vitraux des maisons riches qui étaient brisés. Là, c'étaient les lourdes portes cochères, fermées au moment des événements, qui portaient encore les traces des coups de machette et de hache. Là, c'était un ravissant petit jardin public aux plates-bandes saccagées, aux arbustes brisés, aux fleurs piétinées. Et partout, c'étaient surtout les regards soupçonneux qui le scrutaient et qu'il devinait derrière les fenêtres.

La grande et belle maison coloniale de Clorinda Santos n'était pas indemne non plus. Il nota que ses murs bleu et blanc étaient maculés de taches et comprit qu'ils avaient dû être bombardés par une volée de fruits pourris, d'immondices diverses. Et, là aussi, au premier étage, quelques feuilles de carton obstruaient maintenant les trous que les jets de pierres avaient ouverts dans les vitraux.

Il heurta violemment et longuement le lourd marteau qui ornait le centre de la grosse porte cochère cloutée. Puis il vit, derrière la minuscule grille du judas, un œil interrogateur qui le scrutait.

— Allons, grogna-t-il, dépêche-toi d'ouvrir! Et, comme nul bruit de serrure et de chaîne ne répondait à son ordre, il ajouta : Va dire à la señora Santos que le señor Romain Deslieux est là et qu'il veut la voir. Et dépêche-toi, bon sang de bois!

— La señora, elle est pas là..., annonça la voix de femme qui filtrait à travers la porte.

— Comment ça, elle est pas là! Où est-elle alors?

— Elle est partie...

— Bon Dieu! Explique-toi! Elle est partie où, et quand?

— La señora, elle est à sa maison de Trujillo. Ça fait un mois, maintenant...

— Et elle rentrera quand?

— Ah, je sais pas...

— Et merde! lâcha-t-il. Bon, tu lui diras que le señor Romain Deslieux est passé, tu entends? Tu feras la commission.

Il attendit en vain la réponse, haussa les épaules et rentra à pied à l'hôtel.

Prudent, il évita soigneusement les abords de la Plaza de Arma et louvoya chaque fois qu'il aperçut un attroupement de plus de dix personnes.

Parce qu'il se sentait en partie déchargé de son travail au sein de la Sofranco, grâce à la collaboration de Romain, Antoine consacrait désormais la majeure partie de son temps à Tierra Caliente. Et il en était heureux.

Ce n'était d'ailleurs un secret pour personne qu'il était beaucoup plus à l'aise dans la gestion de l'hacienda que dans les affaires industrielles dont se régalaient ses amis. Même s'il ne la partageait pas entièrement, il comprenait très bien la passion dont ses associés étaient animés. Cette passion qui, après leur avoir permis de conquérir d'importants contrats commerciaux dans tout le pays, les poussait maintenant vers d'autres conquêtes. Aussi n'avait-il point été surpris que Martial fût, par exemple, tout émoustillé à l'idée d'étendre les activités de la Sofranco jusqu'à Panamá.

— Et après, tu verras, il ira encore plus loin s'il le faut, avait-il dit à Pauline lorsqu'ils avaient reparlé ensemble de ce projet. D'ailleurs, avait-il ajouté en riant, je suis sûr que, s'il était certain de réussir quelque affaire sur la lune, il n'aurait de cesse de faire construire une montgolfière pour y grimper!

— Ça te va bien de te moquer! avait souri Pauline. Tu es aussi passionné que lui, mais, toi, c'est pour la terre et pour l'hacienda de M. de Morales! C'est bien simple, tu y passes tout ton temps!

C'était en partie vrai; mais il y avait tellement à faire, à superviser! Tellement de chantiers à mettre en œuvre, de conseils à donner, d'ordres à faire exécuter!

Ainsi, depuis quinze jours, consacrait-il toutes ses journées à la surveillance des chantiers de battage. C'était encore plus astreignant et difficile que le pressage du fourrage, car les péons avaient beaucoup plus peur des batteuses que des presses à luzerne.

Il est vrai que, une fois de plus, tout avait très mal commencé, et dès le premier jour, quelques minutes seulement après qu'Antoine eut donné l'ordre aux chefs d'équipe de faire ronfler les engins.

C'étaient d'énormes batteuses à vapeur, car, en total accord avec Pedro de Morales, Antoine avait équipé l'hacienda avec ce qui existait de plus moderne, de plus efficace. Aussi, au lieu de choisir des machines à battre à traction animale qui fonctionnaient aux pas lents d'un attelage entraînant sa rotation, avait-il fait venir de grosses batteuses mues par la vapeur. Mais elles avaient tout de suite effrayé la majorité des péons, car elles levaient une abominable et urticante poussière et produisaient surtout un épouvantable vacarme.

De plus, la malchance s'en était mêlée, car, dans les premières minutes de travail et alors qu'il avait déjà été bien difficile de regrouper les hommes autour des machines, l'une d'elles, qui vrombissait à plein régime, avait happé le bras droit de deux Indiens chargés de l'approvisionner en gerbes.

Les hurlements des victimes et surtout les grosses bribes de chair sanguinolente projetées alentour par les fléaux d'acier avaient jeté la terreur parmi les travailleurs. C'est en criant comme des bêtes qu'ils s'étaient enfuis, abandonnant leurs deux camarades qui, en gémissant, contemplaient stupidement les gros jets de sang qui, par saccades, jaillissaient de leur membre haché.

La rapide intervention d'un des rares chefs d'équipe

qui n'avaient pas pris la fuite et de Joaquin, heureusement présent sur le chantier, avait permis de sauver les hommes, du moins provisoirement.

Lorsqu'il était enfin arrivé, quelques minutes plus tard, Antoine avait grimacé de dégoût en voyant de quelle façon avait été stoppée la terrible hémorragie qui vidait les deux blessés. Et il avait failli insulter Joaquin et le chef d'équipe tant le procédé était barbare, inhumain.

Puis il avait vu la taille des moignons, compris qu'il était impossible de poser un garrot efficace sur des bras tranchés jusqu'à l'épaule et admis que la technique employée était la bonne, même si elle était atroce.

En effet, seulement guidés par l'instinct, Joaquin et le chef d'équipe s'étaient précipités vers la grosse chaudière à vapeur. Là, ouvrant le foyer, ils avaient chacun saisi, à bout de pinces, un énorme morceau de charbon. Puis ils avaient couru vers les blessés et, pendant que le chef d'équipe les immobilisait, l'un après l'autre, Joaquin avait appliqué le bloc incandescent sur les chairs broyées.

A l'arrivée d'Antoine, l'odeur de viande cautérisée flottait encore. Mais le plus stupéfiant était que les accidentés, loin d'être évanouis, réclamaient maintenant, histoire de se remettre, une solide rasade d'aguardiente. L'un et l'autre avaient perdu le bras droit, celui avec lequel ils avaient trop profondément enfourné une gerbe de blé dans la gueule de la batteuse.

L'ennui, c'est qu'ils n'avaient pas voulu reconnaître leur imprudence et admettre qu'ils n'avaient pas gardé leur main assez loin des fléaux. Aussi, au lieu de dire à leurs camarades — revenus en curieux voir en quel état ils étaient — qu'il fallait se tenir à une prudente distance du rotor, avaient-ils proclamé que la batteuse les avait inexorablement attirés, happés, dévorés.

Ils avaient aussi assuré que rien ni personne ne pouvait résister à une aussi pernicieuse et diabolique machine. Ils avaient surtout dit qu'il fallait être complètement fou pour vouloir battre le blé avec cette assassine et bruyante caisse alors qu'il était si simple, et beaucoup moins dangereux, de pratiquer la même opération avec les bons vieux fléaux de bois, voire, et c'était encore moins pénible, d'en revenir au foulage effectué par quelques mules!

Et parce que leurs moignons carbonisés, d'où suintait une gluante lymphe, étaient très convaincants, aucun des péons n'avait voulu reprendre le travail.

Bien pis, malgré les promesses, puis les menaces et même les bourrades généreusement distribuées par quelques chefs d'équipe, tous les ouvriers avaient rejoint leurs cases. Et, ce matin-là, rien n'avait pu les décider à s'approcher des batteuses.

Pour la première fois, Antoine s'était alors demandé s'il n'allait pas devoir faire fouetter quelques récalcitrants, à titre d'exemple. Il était en effet impossible de laisser croire aux péons qu'ils pouvaient ainsi, à leur guise, refuser de travailler sous prétexte qu'ils avaient peur des machines.

Mais parce qu'il n'était pas du tout persuadé que la manière forte fût la plus efficace, il avait tenté de convaincre les hommes par d'autres moyens. Aussi, le jour même de l'accident, dès le début de l'après-midi, avait-il exigé que tous ceux qui devaient travailler aux battages se regroupent sur les chantiers.

Il n'avait pas été facile de les faire revenir et Antoine, qui ne pouvait tolérer nulle défection, avait fermé les yeux sur la façon assez virile qu'avaient dû employer les chefs d'équipe pour rassembler tout le monde. Cette opération rondement menée — sans coups de fouet, mais avec distribution de quelques horions sur les crânes les plus butés —, Antoine avait recommencé la leçon, expliquant comment il fallait se servir de la machine et surtout ce qu'il importait de ne pas faire si l'on voulait conserver ses deux bras intacts.

Ensuite, aidé par Joaquin et par une demi-douzaine de chefs d'équipe — il leur avait discrètement promis une solide prime —, il avait remis une batteuse en marche et apporté ainsi la preuve qu'elle n'était méchante que pour les imbéciles. Quant aux autres, les malins et les courageux, non seulement ils ne risquaient rien mais, bien au contraire, pouvaient gagner quelques centavos de plus par jour, si toutefois ils se remettaient immédiatement au travail.

Un certain nombre de métis et d'Indiens étaient restés parfaitement imperméables à ce genre d'argument, car, assuraient-ils, une ou deux piécettes supplémentaires ne remplaceraient jamais tous les doigts et les bras que les machines allaient certainement encore dévorer!

Antoine avait réussi à les faire taire avant qu'ils ne parviennent à convaincre tous leurs camarades. Puis il les avait aussitôt expédiés à l'autre bout de l'hacienda avec ordre de désoucher une des terres les plus chargées en *espinos*. De plus, il leur avait rigoureusement interdit de revenir dans leurs pueblos avant la fin des battages.

Ils étaient partis ravis, assurés de ne point figurer parmi les prochaines victimes des diaboliques engins. Les autres avaient repris place autour des machines et, devenus très prudents, en usaient maintenant au mieux.

Cela n'empêchait pas Antoine de consacrer une grande partie de son temps à courir de chantier en chantier, autant pour en surveiller le rendement que la sécurité. Il ne devait plus y avoir le moindre accident, car alors, il le savait, rien ne parviendrait à remettre les hommes au travail.

En effet, un des métis blessés était mort de gangrène deux jours après le drame et l'annonce de son décès avait bien failli tout remettre en question. Or il était urgent d'expédier vers le nord toutes les céréales attendues par l'armée.

Heureusement, Antoine n'avait pas que des ennuis à surmonter et, autant les battages lui donnaient des soucis, autant les vendanges lui apportaient des satisfactions.

Elles étaient superbes et abondantes et se déroulaient dans les meilleures conditions possible.

Depuis plus de huit jours, les troupes de vendangeurs s'étaient attaquées aux vignes dites « françaises ». Elles étaient plus précoces d'au moins trois semaines sur les vignes chiliennes.

Très belles et prometteuses, elles n'avaient qu'un défaut; il avait fait hurler Martial lorsque, juste avant son départ pour Panamá, il était venu en consultation à Tierra Caliente à la demande d'Antoine. Ce dernier s'y connaissait assez mal en viticulture et, soucieux de bien faire, avait demandé conseil à son ami.

— Qu'est-ce que tu veux que je te dise! avait grogné Martial en arpentant les immenses vignobles. Je ne sais pas quelle est la sinistre andouille qui a planté cette vigne française, mais il aurait mieux fait de se casser une jambe, ce jour-là.

— C'est sûrement le père de M. de Morales, car elle n'est pas jeune. Mais pourquoi dis-tu ça?

— Parce qu'on n'a pas idée de mélanger ainsi les cépages dans les mêmes rangées! Regarde! Non, mais regarde! Il y a de tout là-dedans : du Pinot, du Gamay, du Cabernet, du Le Cot-Rouge, du Sémillon blanc, et même de la Folleblanche, sans oublier le Médoc, naturellement, et tout ça en vrac! Pas étonnant que les Chiliens aient le culot de baptiser leurs vins Bordeaux ou Bourgogne, au choix du consommateur!

— Alors, quel est le remède?

— Si tu veux faire quelque chose de bien, tu veilleras à ce que les vendangeurs ne ramassent pas tout en même temps; il faut cueillir au fur et à mesure de la maturité des plants et, crois-moi, c'est loin d'être la même! Si tu réussis ça, ce sera déjà un net progrès, et ton patron s'en apercevra vite, sauf s'il manque totalement de goût!

— Et pour les vignes chiliennes?

— Là, c'est pas mon rayon. Je crois savoir qu'elles sont plantées en... Attends, comment les appellent-ils?

— La *uva de gallo*..., avait soufflé Joaquin.

— C'est ça, le raisin du coq! Et les autres, là? avait insisté Martial.

— La *uva de San Francisco* et aussi la *Negra común*, avait expliqué Joaquin.

— Exactement! Le raisin de saint François et le noir commun. C'est avec ça qu'ils fabriquent leur *chacolí* et leur *mosto*. Enfin, je crois. De toute façon, regarde-les : elles sont beaucoup moins précoces, rien ne presse pour les vendanges. Mais, si tu veux mon avis et si tu dois faire d'autres plantations, veille à ne pas bêtement mélanger les cépages.

Ce conseil n'était pas tombé dans l'oreille d'un sourd, car, de fait, Antoine avait prévu d'étendre considérablement les vignes. Il en avait parlé à Pedro de Morales qui était tout à fait d'accord et qui lui avait laissé carte blanche.

Le seul problème résidait dans le fait qu'il n'était plus possible d'acheter des cépages dans le Bordelais ou la Bourgogne. Depuis maintenant cinq ans, avec le début du phylloxéra en France, le gouvernement chilien avait rigoureusement interdit toute importation de ceps.

— Ce n'est pas grave, avait assuré Martial. Avec tous les vignobles en place sur l'hacienda, il y a largement de quoi obtenir tous les plants que tu désires. On les choisira ensemble quand il faudra.

Antoine y comptait bien et, en attendant, tout en surveillant les vendanges, le pressage, la mise en cuve et la fermentation, il organisait le défrichage de coteaux bien ensoleillés qu'il voulait couvrir de vignes dès la prochaine saison.

Ce fut après l'entrée du *Rosemonde* dans le golfe de Panamá que Martial ressentit l'attaque de la fièvre.

Jusqu'à ce jour, la deuxième partie du voyage s'était passée sans problème. Après une soirée plutôt sinistre à l'hôtel San Martín, au cours de laquelle Martial et Romain avaient tour à tour remâché la panne du navire, les événements de la journée et surtout l'absence de Clorinda Santos, les deux hommes s'étaient présentés, tôt le matin, sur les quais de Callao.

A leur étonnement, les mécaniciens étaient déjà à l'ouvrage, vivement encouragés par le capitaine Pizocoma.

— Je leur ai dit que vous étiez très généreux, alors ça ira..., avait-il assuré à Martial.

Et, de fait, le navire avait pu lever l'ancre dans le courant de l'après-midi pour filer à toute vapeur en direction de Panamá.

Le sévère coup de tabac subi aux environs de l'équateur n'avait même pas ralenti sa marche. Tout au plus avait-il contraint Martial et Romain à rentrer dans leur cabine. Il y faisait une épouvantable et moite chaleur, mais, là au moins, on ne risquait pas d'être emporté par un paquet de mer.

Ce jour-là, Martial avait ressenti un cuisant mal de tête, mais il l'avait attribué à l'air confiné et bouillant de la cabine et aussi aux creux impressionnants dans lesquels plongeait et bondissait le *Rosemonde*. Le calme revenu, il avait oublié son malaise.

Et maintenant, alors que la mer était d'huile et que se dessinaient en demi-cercle devant l'étrave les côtes de Colombie, il se sentait faiblir.

Accoudé au bastingage à côté de Romain, il vit soudain la ligne d'horizon qui ondulait désagréablement devant ses yeux. Dans le même temps, et alors qu'une sueur froide ruisselait sur tout son corps, il se sentit agité par un incoercible et violent tremblement.

— Faudrait m'aider..., balbutia-t-il en tendant une main hésitante vers Romain.

— Bon Dieu! Qu'est-ce qui vous arrive? dit celui-ci en le soutenant.

— Sais pas..., souffla Martial en agitant la tête. Faut... faut que je me repose...

Il essaya de faire un pas, mais trébucha contre un cordage et roula sur le pont.

— Hé, toi, viens m'aider! lança Romain à l'adresse d'un matelot qui, à tribord, recousait une voile.

Mais, déjà, témoin lui aussi de la scène, le capitaine accourait.

— Qu'est-ce qu'il a? demanda-t-il en se penchant vers Martial.

Et il fit une grimace en voyant qu'il s'était ouvert le crâne dans sa chute et qu'il saignait abondamment.

— Il faut le transporter dans la cabine, décida Romain.

Ils l'installèrent sur sa couchette et Romain tenta aussitôt d'arrêter le flot de sang qui ruisselait de la plaie ouverte dans le cuir chevelu.

— Au lieu de rester là à regarder sans rien faire, lança-t-il au capitaine, allez plutôt chercher la pharmacie!... Et alors, qu'est-ce qui vous a pris? demanda-t-il en voyant que Martial venait de reprendre connaissance.

Il l'observa, nota son teint cireux et les tremblements qui l'agitaient toujours

— Ah, dit-il, je vois : je parie que vous avez un coup de malaria, ça m'arrive aussi, parfois.

— Mais... J'en ai jamais eu..., murmura Martial.

— Faut un commencement à tout!... Il a une crise de malaria, expliqua-t-il au capitaine qui venait de revenir avec un petit coffret de cuir. Vous avez de la quinine?

— De la quoi?... Ah oui, j'en ai entendu parler. Non,

je n'en ai pas, assura l'homme après avoir réfléchi. J'en ai pas, de votre médicament; mais j'ai de l'écorce de quinquina, tant que vous en voulez. Moi, c'est avec ça que je me soigne. En décoction dans un grand verre de *pisco* mélangé à un demi-litre de vin chaud, c'est très efficace!

— Alors qu'est-ce que vous attendez pour aller en préparer?

— J'y vais, grommela le capitaine qui, manifestement, n'aimait pas recevoir d'ordre.

Il revint néanmoins peu après avec un grand bol plein d'une brûlante potion.

La fièvre qui secouait Martial diminua un peu dans la soirée, mais elle le laissa dans un état de faiblesse tel qu'il lui fut impossible de quitter sa couchette pour voir le *Rosemonde* entrer dans le port de Panamá.

## 16

Cette neige était vraiment étrange. Elle chutait depuis des heures en énormes flocons, qui, au lieu de s'étaler en épaisse couche sur les pavés mouillés et luisants de la rue des Trois-Conils — celle qui va de la rue Sainte-Catherine à la rue des Remparts —, rebondissaient en touchant le sol et repartaient vers le ciel. Un ciel rouge comme un brasier.

Parfois aussi les flocons devenaient noirs, ou verts. Plutôt verts, d'ailleurs. Et ils sifflaient en dégringolant. Et puis surtout, ce qui faisait vraiment l'étrangeté de cette neige — car, dans le fond, il était tout à fait logique qu'elle rebondisse en touchant le sol —, c'était qu'elle dégageait une épouvantable moiteur.

A cause d'elle, la chaleur était devenue absolument insoutenable, presque aussi insupportable que ces myriades de mouches qui bourdonnaient maintenant dans le ciel écarlate.

Car ce n'étaient pas les flocons qui étaient verts, mais les mouches. Et elles ronflaient comme des milliers de totons en dégageant la plus abominable odeur qui soit. Un mélange de vase, de poissons crevés, de débris pourris, de guano.

Mais le pire, c'était cette touffeur qu'elles brassaient en voletant autour de Rosemonde. Par chance, bien qu'elle fût nue (c'était un peu surprenant qu'elle se promenât ainsi dans la rue, mais enfin pas tellement, car il faisait vraiment trop chaud), et par moments, entièrement recouverte par les mouches, elle ne prêtait aucune attention aux mouettes qui se posaient sur elle.

En effet, ce n'étaient pas des mouches qui tournoyaient en criant, mais des oiseaux, des nuées d'oiseaux de mer. Peut-être pas exactement des mouettes, d'ailleurs, plutôt des frégates ou des albatros.

L'un d'eux — un gros goéland argenté qui dégageait une chaleur insensée — était même en train de picorer doucement le ventre et les seins de Rosemonde. Comme ça, à petits coups de bec câlins; et il avait l'air d'aimer ça, ce bougre!

Rosemonde aussi, d'ailleurs, qui se trémoussait en haletant. Et même Armandine riait aux larmes — des larmes qui fumaient en tombant au sol —, elle riait aux éclats en regardant sa mère qui jouait avec les mouches.

Et maintenant, Rosemonde les chassait de la main, les écrasait même sur la tête de l'enfant, sur les cheveux blonds de la petite fille qui sanglotait soudain, assise seule sur le banc rouge qui se dresse en plein milieu de la place des Quinconces.

Et Armandine pleurait de plus en plus fort car, sous elle, le banc rouge s'était mis à flamber, tellement il faisait chaud.

Alors Martial hurla et courut vers elle.

— Doucement, l'ami, doucement, fit Romain en l'empêchant de quitter sa couchette. C'est rien, c'est fini.

Depuis minuit, heure à laquelle Martial avait de nouveau été terrassé par la fièvre, Romain le veillait. Souvent, il lui essuyait le front d'où ruisselaient d'énormes et aigres gouttes de sueur; puis il lui humectait le visage d'un mouchoir trempé dans l'eau, une eau tiédasse.

Dans la minuscule cabine du *Rosemonde*, malgré la porte et le hublot ouverts entre lesquels ne soufflait, hélas, nul courant d'air, la température était à la limite du soutenable. De plus, si aucune fraîcheur n'entrait, une lourde et fétide odeur arrivait par bouffées.

Et les mouches, attirées par la faible lueur de la lampe à pétrole, tourbillonnaient autour des deux hommes, se posaient sur l'un et sur l'autre, se collaient sur les mains et le front, s'insinuaient même dans les chemises moites de transpiration.

— Tenez, buvez un peu, proposa Romain en tendant un gobelet à Martial.

La veille au soir, dès le *Rosemonde* amarré, il était parti à la recherche d'un médecin, car l'état de son compagnon l'inquiétait. Il avait fini par en trouver un qui, moyennant un lourd salaire, avait accepté de se rendre, malgré la nuit, tout au bout du quai où était ancré le *Rosemonde*. Il est vrai que l'endroit avait tout du coupe-gorge et que, dans la faune cosmopolite qui grouillait là, se trouvaient beaucoup d'individus tout prêts à vous jeter à l'eau après vous avoir dépouillé. Malgré cela, sans doute parce qu'il avait besoin d'argent pour continuer sa partie de poker, le docteur avait suivi Romain.

— Malaria, avait-il dit en haussant les épaules après avoir regardé Martial. C'est pas une affaire! Ici, tout le monde a la malaria, même moi!

— Vous avez de la quinine, vous, au moins? avait demandé Romain.

Et il avait aussitôt noté la brève lueur de cupidité qui avait traversé le regard de l'homme.

— Quinine? avait dit le docteur. Oui, oui, bien sûr... Mais ça vaut beaucoup d'argent, beaucoup... Faut comprendre, hein, ça a beau venir du quinquina, c'est très concentré... Et puis, surtout, tout le monde en réclame ici, alors...

Et, une nouvelle fois. Romain avait dû sortir ses pesos

d'or pour acheter, vraiment très cher, quelques petits sachets d'une poudre grisâtre, baptisée quinine, mais qui, peut-être, n'était que de la mauvaise farine d'écorce de coca, de maté, ou de quinquina dans le meilleur des cas.

— Et pour son front ? avait insisté Romain.

— Bah, ça, c'est rien ! avait péremptoirement décrété le médecin, après avoir palpé les lèvres de la plaie. C'est rien. D'accord, on voit l'os, mais c'est mieux que si on voyait le cerveau, pas vrai ? Ou même l'estomac ! avait-il ajouté en riant grassement.

— Et pour la fièvre ?

— Ben, faites-lui prendre un sachet toutes les trois ou quatre heures ; ça dépend, c'est à vous de voir... Elle finira bien par tomber ! Et puis faites-le boire tout ce qu'il voudra. C'est quoi ça ? avait-il demandé en reniflant le bol au fond duquel, avec quelques mouches noyées, restaient une ou deux cuillerées de la décoction préparée par le capitaine.

— Une infusion d'écorce de quinquina, avec du vin et de l'eau-de-vie.

— Eh bien, c'est parfait ! Ça plus la quinine, on peut rien faire de mieux ! Allez, faut que je parte. Vous avez peut-être pas vu, mais vous m'avez tiré d'un accouchement !

— Un accouchement ? avait répété Romain incrédule.

— Parfaitement. Y'a pas que des marins dans ce port, ni même dans le bistrot où vous m'avez trouvé. Y'a aussi des femmes, et ça se trouve qu'ils vont très bien ensemble ! La preuve, ça fait des accouchements ! Allez, me regardez pas avec cet air ! La Rosa, je la connais, elle fait un gamin tous les ans, et c'est toujours aussi long, toute la nuit au moins. Ça laisse le temps de jouer au poker ! Mais avec elle, j'aime bien. On sait jamais ce qui va sortir : un blanc, un noir, un jaune, un rouge, une vraie loterie ! Alors, on prend des paris...

— On s'amuse comme on peut, avait soupiré Romain en hochant la tête. Et, lui, la fièvre, ça va durer?

— Ah, là, je prendrai pas de paris! Qui peut le dire? Un jour, huit jours, on sait pas. De toute façon, moi, je peux rien faire de plus!

— Eh bien, bon vent! avait lancé Romain en le voyant s'éloigner dans la nuit.

Et depuis, il veillait.

— J'ai l'impression d'avoir braillé comme un goret, souffla Martial après avoir bu quelques gorgées. Bon Dieu, quel cauchemar idiot!

— Ça va mieux, maintenant? demanda Romain avec inquiétude.

Il n'aimait pas le regard brillant de fièvre ni le teint jaunâtre du malade.

— Je suis complètement épuisé, murmura Martial, et j'ai mal à la tête. Oui, redit-il en la secouant faiblement, très, très mal.

Et il se mit soudain à saigner du nez.

— Manquait plus que ça! dit Romain, mais ne vous inquiétez pas. C'est rien, ça arrive souvent dans la malaria. Et puis ça soulage les maux de tête; enfin, c'est ce qu'on dit.

— Seigneur, quel voyage! dit Martial en s'appliquant un mouchoir sur le nez. J'ai tout de suite vu qu'il commençait mal; cette panne à Callao, c'était mauvais signe!

— Mais non, assura Romain, c'est rien. Votre fièvre va tomber et tout ira bien!

— Et pour les armes?

— Je m'en occuperai dès demain. Ce n'est pas compliqué. Allez, rebuvez un peu et dormez.

— Je ne vais pas pouvoir faire ce que je voulais, murmura Martial après avoir bu. J'en suis incapable; j'ai l'impression d'avoir les jambes et les bras coupés, et de peser des tonnes, dit-il en reniflant.

Il contempla son mouchoir, vit que l'épistaxis n'avait pas encore cessé et, découragé, remua la tête.

— N'y pensez plus, dit Romain en s'asseyant sur sa couchette. On va charger les fusils et redescendre tranquillement. Pour ce que vous vouliez voir ici, on reviendra, voilà tout. Maintenant, je vais dormir un peu; mais réveillez-moi si vous en avez besoin.

Cette nuit-là, Martial hurla encore deux fois pendant de mauvais rêves. Au petit matin, la fièvre était complètement tombée. Mais elle l'avait tellement épuisé qu'il lui fut, cette fois encore, impossible de quitter sa couchette.

Avec l'automne et la rentrée des classes, Pauline et Antoine s'étaient enfin résolus à envoyer les jumeaux à l'école : Pauline se sentait de moins en moins capable de mener à bien l'instruction des enfants.

Or Antoine et elle, qui n'avaient jamais fréquenté l'école, tenaient beaucoup à ce que les jumeaux — et, plus tard, Silvère — acquièrent la formation la plus solide possible; car, pensaient-ils, c'était leur donner des atouts dont eux-mêmes avaient été privés.

Cette opinion n'était pas du tout partagée par les intéressés. Le plus rétif était Marcelin, qui refusait absolument de comprendre pourquoi il était indispensable d'apprendre à lire et à écrire. Il proclamait même que cela ne servait rigoureusement à rien, puisque Arturo, Jacinta, ou même Joaquin, qui ne s'embarrassaient pas avec de telles corvées, s'en portaient malgré tout très bien.

De plus, il ne perdait jamais une occasion de rappeler à sa mère — qui avait eu un jour la faiblesse de le lui dire — que ni elle ni Antoine n'avaient subi cette intolérable contrainte et qu'à première vue ils n'en vivaient pas plus mal!

— Et je sais que parrain Martial, c'est pareil! Et marraine aussi! C'est parrain qui me l'a dit!

— Peut-être, mais regarde M. Halton ou M. Edmond. Eux, ils sont très savants et, un jour, tu seras comme eux : banquier ou peut-être médecin, comme le docteur Portales!

— Veux pas être savant! Je veux être *llamero*! Parfaitement, je garderai tout un grand troupeau de lamas! Le plus grand troupeau de lamas de la Corrèze! assurait Marcelin pour qui ce pays mythique, dont lui parlait parfois son père, représentait la Terre promise!

Arrivée à ce point, la discussion évoluait immanquablement vers la calotte que Pauline expédiait alors au futur gardien de lamas avant de l'expédier à l'école.

Par solidarité, Pierrette donnait elle aussi de la voix et s'essayait à cultiver la même mauvaise foi que son frère. Mais elle manquait d'arguments et se forçait d'ailleurs beaucoup, car, à l'inverse de Marcelin, elle ne détestait pas la classe.

Cela étant, quel que fût leur état d'esprit du moment, les enfants, accompagnés par Arturo, rejoignaient chaque matin leur école respective.

En leur absence, *La Maison de France* semblait bien calme, malgré sa nombreuse clientèle, et Pauline s'avouait souvent que les deux garnements lui manquaient.

Par chance, depuis quelques mois, elle avait développé les relations qu'elle entretenait avec ses amies chiliennes. Et si, au début, leurs rencontres étaient un peu guindées, un peu cérémonieuses, elles devenaient de plus en plus chaleureuses, amicales, complices même. Il est vrai que les jeunes femmes étaient presque toutes du même âge.

Certes, et cela avait longtemps retenu Pauline, elles n'étaient pas du tout du même milieu. Car, au temps où elle repassait les chemises et les corsages dans les maisons bourgeoises du VII^e arrondissement, ses nouvelles amies apprenaient le piano, s'essayaient au pastel et à l'aquarelle, brodaient.

Malgré cela, Pauline avait vite compris que sa nationalité et surtout son origine parisienne lui conféraient une aura qui suppléait ses carences en matière d'éducation. Pour les Chiliennes, elle gérait avec brio *La Maison de France* et venait de Paris, donc elle était une dame.

De plus, toutes partageaient les mêmes préoccupations. Elles tournaient invariablement autour de la mode, et Pauline était la mieux placée pour en parler; des enfants, et là encore elle savait ce qu'il en était; des hommes et de leurs activités et enfin de la guerre.

Grâce à Agatha Portales, l'épouse du docteur, Pauline et ses amies étaient parfaitement au courant de l'évolution du conflit. Le docteur était toujours dans le nord, attaché aux troupes qui, depuis bientôt deux mois, progressaient vers Tacna. Elles avançaient lentement, dans une région difficile, aux étendues désertiques coupées de hautes sierras où, malgré la saison, régnait une éprouvante chaleur.

Après les nouvelles du front, qui les intéressaient toutes, ces dames parlaient commerce. Et même si, théoriquement, la belle Ana Linares n'était point concernée par les affaires de la Sofranco et les projets ou les voyages de ses administrateurs, elle avait parfois des reparties qui prouvaient qu'Herbert Halton et elle filaient toujours le parfait amour. Mais comme ni Pauline, ni Agatha Portales, ni María-Manuela de Morales n'étaient censées connaître leur liaison, elles feignaient poliment de ne rien remarquer.

Souvent aussi, lorsqu'elle revenait d'un séjour à Concepción, María-Manuela de Morales évoquait l'hacienda. Et Pauline était alors vraiment heureuse, car c'était toujours pour lui dire tout le bien que son époux pensait du travail d'Antoine à Tierra Caliente.

Ensuite, les jeunes femmes parlaient chiffons : elles étaient alors intarissables.

Ainsi, prise par le petit Silvère, ses occupations à *La*

*Maison de France* et ses amies, Pauline meublait au mieux toutes ses journées. Malgré cela, force lui était de reconnaître qu'elle avait beaucoup de mal à supporter les très longues absences d'Antoine.

Entièrement accaparé par l'hacienda, il s'absentait maintenant de plus en plus longtemps et tout prouvait que ce n'était pas une attitude passagère. C'était devenu une habitude.

Romain, qui avait découvert Panamá quelques années plus tôt, en conservait le souvenir d'un port qu'animait une frénétique agitation. Déjà, à l'époque de son passage, la ville grouillait d'une fluctuante et bariolée faune de dockers, de commerçants, de matelots, d'émigrants qui semblaient être là comme à la croisée des chemins.

Et c'était bien le cas, puisque, transitant à la plus étroite jonction des deux Amériques et à la charnière des mondes, ils allaient partir vers le nord, San Francisco, Vancouver, plus haut encore, ou vers le sud, Callao, Valparaíso, Valdivia. Et d'autres choisiraient l'Ouest et l'Asie pour aller y chercher de pleines cargaisons de cette main-d'œuvre jaune que l'on disait travailleuse, résistante et docile; une main-d'œuvre idéale pour tous les travaux en cours sur un continent neuf.

Rien n'avait changé, sauf l'impressionnant accroissement de la population portuaire. De plus, Romain n'eut besoin que d'une matinée pour apprendre que la grande affaire du moment était le fameux canal qu'un Français assurait pouvoir ouvrir entre les océans.

C'était un travail qui s'annonçait gigantesque et Romain songea que Martial avait bien raisonné en estimant qu'il fallait s'y intéresser de très près. Ici, les affaires allaient se jouer sur des sommes tellement énormes, tellement fabuleuses que même les miettes qui en retomberaient feraient le bonheur de ceux qui sauraient les ramasser.

Aussi déplora-t-il que Martial fût vraiment hors d'état de pouvoir venir juger sur place. C'était en effet impossible, car, même si la fièvre avait chuté, il était incapable de se tenir debout plus de quelques minutes. Il enrageait, mais il avait bien fallu qu'il admît que ce ne serait pas au cours de ce voyage qu'il étudierait toutes les possibilités qu'offrait l'ouverture du chantier. Il était donc inutile de s'attarder à Panamá.

Aussi Romain se dépêcha-t-il de régler l'affaire qui les avait conduits jusque-là. L'opération se fit sans difficulté ni problème car on était entre gens bien élevés, c'est-à-dire respectueux des contrats.

Lourdement chargé d'armes et de munitions, le *Rosemonde* quitta Panamá après seulement deux jours d'arrêt. Cette précipitation occasionna quelques grognements chez les hommes d'équipage qui espéraient bien profiter un peu plus longtemps des tavernes et des bouges du port. Mais le capitaine Fidelicio Pizocoma fut inflexible et le navire largua ses amarres à l'heure dite.

Assis sur un gros paquet de cordages, à l'arrière du yacht, Martial, l'œil morne et la rage au cœur, regarda s'éloigner les côtes de Colombie.

— Ah, on peut dire que c'est réussi comme voyage! grommela-t-il en palpant ses poches.

Il y puisa un cigare, l'alluma, le trouva absolument infect et l'expédia par-dessus bord en maugréant.

— Allons, allons! plaisanta Romain, faites pas cette tête! Après tout, nous avons ce que nous voulions : les armes sont là; nous rentrons, tout va bien!

— Ah, vous trouvez? Nom d'un chien, je devrais être en train de courir les administrations et tout le pays et je suis là comme un légume! Et, en plus, je ne suis même pas foutu de fumer sans m'écœurer!

— Ça passera et nous reviendrons ensemble. Moi aussi, ce canal m'intéresse.

— On en parle beaucoup à terre?

— On ne parle même que de ça, vous voulez dire! Soixante-treize kilomètres de long, six écluses! expliqua Romain. Et pour la traversée de la montagne de la Culebra, ils prévoient soit un tunnel de quarante mètres de haut et de six kilomètres de long, soit une tranchée à ciel ouvert profonde de cent mètres, ils ne savent pas trop encore... On annonce aussi un budget qui varie entre cinq cents et huit cents millions de francs! Et on assure que les travaux débuteront dès l'an prochain.

— Alors, c'est bien ce que je dis, faut pas perdre de temps! grogna Martial. Au fait, tout a bien marché pour les fusils?

— Aucun problème. Et, si on le désire, il suffit de passer une autre commande.

— Et pour le règlement?

— Tout était en ordre : la banque était prévenue et a fait le nécessaire.

— Alors, espérons que tout ira bien maintenant..., soupira Martial.

Il reprit un cigare, le huma longuement, fronça les narines et le remit dans sa poche avec une moue dégoûtée et accablée.

C'est alors que Romain vit que ses mains tremblaient; il comprit qu'une nouvelle crise de malaria se préparait.

Ce fut par Pedro de Morales, complètement affolé, mais surtout fou de rage, qu'Antoine apprit les vols; ils étaient de taille!

Sur les deux cargaisons de cent cinquante tonnes de céréales expédiées la même semaine, vingt-huit tonnes de blé manquaient dans la première et trente-sept tonnes d'orge dans la seconde.

Les lots de grains destinés à l'armée n'avaient pas suivi la même voie pour atteindre Valparaíso. L'un avait été expédié par chemin de fer, via Santiago, l'autre avait été embarqué sur caboteurs en port de Concepción. Il était donc peu probable que ce soit pendant le voyage entre Tierra Caliente et Valparaíso que les voleurs aient fait main basse sur les soixante-cinq tonnes qui manquaient à l'arrivée à Pisagua.

— Si vous voulez mon avis, dit Antoine, c'est en port de Valparaíso, pendant le transbordement jusqu'au vapeur, que l'affaire a eu lieu. C'est la seule explication, parce qu'on dira ce qu'on voudra : près de soixante-dix tonnes de grains, ça ne passe pas inaperçu!

— Et pourtant, elles se sont complètement volatilisées! insista Pedro de Morales.

— Pas pour tout le monde..., dit Antoine en haussant les épaules.

— Ou alors, c'est pendant les escales du navire à Coquimbo, Chañaral ou Antofagasta, hasarda Pedro de Morales.

— J'en doute. C'est pas simple de vider discrètement une cale. Croyez-moi, c'est sûrement à Valparaíso.

Antoine connaissait bien le port et savait à quel point il grouillait d'individus de toutes sortes, surtout depuis la guerre. Certes, c'étaient généralement des petits voyous qui rapinaient dans les entrepôts, picorant ici et là quelques peaux de chinchilla ou des toisons d'alpaga, quelques kilos de grains, s'enivrant sur place après avoir mis en perce une barrique de *mosto,* ou s'attaquant aux bagages que les voyageurs avaient l'imprudence de quitter des yeux. Mais de là à faire disparaître six cent cinquante quintaux de grains, il y avait une marge beaucoup trop grande pour que de minables arsouilles la franchissent. Ces gens-là n'étaient pas assez futés pour organiser une telle opération.

— Il faut absolument faire quelque chose, décida Pedro de Morales. Nous ne pouvons pas prendre le risque de nous laisser ainsi dépouiller!

— Bien entendu, reconnut Antoine, mais si, comme je le pense, nous avons affaire à une organisation, il ne sera pas facile de la démonter...

Il faillit ajouter qu'il y avait de fortes chances pour que les responsables du détournement soient quelques militaires de l'Intendance pas mécontents d'arrondir leur modeste solde, mais préféra se taire. Il savait en quelle estime le petit homme tenait l'armée et, comme il n'avait aucune preuve pour étayer ses soupçons, il jugea inutile d'en parler.

— La prochaine expédition est pour quand ? demanda Pedro de Morales.

— Après-demain, par train.

— Combien ?

— Mais voyons, vous le savez bien ! C'est vous-même qui me l'avez dit ! Soixante-quinze tonnes de froment et cent vingt d'orge qui doivent être livrées aux abords d'Arica !

— Ah, c'est vrai, fit Pedro de Morales. Cette histoire de vol me fait perdre la tête ! Oui, oui, nos troupes vont bientôt attaquer Tacna ; c'est une question de jours, maintenant ; ensuite, elles devront faire le siège d'Arica. Il importe de les approvisionner dans les meilleurs délais.

Il regarda Antoine, hésita avant de poursuivre.

— Écoutez, vous êtes tout à fait libre de refuser, mais j'aimerais que vous accompagniez cette livraison...

— Pas jusqu'à Arica, tout de même ? Il y a neuf chances sur dix pour que les vols aient lieu à Valparaíso ! dit Antoine qui n'avait aucune envie d'effectuer le voyage.

— Si, jusqu'à Arica. Comprenez-moi : ça ferait quand même plus sérieux vis-à-vis des militaires. Parce que, supposez qu'on nous vole encore la moitié de la cargaison, hein, nous aurons l'air de quoi ?

— C'est pas si simple, dit Antoine. J'ai beaucoup de travail ici : les battages sont loin d'être terminés, et il en va de même pour les vendanges. De plus, il va falloir penser aux labours d'automne, aux semailles et...

— Je sais, je sais, coupa Pedro de Morales, mais les chefs d'équipe sont maintenant très au courant et... Et puis, tenez : vous n'avez qu'à laisser votre Joaquin; pour surveiller, il fait merveille!

— Non, Joaquin reste avec moi, coupa Antoine. Et puis, vous savez, plaida-t-il encore, ce n'est pas parce que je serai du voyage que ça limitera les vols. Je ne vais quand même pas dormir dans les cales et sur les sacs!

— Je ne vous le demande pas. Et je dirai même : tant pis s'il y a encore des vols; ce qui est important, c'est que l'Intendance ne puisse rien nous reprocher.

Il vit qu'Antoine le regardait avec un certain étonnement, hésita une nouvelle fois avant de parler, puis se décida :

— Oui, autant que vous le sachiez : depuis quelque temps, j'ai des difficultés à me faire payer par l'armée... Dieu sait pourtant si je lui concède des prix vraiment raisonnables! Que dis-je! Même pas raisonnables, du moins pour moi! Malgré cela et le fait que je travaille quasiment à perte, l'argent est long à rentrer. Mon beau-frère m'assure que ce n'est pas par mauvaise volonté et je le crois volontiers : c'est la guerre et elle coûte très, très cher à tout le monde! Pensez, on dit qu'elle a déjà englouti dans les quarante millions de pesos! Alors, il ne faut pas nous mettre dans notre tort. Aussi, pour bien marquer le coup, j'aimerais que vous acceptiez de surveiller ce chargement. Après tout, vous l'avez bien fait pour l'*alfalfa*...

— Oui, reconnut Antoine, mais uniquement quand j'avais d'autres affaires à traiter dans le nord; ce n'est pas le cas en ce moment.

Il soupira, regarda le petit homme et le vit tellement dépité qu'il céda.

— Bon, d'accord, j'accompagnerai votre cargaison. Ça

ne changera sûrement rien, mais, comme vous dites, ces messieurs de l'Intendance ne pourront pas nous reprocher de la laisser sans surveillance.

— Je vous revaudrai ça, sourit Pedro de Morales en lui serrant le bras. Promis, je vous le revaudrai!

Pauline fut d'abord ravie de revoir enfin Antoine. Mais elle s'inquiéta dès qu'elle sut qu'il montait vers le nord et les zones de combat.

— Allons, dit-il en riant, ce n'est pas pour prendre un fusil que je vais là-haut!

— Je sais, mais je n'aime pas que tu ailles dans cette région...

Elle avait encore en mémoire l'épreuve qu'il avait subie dans le désert d'Atacama; pour elle, tout ce qui se situait au nord de Valparaíso devenait l'enfer!

— Je reviendrai vite, promit-il.

— Oui, pour repartir encore plus vite...

Il l'observa un instant, puis l'attira contre lui.

— Que se passe-t-il? demanda-t-il en lui caressant les cheveux.

— Allons, lâche-moi, dit-elle en se débattant. Que vont penser les employées si elles nous voient? Et les clientes?

— Penseront ce qu'elles voudront, ces pies borgnes, je m'en fous! De toute façon, elles n'ont pas à regarder ce que je fais dans mon salon! Allons, dis-moi ce qui se passe!

— Pas maintenant, dit-elle en se dégageant.

Elle lui envoya un baiser du bout des lèvres et fila vers le magasin.

Ce ne fut que plus tard dans la soirée, alors qu'ils reposaient l'un contre l'autre, qu'Antoine reposa sa question.

— Alors, que se passe-t-il? Explique-toi maintenant.

Il avait posé la tête contre sa poitrine et frottait doucement sa joue contre son sein.

— Je t'ai déjà dit tout à l'heure que tu piquais comme un cactus, protesta-t-elle sans grande conviction. Regarde : je rougis de partout!

— Oui, j'aurais dû me raser; mais ça ne répond pas à ma question! insista-t-il sans pour autant cesser de promener sa joue sur la douce et blanche peau.

— Je ne te vois plus, soupira-t-elle, voilà ce qui se passe! Tu n'es plus jamais là. Je veux dire encore moins qu'avant, au temps du colportage. J'ai compté, tu sais, il va y avoir plus d'un mois que tu es parti!

— Allons donc, pas tant que ça! protesta-t-il.

Pris par son travail à Tierra Caliente, il n'avait pas vu passer les jours.

— Si, et encore tu n'es ici aujourd'hui que parce que M. de Morales t'a sorti de tes terres, autrement...

— Faut comprendre..., essaya-t-il.

Mais il savait bien qu'il était dans son tort.

— On ne te voit plus! Les enfants demandent chaque jour où tu es; mes amies s'étonnent, oui, parfaitement! Et moi, moi...

Il sentit qu'elle haussait les épaules.

— Et toi?

— Je me demande si tu ne préfères pas l'hacienda à ta femme!

— Et puis quoi encore? Il me semble que je viens de te prouver le contraire!

— Ah, ça c'est facile! dit-elle. Parfaitement! C'est facile de faire l'amour à sa femme après plus d'un mois d'absence, et sans même se raser! Ah oui, ça c'est facile et il serait malheureux qu'il en soit autrement! Sauf naturellement si tu culbutes les petites Indiennes derrière les meules!

— Bien entendu, qu'est-ce que tu crois? plaisanta-t-il. J'en consomme au moins une par jour en semaine, deux le dimanche, et jamais les mêmes!

— C'est ça, dit-elle en lui pinçant la peau des côtes, et moi, figure-toi que, pendant ce temps, j'ai tous les hommes de Santiago à mes pieds, je n'ai que l'embarras du choix et mes draps n'ont même pas le temps de refroidir! Bon, dit-elle en changeant de ton, je ne plaisante pas, enfin, sauf pour les Indiennes et le reste!

— Alors vas-y, explique!

— Il faut trouver une solution. Moi, je ne veux plus rester seule aussi longtemps. Je m'ennuie. Parfaitement, j'ai bien le droit de m'ennuyer de toi, non? C'est beaucoup trop long, un mois. D'ailleurs, je te rappelle que tu ne tiens pas tes engagements!

— Qu'est-ce que tu racontes?

— Parfaitement! Lorsque tu as accepté de travailler pour M. de Morales, ça ne devait pas être plus de quinze jours par mois, ose dire le contraire!

— Non, tu as raison, dit-il en se lovant encore plus tendrement contre elle, tu as raison, mais...

— Oui?

— Il y a tellement à faire là-bas! C'est tellement fantastique, cette étendue de terre qui n'attend qu'une chose, qu'on la travaille, qu'on la mette en valeur! Enfin, tu as bien vu, non, quand tu es venue!

— Oui, dit-elle, j'ai vu. Mais ça n'empêche qu'il faut trouver un autre arrangement. Moi, je ne veux plus continuer comme ça. Je m'ennuie, redit-elle, de toi, de ta présence, de ton odeur, de ton corps, de ta voix, et même de tes joues qui piquent! Et puis, j'ai peur aussi, sans toi. Souvent, la nuit, je rêve que le métis revient. Il a la tête ouverte, et il saigne, mais il revient quand même pour se venger des coups de fer... Et j'ai aussi peur des *temblores*, ça tu le sais, et des *temblores*, il y en a trop!

— Je comprends, dit-il en la caressant doucement. Oui, je comprends. Je n'avais pas pensé à tout ça. Mais je vais y réfléchir, maintenant; il n'y a pas de problème sans solution, je la trouverai; mais laisse-moi quand même un peu de temps. Je la trouverai.

— Promis? insista-t-elle.

— Promis.

— Alors très bien, parlons d'autre chose, dit-elle en se pelotonnant contre lui.

Il vit la flamme joyeuse qui venait de s'allumer dans ses yeux, sut qu'elle avait retrouvé sa bonne humeur.

Elle l'embrassa, puis s'écarta, l'observa.

— Quel jour sommes-nous? demanda-t-elle soudain.

— Jeudi, pourquoi?

— Dommage, dit-elle pensivement. Si on avait été un dimanche et que je sois indienne, naturellement, j'aurais été curieuse de savoir si tu ne te vantais pas un peu tout à l'heure en parlant de tes conquêtes journalières... Mais, puisque nous sommes jeudi et que tu as déjà donné, n'en parlons plus!

Il jeta un coup d'œil sur sa montre posée sur la table de nuit et rit doucement :

— Tu as trop vite parlé, ma belle, depuis un quart d'heure nous sommes vendredi!

# 17

Lorsqu'il se sentait en totale sécurité, il était exceptionnel que Romain s'éveillât en pleine nuit, sauf naturellement si quelque bruit violent retentissait alentour.

Il sut immédiatement que ce n'était pas le cas. En effet, autant son sommeil pouvait être profond, autant sa reprise de conscience était instantanée; cette faculté lui permettait d'analyser aussitôt ce qui l'avait mis en alerte et donc d'agir en conséquence.

A demi dressé sur sa couchette, il écouta attentivement et ne décela rien qui pût expliquer son soudain réveil. Là, tout à côté, presque à portée de main, reposait Martial; il entendit le rythme lent et bruyant de sa respiration et sut qu'il dormait toujours profondément.

Depuis maintenant une bonne semaine, sa malaria n'était qu'un mauvais souvenir; et s'il pestait toujours autant de n'avoir pu faire ce qu'il voulait à Panamá, du moins se consolait-il en constatant de jour en jour le retour de ses forces. Pour l'heure, il ronflait comme un bienheureux et n'était sûrement pas responsable du sursaut qui était venu troubler son repos.

Ce n'était pas non plus le *Rosemonde,* il glissait sans presque balancer sur l'océan très calme et son chant et ses clapotis étaient habituels. Comme toujours, sa chaudière haletait doucement en un tempo un peu lancinant, mais très berceur et endormant.

Et si la brise sifflait dans son gréement et ses voiles auxiliaires, sa mélopée était tout à fait normale et naturelle, rassurante, même.

Malgré cela, Romain était absolument certain qu'un événement précis avait interrompu ses rêves. Ou, alors, c'était la chaleur! Comme toujours la température qui régnait dans la cabine était épouvantable et Romain, qui pourtant était presque nu, ruisselait de sueur. Il maudit une fois de plus le sinistre ahuri qui avait eu la géniale idée d'installer la cabine des passagers si près de la salle des machines; celles-ci diffusaient généreusement un chauffage qui devait être très apprécié aux abords du cap Horn, mais qui devenait intolérable vers l'équateur!

Il s'assit sur sa couchette, s'essuya le visage et le torse avec sa chemise roulée en boule et enfila un pantalon. Il n'avait aucune idée de l'heure qu'il pouvait être, mais décida d'aller prendre l'air sur le pont. La nuit était encore totale et, dehors, la température devait être agréable. Le *Rosemonde* était en haute mer et bénéficiait du rafraîchissement que lui apportait le vent du large.

Il sortit en tâtonnant et alla s'appuyer au bastingage.

Il fut un peu surpris par la tiédeur ambiante. Il avait presque craint d'avoir froid en s'échappant de cette espèce d'étuve puante qu'était la cabine, or il faisait très doux sur le pont. Et la nuit était somptueuse, profonde, sans le moindre nuage.

Comme la lune n'en était qu'à son premier et très mince quartier, toute la diffuse et froide lueur qui nimbait le *Rosemonde* émanait des étoiles. Et, sous leurs feux, scintillait l'ondulante chape bleu-noir du Pacifique.

Tout était calme, paisible, et il se demanda une fois de plus ce qui avait bien pu l'arracher à son sommeil. Il contempla la voûte céleste, repéra aussitôt les grandes constellations, les plus beaux astres.

A force de courir les pistes, de dormir dehors et surtout de traverser des contrées inconnues, il avait acquis l'habitude de profiter de tout pour s'orienter. C'était devenu un réflexe. Et il trouvait une agréable assurance dans la certitude de toujours savoir vers où il se dirigeait.

Lors de leur expédition à la recherche d'Herbert Halton, il avait observé qu'Antoine agissait exactement comme lui, notant la direction du vent, la forme des nuages, l'emplacement des étoiles. Et Romain lui avait même fait remarquer qu'il importait peu d'être parisien ou corrézien, fils de notaire ou de paysan, puisque, de toute façon, pour se guider, l'un comme l'autre faisaient appel au même instinct animal de l'orientation.

« Eh bien, songea-t-il, tout semble normal. Je n'ai plus qu'à revenir dormir. Mais j'aurais pourtant juré... »

Il ne savait toujours pas ce qui l'avait alerté dans son sommeil et qui l'oppressait maintenant un peu. Une impression bizarre, désagréable, mais surtout agaçante car indéfinissable.

« C'est comme l'autre jour à Lima, pensa-t-il; ça empestait l'émeute, la guerre, je le sentais sans pouvoir l'expliquer. Et là, c'est pareil, il y a quelque chose d'anormal et je ne sais pas quoi. Bon sang, on ne risque pas d'émeute, ici! Ou, alors, c'est le temps qui change. Peut-être qu'un grain se prépare, pourtant il n'y a pas de nuages et presque pas de vent...

Il renifla, soudain intrigué par une très fugitive odeur qui n'était pas celle du grand large : un relent d'estuaire, c'est-à-dire de vase, de végétaux pourris et de boue. Mais c'était impossible, car la côte était beaucoup trop éloignée pour que ses senteurs parviennent jusqu'au *Rosemonde*. D'ailleurs, tout s'estompa et il pensa que le bref effluve était monté des cales du navire, poussé par quelque courant d'air.

Il allait rentrer dans sa cabine lorsque son regard se porta à la proue du yacht au-dessus de laquelle brillait une grosse et palpitante étoile rouge.

Il se pencha vivement par-dessus le bastingage, observa minutieusement le ciel. Puis il bondit à tribord, regarda le zénith avant de revenir à sa place.

— Mais nom de Dieu! maugréa-t-il. Qu'est-ce qu'il fout, cette andouille de capitaine? Il est saoul ou il dort?

Il réfléchit un instant et comprit soudain pourquoi il s'était réveillé. Le *Rosemonde* avait changé de cap. Il ne naviguait plus sur la Croix du Sud, mais filait vers Antarès, l'étoile rouge du Scorpion! A l'est. Et l'est, c'était la côte péruvienne; elle devait être toute proche, puisque, de nouveau, revenait cette odeur de rivage...

Romain comprit immédiatement la situation. Elle était parfaitement claire. Il ne pensa pas un instant que ce soit, comme à l'aller, pour des raisons mécaniques que le *Rosemonde* faisait route vers le Pérou. Non, cette fois il était évident que l'état de la chaudière n'était pour rien dans le changement de cap. En revanche, les caisses arrimées dans la cale expliquaient très bien la direction choisie...

— Par Dieu! ragea-t-il, ce salaud de Pizocoma est en train de nous escroquer!

Il était furieux et vexé de ne pas avoir pressenti à temps que le capitaine leur préparait une filouterie, un piratage en règle! D'habitude, il avait davantage de flair pour repérer les malandrins!

« Et maintenant, que faire? » songea-t-il.

Il envisagea quelques hypothèses fantaisistes, comme de contraindre, par la force, le capitaine à reprendre la route du Chili. C'était irréalisable.

« Et si, par hasard, je me trompais? »

Il se réorienta aux étoiles, en revint aux mêmes conclusions : le navire allait vers l'est.

Par acquit de conscience, il scruta la nuit. Elle pâlissait

légèrement et il étouffa un juron en distinguant, à quelques milles, la haute barre sombre de la terre péruvienne.

Car il était absolument impossible qu'il s'agisse du Chili. Il se souvenait très bien avoir entendu, la veille au matin, le capitaine — cette sinistre crapule! — leur annoncer qu'ils étaient maintenant un peu au sud du dixième parallèle, soit à environ mille huit cents kilomètres d'Iquique. Ce n'était pas en filant dix à douze nœuds qu'ils avaient pu les parcourir!

« On doit approcher de Callao, calcula-t-il rapidement. C'est une vraie manie d'aller y faire escale. »

Il jeta un dernier coup d'œil en direction de la côte de plus en plus visible maintenant et se glissa dans la cabine. La chaleur y était suffocante; malgré cela, Martial dormait toujours.

« Ce salaud de Pizocoma a bien calculé son coup, pensa Romain. En fait, nous aurions dû nous réveiller au port, faits comme des rats et surtout sans rien comprendre! »

Il secoua doucement Martial qui grogna, marmonna quelques pâteuses protestations et se retourna en soupirant.

— Allons! insista Romain en le secouant plus vivement, faut vous réveiller, mon vieux!

— Hein? fit Martial en écarquillant les yeux.

Il ne comprenait pas du tout pourquoi Romain l'empêchait de dormir alors que l'obscurité régnait encore dans la cabine.

— Passez-vous un peu d'eau sur la figure, lui dit Romain en lui tendant le broc. Allons, revenez à vous, quoi!

— Mais nom d'un chien, qu'est-ce qui vous prend? s'insurgea Martial après s'être aspergé la tête et la poitrine.

— Ne braillez pas tant et regardez plutôt par le hublot...

— Et alors? dit Martial après avoir jeté un coup d'œil à l'extérieur. Merde! sursauta-t-il, qu'est-ce que c'est que ça?

— Le Pérou..., dit laconiquement Romain.

— Mais, alors..., fit Martial stupéfait en s'asseyant sur sa couchette. On avait décidé de passer au large pour éviter toute éventuelle rencontre avec quelque rescapé de la marine péruvienne!

— Eh oui..., dit Romain. Alors, vous comprenez maintenant?

— Le voyou..., fit Martial en hochant la tête.

Pour lui aussi, il n'y avait qu'une explication. Si le *Rosemonde* était là, presque à portée de fusil des Péruviens, c'était que le capitaine Pizocoma avait froidement décidé de s'approprier la cargaison.

— Et quand on sait que cet enfant de salaud se prénomme Fidelicio! dit Romain en se lavant lui aussi la figure.

— Que fait-on?

— Aucune idée.

— On tente le coup de force?

— Avec quoi? demanda Romain en s'essuyant le visage. Il y a quatre mille cinq cents fusils qui nous appartiennent dans la cale et je suis sûr que vous n'êtes pas plus armé que moi! Vous avez un couteau de poche, pas plus? Et, en face, il y a douze hommes d'équipage, plus Pizocoma et son second... Alors, le coup de force dans ces conditions...

— Évidemment...

— Mais je pense que ça ne devrait pas nous empêcher d'aller lui dire deux mots! Même si ça ne sert à rien, ça nous soulagera, proposa Romain.

— Tout à fait d'accord, dit Martial en s'habillant, allons-y.

Le jour était en train de se lever, très vite, comme toujours sous les tropiques. Mais avec lui était venue la *garúa*; elle recouvrait maintenant la côte d'un floconneux nuage jaunâtre que le soleil ne parvenait pas encore à percer.

Martial et Romain se dirigèrent vers le poste de pilotage où, pensaient-ils, devait se trouver le capitaine. Mais il n'y avait qu'un marin à la barre, qui les salua poliment, exactement comme les matins précédents et comme si tout était normal.

— Le capitaine est dans sa cabine? lui demanda Martial.

— Non, il est à la chaudière, avec le second et le mécanicien, expliqua l'homme.

— Va quand même pas nous refaire le coup de l'avarie! grommela Martial en ressortant.

— Déjà levés, messieurs? lança le capitaine dès qu'il les vit.

Il émergeait de la salle des machines et semblait un peu étonné de les voir déjà debout. Mais il paraissait très sûr de lui et surtout nullement embarrassé.

— Nous vous avions dit de ne pas naviguer si près des côtes péruviennes, attaqua Martial.

Le capitaine Pizocoma les regarda pensivement, ses yeux voletant de l'un à l'autre, comme pour les jauger. Puis il sortit un couteau et un rouleau de tabac de sa poche, se coupa délicatement une chique — la première de la journée — et la glissa dans sa bouche, entre sa gencive et sa joue droite.

— Eh oui, dit-il enfin, mais que voulez-vous, faut bien approcher des côtes pour aborder, non?

Il était suffisamment perspicace pour avoir aussitôt déduit que les deux hommes avaient compris son jeu. Il n'en était pas mécontent, car il préférait mettre tout de suite les choses au point: ça simplifiait tout...

— Où allons-nous aborder? demanda Romain.

Le capitaine mâchouilla lentement son tabac, cracha par-dessus bord.

— Et où voulez-vous que j'aille, sinon à Callao! On m'y attend, qu'est-ce que vous croyez...

— Je crois que vous êtes un franc salaud! grogna Martial qui bouillait d'envie de se précipiter sur lui et de le jeter à l'eau.

Mais Pizocoma était costaud et prudent, de surcroît : il s'était bien gardé de trop s'approcher des deux hommes. De plus, il tripotait négligemment un cabillot d'amarrage dont, à l'évidence, il était prêt à se servir pour se défendre. Enfin, derrière lui, l'air faussement détaché, discutaient le second et le mécanicien.

— Et il n'y a pas moyen de s'arranger? demanda Romain. Je ne sais pas, moi. Vous prenez quand même de sacrés risques, alors peut-être que...

— Moi, des risques? Vous voulez rire! s'amusa le capitaine dont la mastication s'accéléra. Quels risques? Allons, allons, mettons les choses au point. Dans un premier temps, voyez-vous... Oui, après notre escale à Callao, eh bien...

— Un instant, coupa Romain; la panne, c'était une blague, un alibi?

— Pas uniquement, la chaudière avait franchement besoin d'une petite révision; mais, si je n'avais pas dû contacter mon acheteur, ça aurait pu attendre le retour... Donc, après cette escale, j'ai envisagé deux solutions. La première est toute simple : je vous fais passer par-dessus bord, là, tout de suite, et on n'en parle plus...

— Vous croyez? Vos hommes parleront un jour ou l'autre! dit Romain en reprenant un argument qui lui avait servi en des circonstances presque identiques.

— Eh oui, justement, j'y ai pensé. J'ai là quelques matelots qui sont de franches canailles, tout à fait capables de me faire chanter! expliqua le capitaine le plus sérieusement du monde. Et puis, ça implique de mettre tout l'équipage dans le coup, donc de partager la vente des armes, ce n'est pas valable...

— Égoïste, en plus! ironisa Martial.

— La deuxième solution, c'est de vous dénoncer aux militaires péruviens. D'ici trois heures, nous sommes à quai, j'appelle une patrouille et vous êtes pris... Comme pour juger de l'effet de son discours, il observa les deux hommes sans cesser son agaçante mastication. Mais vous comprenez tout de suite que ça ne marche pas non plus! reprit-il.

— Alors, vous voyez bien qu'on finira par s'entendre, dit Romain en allumant un cigare.

— N'y comptez pas! Mais il est certain que cette deuxième solution n'est pas la bonne, car, si je préviens les militaires que nous transportons des armes, ils vont les confisquer. Vous serez fusillés et, moi, je ne gagnerai qu'une minable prime, une misère!

— Fusillés? C'est vite dit! Nous sommes français, pas chiliens! protesta Martial.

— Mais vous travaillez pour eux, c'est pareil. Dans ce cas, les Péruviens fusillent d'abord et se renseignent ensuite, s'ils y pensent... C'est normal.

— Je n'en doute pas, dit Romain. Alors, quelle est votre solution?

— Très simple. Nous accostons. Je donne deux jours de quartier libre aux hommes, ils sont prévenus et, croyez-moi, ils y comptent ferme, alors ne tentez pas de vous y opposer, vous vous ferez étriper! Donc, pendant que les hommes se précipitent dans les bistrots et les bordels, moi, je livre les armes. J'encaisse l'argent, je donne leur part au second et au mécanicien — oui, il a bien fallu que je les intéresse à l'affaire —, nous disparaissons et vous n'entendez plus parler de nous! Et ne vous plaignez pas: vous sauvez votre navire! Oui, sourit-il, j'avais aussi envisagé de le garder, mais c'est trop embarrassant...

— Et, une fois encore, il aurait fallu partager avec tout l'équipage, constata Romain.

— Exactement. Alors voilà : maintenant que vous savez ce qui va se passer, ne vous avisez pas de tenter quoi que ce soit! Oui, ne vous réjouissez pas trop. Je n'ai pris aucun risque en vous mettant au courant, car si vous ouvrez le bec à Callao — je ne sais pas, moi, pour crier bêtement au voleur, par exemple —, les militaires vous mettront aussitôt la main dessus. Et souvenez-vous que vous êtes propriétaires du bateau et de la cargaison; moi, je ne suis qu'un exécutant, j'obéis... Alors, n'oubliez pas...

— Vous êtes surtout un rude porc! Mais il n'y a pas de risque qu'on oublie, assura Romain. Il était tout à fait conscient de la justesse du raisonnement et ne voyait pas la moindre possibilité d'intervention. Martial et lui étaient refaits et n'avaient aucun recours. Non, redit-il, pas de risque qu'on oublie, ni d'ailleurs qu'on vous oublie...

— Bah! Le monde est vaste, immense, surtout pour un marin! Alors d'ici à ce que vous me retrouviez! D'autant qu'avec quatre-vingt-cinq mille pesos, je peux aller très loin!

— Quatre-vingt-cinq mille? Vous plaisantez? s'étrangla Martial. Il était presque aussi scandalisé par la modicité de la somme que par l'escroquerie dont ils étaient victimes. Nous avons payé ces armes exactement cent quarante-sept mille pesos et vous les négociez à quatre-vingt-cinq mille? Vous êtes fou!

— Non, mais je ne suis quand même pas en position de force vis-à-vis de mon acheteur, alors... Il prend le lot à cent cinq mille, j'en donne quinze mille à mon second et cinq mille au mécanicien, et voilà...

— Et si on vous les donnait, ces quatre-vingt-cinq mille? essaya Martial.

— Vous les avez? Je veux dire : sur le bateau?

— Non, bien sûr.

— Alors, n'en parlons plus. Et n'essayez pas de me faire croire que vous me les donnerez une fois rentrés au Chili! Là, vous me ferez plutôt pendre!

— Sans la moindre hésitation, en effet, assura Romain. Mais avez-vous pensé que votre acheteur pouvait vous dénoncer? hasarda-t-il dans le seul but d'essayer de semer le doute, mais sans y croire, car il devinait la réponse.

— Naturellement que j'y ai pensé! Mais il n'y a aucun risque, car, là aussi, la cargaison serait confisquée et mon acheteur n'aurait qu'une petite prime! Tandis qu'avec mon système, il paie cent cinq mille et revend à cent soixante-dix mille! Où croyez-vous qu'est son intérêt?

— Bon, ça va, ça va! coupa Martial complètement écœuré. Vous fatiguez pas, on a compris!

— Ça, j'en suis moins sûr..., s'amusa le capitaine, mais faut pas vous fâcher. Dans la vie, faut toujours être beau joueur, on gagne, on perd, ça dépend des jours...

— Venez, dit Martial en entraînant Romain. Même au risque de me faire casser le crâne, si cette ordure continue à nous narguer, je vais lui sauter à la gorge!

Ils tournèrent les talons, poursuivis par l'horripilant ricanement du capitaine Pizocoma, Fidelicio...

Martial était fou de rage. Contrairement à Romain qui avait subi d'autres épreuves de cet ordre — et de plus sévères —, c'était la première fois qu'il était confronté à une escroquerie de cette ampleur.

Naturellement, il lui était déjà arrivé d'avoir affaire à des clients malhonnêtes, à des mauvais payeurs; voire, lors de la faillite de la Soco Delmas et C^ie^, à des bluffeurs sans scrupules comme Obern et Reckling. Mais il avait alors réussi à retourner la situation et, s'il n'avait pas toujours pu récupérer son argent, les sommes perdues étaient minimes comparées à celles que la Sofranco avait investies dans l'achat des armes. Et voilà que non seulement la mise de fonds semblait irrémédiablement perdue — ainsi que les très substantiels bénéfices qu'elle devait rapporter —, mais encore le *Rosemonde*, privé de son capitaine, du second et du mécanicien, allait se retrouver immobilisé à quai!

— Bon Dieu de bon Dieu! s'étrangla-t-il en cognant sur sa couchette à grands coups de poing rageurs, j'ai toujours deviné que ce putain de voyage tournerait mal! Je vous l'ai dit, n'est-ce pas? Je l'ai senti tout de suite! Nous aurions dû faire demi-tour! Ah, mais quelle ordure, ce Pizocoma! Parole, si je le retrouve un jour, je le tue!

— D'accord, dit Romain, mais comme, d'ici là, il aura sûrement dépensé tout notre argent, ça ne servira pas à grand-chose! Et puis ne rêvez pas: on ne le reverra jamais, il est trop malin!

— Mais on ne va pas rester comme ça à regarder nos armes changer de propriétaire!

— Vous avez une idée pour vous y opposer?

— Non, aucune, soupira Martial. Et vous?

— Non plus. Il est futé, ce fumier; il a tout prévu.

— Et si on tentait de convaincre le reste de l'équipage? Je ne sais pas, moi... On promet, par exemple, mille pesos à chaque homme, s'ils acceptent de se ranger de notre côté!

— Non. D'abord, Pizocoma ne nous laissera pas leur parler; et, ensuite, je ne sais pas si vous avez bien mesuré le degré d'abrutissement de ces pauvres bougres. Ils n'écoutent et n'obéissent qu'au capitaine; c'est normal, on leur inculque ça depuis qu'ils naviguent! De plus, il leur a promis deux jours de liberté à Callao et à Lima, alors...

— Alors, il faut qu'on fasse notre deuil des armes?

— Ça m'ennuie de le dire, mais je le crois.

— Eh bien, voilà un voyage qui nous a coûté bon marché! dit Martial avec amertume.

Il s'assit sur sa couchette et alluma un cigare. Depuis plusieurs jours maintenant, il avait retrouvé du plaisir à fumer, mais, ce matin-là, le tabac ne lui procura aucun apaisement.

— Et quand je pense que c'est moi qui ai eu cette idée géniale de cabotage! Ah, on peut dire que c'est une trouvaille!

— Ç'aurait été pareil avec un autre navire.

— Sûrement pas! Non, tout est ma faute. Voyez-vous, je finirai par penser que j'aurais mieux fait de rester sagement à Bordeaux. On ne devrait jamais tenter le sort...

— C'est un point de vue. Mais, de toute façon, il ne sert à rien de se lamenter. Comme dit cette crapule de Fidelicio, on gagne, on perd, ça dépend des jours; le tout, c'est d'arriver à faire la moyenne...

Le capitaine Fidelicio Pizocoma avait pensé à tout. Aussi ne laissa-t-il à Martial et à Romain aucune possibilité d'inverser le cours des événements.

Tout se passa comme il l'avait dit. D'abord, à l'heure prévue, l'arrivée en port de Callao. Là, une fois les formalités réglées — rapidement et discrètement grâce à une « honnête » rétribution à qui de droit — et dès que l'équipage se fut égaillé sur les quais, le *Rosemonde* fut prestement déchargé et Romain perdit alors tout espoir d'intervention.

Il avait en effet envisagé d'attendre passivement la fin du pillage, de suivre ensuite et de loin le capitaine Pizocoma et de lui faire rendre gorge dès qu'il aurait encaissé le montant de son vol.

Il comprit vite qu'il devait abandonner cette aléatoire et ultime solution. En effet, ce fut sur un brick battant pavillon colombien, qui se glissa bord à bord contre le *Rosemonde*, que furent transférées les armes et les munitions.

Cela fait, le capitaine, après avoir transporté ses propres affaires sur le brick et avant de rejoindre son second, s'offrit le luxe de lancer à Martial et à Romain.

— Ah! j'y songe : je voulais vous dire qu'avant même de quitter Valparaíso avec vous, on m'avait indiqué le nom de mon acheteur, ici!

— Et alors, qu'est-ce que vous voulez que ça nous foute? grogna Martial.

Il était blême de colère et peu disposé à subir des sarcasmes.

— Bah, je disais ça comme ça, des fois que vous voudriez vous payer sur d'autres bêtes que moi! ricana le capitaine en mastiquant lentement son tabac.

— Eh bien, alors, dites-le, et n'en parlons plus! lâcha Romain.

— Eh ben, c'est des confrères de votre ami le banquier qui m'ont dit qui il fallait rencontrer ici pour vendre les armes. Parfaitement!

— Des confrères?... Obern et Reckling, les Allemands? fit Martial complètement écœuré.

— Des Allemands? Vous rigolez. Pourquoi des Allemands? s'étonna le capitaine. Il réfléchit : Ah! je voulais pas dire confrères, s'excusa-t-il, je voulais dire compatriotes. C'est pareil, non? Enfin, c'étaient des Anglais, quoi!

Il cracha un long jet noirâtre qui moucheta le pont du *Rosemonde* et sauta sur le brick qui s'éloigna aussitôt.

— J'ai l'impression que les amis d'Herbert vont avoir quelques explications à nous fournir, murmura Martial.

— Plus facile à dire qu'à faire, estima Romain. Je vous signale que ce Fidelicio est encore plus vicieux qu'on ne pouvait le croire. Il a parlé d'Anglais, mais, pas fou, il n'a cité aucun nom. Et je crois savoir qu'il y a dans les sept mille citoyens britanniques au Chili; alors, avant d'avoir trouvé les mouchards...

Il ne restait que trois marins à bord du *Rosemonde*. Un vieux matelot, qui estimait inutile de descendre à terre car il n'avait même pas de quoi s'offrir un verre — et a fortiori une fille —, puisqu'il avait perdu au jeu jusqu'à son dernier centavo! Un soutier borgne au visage balafré, qui avait trop de comptes à rendre à la police de Callao et de Lima pour prendre le risque de débarquer. Enfin, le cuisinier, terrassé par une sciatique paralysante; il se soignait à grandes rasades de *pisco* et de rhum, mais, comme il ne pouvait pas se traîner, il s'était installé à portée des réserves, dans la cambuse, qui, selon les heures et les effets du mélange, résonnait de gémissements ou de chants d'allégresse.

— Impossible de confier la garde du *Rosemonde* à ces trois individus. Ils seraient capables de le vendre en pièces détachées! soupira Romain. Et pourtant, il faut bien qu'on s'occupe de trouver, au plus vite, un nouveau capitaine; sauf si vous vous sentez de taille à le remplacer.

— Non, pas une seconde, et vous?

— Aucune disposition non plus...

— Écoutez, vous connaissez Callao et Lima beaucoup mieux que moi. Alors, pendant que vous allez essayer de dénicher un remplaçant, je garderai le *Rosemonde*. Ça va?

— Très bien, dit Romain. Je fais un saut jusqu'à la capitainerie et je reviens vous dire ce qu'il en est.

— Prenez votre temps, dit Martial amèrement. De toute façon, l'autre salaud a donné quartier libre à l'équipage, alors!

Aux bureaux du port, ce fut tout juste si Romain ne se vit pas accusé d'avoir assassiné Fidelicio Pizocoma lorsqu'il tenta d'expliquer, sans bien sûr parler du vol des armes, qu'il cherchait un capitaine pour remplacer celui qui venait de les quitter.

« Et pourquoi Pizocoma est-il parti ? Et depuis quand ? Et où ? Et, d'ailleurs, d'où venait le *Rosemonde* ? Et où allait-il ? Et, d'abord, à qui appartenait-il ? Quel était son port d'attache ? Valparaíso ? Ah ! chez ces fils de putes de Chiliens ! Et vous voulez y revenir ? »

— Franchement, j'ai vu le moment où ces crétins allaient me faire jeter aux fers ! expliqua Romain lorsqu'il revint voir Martial. De toute façon, ils ne lèveront pas le petit doigt pour nous aider. Et je pense que nous pouvons nous estimer heureux s'ils ne confisquent pas le *Rosemonde* ! Sont devenus franchement mauvais lorsque j'ai dit que nous étions de Valparaíso ! Oui, encore un peu et le bateau était quasiment sous scellés !

— Bah, au point où nous en sommes ! dit Martial en haussant les épaules.

— C'est pas une raison pour se laisser abattre, dit Romain. Maintenant, je vais faire un saut à Lima. Clorinda est peut-être de retour et elle connaît beaucoup de monde.

— D'accord, opina Martial. Il observa Romain, sourit et ajouta : Et si d'aventure votre amie est là, ne vous croyez pas obligé de rentrer ce soir ; je suis assez grand pour me débrouiller tout seul.

— J'y comptais bien, dit Romain. Allez, lança-t-il, vous allez voir, on va trouver une solution. Et puis, quoi, rappelez-vous que la première idée de notre Fidelicio était de nous passer par-dessus bord en haute mer ! Alors, franchement, on ne s'en est pas trop mal tirés, non ?

Romain observa très vite que l'atmosphère avait encore changé. Contrairement à ce qu'il avait ressenti lors de sa précédente visite et qui l'avait mis très mal à l'aise, la foule qui vaquait sur les places et dans les rues ne donnait plus l'impression d'être prête à l'émeute, au pillage, voire au meurtre.

Elle était là, toujours aussi présente et colorée, mais

paraissait morne, triste, comme choquée par quelque mauvais coup. Et dans les yeux des femmes et des enfants qui vendaient leurs légumes, leurs fruits ou leurs poissons sur les trottoirs, ou dans ceux des hommes assis dans la poussière au pied des maisons, il décela une pesante tristesse, un abattement.

— Vous avez eu des événements graves, ici ? demanda-t-il au cocher.

— La guerre..., fit l'autre laconiquement.

— Je sais! Mais vous n'avez pas encore changé de gouvernement ? Je veux dire : depuis trois semaines ?

— Non, c'est la guerre, redit le cocher.

Romain comprit qu'il n'en tirerait rien de plus et garda le silence jusqu'à ce que la calèche s'arrête devant la maison de Clorinda Santos.

— Attends là, dit-il au cocher. On va peut-être devoir repartir tout de suite...

Il frappa longuement et fut d'abord inquiet : la scène se répétait comme la fois précédente. Il aperçut l'œil noir de la servante qui le dévisageait à travers la petite grille du judas et se prépara à apprendre que la señora était absente.

Aussi soupira-t-il d'aise lorsque la porte s'entrebâilla soudain dans un grincement de gonds mal huilés.

— Ça va, tu peux partir, dit-il au cocher.

Il lui lança une piécette, entra et apprécia aussitôt le calme qui émanait des lieux. Dehors, dans les rues, les avenues, partout, cela sentait la guerre, la misère, et la foule suait la tristesse.

Ici, tout était paisible, gai, reposant. Et, dans le frais patio, débordant de verdure et de fleurs et où trillait un fin jet d'eau en ruisselant dans son bassin, jacassaient les perruches bleu et vert et voletaient les colibris de corolle en corolle. Sous un des porches, tout en pirouettant sur son perchoir, un ara resplendissant accueillit Romain par un concert de craquètements railleurs, de cris, de sifflements.

— Eh bien, pour une surprise! lança Clorinda en descendant gracieusement le large escalier de marbre qui débouchait dans le patio.

Il remarqua qu'elle portait le lourd pectoral d'or qu'il lui avait offert quelques mois plus tôt et en fut heureux.

— Vrai, tu es de plus en plus belle! dit-il en lui ouvrant les bras.

Elle s'y nicha en ronronnant.

— C'est toi qui es passé l'autre jour? demanda-t-elle peu après.

— Oui, et j'ai été très déçu que tu ne sois pas là.

— Oh! j'étais lasse de toutes ces émeutes. Tu as vu dans les rues tous ces carreaux cassés! Alors, pour avoir la paix, je suis partie pour Trujillo. Tu as de la chance de me trouver, je ne suis là que depuis trois jours.

Il observa son air un peu tendu, un peu triste.

— Que se passe-t-il ici? demanda-t-il. Vous avez encore des ennuis de gouvernement, des émeutes, quoi?

— Tu n'es pas au courant? fit-elle en l'entraînant vers un canapé de rotin noyé dans la verdure.

Elle s'y laissa tomber, attendit qu'il prenne place à ses côtés.

— Non, je débarque tout juste.

— D'où?

— De Panamá. Mais que se passe-t-il ici? insista-t-il.

— On vient de subir une terrible défaite. Tacna est tombée, il y a quatre jours... Les nouvelles arrivent encore et toutes confirment que ce fut une atroce boucherie. Je crois que nous sommes en train de perdre la guerre.

— Je comprends, maintenant, dit-il.

— C'est cette pourriture de Baquedano qui nous a battus, toujours lui, ce maudit bâtard chilien, ce fils de chienne!

— Moi, tu sais, éluda-t-il, votre guerre...

— C'est vrai, ce n'est pas la tienne. Enfin, voilà, Tacna est tombée. On dit qu'il y a des milliers de victimes et encore plus de prisonniers. Alors, maintenant, on s'inquiète beaucoup pour l'avenir. Les bruits courent que les Chiliens veulent débarquer...

— Où ? Ici, à Lima ?

— Exactement, dit-elle en se levant. Enfin, on verra bien. Allons, ne parlons plus de ça, dit-elle en secouant la tête; demain il fera jour! Elle l'observa, sourit : Il n'empêche que je te trouve bien peu empressé, fit-elle en plissant malicieusement les yeux. J'ai connu des retrouvailles un peu plus... beaucoup plus même, disons, chaleureuses...

— Tu ne perds rien pour attendre, dit-il en l'attirant. Mais, c'est vrai, j'ai des problèmes.

— Toi ? Des problèmes ? Eh bien, raconte!

Il hésita, partagé entre la raison de sa visite, qui était de quémander de l'aide, et l'envie d'enlever Clorinda dans ses bras, de grimper quatre à quatre les grands escaliers de marbre et de la lancer sur le lit. Puis il songea à Martial qui devait se morfondre sur le bateau et parla.

Ce fut très difficile car, là encore, il dut passer sous silence la raison de leur voyage à Panamá. A la façon dont Clorinda lui avait parlé de la chute de Tacna et surtout des Chiliens, il comprit qu'il était impossible d'avouer que le *Rosemonde* transportait des armes destinées aux ennemis du Pérou. Telle qu'il la connaissait, la jeune femme était capable de l'étriper en l'apprenant!

## 18

Même s'il ne décela rien de précis qui pût lui servir de preuve, Antoine acquit la certitude que les vols dont Pedro de Morales était victime avaient bien lieu dans le port de Valparaíso, et nulle part ailleurs.

Il y avait un tel grouillement de dockers, de marins et de militaires et un tel amoncellement de marchandises diverses qu'il n'y avait rien d'étonnant à ce que plusieurs dizaines de tonnes de céréales disparaissent comme par enchantement; surtout si quelques sous-fifres de l'Intendance — et ils étaient omniprésents — se mêlaient de l'affaire.

Il était en effet quasiment impossible de tout surveiller à la fois : le déchargement des wagons, le stockage en entrepôts, le transport jusqu'au quai d'embarquement, enfin le rechargement dans les cales du vapeur.

Et, parce que toutes ces opérations se déroulaient au milieu d'une animation déjà folle — pleine de cris, d'ordres et de contre-ordres —, Antoine en vint à penser qu'il était même presque miraculeux que sur cent cinquante ou deux cents tonnes de céréales parties de l'hacienda on puisse encore en trouver cent kilos à l'arrivée!

Malgré cela, comme il l'avait promis à Pedro de Morales, il essaya, dans la mesure du possible, de surveiller la cargaison dont il se sentait responsable. Aidé par Joaquin — qui n'hésita pas, lui, à coucher dans l'entrepôt au milieu des sacs et qui passa une partie de la nuit à se battre contre les rats —, il tenta de ne pas perdre son chargement de vue.

Mais, parce qu'il n'était pas naïf au point de croire que sa seule présence avait suffi pour décourager les voleurs, c'est à la chance qu'il attribua le fait que nul ne décida cette fois de ponctionner les céréales destinées à l'armée. Ce furent donc bien cent vingt tonnes d'orge et soixante-quinze tonnes de blé qui prirent la direction d'Arica.

Antoine embarqua sans aucun enthousiasme, car il estimait avoir beaucoup mieux à faire à l'hacienda ou même à Santiago. Les paroles de Pauline lui trottaient encore dans la tête. Elles le gênaient d'autant plus qu'il avait tout à fait conscience de la justesse des reproches que son épouse lui avait adressés. Cela admis, il n'avait pas la moindre idée sur la façon dont il allait pouvoir être à la fois à Santiago et à Tierra Caliente. Il avait, au sujet de l'hacienda, des projets qui ne se contenteraient pas d'un travail à mi-temps.

Galvanisée par la prise de Tacna, l'armée chilienne fonça vers Arica; pour elle, c'était l'ultime verrou qu'il fallait briser sans plus attendre.

Malgré le désir de mettre au plus vite les ennemis à genoux, nul soldat chilien ne pouvait oublier le prix qu'il avait fallu payer pour anéantir les forces alliées commandées par le général Campero, président de la Bolivie.

Pour défendre Tacna, elles s'étaient retranchées à Campo de Alienza, un plateau qui domine la ville. Et c'est là-haut qu'il avait fallu grimper, sous une grêle de balles et d'obus, pour anéantir une à une les positions péruviennes et boliviennes.

Deux mille Chiliens et au moins trois mille alliés étaient tombés durant l'assaut.

Aussi, arrivant aux abords d'Arica, les Chiliens se demandaient s'il allait encore falloir se livrer à un carnage pour mettre un terme à cette campagne.

Le général Baquedano essaya d'abord de négocier. Il savait que la garnison ennemie, installée sur le *morro* d'Arica, était complètement isolée — le blocus du port était en place depuis février — et qu'elle ne pouvait donc espérer nul secours. Mais il savait aussi sa position presque inaccessible. Située au sommet d'un massif, elle était protégée d'un côté par les vertigineuses falaises qui plongeaient à pic dans l'océan, de l'autre par une pente escarpée, battue par la mitraille et recouverte d'un champ de mines.

Aussi dépêcha-t-il le commandant Salvo pour proposer aux assiégés une honorable reddition. Mais, parce que le général péruvien Bologuesi était persuadé que la forteresse où il s'était retranché avec ses troupes était absolument inviolable — certains observateurs assuraient qu'elle pouvait résister six mois! —, il refusa tout dialogue et fit savoir au général Baquedano qu'il acceptait le combat.

Le 5 juin au matin, les troupes chiliennes encerclèrent le *morro* d'Arica.

Romain fut presque soulagé d'apprendre que Clorinda ne connaissait personne capable de leur porter secours.

En effet, en supposant que la jeune femme ait continué à ignorer ce que transportait le *Rosemonde* et qu'elle ait pu les aider, Romain savait bien qu'il aurait conservé un mauvais goût de cette histoire. Il n'aimait ni les mensonges ni les situations fausses, car il savait que les uns et les autres dégénèrent presque toujours et très vite en redoutables imbroglios. De plus, dans le cas où il aurait été redevable envers la jeune femme de son assistance, il aurait eu la désagréable impression de la duper.

Il était prêt à s'y résoudre, car leur situation était

grave, mais il l'aurait fait à contrecœur, car il détestait pratiquer ce jeu. Mais, puisque Clorinda ne pouvait rien pour eux, tout rentrait dans l'ordre.

Ainsi put-il, sans arrière-pensées ni remords, oublier entre ses bras, pendant un couple d'heures, tous les ennuis que cet ignoble forban de Pizocoma leur avait créés et qui n'étaient pas prêts d'être résolus!

— Tu me quittes déjà? protesta-t-elle lorsqu'elle le vit se lever et commencer à s'habiller.

— Eh oui, hélas! soupira-t-il.

Il se pencha vers elle, lui posa un baiser sur la hanche et s'écarta pour échapper aux bras blancs qui déjà le ceinturaient.

— Tu as bien le temps, non? Allons, reviens! insista-t-elle en s'étirant voluptueusement.

Il faillit la rejoindre, car, ainsi épanouie et resplendissante au centre du grand lit défait, elle était vraiment très convaincante.

— Impossible, assura-t-il. Je dois absolument trouver une solution pour notre rafiot. Tu comprends, on ne peut pas s'éterniser ici!

— Dis tout de suite que tu t'ennuies avec moi! lança-t-elle en feignant de bouder.

— Pardi, sourit-il, tu t'en es bien rendu compte, non?

— On se retrouve au San Martín, ce soir? proposa-t-elle. J'aimerais bien passer la nuit là-bas; on commandera un orchestre, beaucoup de champagne, des langoustes... Souviens-toi comme c'est agréable... Alors, c'est d'accord?

— Je n'en sais rien, dit-il en hésitant. Il réfléchit un instant puis se décida : Oui, bon, c'est entendu. Mais ne t'inquiète pas si j'arrive tard, car je ne sais pas encore comment on va résoudre notre problème; j'ignore où chercher.

— Tu sais, dit-elle en s'asseyant au bord du lit et en

enfilant son chemisier, les marins, d'habitude, on les trouve dans les ports!

— Sans blague? Où crois-tu que je vais de ce pas?... Je reviens à Callao et je vais y faire la tournée des bars; on verra bien!

— Fais très attention aux filles du port; on dit qu'elles sont redoutables et terriblement aguichantes! recommanda-t-elle en trottinant jusqu'à sa coiffeuse.

Elle n'avait que son chemisier pour tout vêtement mais était aussi à l'aise qu'en robe du soir.

— Rassure-toi : pour ce qui est d'être redoutables, elles ne sont pas les seules! murmura-t-il en l'attirant.

Il l'embrassa dans le cou et sortit.

Pour tromper son ennui, car il ne savait que faire pour s'occuper, Martial décida d'abandonner un instant le *Rosemonde* et d'aller se dégourdir les jambes sur les quais. Il fit d'abord les cent pas devant le navire, puis estima que celui-ci ne risquait pas grand-chose et s'éloigna vraiment.

Il avait beaucoup de mal à admettre sa défaite. Sa double défaite, même. Car il considérait comme un premier et grave échec cette maudite crise de malaria qui l'avait empêché de mener à bien tout ce qu'il voulait faire à Panamá. Ensuite, pour l'achever, était intervenu l'incroyable vol que Pizocoma avait perpétré sous leurs yeux, calmement, sans le moindre faux pas, en homme sûr de lui.

Et tout cela était d'autant plus intolérable que, dans un cas comme dans l'autre, il avait été contraint de subir passivement ces épreuves. Ce n'était ni dans ses habitudes ni dans son tempérament, mais c'était ainsi; il avait dû baisser les bras par deux fois et avait beaucoup de peine à l'accepter.

Il s'aperçut qu'il était arrivé à l'autre bout du quai, fit demi-tour et reprit ses mornes réflexions.

Tout occupé à remâcher sa colère, il ne regardait absolument pas ce qui se passait autour de lui. Ce fut donc par chance que ses yeux se posèrent distraitement sur une goélette amarrée là au milieu d'autres navires de tout tonnage. Il n'y prêta d'abord aucune attention et poursuivit même sa marche nonchalante pendant près de cinquante mètres. Puis il réalisa soudain et se retourna vivement.

— Nom d'un chien! marmonna-t-il, que je sois pendu si ce n'est pas la *Gaviota blanca*!

Il hâta le pas et sourit en découvrant le nom du voilier : c'était bien la *Mouette blanche*, qui appartenait au capitaine Gandulfo Cuenco que Martial connaissait depuis plus de cinq ans. C'était un Équatorien qui s'était livré au cabotage entre Chañaral, Valparaíso et Valdivia pendant des années. Un homme affable et sympathique avec qui Martial et Antoine avaient souvent voyagé et à qui ils avaient maintes fois confié d'importantes cargaisons de matériel divers. Et maintenant, sa goélette était là, sur un quai de Callao.

— Allons, sourit Martial, la chance revient!

Puis il eut un petit pincement au cœur en songeant que la *Gaviota blanca* avait peut-être changé de propriétaire, ce qui expliquerait qu'elle soit ici et non du côté de Constitución ou de Coquimbo.

Inquiet, et prudent car il savait que le capitaine avait horreur qu'on monte sur son bâtiment sans y être invité, il appela en espérant que quelques marins se trouvaient à bord.

Ce fut un mousse qui passa la tête par une écoutille. Martial constata qu'il n'avait sans doute pas plus de douze ans et surtout qu'il était sale comme un peigne; le qualificatif de morveux lui allait à merveille car deux chandelles luisantes et jaunâtres ornaient ses narines.

— Le capitaine est là? Je veux dire le capitaine Gandulfo Cuenco, se reprit Martial qui soupira d'aise lorsqu'il vit que le gamin hochait affirmativement la tête. On peut le voir?

— Ah, non, il est à terre, expliqua le gosse en reniflant.

Il se torcha le nez d'un revers de main et s'essuya consciencieusement les doigts dans ses cheveux.

— Et où est-il?

L'enfant l'observa, feignit de n'avoir point entendu la question, plongea un index noirâtre dans sa narine droite et touilla avec application.

— Ben, réponds, quoi! s'impatienta Martial. Et mouche-toi aussi, petit saligaud!

— Vous avez du tabac? demanda le mousse.

Excédé, Martial lui lança la moitié d'un cigare et, pour se calmer, alluma l'autre morceau.

— L'est bon! apprécia le gamin après avoir tiré quelques énormes bouffées.

— Tu vas répondre maintenant, petit voyou! Et dépêche-toi, ordonna Martial, sinon je dirai au capitaine que tu fumes dans les coursives, c'est interdit et tu auras une volée!

— Par la Vierge, faites pas ça! Il me fouetterait, ce vieux bouc! L'est à la *Casa de los Colibris*, là-bas, au bout du port, sur la route de Lima...

— *La Maison des Colibris*, fit prudemment Martial. Oui, je vois de quelle volière et de quels oiseaux il s'agit...

— Ben, pardi! dit le gamin en prenant un air canaille. C'est là qu'il y a tout plein de filles, et des belles!

Et, de ses mains sales, il dessina devant lui une silhouette opulente.

Martial songea que le plus sûr moyen de mettre Gandulfo Cuenco de méchante humeur était d'aller le déranger dans un établissement de ce genre, aussi décida-t-il de patienter.

— Devrait pas tarder à revenir, le rassura le mousse

en devinant son agacement. Il est parti ça fait plus d'une heure, évalua-t-il. Puis il cligna de l'œil avant de lancer : Et il dit toujours qu'entre Panamá et le cap Horn c'est lui le plus rapide!

— Mouche-toi au lieu de dire des sottises, petit couillon! jeta Martial et il recommença à arpenter lentement le quai.

Romain eut un instant d'inquiétude lorsqu'il s'aperçut que Martial n'était ni dans la cabine ni sur le pont du *Rosemonde*. Échaudé par leur récente expérience, il envisagea plusieurs hypothèses, par exemple, un coup de colère de son compagnon qui l'aurait inconsidérément jeté à la poursuite de leur voleur; ou encore une descente de police pour un interrogatoire.

Peu rassuré, il entra dans le dortoir de l'équipage et interrompit une partie de cartes que disputaient le soutier borgne et le joueur invétéré qui, pour une fois, ne perdrait pas sa chemise puisque les deux hommes misaient avec des fèves!

— Vous n'avez pas vu M. Castagnier? leur demanda-t-il.

— L'est parti se promener sur le quai, dit le soutier.

— Et ça va bientôt faire deux heures, ajouta l'autre matelot en abattant une paire de dix.

Le soutier eut un rire gras en jetant deux dames et rafla les fèves, mais Romain était déjà dehors.

Il aperçut Martial de loin et s'étonna de le voir installé sur le pont d'une goélette et en grande discussion avec un petit homme trapu. Intrigué, il hâta le pas.

— Ici! lança Martial dès qu'il le vit.

Romain remarqua qu'il n'avait plus son air soucieux et grimpa sur la passerelle.

— La veine nous revient, lança Martial dès qu'il les eut rejoints. Voici le capitaine Cuenco, une vieille relation. Ça fait plus de cinq ans qu'on se connaît. Il a beaucoup travaillé pour nous, et il est honnête, lui...

— Enchanté, dit Romain qui ne comprenait pas encore en quoi l'homme pouvait leur être utile.

— Voilà, c'est réglé, dit Martial. On lève l'ancre demain matin! Oui, oui! insista-t-il en voyant l'air étonné de Romain. Le capitaine va nous déléguer son second, un homme très capable qui a déjà travaillé pour la Kosmos, oui, sur un vapeur. Il va prendre le *Rosemonde* en charge jusqu'à Valparaíso; moyennant finances, mais c'est bien normal.

— Ça, c'est une bonne nouvelle, dit Romain, parce que moi je n'ai rien trouvé.

— Ne vous inquiétez plus de rien, déclara le capitaine, on va vous sortir de là. Bon Dieu, je dois bien ça à M. Castagnier! Il m'a assez fait travailler pour que je m'en souvienne!

— Et l'équipage? Il a quartier libre jusqu'à après-demain! rappela Romain.

— Tss, tss..., vous occupez pas, je vous dis, le rassura le capitaine. Avec mon second et deux ou trois de mes hommes, on va aller sur votre bâtiment. On demandera à un de vos matelots de nous accompagner et on fera la tournée des bars et des maisons de Callao. C'est bien le diable si on ramène pas tout votre personnel d'ici demain matin... à grands coups de pied dans le cul, s'il le faut!

— Et vous croyez que ça suffira? demanda Martial.

— Mais oui! Et puis, on rajoutera quelques taloches si nécessaire... J'ai l'impression que ces lascars ont besoin qu'on les dresse un peu. Ils ont dû prendre de mauvaises habitudes. C'est normal : quand le capitaine et son second sont des pirates, les hommes sont des forbans! On les mettra au pas, vite fait... Et maintenant, faut que je vous quitte, j'ai des ordres à donner.

— Eh bien, parfait comme ça, soupira Romain en le voyant s'éloigner. Mais dites, lança-t-il soudain, si le second s'installe sur le *Rosemonde*, on a quartier libre, nous! Alors, c'est moi qui vous invite à dîner, ce soir. D'abord, je tiens à vous présenter Clorinda; ensuite, vous allez voir : il n'y a rien de tel qu'un repas fin et une bonne soirée en compagnie d'une jolie femme pour oublier les ennuis!

Après avoir livré la totalité de la commande de céréales à l'Intendance, Antoine espérait regagner Valparaíso au plus vite. Aussi fut-il furieux d'apprendre que le vapeur qu'il comptait emprunter venait d'être mis à la disposition de l'armée. Il pensa qu'il avait joué de malchance, car, en règle générale, il usait des navires de la Kosmos qui, eux, étaient à l'abri de la réquisition.

Le sort avait voulu qu'aucun vapeur de cette compagnie ne fût disponible pour transporter le grain; pressé par le temps, Antoine avait dû se rabattre sur un bateau chilien. Et voilà qu'au lieu de reprendre la route du sud, il était immobilisé aux abords d'Arica.

— Et on est là pour combien de temps? demanda Antoine au capitaine.

— Dieu le sait.., fit l'autre avec un geste évasif.

— Et sûrement pas moyen de dénicher un petit rafiot pour redescendre! ragea Antoine.

— Nous avons une chaloupe qui part dans une demi-heure. Vous pouvez toujours aller à terre si vous voulez, proposa le capitaine.

— C'est ça, pour ramasser quelques balles perdues! fit Antoine, qui, depuis que le vapeur avait jeté l'ancre, la veille à midi, savait comme tout le monde que les troupes chiliennes venaient d'encercler la forteresse du *morro*.

D'ailleurs, du navire ancré à moins d'un mille du port — toujours bloqué par la marine chilienne —, on entendait parfois, suivant les sautes du vent, les crépitements des rifles Comblain, des winchesters et des Gras et les coups sourds des canons Krupp.

— Non, rectifia le capitaine, je ne vous propose pas d'aller en ville, mais sur la plage. Depuis le blocus, il y a des petits caboteurs qui déchargent là-bas, dans la baie. Vous en trouverez peut-être un pour Valparaíso.

— C'est pas une mauvaise idée, reconnut Antoine après un instant de réflexion. Dans une demi-heure, la chaloupe? D'accord, on y sera. Et si nous ne sommes pas revenus avant demain soir, c'est que nous aurons fait affaire.

Parce qu'il était persuadé qu'ils couraient à leur perte — les augures les plus sinistres se multipliaient —, Joaquin devint franchement furieux lorsque Antoine lui fit part de sa décision.

— Cette fois, protesta-t-il, Mme Pauline dirait non, non et non! Et Joaquin dit non, non et non! Tout pareil que Madame!

— Écoute, sourit Antoine, ce n'est pas parce que Mme Pauline t'a recommandé de me surveiller qu'il faut me casser les oreilles! Allez, prépare le sac et filons! Parce que, si on doit attendre le bon plaisir de l'état-major, on risque d'être encore là dans un mois! Ou de nous retrouver à Callao!

— Mais c'est très mauvais à terre, ils se battent! protesta Joaquin en tendant le doigt vers Arica. Regardez là-bas : ils tombent comme des mouches, je les vois! assura-t-il.

— Tu dis n'importe quoi, fit Antoine qui, lui, ne voyait rien. D'ailleurs, d'après le capitaine, le *morro* est imprenable et je le crois volontiers, ajouta-t-il en observant au loin le pic escarpé qui surplombait l'océan. Alors, tu penses bien que les Chiliens ne sont pas fous au point de vouloir y grimper! Ils l'encerclent depuis deux jours et vont maintenant en faire le siège; ils ont tout l'avenir devant eux! Alors, je ne vois pas pourquoi ils seraient en train de se battre! Allez, file préparer le sac!

— Et, en plus, les urubus et les caracaras ont le vol de la mort! Et même les pélicans et les frégates! Regardez : tous les oiseaux ont le vol de la mort, annonça lugubrement Joaquin. Et puis, hier soir, la lune était rouge, pleine de sang, je l'ai vue. Oui, c'est notre mort qui est là-haut! assura-t-il en dressant l'index vers le ciel.

— Fous-moi la paix avec tes couillonnades et va préparer les affaires. On s'en va!

— Très bien, dit Joaquin, mais on va vers la mort, ça c'est sûr. Il y a trop de signes qui ne trompent pas...

Et il s'éloigna en maugréant.

Massés au pied du *morro* et cherchant à s'abriter derrière les rochers de la pluie de balles qui s'abattait sur eux en miaulant, deux mille Chiliens placés sous les ordres du colonel don Pedro Lagos attendaient l'heure de l'attaque.

Déjà certains d'entre eux, ivres de *chupilca del diablo* abondamment distribuée depuis le matin, avaient, en tâtonnant, mis baïonnette au canon. Puis, hébétés et sourds à tout appel, et en se débattant rageusement pour échapper aux mains des camarades qui voulaient les retenir, ils s'étaient dressés au milieu des éboulis et lentement, en titubant un peu, avaient entrepris l'assaut du terrible et vertigineux *morro*.

La plupart, cueillis par la mitraille, avaient boulé après quelques pas. Mais d'autres, plus chanceux, avaient réussi à grimper jusqu'à mi-pente. Et soudain, leurs compagnons toujours à l'abri les avaient vus disparaître un à un dans les gros nuages noir et feu des mines qu'ils avaient déclenchées.

Et certains avaient été projetés si haut que leurs corps disloqués et ouverts comme des courges trop mûres étaient retombés sur les troupes chiliennes toujours massées sous le couvert des rochers. Les troupes qui se préparaient à monter à l'assaut de cette forteresse qui les narguait là-haut...

— Mais c'est pas Dieu possible, sont pas fous à ce point! murmura Antoine.

Il n'en croyait pas ses yeux! Lui qui s'était battu comme un chien dix ans plus tôt, du côté de Chénebier et de Héricourt, et qu'un coup de sabre avait presque coupé en deux, n'arrivait pas à admettre que des hommes pussent avoir l'imbécile prétention d'attaquer une place aussi inexpugnable que le *morro* d'Arica!

— Sont fous! redit-il. Vont tous être au tapis avant d'avoir fait la moitié du chemin!

— Faut pas rester là, ça sent la mort, prévint Joaquin.

Comme Antoine, il était accroupi derrière un rocher, à quelque cinq ou six cents mètres du vertigineux piton tenu par les Péruviens.

Après avoir débarqué, Antoine avait d'abord été très déçu de ne trouver aucun caboteur qui veuille descendre sur Valparaíso. Alors, parce qu'il n'avait nulle envie de retourner tout de suite ronger son frein sur le vapeur, il avait progressé en direction d'Arica, malgré les avertissements de Joaquin.

Il n'en avait tenu aucun compte, car il savait qu'il ne risquait rien tant qu'il se tiendrait derrière la falaise et surtout à bonne distance de la zone des combats.

D'ailleurs, les nombreux militaires chiliens qu'ils avaient rencontrés — des marins, des artilleurs, mais aussi des infirmiers et des médecins – n'avaient été nullement étonnés de leur présence. Un peu comme s'ils trouvaient tout à fait normal qu'on ne veuille pas manquer un aussi sublime spectacle.

Un capitaine de l'état-major leur avait même indiqué un emplacement « d'où, avait-il dit, vous serez aux premières loges, et sans risques! Vous allez voir de quoi nous sommes capables! ».

Et ce qui était ahurissant, et qu'Antoine ne parvenait pas à comprendre, c'était que tout le monde trouvait très logique d'expédier deux mille hommes à l'assaut d'un bastion qui, de toute évidence, était imprenable!

— Ça sent la mort..., redit Joaquin.

— Pour une fois, tu as raison, approuva Antoine, et ça va la sentir encore plus dès que ces pauvres bougres vont s'élancer sur cette putain de pente... Mais, bon Dieu, murmura-t-il comme pour lui-même, pourquoi n'attendent-ils pas tout simplement que les autres crèvent de soif et de faim sur leur piton? Ils finiraient fatalement par se rendre! Alors, pourquoi veulent-ils monter là-haut?

— Pour l'honneur! lâcha Joaquin.

Antoine remarqua qu'il avait subitement changé de voix et d'attitude. Il semblait maintenant lui aussi tout prêt à s'élancer et à se battre.

— Qu'est-ce que tu racontes? s'étonna-t-il.

— Faut qu'on fasse voir à ces bandits que les Chiliens sont les meilleurs de tous! On va les écraser, ces assassins et ces fils de putes! On va les étriper, tous ces *cholos* pouilleux, et ils sauront qu'on n'a pas peur d'aller les chercher là où ils se cachent, comme des rats galeux! s'emporta le métis.

Et soudain, comme aiguillonné lui aussi par l'ordre qui avait retenti au loin, il se dressa à demi, faillit bondir vers l'avant.

— *Viva Chile! Viva Chile!* cria-t-il en serrant les poings.

— Ah, les pauvres vieux! murmura Antoine en s'agenouillant dans le sable.

Là-bas, dans un long et sinistre hurlement qui couvrait le bruit de la mitraille, le premier groupe de Chiliens venait de s'élancer baïonnette au canon. Et pour chaque homme frappé à mort qui roulait dans la poussière ou qu'une mine volatilisait, deux autres fantassins bondissaient vers l'avant.

Et ils grimpaient en courant, s'écorchant les genoux, les coudes et les mains sur la rocaille coupante; mais, comme insensibles à la douleur et même aux balles, ils montaient. Et ils chutaient par vagues entières, fauchés d'un coup par les rafales. D'autres alors jaillissaient, reprenaient l'ascension et gagnaient quelques mètres, avant de bouler à leur tour, par dizaines.

Mais certains s'accrochaient, s'encastraient dans la montagne, s'agrippaient et, s'abritant derrière les moindres cailloux, ils progressaient un peu plus vers le sommet, en fusillant à tout va.

Et toujours, opulentes et épanouies comme de grosses fleurs pourpres de magnolia ou de tulipier, sautaient les mines.

Pourtant les hommes s'élevaient. Ivres d'alcool, de poudre, de sang, de terreur et de haine, ils montaient, droit sur les canons. Et leurs hurlements de rage couvraient les râles des blessés qui jalonnaient la pente. Il y en avait partout.

Certains pleuraient en retenant leurs intestins qui débordaient entre leurs doigts poisseux; d'autres, trop choqués pour réagir encore, regardaient sans comprendre s'élargir sur leur vareuse la tache pourpre qui les vidait.

D'autres enfin, encore obnubilés par l'ordre reçu, tentaient toujours, malgré leur ventre ouvert ou leurs pieds coupés par une mine, de se traîner vers le sommet, d'atteindre ce coin de ciel gris-bleu d'où tombait la mort et que survolait de très haut, car apeurée par le vacarme, une myriade blanche d'oiseaux de mer!

— *Viva Chile! Viva Chile! Viva Chile!* Allez-y, les hommes! hurla Joaquin.

Il était maintenant debout et trépignait.

Ébahi, stupéfait, Antoine regarda les trois nouvelles

vagues d'hommes qui se ruaient vers la citadelle et qui, presque aussi soudainement, semblaient s'évaporer dans la poussière. Elles s'étiraient semblables à d'énormes paquets d'océan, qui grondent en se jetant sur les falaises, comme pour les anéantir, mais qui s'amenuisent de seconde en seconde en déferlant sur les galets, puis disparaissent, bus par le sable blanc.

Alors, une nouvelle fois, Baquedano lâcha sa sinistre cohorte de tueurs, d'égorgeurs, les anciens mineurs de Copiapó, les vainqueurs de Los Ángeles.

Ils s'élancèrent à l'assaut du *morro*. Effrayants, car paraissant insensibles à la douleur comme aux trous énormes que les salves et les mines creusaient dans leurs rangs, ils atteignirent les premières positions ennemies. *Corvo* à la main, ils se jetèrent alors dans d'atroces corps à corps; les lames étincelèrent sous le soleil.

Mètre après mètre, murette après murette, ne laissant derrière eux que des cadavres, les mineurs de Copiapó entrèrent enfin dans la place. D'épouvantable, le combat devint ignoble. Et les heures coulèrent.

Et puis, soudain, les hurlements changèrent de ton et les vivats retentirent. Alors, se déployant au sommet du *morro*, les trois couleurs du drapeau chilien annoncèrent l'écrasante victoire.

La route de Lima était ouverte.

## QUATRIÈME PARTIE

# SOUS L'OMBRE DES CONDORS

# 19

A Santiago, la chute d'Arica fut accueillie dans l'allégresse. Pour beaucoup, cette éclatante victoire était le signe indiscutable que la fin de la guerre était proche. D'ailleurs, les bruits couraient que les Anglais s'offraient comme médiateurs et cherchaient une solution honorable pour les trois belligérants.

Les mauvaises langues assuraient que les Britanniques se seraient moqués éperdument du conflit s'il s'était, par exemple, déroulé dans la chaîne des Andes ou aux confins du lac Titicaca. Mais, puisque les généraux avaient eu le mauvais goût de vouloir régler leur querelle sur des terrains riches en gisements de toutes sortes, il importait, au nom du commerce, de mettre au plus vite un terme à des combats qui faisaient perdre tant d'argent!

Forts de ces renseignements, les optimistes voyaient déjà la guerre finie; à condition naturellement que les alliés acceptent les nouvelles frontières, à savoir l'extension du territoire chilien jusqu'au río Sama, situé au nord de Tacna.

Les réalistes doutaient qu'il fût possible d'en finir aussi rapidement. Quant aux bellicistes — et ils étaient nombreux —, ils assuraient haut et fort, car ils avaient l'armée derrière eux, qu'il ne fallait pas discuter mais imposer, et pour cela écraser totalement les forces alliées et surtout prendre Lima au plus vite.

Réunies à *La Maison de France* en cet après-midi du 8 juin, Pauline et ses amies espéraient toutes, pour des raisons différentes, que le conflit allait prendre fin.

La jeune Agatha Portales parce qu'elle s'ennuyait terriblement de son époux, qu'elle n'avait pas vu depuis plusieurs mois.

María-Manuela de Morales parce qu'elle se rendait compte que le civisme de son mari — même s'il ne lui en touchait mot —, concrétisé par les fournitures à l'Intendance, finissait par coûter une fortune.

Ana Linares parce qu'elle n'ignorait pas que l'affaire concernant certains gisements du nord, que la Sofranco et Herbert Halton espéraient toujours récupérer, n'était pas réglée à cause de la guerre.

Et, enfin, Pauline qui s'inquiétait beaucoup pour Antoine; elle savait qu'il devait se trouver du côté d'Arica et craignait que, une fois de plus, il ait cru bon de prendre des risques, pour une raison ou pour une autre!

— Enfin, espérons que tout cela ne sera bientôt plus qu'un mauvais souvenir, dit Ana Linares en ajoutant méticuleusement un point à la broderie qu'elle confectionnait.

— Que le ciel vous entende! approuva Agatha Portales. Mais je ne suis, hélas, pas certaine qu'il nous écoute...

— Allons, allons, il ne faut pas dire ça! reprocha Ana. Vous voyez bien que tout s'arrange! Arica est tombée, la guerre est finie! C'est d'ailleurs l'avis de... Emportée par son élan elle avait failli dire : « l'avis d'Herbert! » Elle se rattrapa juste à temps, se mordit les lèvres : Le point de vue de tout le monde! assura-t-elle en rougissant quand même un peu. N'est-ce pas? demanda-t-elle en quémandant l'avis de Pauline.

— Oui, je crois, dit Pauline. Enfin, j'espère, moi aussi. Au fait, j'ai reçu une très longue lettre de Rosemonde. Elle va très bien et vous adresse son meilleur souvenir.

Elle m'a aussi envoyé un gros catalogue de mode, vous voulez le voir ?

La question était superflue.

Depuis la chute du *morro*, la veille, Arica vivait dans la folie. Fous d'excitation et pour beaucoup aussi d'orgueil, les vainqueurs s'étaient répandus dans la ville qui avait très vite retenti de chants d'ivrognes, de rires stridents de filles culbutées, de pétarades diverses, de beuglements avinés de sous-officiers tentant de rassembler leurs hommes vautrés dans les *cantinas* ou à même les trottoirs.

Et, planant sur tout cela, en une étrange et presque ininterrompue mélopée, s'entendait la longue et lugubre plainte des blessés et des agonisants. On les avait entassés un peu partout, dans des tentes dressées à la va-vite ou dans quelques vastes demeures réquisitionnées pour l'occasion ; même l'église en était pleine.

S'il l'avait pu, Antoine ne serait pas resté une minute de plus dans cette ville prise de démence. Il n'aimait pas ces cris, ce brouhaha, cette effervescence malsaine dont il se méfiait, car il savait avec quelle rapidité elle peut dégénérer en folie meurtrière, en représailles hystériques. Déjà, sous prétexte d'espionnage, quelques pauvres bougres dont le seul tort était d'être péruviens, avaient été prestement passés par les armes, contre le mur du cimetière.

Averti par six années d'armée, une campagne en Algérie et une guerre perdue, Antoine redoutait beaucoup les réactions d'une troupe en occupation, surtout après une victoire ; elles étaient d'autant plus dangereuses qu'imprévisibles.

Aussi se serait-il volontiers passé d'avoir à vivre au milieu de cette bruyante foule de militaires. Mais, comme il était maintenant évident que le vapeur ne bougerait pas avant des jours et des jours, des semaines peut-être, il était bien obligé de chercher une autre solution pour rejoindre Valparaíso.

C'est en revenant du port avec Joaquin, où ils avaient une fois de plus constaté que nul caboteur ne prenait la route du sud, qu'Antoine se sentit retenu par la manche.

Il se retourna et fut très étonné de constater que Joaquin était l'auteur de cette familiarité.

— Et alors, qu'est-ce qui te prend? lui lança-t-il. On dirait que tu viens de voir un revenant!

— C'est le docteur! dit Joaquin en désignant une tente dressée sur lá place, à quelques mètres de là — elle était bourrée de blessés

— Quel docteur?

— Portales.

— Ah ça, c'est une sacrée bonne nouvelle! sourit Antoine. Où est-il?

Il n'était pas du tout étonné de retrouver le docteur Portales en ces lieux. Il eût même été anormal et inquiétant qu'il n'y fût point, puisqu'il était attaché à l'armée de Baquedano.

— Où l'as-tu vu?

— Ici, dit Joaquin en l'entraînant vers la tente. Là..., fit-il en s'arrêtant.

Antoine se sentit soudain blêmir.

— Oh non! Pas lui! murmura-t-il en serrant les dents, pas lui...

Devant eux, couché sur une civière maculée d'immondices, gisait leur vieil ami le docteur Arturo Portales.

Exsangue, yeux clos dans leurs orbites caverneuses, ses lèvres presque blanches entrouvertes, il respirait faiblement, par petits coups irréguliers.

Un mince bandage, qui retenait mal une charpie brune de sang séché, cernait son torse. Mais ce n'était pas là que s'attardait le regard d'Antoine. C'était sur le pantalon souillé, infect, d'où émergeaient, à la hauteur des genoux, deux grossiers pansements qui chapeautaient les moignons.

— Qu'est-ce que vous foutez là, vous? demanda sèchement un infirmier en dévisageant Antoine et Joaquin.

— Nous le connaissons, expliqua Antoine en désignant le docteur, c'est un de nos amis.

— M'en fous! Les civils n'ont rien à faire ici. Sortez!

Antoine n'était pas du tout d'humeur à obtempérer; aussi cherchait-il des yeux un gradé pour lui expliquer la situation quand le docteur Portales s'en mêla; sa voix n'était qu'un souffle.

— Eduardo, je t'ai dit cent fois que tu étais plus bête qu'un cochon borgne..., articula-t-il. Fous le camp. Laisse-moi avec mes amis.

Vexé, l'infirmier maugréa quelques vagues propos plus ou moins insultants et tourna les talons.

— Bonjour, docteur, murmura Antoine en touchant la main du blessé. Elle était froide et pourtant moite de sueur. Bonjour, répéta-t-il, car il n'était pas certain d'avoir parlé assez fort.

Le docteur remua doucement la tête, mais sans ouvrir les yeux, et du bout des doigts adressa un petit salut.

— J'ai reconnu votre voix, dit-il enfin. C'est bien d'être venu...

Il semblait tellement faible qu'il donnait l'impression de ne plus même avoir la force de s'étonner de la présence d'Antoine en ces lieux. Il flottait dans une sorte d'inconscience qui rejetait toute question superflue, pour ne retenir que l'essentiel, le concret.

— On peut vous aider? demanda Antoine. Vous savez, je suis là avec Joaquin. Alors, si on peut faire quelque chose...

Il vit les doigts qui bougeaient de nouveau, comprit que le docteur avait besoin de reprendre des forces avant de répondre.

— Ne parlez pas, dit-il, sauf si vous en avez envie. C'est un obus, n'est-ce pas ?

Il savait qu'il ne se trompait pas, seule une violente explosion pouvait avoir ainsi tranché deux jambes. Il vit que le docteur approuvait silencieusement.

— Hier matin, souffla enfin le blessé.

Puis son bras droit glissa sous la civière et sa main tâtonna dans la poussière.

— Là..., dit-il, la gourde, de la coca...

Antoine attrapa le récipient, le déboucha et le présenta devant les lèvres blanches. Le docteur avala plusieurs gorgées, puis détourna la tête. Ce ne fut qu'après quelques minutes qu'il reparla enfin.

— Cigare..., demanda-t-il.

Antoine en alluma un, le lui glissa entre les lèvres le temps d'une bouffée, l'enleva, attendit et répéta son manège.

— Hier..., redit enfin le docteur qui semblait dopé par la coca. Un obus dans l'infirmerie... Terminé pour moi...

— Mais non, dit Antoine, on va vous aider.

— Terminé, bêtement...

Il n'avait toujours pas ouvert les yeux, comme s'il refusait de voir la réalité qui l'entourait et surtout son corps, maintenant mutilé et définitivement infirme.

— « Du sublime au ridicule, il n'y a qu'un pas... », murmura-t-il en ébauchant un vague sourire. C'est votre grand Napoléon qui a dit ça...

Antoine acquiesça d'une pression de la main sur le bras du blessé.

— Je n'ai jamais été sublime..., poursuivit le docteur, et je suis ridicule...

— Mais non ! Pas du tout. Ne dites pas ça !

— Ridicule... J'ai franchi le pas, mon dernier pas...

— N'y pensez plus! insista Antoine. Vous êtes en vie, c'est le principal!

Le docteur remua négativement la tête et Antoine fut bouleversé en voyant les larmes qui, perlant sous les paupières closes, formaient deux petits lacs dans les orbites creuses avant de rouler dans les fines rides qui sillonnaient les tempes.

— Plus jamais marcher, dit le docteur, plus pouvoir courir avec mon petit garçon... Et grimper avec lui et Agatha en haut du *cerro* de Santa Lucía... Plus jamais, et...

— Ça ne sert à rien de remâcher tout ça, coupa Antoine, pensez plutôt à reprendre des forces! Reposez-vous!

— Et Agatha, que va-t-elle dire? poursuivit le docteur en s'agitant. Et mon petit garçon? J'aimais tellement me promener avec eux! Et puis... j'aurais tellement voulu avoir d'autres petits enfants comme les vôtres... Et on se serait tous promenés au bord du Mapocho! C'est fini...

Il remua la tête, puis s'essuya gauchement les yeux, mais les larmes continuèrent à couler.

Désarmé, gêné, Antoine regarda Joaquin, comme pour chercher son aide, mais le métis haussa les épaules, lui non plus ne savait que faire.

« Et pourtant, bon Dieu, on ne peut pas le laisser comme ça! » songea Antoine en tirant nerveusement plusieurs bouffées de cigare.

Non, il ne pouvait pas le laisser comme ça. Pour lui et Pauline, mais aussi pour Martial et Rosemonde, le docteur Portales était le premier Chilien à leur avoir offert son amitié, sans restriction, uniquement parce qu'ils étaient français et qu'il admirait tout ce qui venait de France. C'était lui aussi qui avait soigné Rosemonde, les jumeaux, et Antoine après son coup de fusil. Lui aussi qui était spontanément venu leur offrir son aide après l'incendie de *La Maison de France*.

Il était impensable de le laisser ainsi, brisé, anéanti. Impensable de l'abandonner dans ce bouge infâme baptisé infirmerie, où la pestilence était telle que même le cigare ne la masquait pas! Il n'était humainement pas concevable de tourner les talons en l'abandonnant dans ce mouroir bourdonnant de mouches et grouillant de vermine.

— Je vais vous ramener à Santiago! décida soudain Antoine. Je ne sais pas comment, mais je vais le faire!

— Vrai? murmura le docteur. Sa main agrippa celle d'Antoine, s'y accrocha comme à une bouée. Vrai? répéta-t-il. Et, pour la première fois, il ouvrit les yeux et chercha le regard d'Antoine : Sortez-moi de là..., dit-il en se cramponnant aux doigts qu'il tenait — et dans ses prunelles passait toute la supplication du monde. Sortez-moi de là avant que je meure...

— Où est votre collègue responsable? demanda Antoine.

— Sais pas..., souffla le docteur.

Il était maintenant épuisé et referma les yeux; et sa main relâcha son étreinte.

— Je vais aller le voir, dit Antoine. Ne vous inquiétez pas : Joaquin reste avec vous; on ne vous abandonne pas.

— Sortez-moi de là, murmura le docteur, tant qu'il n'est pas trop tard...

— Je reviens, dit Antoine.

Il trouva le major dans une tente mitoyenne. Il était en train de faire son inspection; scrutant d'un air impénétrable mais blasé les ventres ouverts, les crânes fracassés et toutes les abominables blessures des hommes entassés là.

— Donc vous voulez vous occuper du docteur Portales? dit-il lorsque Antoine eut fini de lui expliquer son projet.

— C'est ça.

— Vous êtes courageux...

— Pourquoi ?

— Parce que, malgré toute l'amitié que j'ai pour lui et les soins que nous lui portons, il est foutu... Alors...

— Comment ça, foutu ?

— Comme lui, dit le docteur en désignant un corps recouvert d'une loque, sur un brancard que les infirmiers évacuaient. Gangrène, ça ne pardonne pas...

— Il l'a déjà ?

— Pas encore, mais ça viendra... fatalement...

— Vous en êtes certain ? dit Antoine qui refusait de croire le diagnostic.

— Oui... A... disons : quatre-vingt-dix pour cent. L'obus lui a quasiment pété dans les pattes! Je n'ai même pas eu besoin de couper quoi que ce soit, c'était fait... Alors, pour recoudre dans ces conditions... Et puis, il y a de tout dans ses plaies : de la terre, de la boue, des chiffons, de la poudre, je vous passe les détails, hein ?

— Et sa blessure à la poitrine ?

— Pas grand-chose. Deux côtes tranchées par un éclat, pas plus, pas grave...

— Et au ventre, rien ?

— Non, pourquoi ? Vous trouvez qu'il n'est pas assez abîmé comme ça ?

— Si, dit Antoine. Mais... ça va vous sembler bizarre qu'il puisse y penser dans l'état où il est, mais il disait tout à l'heure qu'il voulait d'autres enfants. Et j'ai cru comprendre qu'il s'inquiétait beaucoup... Il est vrai qu'un obus entre les jambes...

— Eh bien, rassurez-le. Comme ça, au moins, il mourra tranquille, en homme! dit le major en soulevant une couverture pour observer une autre jambe, coupée sous le genou. Tout va bien, très bien, ça ira! promit-il au blessé qui le regardait d'un air anxieux. Qu'est-ce que tu fais, à part la guerre ?

— Mineur, à la Placilla, balbutia l'homme en chassant

les mouches qui s'acharnaient sur ses yeux et à la commissure de ses lèvres.

— Alors, c'est parfait! lança le major d'un ton jovial. Tu travailles bien à genoux ou à plat ventre, oui? Alors, tu vois, tout s'arrange : t'as même pas besoin de ta jambe!

— Je vais vous laisser, dit Antoine. Donc, on peut s'occuper de notre ami?

— Mais oui. D'ailleurs ça fera de la place, c'est appréciable. Mais, bon courage! Il va souffrir atrocement avant de mourir; n'hésitez pas à le bourrer de coca, de laudanum, de morphine, si vous en trouvez.

— Il ne mourra pas.

— Ça, mon vieux, ni vous ni moi n'en décidons! Mais rappelez-vous : j'ai dit foutu à quatre-vingt-dix pour cent. Et vous n'êtes pas obligé de me croire, mais tous mes confrères disent que je suis toujours optimiste!

— Moi aussi! Dix pour cent de chances de vivre, c'est pas rien!

— Vous allez m'emmener? demanda le docteur Portales dès qu'il aperçut Antoine.

— Oui, le plus tôt possible.

— Très bien, murmura le docteur en grimaçant un faible sourire, très bien. Vous comprenez, ici, pour moi, c'est la gangrène à coup sûr...

— Mais non! s'insurgea Antoine. Ne dites pas ça!

— A coup sûr... Je le sais, je suis médecin. La gangrène...

— On va vous ramener à Santiago, assura Antoine, mais le problème est que je ne sais pas comment. Il n'y a pas de caboteur en ce moment.

— Dans la baie... Un clipper..., dit le docteur. Et parce qu'Antoine semblait ne pas avoir compris, il insista péniblement : Un clipper, des Américains... Naturalistes, des savants...

Craignant le délire, Antoine le regarda avec inquiétude et continua à se taire. Puis il vit que le docteur semblait lucide et chercha à comprendre.

— Que voulez-vous dire ?

— Les Américains... des amis, on a fait connaissance à... Ilo. Ils étaient aussi du côté de Tacna. Cherchaient des plantes. Retrouvés ici... Ils regardent les oiseaux, nous aideront...

— Vous êtes sûr ?

Le docteur hocha la tête.

— Dans la baie, redit-il, le beau clipper blanc. Il s'appelle le *Cuvier*.

— J'y vais, décida Antoine. Toi, dit-il à Joaquin, tu gardes le docteur. Ne le quitte pas surtout !

— Attendez..., articula le docteur. Il faut aussi trouver du miel, beaucoup...

— Quoi ? Et puis où diable voulez-vous..., fit Antoine sans oser comprendre, car il redoutait que ce soit le dernier et incongru désir d'un moribond.

— Du miel, pour mes blessures, expliqua lentement le docteur, pour éviter la gangrène...

— C'est pas sérieux, essaya Antoine de plus en plus embarrassé.

— Si ! Les Indiens le font, ils savent, eux...

— C'est vrai, intervint alors Joaquin. Il regarda le docteur, puis Antoine en hésitant et lâcha enfin : A Tierra Caliente, des deux qui se sont fait couper le bras par la batteuse, celui qui est vivant, c'est celui qui a mis du miel, et sa plaie a vite guéri. L'autre, il n'a mis que des herbes et il est mort...

— D'accord, céda Antoine, je vais essayer d'en trouver.

« Mais avant tout, pensa-t-il en s'éloignant à grands pas, faut d'abord que je m'assure que ce clipper est toujours là. Et s'il est là, que j'aille à bord. Mais, après, qu'est-ce que je vais dire à ces Américains ? »

Si Antoine fut soulagé en constatant que le clipper blanc était toujours ancré dans la baie, ce ne fut pas sans appréhension qu'il escalada peu après l'échelle du fin voilier.

Peu au fait des disciplines scientifiques, il n'avait qu'une très vague idée du travail que pouvaient effectuer des naturalistes, qu'ils soient américains ou pas. Et le fait de savoir que le docteur Portales les tenait pour des savants n'était pas pour le mettre à l'aise.

Pour lui, les savants étaient tous d'un âge certain et appartenaient à une caste qu'il n'avait jamais fréquentée. Il fut donc extrêmement surpris lorsque le matelot qui l'avait accueilli à bord le conduisit jusqu'à la dunette.

— Voilà M. et Mme Freeman, dit-il en s'écartant.

Ils étaient là, tous les deux penchés sur une grande table où étaient alignés des lichens, des mousses, des herbes; il y avait aussi quelques oiseaux morts, des poissons divers, des coquillages, des papillons et des insectes. Et aussi des livres et des cahiers, des scalpels et un microscope.

Mais cela n'avait rien de surprenant. En revanche, la jeunesse des deux naturalistes était tout à fait stupéfiante pour quiconque s'était préparé à rencontrer de vieilles gens.

Antoine estima que l'homme, un grand gaillard à la barbe blonde, n'avait pas plus de trente ans. Quant à la jeune femme – une troublante et potelée petite rousse aux yeux verts –, elle n'avait sûrement pas vingt-cinq ans. Et ils formaient un couple si peu conforme à l'idée qu'il s'en était fait, qu'il pensa un instant avoir affaire aux enfants des « savants » dont lui avait parlé le docteur.

— C'est vous qui êtes arrivé sur le canot ? lui demanda l'Américain en le dévisageant.

— Oui. Je cherche monsieur... monsieur...

Il constata soudain que le docteur ne lui avait même pas communiqué le nom des propriétaires du clipper et qu'il n'avait pas retenu celui donné par le matelot.

— M. Freeman, Andrew Freeman peut-être?

— Ça doit être ça, hésita Antoine; oui, je pense. Écoutez, dit-il un peu abruptement, je viens de la part du docteur Portales, vous le connaissez?

— Naturellement. Mais je ne crois pas avoir entendu votre nom?

— Vous avez raison, Antoine Leyrac.

— Enchanté. Ma femme, Mary Freeman, présenta l'Américain. Vous êtes français, n'est-ce pas? Avec un nom pareil!

— Oui, mais le problème n'est pas là. Le docteur a besoin de vous, il est...

— Besoin de nous? coupa la jeune femme, mais avec plaisir. Au fait, pourquoi?

Elle avait une voix très douce, charmeuse, et un regard tout à fait étonnant.

— Parce qu'il va mourir, si on ne l'aide pas, dit Antoine.

Et il s'en voulut un peu d'avoir été si direct en la voyant grimacer, mais l'heure n'était pas aux tergiversations.

— Expliquez-vous! dit Andrew Freeman.

Antoine parla, brièvement, car le temps pressait. Et lorsqu'il se tut, tout s'enchaîna avec une telle rapidité qu'il lui fallut quelques secondes pour comprendre que l'Américain acceptait de les aider; déjà, il hélait le commandant, donnait ses ordres.

— Préparez l'appareillage au plus vite. Direction Valparaíso, dès que nous serons de retour. Faites préparer l'infirmerie. Faites aussi descendre la chaloupe. Je veux quatre hommes avec moi et un brancard. Nous allons à terre. Ce sera tout!

— Je m'excuse, dit le capitaine, mais quelques hommes sont absents, ils sont en ville...

— Alors, faites donner la corne de brume; ils la connaissent et savent ce qu'elle signifie!

— Très bien.

— Venez, maintenant, dit Andrew Freeman en entraînant Antoine. Si cette infirmerie est aussi infecte que vous le dites, vous avez raison, chaque minute compte.

Ils s'installèrent dans la petite barque, qui fila aussitôt vers Arica.

— Et dire que j'ai applaudi hier, murmura peu après le jeune Américain en secouant la tête.

— Pardon? dit Antoine.

— Oui, hier, expliqua Andrew Freeman, pour la prise du *morro*. J'ai tout regardé à la longue-vue. C'était complètement fou, cet assaut, complètement dément, mais sublime aussi! J'ai applaudi quand le drapeau chilien s'est épanoui en haut de la citadelle. Oui, nous avons tous applaudi, sur le bateau. Quelle dérision!...

— Oui, dit Antoine, c'était un fameux spectacle, vu de loin... Et aussi à condition de ne pas penser à ceux qui s'entre-tuaient ni à ceux qu'on égorgeait... Ou de ne pas savoir ce qui se passait vraiment...

— Vous avez vu, vous aussi?

— Oui, dit Antoine. Il puisa un peu d'eau de mer dans le creux de la main; elle était fraîche, presque froide; il s'en humecta les joues, et sa barbe de deux jours crissa sous ses doigts. Oui, j'ai vu, reprit-il, mais je n'ai pas applaudi. Je n'ai aucun mérite à ne pas m'être extasié; moi, je sais ce que donne un coup de sabre dans le ventre... Et vous, bientôt, vous allez voir ce que donne un obus entre les jambes; vous allez comprendre que ça ne mérite pas d'applaudissements!

Le regard que leur lança le docteur dès qu'il les aperçut valait tous les discours de remerciement; et il était d'autant plus poignant et bouleversant qu'il s'épanouissait dans un visage figé et déjà presque cadavérique.

— Voilà, dit Antoine à Andrew. Pendant que vous le chargez sur la civière, je préviens le major. J'ai aussi quelque chose à lui demander.

— Et le miel? chuchota alors le docteur Portales.

— Merde! ragea Antoine, j'ai oublié!

— Que veut-il? s'étonna l'Américain.

— Du miel!

— Si ce n'est que ça, dit Andrew, j'en ai un plein tonnelet sur le bateau; ma femme en raffole et moi aussi, mais je ne...

— Je vous expliquerai, coupa Antoine. Allez, partez devant, je vous rejoins.

Il se faufila au milieu des grabats, passa dans la deuxième tente et aperçut le major.

— Vous n'avez pas trouvé de bateau, n'est-ce pas? demanda celui-ci dès qu'il le vit.

— Si, justement, et je venais vous dire que nous partions.

— Ah, très bien! dit le major qui semblait vraiment heureux d'apprendre cette nouvelle. De toute façon, ajouta-t-il, notre ami Portales sera mieux n'importe où ailleurs qu'ici! Ici, c'est l'enfer, n'est-ce pas? Enfin, c'est l'idée que je m'en fais. Pas vous?

— Peut-être. Dites, je voulais simplement savoir : est-ce que vous avez prévenu sa femme? Nous n'en avons pas parlé tout à l'heure et...

— Non, elle n'est pas prévenue, coupa le major.

— Alors, faites-le maintenant, et dites qu'on embarque.

— Oh non! Pas de risque!

— Pourquoi?

— Je ne préviens jamais les familles des blessés graves

qui ont peu de chance de survivre, expliqua le major. Ce n'est pas par lâcheté, ajouta-t-il en voyant qu'Antoine le regardait d'un œil réprobateur; non, pas par lâcheté, au contraire...

— Peut-être; mais, moi, je ne peux pas arriver comme ça à Santiago sans annoncer à Mme Portales que je reviens avec son mari!

— Vous faites ce que vous voulez. Maintenant, ce n'est plus mon affaire, c'est la vôtre! Mais, de toute façon, il y a très peu de chance que l'ami Portales arrive vivant, alors... Moi, voyez-vous, je me mets à la place des gens qui reçoivent le message. Prenez par exemple une petite femme, gentille tout plein, ou une mère. Elle ouvre la dépêche — c'est déjà très mauvais signe, une dépêche de l'armée — et avant de la lire elle se dit : « Il est mort! » Elle en est certaine, elle a le cœur qui saigne, mais elle lit quand même et elle voit : « Juan, ou Ignacio, ou Fernando gravement blessé... » C'est le coup terrible! Et puis elle réagit et se dit : « Gravement blessé, ça veut quand même dire qu'il n'est pas mort, il vit! C'est merveilleux! » Et elle s'accroche à ça, la pauvre; elle n'a plus que ça pour se retenir, pour s'encourager : il vit! Et elle fait ses prières, récite mille chapelets, fait dire cent messes et se dit qu'il y aura sûrement un miracle... C'est obligé qu'il y ait un miracle! Avec tout ce tas de prières, tous ces cierges et toutes ces fleurs qu'elle a portés à la Vierge, et toutes ces larmes, ça serait malheureux...

— Je comprends, dit Antoine, et pendant quelques jours elle reprend espoir.

— Oui. Et pour peu qu'elle connaisse sa blessure, elle s'y habitue, elle fait avec. S'il a perdu un bras, elle pense : « Je lui couperai sa viande, je le ferai manger, je le laverai, comme un petit bébé. » Et si c'est une jambe : « Je le promènerai en fauteuil, je serai là, toujours avec lui. Et puis, de toute façon, il est vivant, c'est le principal! » Et c'est alors une nouvelle dépêche qui arrive, et c'est comme si on la tuait deux fois... Tandis que si elle ne sait rien, si elle n'a même pas su qu'il était blessé, elle peut au moins se dire qu'il est mort sans souffrir...

— Vous avez raison, reconnut Antoine. Bon, je verrai en cours de route. Maintenant, je m'en vais.

— Bon courage, dit le major.

Il regarda sa main avant de la tendre à Antoine, vit qu'elle était maculée de sang sec et la reglissa dans sa poche.

— Bon courage à vous aussi, dit Antoine.

— Et si, par miracle, je dis bien par miracle, l'ami Portales s'en sort, faites-le-moi savoir.

— Promis. Mais vous verrez, il s'en sortira! D'autres ont été amputés et n'en sont pas morts! Tenez, votre mineur de la Placilla, par exemple, celui qui travaille à plat ventre!

— Je pense bien! dit le major en haussant les épaules. Il est mort un quart d'heure après ma visite... Mais ses voisins ont assuré qu'il était tout à fait heureux! Pas de mourir, il n'a rien compris, mais de croire qu'il allait bientôt reprendre son travail... à plat ventre dans sa putain de mine! Remarquez, vous pouvez toujours dire la même chose à l'ami Portales. Lui faire croire qu'il retrouvera bientôt sa clientèle; après tout, rien n'empêche un médecin de travailler avec des béquilles...

# 20

Pour calmer la colère qui risquait de le submerger et de le pousser à quelque acte ou parole regrettables, Herbert Halton vida coup sur coup deux verres de sherry. Puis il estima que cette boisson était un peu faible et se versa une bonne rasade de cognac qu'il dégusta.

Mais ses mains tremblaient encore de rage lorsqu'il voulut prendre une prise; il mesura mal la dose et se glissa une telle quantité de tabac dans les narines qu'il éternua comme un perdu pendant plusieurs minutes.

En voyant revenir ensemble Martial et Romain, un quart d'heure plus tôt, il avait tout de suite pressenti que quelque chose d'anormal s'était passé durant leur voyage. En effet, il n'avait pas oublié que Martial devait rester à Panamá pour étudier les possibilités d'affaires; son retour à Santiago n'augurait donc rien de bon.

Ensuite, les deux hommes avaient raconté leur expédition et, là, Herbert avait eu franchement le sentiment de plonger dans l'horreur. Depuis plus de dix ans qu'il était banquier, c'était la première fois qu'on osait le voler de la sorte.

Et le pire, l'abominable, était de savoir que le capitaine Pizocoma n'avait pu réussir son coup que grâce aux indications que certains Britanniques — que Dieu les damne! — lui avaient complaisamment fournies. C'était cela le plus choquant. Certes, la perte de quelque cent cinquante mille pesos — sans compter les frais de voyage — était extrêmement grave, mais elle était moins humiliante que la trahison de ses compatriotes. Pour lui, c'était un acte immonde! Presque aussi révoltant que si les marins du *Victory* avaient pris l'amiral Nelson pour cible!

Et, si encore cette félonie avait été perpétrée par quelques méchants drôles, Allemands par exemple, comme Obern et Reckling, il se serait consolé en se disant que ses confrères lui avaient rendu la monnaie de sa pièce! Mais ce n'était même pas le cas!

Il éternua une dernière fois, se moucha et s'essuya les yeux.

— On n'est jamais trahi que par les siens..., dit-il enfin. Si jamais je découvre un jour ceux qui ont renseigné Pizocoma...

— Ça ne nous rendra pas nos cent cinquante mille pesos! soupira Edmond.

Lui, la nouvelle l'avait abattu. Depuis la faillite de la Soco Delmas et Cie, dans laquelle il avait laissé toute sa fortune, il redoutait d'être à nouveau confronté à ce genre de catastrophe. Et, maintenant qu'il avait réussi à se remettre à peu près en selle, il ne se sentait plus de taille à lutter si, par malheur, la Sofranco chutait à son tour.

— Et le comble, dit Herbert, c'est que notre position est maintenant absolument ridicule vis-à-vis des Chiliens qui attendaient nos armes... Souhaitons qu'ils ne nous en tiennent pas rigueur!

— Dites-leur qu'elles étaient beaucoup trop chères, ça les calmera tout de suite, suggéra Romain.

— Pas sûr, dit Herbert après s'être bruyamment remouché. Enfin, sachez que j'assume toute la responsabilité de cette pénible affaire. Je n'oublie pas que l'idée était de moi; j'irai donc m'expliquer auprès des autorités. Cela dit, autant que vous sachiez que si d'autres fiascos de cet ordre se renouvelaient, je n'aurais plus qu'à déposer mon bilan, et la Sofranco avec...

— Nous n'en sommes pas là, coupa Martial, et nous en avons vu d'autres! De plus, il ne sert à rien de se lamenter ou de se culpabiliser. Le seul escroc, c'est Pizocoma et...

— Et ceux qui l'ont renseigné! coupa Herbert qui n'arrivait pas à admettre la trahison de ses concitoyens.

— Peu importe, dit Romain. Disons plutôt que nous avons été trop confiants et n'en parlons plus! Après tout, nous ne sommes peut-être pas assez voyous pour faire le commerce des armes; mais on ne se refait pas!

— Tout à fait d'accord, intervint Martial; on ne va pas remâcher cette sale histoire pendant dix ans!

— On voit que vous avez eu le temps de la digérer pendant le voyage de retour! lâcha Edmond avec une certaine amertume. Ce n'est pas le cas pour Herbert et moi!

— Bien sûr, dit Martial, mais, comme me l'a fait remarquer Romain, n'oubliez pas que nous pouvions, en plus, être jetés par-dessus bord et, sans aller jusque-là, perdre aussi le *Rosemonde*...

— Vous avez raison, approuva Herbert après avoir réfléchi quelques instants, il faut réagir. Mais il ne faut pas non plus perdre de vue que mes... compatriotes ne baisseront pas les bras. Il importe donc de se méfier des coups bas qu'ils tenteront de nous porter encore et surtout de les prendre de vitesse dans tous les domaines. J'estime que cette guerre va bientôt prendre fin et...

— Là, dit Romain, je crois que vous faites une erreur. La fin du conflit n'est pas du tout évidente, du moins dans l'immédiat. Croyez-moi, les Péruviens ne sont pas du tout décidés à traiter! Et les Péruviennes non plus! ajouta-t-il en souriant.

— Mais si, assura Herbert, ils n'ont plus rien, plus aucune chance de gagner; d'ailleurs, mon gouvernement multiplie les contacts et on peut considérer que l'armistice est proche. Vous verrez, la guerre sera finie d'ici un mois, j'en prends les paris. Donc nos gisements vont pouvoir être exploités à fond et c'est ce que nous allons faire, n'en déplaise aux compagnies anglaises... Mais je pense de plus en plus que c'est à Panamá qu'il faut frapper. Là-haut, c'est la France qui mène le jeu, profitons-en.

— Pour ça, c'est ma faute si rien n'est encore fait, reconnut Martial, mais laissez-moi retrouver mes forces et j'y remonte. Le problème, c'est que depuis ma crise de malaria j'hésite maintenant à partir seul...

— Nous irons ensemble, proposa Romain, et c'est bien le diable si, à l'aller comme au retour, on ne trouve pas moyen de faire escale vingt-quatre heures à Callao...

— Vous n'espérez quand même pas retrouver Pizocoma? s'étonna Herbert.

— Qui vous parle de ce sinistre voyou? dit Romain en riant.

— Je ne crois pas que ce soit son but, s'amusa à son tour Martial. Il regarda Herbert, puis Romain. Que voulez-vous, dit-il enfin, toutes les jeunes et belles veuves ne peuvent pas habiter Santiago, n'est-ce pas? Alors il faut avoir pitié de celles qui demeurent à Lima...

Une fois en haute mer, le clipper américain le *Cuvier* avait serré les alizés du sud-est, grand plein, espérant ainsi atteindre sa vitesse maximum avant d'arriver dans le calme du Capricorne.

Antoine ne connaissait pas grand-chose à la navigation ni aux navires, mais il avait suffisamment pris la mer pour reconnaître la valeur d'un capitaine et l'efficacité d'un équipage. Et aussi pour comprendre que le clipper était un exceptionnel coursier qui, sur le parcours Arica-Valparaíso, devait gagner plusieurs jours par rapport aux caboteurs.

Après avoir installé le blessé dans la petite cabine qui servait d'infirmerie — elle ne devait pas être souvent utilisée, car elle embaumait la cire dont resplendissait son placage d'acajou —, Antoine, sur la pressante demande du docteur, commença à défaire les pansements.

Aidé par Andrew Freeman et Joaquin, il déroula lentement et délicatement les longues bandes maculées, puis enleva les gros tampons de charpie qui couvraient les moignons. Son sang-froid et surtout son estomac à toute épreuve lui permirent de rester au chevet du blessé. Mais l'odeur était tellement écœurante et les plaies si horribles qu'Andrew Freeman, confus, dut précipitamment sortir pour prendre l'air. Quant à Joaquin, imperturbable, il continua à éponger la sueur qui ruisselait sur le visage du docteur.

— C'est en train de pourrir, n'est-ce pas? murmura le blessé.

Il était maintenant diaphane, avec de grands cernes bistres autour des yeux; il respirait à petits coups douloureux entre ses lèvres sèches et craquelées par les gerçures.

— Je ne sais pas, dit Antoine.

Et c'était vrai, car il était incapable de déterminer ce qui, dans ces magmas infâmes, était du muscle, de l'os, de la peau ou des bribes de charpie.

— Faut que je voie... Aidez-moi à me redresser..., demanda le docteur.

Antoine et Joaquin le soulevèrent un peu en le tenant par les aisselles.

Il observa puis, d'un signe de tête, fit comprendre qu'il en savait assez.

— Faut nettoyer, dit-il enfin. Au savon, à l'eau...

— Pas à l'eau-de-vie, j'espère? s'inquiéta Antoine qui imaginait très bien l'atroce douleur qui allait fuser des blessures dès qu'elles seraient touchées par l'alcool.

— Non, non, l'eau pure, tiède. Allez...

— Va en chercher, demanda Antoine à Joaquin.

— Et aussi du coton, et du miel, murmura le docteur.

— C'est ça, et du miel, dit Antoine en pensant que l'idée fixe du docteur n'était vraiment pas bon signe.

— Je peux vous aider? demanda Andrew Freeman en revenant dans la cabine. Excusez-moi pour tout à l'heure, dit-il, mais vraiment...

— Pas de mal, dit Antoine. Vous n'auriez pas une éponge?

— Si, je vous apporte tout ça, promit Andrew, pas mécontent de s'éloigner. Il revint peu après, posa le broc d'eau sur la tablette de chevet et tendit un flacon de whisky à Antoine. J'avoue que ça m'a fait du bien, dit-il; prenez-en...

Antoine avala quelques gorgées, tendit la bouteille à Joaquin et commença à nettoyer les plaies.

Plus tard, quand tout parut moins sale, ils redressèrent une nouvelle fois le docteur pour qu'il voie et dise ce qu'il importait de faire.

— Très bien, murmura-t-il. Du miel, maintenant, partout. Du coton et une bande, pas trop serrée...

— Vous êtes sûr pour le miel? demanda Antoine.

Il vit que Joaquin hochait affirmativement la tête, mais attendit que le docteur insiste pour s'exécuter.

— Ne me demandez pas pourquoi c'est efficace, expliqua faiblement le docteur, je n'en sais rien... Mais ça guérit, ça cicatrise...

Antoine haussa les épaules et obéit en priant le ciel que cet emplâtre ne soit pas responsable d'une recrudescence de mouches — il y en avait déjà suffisamment dans la cabine...

Complètement assommé par un mélange de coca, de laudanum et aussi de morphine, le docteur Portales passa une nuit calme. Veillé tour à tour par Antoine, Joaquin et Andrew Freeman, il ne nécessita nulle intervention.

Mais, au lever du jour, il était plongé dans une telle inconscience et paraissait si faible qu'Antoine en vint à se demander si le major d'Arica n'allait pas avoir raison.

« Non, décida-t-il, ça ne peut pas se faire. Pas lui ! »

Il se souvint alors d'une autre traversée, deux ans plus tôt. Il naviguait alors en sens inverse avec, pour compagnon de route, un padre agonisant. Mais dans le cas du père Damien, et pour triste que ce fût, son état était logique, naturel même. Le père était âgé, très malade et rien ne pouvait le sauver.

Il n'en était pas de même pour le docteur Portales. Lui, il était certes atrocement blessé, mais il n'était pas atteint d'une de ces incurables maladies contre lesquelles tous les efforts étaient vains ! Et puis il était jeune, résistant encore ; il pouvait lutter !

Ce fut ce qui décida Antoine à se battre, à intervenir une fois de plus. Il n'était pas pensable, pas humain, de rester là, bêtement figé devant la couchette à attendre que le docteur s'éteignît !

— D'abord, on va changer les pansements, décida-t-il. Allez, au travail, dit-il à Joaquin. Va chercher de l'eau chaude !

Et il commença comme la veille au soir à dérouler les bandes.

Prévenu de ce qui l'attendait, il trouva les plaies moins répugnantes ; il les nettoya délicatement et, bien que le docteur fût trop épuisé pour parler, il refit le même emplâtre et repansa les blessures.

Ensuite, cuillère après cuillère, il parvint à faire ingurgiter un grand bol de lait de chèvre au docteur.

— Notre ami est au plus bas, n'est-ce pas ? demanda un peu plus tard Andrew lorsque Antoine sortit prendre l'air sur le pont.

— Oui, je crois, mais tant qu'il aura un souffle de vie,

on l'aidera à s'y accrocher, par tous les moyens. A propos, je n'ai pas encore eu le temps de vous remercier de votre aidc. Sans vous, nous serions sans doute encore dans cette porcherie baptisée infirmerie, si toutefois le docteur avait résisté...

— N'en parlons plus, coupa Andrew. Pour nous aussi, c'est un ami, moins que pour vous sans doute, mais quand même.

Et il raconta comment sa femme et lui avaient lié connaissance avec le docteur. C'était sur la plage, à Ilo. Ils avaient mouillé là dans le but d'herboriser dans la vallée du río. Le débarquement chilien avait quelque peu dérangé leur plan et leur tranquillité; au moins leur avait-il permis de rencontrer le docteur Portales qui, lui aussi, cueillait quelques simples. Ils avaient tout de suite sympathisé, car ils avaient beaucoup de goûts communs. Ils s'étaient ensuite revus non loin de Tacna, puis enfin à Arica.

— Vous a-t-il dit qu'il dînait ici même, à bord, la veille de l'attaque du *morro*? demanda Andrew.

— Non, pas eu le temps ni la force.

— Eh bien, nous avons pourtant beaucoup parlé de la France. Le docteur admire énormément votre patrie, et nous aussi.

— Vous connaissez la France?

— Bien sûr. Moins bien que ma femme qui a passé plus d'un an à Paris. Oui, elle a consacré un gros travail au baron Cuvier, ce qui explique le nom de notre clipper...

Antoine acquiesça poliment, mais, comme c'était la première fois de sa vie qu'il entendait parler de ce personnage, il préféra dévier la conversation.

— Et vous, demanda-t-il, vous connaissez bien Paris?

— Oui, pas encore assez; mais je la tiens pour la plus belle ville du monde!

— Mais, au fait, d'où êtes-vous?
— San Francisco, vous connaissez?
— Non.
— Eh bien, lorsque vous irez, vous viendrez nous voir au 23 Montgomery Street : c'est là que nous habitons. Vous verrez, c'est une belle artère qui ressemble un peu à votre rue de la Paix, en moins bien!
— C'est amusant, médita Antoine... Vous êtes de San Francisco, c'est-à-dire, pour nous, du diable vauvert. Et moi, je suis français, corrézien, et pourtant vous connaissez sûrement mieux Paris que moi! Moi, je n'y ai jamais vécu; je l'ai juste traversé et je ne sais pas du tout où est la rue de la Paix! Faudra que je demande à ma femme.
— Elle est parisienne? Ça, c'est merveilleux! Vous en avez de la chance! Je dis toujours à Mary, mon épouse, pour la faire un petit peu enrager, que les Parisiennes sont les femmes les plus gracieuses du monde, les plus spirituelles, les plus élégantes!
— Je crois que c'est vrai, approuva Antoine, et il sourit en songeant qu'il allait bientôt retrouver Pauline. Mais il s'assombrit aussitôt en pensant au choc qu'elle allait avoir si, par malheur, le docteur Portales cessait de lutter pour vivre...

Les événements ne tardèrent pas à donner raison à Romain, mais il n'eut pas le cœur de rappeler à Herbert ses optimistes prévisions quant à la fin de la guerre; la question ne se posait même plus.

En effet, malgré leur cuisante défaite à Arica, les alliés, forts de l'immensité de leurs territoires, rejetèrent les propositions chiliennes, donc les nouvelles frontières qu'on voulait leur imposer. Se croyant invulnérables — ils comptaient se cantonner dans les hauteurs des Andes ou de la jungle du nord —, ils décidèrent de poursuivre la lutte.

La colère gronda à Santiago et dans les grandes villes

chiliennes, quand fut connu l'échec des négociations. Du jour au lendemain, beaucoup de citoyens, jusque-là modérés, passèrent dans le camp de ceux qui assuraient depuis des mois qu'il fallait investir Lima.

Mais parce que les armées de terre avaient grand besoin de reprendre leurs forces et d'augmenter leurs effectifs, ce fut à la marine que le gouvernement chilien donna l'ordre d'attaquer.

Pour paralyser la capitale péruvienne, il fut décidé, dans un premier temps, de bombarder le port de Callao, puis d'instaurer un inviolable blocus; cette manœuvre avait fait ses preuves, puisqu'elle avait permis de venir à bout de Tacna et d'Arica...

Ce fut cette dernière décision qui assombrit Romain et qui ne lui donna nulle envie de rafraîchir la mémoire d'Herbert. Car, pour lui, l'affaire était claire : un jour, bientôt sans doute, les troupes chiliennes débarqueraient à Callao, puis fondraient sur Lima; Lima qui n'avait aucune envie de se rendre sans se battre; Lima où vivait Clorinda...

Certes, il savait que la jeune femme ne manquait ni d'énergie ni de ressource. Mais le fait d'apprendre qu'elle risquait d'avoir à vivre dans une ville occupée — et sans doute serait-elle bombardée avant de l'être — l'inquiétait. Pour se rassurer, il se disait que Clorinda allait certainement avoir l'intelligence de rejoindre au plus tôt sa maison de Trujillo. Puis il se souvenait que c'était au bord de la mer et que rien n'empêchait les navires chiliens d'aller y jeter l'ancre...

Agacé, il faillit embarquer sur le premier bateau venu et, faute de pouvoir accoster à Callao, débarquer discrètement à Pisco ou à Huacho. Il suffirait ensuite de rejoindre Lima par la route.

Mais, parce qu'il était à peu près certain que Clorinda refuserait de le suivre, surtout pour aller vivre chez les ennemis, et que l'armée chilienne n'était pas encore prête à foncer vers Lima, il abandonna son projet.

L'état du docteur Portales resta stationnaire pendant plus de deux jours. Comme le docteur était toujours inconscient, donc incapable de faire un diagnostic sur l'évolution de ses blessures, Antoine et Andrew se rassurèrent, à chaque nouveau pansement, en se disant que les plaies n'avaient pas plus mauvais aspect.

De plus, le capitaine du *Cuvier*, appelé en consultation, se montra plutôt optimiste. Pour lui, chaque heure qui passait éloignait les risques de gangrène. Il parlait d'expérience, car, fort d'une guerre — il était midship en 1862 — au cours de laquelle il avait participé aux combats navals du Mississippi, il avait vu nombre d'amputés; son avis était donc précieux et somme toute réconfortant.

En revanche, l'inconscience presque comateuse dans laquelle était plongé le docteur demeurait très inquiétante. Aussi, Antoine, Andrew et son épouse poussèrent-ils un soupir de soulagement lorsqu'il ouvrit enfin les yeux dans la matinée du troisième jour. Cela ne prouvait pas qu'il était sauvé, tant s'en fallait, du moins cela annonçait qu'il avait cessé de sombrer, qu'il allait enfin pouvoir boire et s'alimenter un peu.

Dans un premier temps, il parut d'abord s'interroger sur sa présence dans cette cabine inconnue. Puis il se souvint, brutalement, et posa la main sur ses yeux, comme pour cacher ses larmes.

— Faut pas être gêné, murmura Antoine; vous pouvez pleurer tant que vous voulez. Ça ne dérange personne et ça prouve que vous êtes vivant...

— Excusez-moi, murmura le docteur un peu plus tard.

— Et comment que je vous excuse! dit Antoine.

Et il sourit car il avait craint de ne plus jamais entendre la voix du docteur.

— Nous nous sommes réjouis trop tôt, dit Andrew, le soir même.

— Oui, sans doute, reconnut Antoine.

Accoudé au bastingage à côté d'Andrew et de son épouse, il regardait le soleil qui plongeait vers l'océan. Le spectacle était somptueux, mais Antoine le goûtait mal, car, dans la proche cabine, le docteur était retombé dans sa dangereuse inconscience.

Par chance, il avait eu le temps de boire et de manger un peu dans la journée. Et aussi de regarder ses blessures et de juger leur état satisfaisant. Mais, vers le soir, la fièvre était revenue le terrasser.

— Enfin, nous arriverons bientôt à Valparaíso, dit Andrew. Si, au moins, il pouvait tenir jusque-là! Peut-être qu'ensuite, dans un bon hôpital, avec de bons soins...

— On peut toujours espérer, dit Antoine.

— Vous avez raison, dit Mary, il faut toujours espérer, jusqu'au bout, jusqu'à la dernière seconde!

Antoine la regarda et trouva qu'elle était magnifique avec ses cheveux roux enflammés dans le soleil couchant et son étrange et troublant regard vert.

Elle était là, toute fraîche, toute jeune, alerte, pétillante, belle; et surtout tellement vivante, merveilleusement vivante! Elle irradiait la vie!

Et là, tout à côté, à quelques pas, un homme déjà insconscient glissait peut-être vers l'abîme, inexorablement. Et le trop-plein de vie et d'exubérance de la jeune femme ne retarderait pas sa mort d'une seconde. C'était fou, et scandaleux même qu'on pût être aussi triomphalement vivant à quelques pas d'un agonisant! Mais c'était tellement naturel! Et surtout tellement réconfortant!

— Je vais aller remplacer Joaquin, dit Antoine.

Il jeta un dernier regard sur Mary Freeman, comme

pour s'imprégner de sa jeunesse, de sa resplendissante santé, et entra dans la cabine.

Vers dix heures du soir, le docteur s'agita, grogna et tenta même de s'asseoir. Puis il reprit vraiment conscience et ses yeux cillèrent en fixant le petit lumignon qui éclairait la cabine. Ils se posèrent enfin sur Antoine.

— Vous êtes encore là ? murmura-t-il en essayant une nouvelle fois de se redresser.

Et parce qu'il semblait vraiment prêt à sauter de la couchette, Antoine se demanda avec inquiétude s'il n'était pas en plein délire et surtout s'il n'avait pas oublié son état.

— Ne bougez pas, recommanda-t-il; vous allez défaire les pansements.

— J'aimerais bien boire un peu, dit le docteur en cessant de s'agiter, et aussi je fumerais bien...

Antoine constata avec plaisir que sa voix avait changé : elle était plus ferme, moins hésitante.

— Vous voulez fumer ? dit-il en remplissant un gobelet de maté de coca. Voilà une bonne idée, mais vous ne voulez pas manger un peu avant ?

— Non, pas faim, dit le docteur après avoir bu.

Il prit le cigarillo que lui tendit Antoine et commença à fumer.

— Vous allez me rendre un dernier service, dit-il après plusieurs minutes de silence. S'il vous plaît, dites à Agatha, oui, c'est ma femme, dites-lui qu'elle fut une excellente épouse, parfaite...

— Nous n'en sommes pas là! coupa Antoine.

— Je crois que si...

— Mais non, vous allez mieux!

— Oui, oui, dit le docteur en ébauchant un sourire. Mais nous, médecins, on connaît ce mieux..

— C'est-à-dire ?

— C'est presque toujours celui qui annonce le grand saut... D'habitude, on en profite pour faire venir un padre...

— Vous dites n'importe quoi! s'insurgea Antoine. N'importe quoi! Il n'y a plus de risque de gangrène, les blessures sont propres et se cicatrisent bien, alors?

— Alors, rien... Suffit pas d'avoir de belles blessures, faut encore trouver où s'accrocher, surtout pour un cul-de-jatte...

Antoine comprit que le docteur était en train de se laisser couler, lucidement, comme un homme qui n'en peut plus de fatigue et d'efforts et qui baisse les bras pour connaître enfin le repos.

Et, une fois de plus, il se souvint du père Damien qui agonisait à l'arrière de la carriole, sur cette piste mexicaine qui conduisait à Santa Prisca. Mais le père, lui, avait un but et il avait mis toute sa volonté pour l'atteindre. Et il avait gagné.

Il fallait que le docteur retrouve cette volonté de vivre et, puisqu'il s'inquiétait pour son épouse, c'était d'elle qu'Antoine devait lui parler, pour l'aider à réagir.

— Votre femme, vous l'avez connue comment? demanda-t-il abruptement.

Jamais, en d'autres temps, il n'aurait osé poser une question aussi directe, mais l'heure n'était plus aux conventions.

— En allant soigner son grand-père, il y a quatre ans... C'était au printemps.

— C'est souvent au printemps...

— Ah? Vous aussi? murmura le docteur.

— Et vous vous êtes tout de suite accordés? insista Antoine.

— Oui, très vite. Elle était si gentille, si jeune... Vous lui direz qu'elle fut parfaite, promettez...

— Rien du tout! lança Antoine, je ne ferai pas cette commission parce qu'elle sera inutile! Vous entendez?

Vous allez vivre, nom de Dieu! Vivre! Vivre pour votre femme! C'est Agatha? Pour Agatha, alors, et aussi pour votre petit garçon! Comment s'appelle-t-il, déjà?

— Marcos...

— Et quel âge a-t-il?

— Trois ans...

— Il a besoin de vous, alors, énormément besoin de vous. Il vous attend...

— Peut-être..., souffla le docteur.

Il se tut pendant de longues minutes et, parce qu'il ne bougeait plus du tout et que son souffle était régulier, Antoine se demanda s'il ne s'était pas endormi.

— J'aurais tant aimé avoir d'autres enfants, murmura enfin le docteur. Agatha aussi en voulait d'autres, deux, trois de plus... Les enfants, c'est vraiment ce qu'on peut faire de plus important dans la vie. Le reste, le travail, le métier... Bah! c'est juste pour s'occuper, pour passer le temps, pour se persuader qu'on sert à quelque chose, mais c'est presque rien... Mais les enfants, ah oui, ça c'est vraiment sérieux...

— Justement, dit Antoine, c'est pour ça qu'il faut vivre!

— Trop tard, trop attendu, et puis cet obus...

— Mais non! dit vivement Antoine. Pas du tout! Vous vous faites des idées!

— Non, j'ai eu trop mal, terrible. Je suis sûr que c'est fini. Pas possible d'avoir aussi mal. Plus jamais d'enfants...

— Mais, bon Dieu de bon Dieu, ne croyez pas ça! s'insurgea Antoine. Vous dites des... des âneries! lâcha-t-il. Vous aurez autant de gamins que vous voudrez! Vous n'avez rien de ce côté, pas une égratignure! Et votre confrère d'Arica me l'avait dit avant que je le constate. Qui croyez-vous qui s'occupe de vous depuis qu'on a embarqué? Joaquin et moi, et bon sang, vous n'êtes pas le premier homme qu'on voie! Alors, qu'est-ce qu'il faut vous dire de plus?

Antoine se demanda s'il n'avait pas été trop violent, trop franc, car le docteur tourna la tête et garda le silence, comme s'il refusait de poursuivre une telle conversation. Mais ce n'était pas le cas.

— Alors pourquoi ai-je encore aussi mal? demanda-t-il enfin, si affreusement mal?

— Parce qu'il vaut mieux sauter sur une femme que sur un obus! dit crûment Antoine. Non mais, vous ne vous rendez pas compte de la chance que vous avez! osa-t-il dire. Un obus, parfaitement, un obus entre les jambes, ça vous étonne que ça fasse du dégât et que ça fasse mal? Sans blague? Soit vous devriez être mort, mon vieux, ou alors, en plus des jambes, vous auriez pu perdre les bras, et le reste. Eh oui! Alors peut-être que vous avez encore très mal, mais c'est normal et ça prouve au moins que tout est encore en place!

Il alluma nerveusement un autre cigarillo qu'il proposa au docteur. Mais celui-ci refusa et, de nouveau, se tut pendant plusieurs minutes.

— Si j'étais sûr..., dit-il enfin à mi-voix.

— Sûr de quoi?

— Que vous ne mentez pas...

— Et pourquoi diable le ferais-je?

— Allons! dit le docteur avec un pâle sourire, ce n'est pas à un médecin qu'il faut dire ça! Nous, on ment toujours; c'est la première chose qu'on apprend! On ment à tous les malades, toujours, par principe. Et on ment surtout à ceux qui vont mourir, ça les rassure... Alors, je crois que vous faites la même chose...

— Vous vous trompez, dit Antoine. Et, maintenant, réagissez : vous êtes moins abîmé que vous ne le pensiez. Et, si vous voulez, vous allez vous en sortir!

— J'aimerais vous croire, mais je sais qu'on ment toujours aux moribonds, s'entêta le docteur. Je l'ai fait si souvent...

— Alors, écoutez-moi bien, dit Antoine sèchement, et

prenez-le comme vous voudrez, je m'en fous! Mais est-ce que vous croyez que je m'emmerderais à vous soigner comme je le fais si je pensais que vous êtes condamné? Je ne suis pas médecin, moi! C'est pas mon travail d'aider les gens à mourir! Alors, si je m'emmerde, oui, c'est le mot, si je m'emmerde à vous soigner, c'est parce que je sais que vous pouvez vivre! Qu'est-ce que vous vous imaginez? Que je le fais pour que vous me claquiez dans les pattes? Vous ne pensez quand même pas que c'est pour faire de vous un beau cadavre que je nettoie vos blessures deux fois par jour et qu'ensuite je me fous plein les doigts de votre foutue saloperie de miel? Croyez-moi, si je pensais que vous devez sauter le pas, c'est à grands coups de gnole que je vous soignerais! Et je veillerais même à ce que vous ne dessoûliez pas d'une seconde! Voilà ce que je ferais! Et maintenant, libre à vous de me croire, mais je vous interdis de dire que je mens! Je vous l'interdis!

Il se tut, regarda le docteur et vit qu'il avait fermé les yeux.

— J'ai besoin de prendre l'air, pour me calmer un peu, lui dit-il, mais je vais revenir. D'ici là, pensez à ce que je vous ai dit; je n'en retire pas un mot.

Antoine sortit sur le pont et alla s'accouder au bastingage. Au-dessus de lui, le gréement chantait doucement en une monotone mélopée que scandait en sourdine le chuintement de la proue creusant la mer. Il ne bougea pas lorsque Andrew Freeman vint s'installer à côté de lui.

— Comment va-t-il? demanda doucement l'Américain.

— Bien, mal, je n'en sais rien, dit Antoine.

Il était encore sous le coup de la colère et n'avait pas grande envie de parler.

– Je vous ai entendu, dit Andrew, vous avez été dur...

— C'est possible.
— Vous ne croyez pas en Dieu, n'est-ce pas?
— Pourquoi dites-vous ça?
— Parce que vous ne l'avez pas cité dans vos arguments, pas une seule fois. Pourtant, ça vous aurait aidé...
— Allons donc! fit Antoine en haussant les épaules.
— Mais si! Avec Dieu, tout devient plus clair, et la mort moins terrible.
— Peut-être, je ne sais pas, je n'y ai pas pensé. Mais ça ne prouve pas que je n'y crois pas. Et puis, je pense que c'est trop facile, trop simple...
— Quoi donc?
— De mettre Dieu à toutes les sauces! Si j'étais à sa place, je n'aimerais pas du tout qu'on se serve de moi comme ça, à tout bout de champ et pour n'importe quoi! Oui, ça me déplairait beaucoup qu'on raconte n'importe quelles fariboles en s'abritant derrière moi! Je n'aimerais pas ça... Et puis, je ne sais même pas ce qu'en pense le docteur, je ne sais même pas s'il est croyant. Alors, vous ne voulez tout de même pas que je lui force la main!
— C'est un point de vue.
— Et vous, vous êtes très croyant?
— Très? Je ne sais pas, mais croyant, oui. D'accord, ça paraît étonnant chez quelqu'un qui se veut scientifique et darwinien, mais nous Américains, on est comme ça. On a besoin d'avoir Dieu avec nous.

Antoine hocha la tête mais garda le silence, car, une fois de plus, il venait de se souvenir du père Damien. Lui aussi avait Dieu à ses côtés, mais contrairement au jeune Américain il n'avait pas besoin de le dire pour qu'on le sût.

— Il faut que je revienne avec le docteur, dit-il enfin.
— Je vous accompagne, décida Andrew, et je vous remplacerai dès que vous voudrez.

Ce fut après avoir bu un grand bol de maté de coca et fumé un nouveau cigarillo que le docteur reparla.

— Vous n'avez pas prévenu ma femme, n'est-ce pas? demanda-t-il.

— Non, votre collègue d'Arica m'a expliqué..., dit Antoine.

— Il a tout à fait raison et vous avez bien fait de l'écouter.

— Je crois.

— Quand on peut faire autrement, il ne faut jamais donner de faux espoirs, c'est criminel. Donc Agatha ne sait toujours rien?

— Rien.

— Tant mieux. Comme ça, elle aura eu quelques jours tranquilles en plus...

— Certainement, dit Antoine, mais nous allons arriver à Valparaíso et...

— Je sais, dit le docteur. Et je vais vous demander un dernier service...

— Si c'est pour lui dire les bêtises dont vous m'avez déjà parlé, c'est inutile, je ne le ferai pas, prévint Antoine.

— Il ne s'agit pas de ça, murmura le docteur, pas du tout. Mais vous allez la prévenir dès qu'on accostera et...

Il se tut, comme s'il hésitait encore à choisir.

— Et ensuite? insista Antoine.

— D'abord, il faudra l'avertir avec ménagement, très doucement...

— Je passerai un câble à ma femme, dit Antoine. C'est elle qui ira tout expliquer à votre épouse. Elles sont devenues très amies, n'est-ce pas?... Alors Pauline saura.

— Très bien. Vous avez raison, elle saura lui dire

que... que j'ai perdu mes deux jambes, que je suis infirme, pour toujours. Mais elle pourra aussi lui dire, et lui expliquer, que je suis quand même bien vivant. Oui, bien vivant, c'est le principal, non ?

Antoine sourit en comprenant qu'il ne s'était pas battu pour rien.

## 21

Pour de multiples raisons, Pauline avait été très éprouvée par l'hiver. Aussi, dès le printemps venu, sentant qu'elle avait absolument besoin de refaire ses forces, accepta-t-elle sans hésiter l'invitation de María-Manuela de Morales à venir passer quelque temps à Tierra Caliente.

Antoine en fut très heureux, car lui aussi ne demandait pas mieux que de souffler un peu. Il avait tout de suite compris que Pauline avait été choquée par les blessures du docteur Portales. En effet, outre la difficile tâche d'aller prévenir Agatha de l'état de son époux, elle s'était donné pour but de soutenir moralement son amie. Et c'était épuisant car, pour sauvé qu'il fût, le docteur avait de terribles crises de découragement qui avaient fini par déteindre sur sa femme.

Bien sûr, Pauline n'avait pas été la seule à entourer Agatha; María-Manuela de Morales et Ana Linares s'étaient elles aussi révélées très fidèles en amitié. Mais, par malchance, et alors qu'après un mois le docteur et son épouse commençaient enfin à refaire des projets et même à plaisanter, les jumeaux avaient simultanément contracté une très mauvaise rougeole qui avait contraint Pauline à de longues nuits de veille.

Quinze jours après ses aînés, et alors que sa mère était

déjà épuisée, le petit Silvère avait à son tour attrapé la maladie. Pauline avait alors failli s'écrouler de fatigue. Par chance, Antoine était là, qui avait pu l'aider à soigner l'enfant. Mais, malgré sa présence et ses propos qui se voulaient rassurants, Pauline avait passé une mauvaise période.

Elle avait encore en mémoire la mort de leur petit Adrien, six ans plus tôt, et s'affolait dès que la fièvre qui assommait le bébé avait tendance à monter. De plus, privée du docteur Portales, elle avait dû faire appel, pour soigner l'enfant, à un médecin inconnu en qui elle n'avait pas toute confiance.

Sur ces entrefaites, et comme pour lui saper un peu plus le moral et venir à bout de ses nerfs et de ses dernières forces, plusieurs *temblores* assez violents avaient secoué Santiago.

Aussi quitta-t-elle la ville avec soulagement dès que le printemps arriva. Elle le fit avec d'autant moins de difficulté que, depuis maintenant trois mois, Ana Linares travaillait à *La Maison de France*. Sa fortune personnelle, scrupuleusement gérée par Herbert Halton, lui permettant de vivre très largement de ses rentes, ce n'était nullement par nécessité matérielle que la jeune veuve avait commencé à venir aider Pauline, c'était par goût et aussi pour se distraire. Puis elle s'était prise au jeu, s'était révélée très compétente et surtout très intuitive quant aux désirs des clientes. Pauline était donc partie tranquille après lui avoir confié *La Maison de France*.

Et maintenant, pour la première fois de sa vie, elle goûtait vraiment le printemps à la campagne. Jamais, jusqu'à ce jour, elle n'avait ainsi apprécié la surprenante mutation qui, sous ses yeux et de jour en jour, presque d'heure en heure, bouleversait le paysage. Contrairement à l'année précédente, où elle avait peu profité de tout ce que lui offrait l'hacienda, elle jouissait de chaque instant, de chaque promenade.

La véritable explication au soudain intérêt qu'elle portait à la nature était que les jumeaux avaient grandi et qu'ils étaient maintenant d'une curiosité folle. Ils voulaient tout savoir des occupations de leur père, de la raison de tels ou tels travaux, du nom de telle plante ou de tel arbre. Pour leur répondre au mieux, Pauline devait s'enquérir de tout auprès d'Antoine; ce faisant, elle découvrit et comprit peu à peu la passion qui animait son époux. Elle était étonnante.

Il parlait maintenant du domaine exactement comme s'il était à lui, avec une fougue et un enthousiasme qui devenaient vite communicatifs. Et Pauline, à son contact, se prenait elle aussi à imaginer, par exemple, ce qu'allait devenir cette immense colline lorsqu'elle serait couverte par deux cent mille pieds de vigne; ou encore l'allure qu'aurait cette vallée, une fois bien nettoyée de toutes ses souches d'*espinos*, quand fleurirait le verger de quinze cents pommiers qu'Antoine comptait y faire planter.

Car ce qui était stupéfiant, c'était la multitude des projets qu'il était capable de concevoir, puis de mettre en œuvre. Ici, il donnait vraiment sa pleine mesure. Aussi Pauline comprit pourquoi il s'était mis à consacrer presque tout son temps à Tierra Caliente et pourquoi il lui était arrivé d'y passer plusieurs semaines sans revenir à Santiago.

Bousculés par les événements, ni lui ni elle n'avaient repris leur conversation sur ce sujet. Dans la crainte de l'agacer et de lui gâcher le plaisir d'avoir toute sa famille autour de lui en un lieu qu'il aimait, Pauline n'avait pas voulu relancer le débat depuis qu'elle était arrivée à l'hacienda. Mais elle savait bien qu'il faudrait un jour mettre les choses au point. Elle avait de moins en moins envie de se retrouver seule trop longtemps; le tout était de savoir comment Antoine accepterait de partager son temps...

— Et là, pourquoi t'as mis cet arbre? Il ressemble à ceux de *La Maison de France* et aussi de la calle de los Manzanos, dit Pierrette en contemplant le pin parasol qu'Antoine avait planté au sommet d'un des *cerros* qui surplombaient l'hacienda.

— Ben pardi! expliqua son frère avec mépris, bien sûr que c'est le même! C'est un arbre de France! ajouta-t-il péremptoirement, comme si, à elle seule, cette explication justifiait la présence du résineux.

Il est vrai que Pauline leur avait beaucoup parlé de ces arbres, surtout de celui dont elle avait recueilli quelques graines, le vieux pin parasol des Fonts-Miallet.

— C'est vrai qu'il est très beau, celui-là, dit Pauline, encore plus beau que ceux de Santiago.

— La terre lui plaît, approuva Antoine.

En ce dimanche de septembre, à la demande de Pauline et des enfants, ils étaient montés en haut du *cerro* du pin, comme l'appelaient maintenant les gens de l'hacienda. Là, installés à l'ombre d'un odorant petit bosquet d'eucalyptus où voletaient en sifflant des dizaines d'oiseaux-mouches, ils avaient ouvert les paniers à provisions que Joaquin avait chargés dans la carriole.

Et maintenant, pendant que les jumeaux galopaient autour d'eux en pépiant, Antoine et Pauline, assis dans l'herbe, surveillaient en souriant les pas encore maladroits de Silvère.

— Tu penses vraiment qu'il a repris? demanda soudain Pauline.

— Évidemment! Regarde-le! dit-il avec un coup de menton en direction du pin parasol.

— Je ne te parle pas de celui-là... Je suis idiote et je n'y connais rien, sourit-elle, mais je vois quand même qu'il a repris! Je te parle de l'autre, du vieux, de l'ancêtre, celui des Fonts-Miallet.

— Ah, tu veux dire l'arbre de mon grand-père!... Je ne sais pas, j'espère. Oui, j'espère qu'il s'est bien remis de ses brûlures.

— Tu n'as jamais envie d'y revenir voir?

— Pourquoi demandes-tu ça? s'étonna-t-il.

Il était en effet vraiment exceptionnel qu'elle évoque avec lui un passé qui leur semblait maintenant si lointain, si nébuleux presque.

— Réponds, insista-t-il; ça te manque? Je veux dire : la France te manque?

— Quelquefois, avoua-t-elle. Mais, rassure-toi, pas au point de Rosemonde, pas au point d'en être malade!

— J'espère bien.

— Et, à toi, elle ne te manque jamais? Tu n'as pas envie de revoir ta Corrèze, ta terre?

— Parlons-en! dit-il en haussant les épaules. Un arbre, plus une ruine au milieu d'une cartonnée, quelle propriété! Mais tu as raison : quelquefois, j'aimerais revoir tout ça, mais... mais j'ai un peu peur d'être très déçu, ajouta-t-il. J'ai peur que ça ne m'apparaisse tout petit, tout étriqué, minuscule...

Il s'allongea dans l'herbe, mains sous la tête, et regarda longuement la paisible course d'un gros cumulus, avant de reprendre :

— Tu comprends, chez nous, en Corrèze, on a déjà une très grosse ferme avec dix ou douze hectares! Tu te rends compte, c'est ridicule! Ça fait... Il calcula rapidement et sourit : Tiens, ça fait trois cents mètres sur quatre cents mètres! Rien, quoi. A peine de quoi faire une toute petite promenade! Ici, dans sa plus grande longueur, l'hacienda fait presque vingt-cinq kilomètres... Oui, je crois qu'ici on a pris l'habitude de voir très loin et très grand. Et aussi je ne suis pas sûr du tout qu'il faille regarder derrière soi... Ça ne sert à rien, puisque de toute façon on ne peut pas refaire ce qui est fait. Tu sais, mon père disait toujours qu'il ne faut jamais se retourner quand on ouvre un sillon, jamais; et il avait raison : c'est le plus sûr moyen d'aller de travers; tous les laboureurs savent ça...

— Pourtant, je suis certaine que les enfants aimeraient connaître la France, dit-elle. Ils en parlent souvent.

— Je sais, sourit-il. Marcelin veut garder un troupeau de lamas en Corrèze; j'aimerais voir la tête des voisins! Ne t'inquiète pas, ils connaîtront la France. Tu verras, un jour, ça nous attrapera tous les deux, alors on décidera d'aller leur faire voir à quoi ça ressemble. Et on partira tous les cinq, non, tous les six : on emmènera Joaquin, il l'a bien mérité. Mais on a le temps d'y penser, non? Et d'ici là, j'ai pas mal à faire ici, tu sais; j'ai même beaucoup à faire.

Il se tut, contempla les horizons, puis les bois et les champs plus proches et se retourna vers Pauline.

— A propos, M. de Morales m'a rappelé, l'autre jour, ce que lui avait dit le père Damien.

— Quoi donc?

— Que, s'il me confiait son hacienda, elle deviendrait un jour la plus belle du Chili. Eh bien, j'ai envie de lui donner raison, au padre. Oui, très envie. Jusque-là, j'ai un peu l'impression d'avoir fait mon apprentissage, mais maintenant, je commence à bien la connaître, cette terre, à la comprendre. Alors, je vais aller de l'avant.

— Et les affaires? La Sofranco? Martial et les autres?

— Je n'abandonne rien, mais... Tu sais, Romain me remplace très bien. Et les autres se débrouillent parfaitement sans moi. Ils n'ont pas besoin de moi! D'ailleurs, je ne suis pas du tout certain qu'ils en aient jamais eu besoin, dit-il en souriant; j'ai toujours pensé que j'étais un piètre homme d'affaires!

— Et nous, alors, que faisons-nous?

Elle n'avait pas du tout prémédité de lever le sujet, mais puisqu'il était naturellement venu dans la conversation, mieux valait maintenant l'aborder franchement.

— Pour nous ? dit-il. Ah, oui !... Eh bien, je ne sais pas encore, avoua-t-il.

Elle se pencha vivement vers Silvère, qui venait de rouler dans l'herbe et qui hésitait entre les pleurs et le rire ; elle lui sourit et il l'imita.

— Tu sais que je ne veux plus rester seule aussi longtemps, dit-elle.

— Je ne l'oublie pas, mais il faut que je réfléchisse.

— Tu m'as déjà répondu ça, la dernière fois...

— Eh bien, dit-il, je crois que nous allons devoir faire l'un et l'autre des concessions. Le tout va être de déterminer lesquelles et ensuite de nous y tenir...

— Quelles concessions ?

— Je ne sais pas trop encore. Tu me prends un peu de court. Disons que tu pourrais peut-être venir plus souvent ici et moi rester moins longtemps sans remonter à Santiago... Mais, bien sûr, c'est impossible si tu t'ennuies trop ici...

— Je ne m'ennuie pas, dit-elle après un instant de réflexion ; non, je ne m'ennuie plus, mais... Oui, ajouta-t-elle enfin en souriant, tout compte fait, ton idée mérite qu'on y pense, et qu'on en reparle.

Pour pallier la perte occasionnée par le détournement des armes et prouver aux concurrents que les associés de la Sofranco étaient loin d'être abattus, Martial et ses amis multiplièrent leurs activités.

Dans un premier temps, grâce à la réorganisation et à la modernisation des installations minières qu'ils possédaient dans la région de Taltal, ils accrurent la production de cuivre et de nitrate. Dans la même période, ils remplacèrent, dans leur mine d'argent de la sierra du Carmen, l'archaïque et sommaire méthode dite « du *patio* » pour le traitement du minerai par la méthode de Freiberg, beaucoup plus moderne et rentable.

Outre ces diverses activités, Martial continua, comme par le passé, à traiter tous les marchés industriels qui se présentaient. Et ils étaient multiples, car ils couvraient aussi bien les importantes concentrations minières de la région de Copiapó que les grosses industries sylvicoles des provinces du Bío-Bío, d'Arauco ou de Valdivia.

Quant à Romain, non content d'épauler Martial dans son travail, il s'intéressa de très près au commerce des peaux qui avait tellement enrichi Archibald Percival, l'ancien propriétaire du *Rosemonde*. Il comprit vite que les chinchillas n'étaient pas les seuls animaux dont les dépouilles attiraient les commerçants européens. En effet, ceux-ci réclamaient et payaient aussi un très bon prix les cuirs — secs ou salés — de bœuf, vache, cheval. Aussi, en peu de temps, la Sofranco se mit-elle à expédier régulièrement vers le Havre, Bordeaux ou Anvers des lots de quinze cents à deux mille peaux. Cette entreprise atteignit son plein rendement lorsque le *Rosemonde,* après avoir transporté les céréales et autres produits de l'hacienda, fut, en fonction des saisons, de nouveau affecté à la collecte des peaux.

Le navire était désormais manœuvré par un équipage intégralement renouvelé à qui Herbert et ses amis faisaient toute confiance. Malgré cela, rendu prudent par une désastreuse expérience, Herbert n'envisagea plus de lui confier une cargaison d'armes...

Ce ne fut donc pas du tout pour aller chercher des winchesters ou autres Springfields que Romain et Martial embarquèrent, fin septembre, sur le vapeur de la Kosmos qui ralliait Panamá. Ce fut d'abord pour étudier l'importance des marchés industriels qu'allait offrir l'ouverture du canal et pour faire savoir aux responsables du chantier que la Sofranco, grâce à sa filiale bordelaise, était toute prête à coopérer.

Pauline et les enfants rentrèrent à Santiago à la mi-octobre. Après cinq semaines passées à l'hacienda, la jeune femme avait retrouvé toutes ses forces, sa bonne humeur et son allant. Quant aux jumeaux et à Silvère, ils éclataient maintenant de santé et avaient une mine resplendissante.

Les aînés avaient pris leurs habitudes à Tierra Caliente : ils y possédaient leur jardin secret patiemment embelli par des cabanes de branchages où s'amoncelaient des trésors, leurs arbres favoris où il faisait si bon grimper, leurs promenades rituelles. Aussi Pierrette et Marcelin rechignèrent-ils franchement lorsqu'ils comprirent que l'heure du départ était venue; l'idée d'avoir à retrouver l'école leur sapait le moral. Et si la promesse de revenir à l'hacienda les consola un peu, ils s'en allèrent néanmoins le cœur lourd.

Ce fut huit jours après leur départ qu'Antoine apprit avec satisfaction, de la bouche même de Pedro de Morales, de retour de Santiago, que le petit homme avait enfin décidé de ne plus approvisionner l'armée.

Antoine n'ignorait rien des difficultés que son employeur avait pour se faire payer et il fut heureux de savoir que tout allait rentrer dans l'ordre. Heureux et soulagé en même temps, car, même si les problèmes qu'avait rencontrés Pedro de Morales pour rentrer dans ses frais n'avaient jamais influé sur le solide salaire de régisseur qu'il recevait, il se sentait un peu frustré à l'idée que tout son travail servait surtout à engraisser quelques officiers d'Intendance.

De toute façon, depuis septembre, le temps des affaires — bonnes ou mauvaises — avec l'armée était révolu. Désormais, les Chiliens se servaient directement et gratuitement chez l'ennemi...

Le blocus de Callao se révélant insuffisant pour contraindre les Péruviens à la reddition, le gouvernement chilien lança une nouvelle expédition maritime qu'il confia au capitaine don Patricio Lynch. Cet officier, qui avait servi plusieurs années en Angleterre, fort d'une division navale qui regroupait deux mille six cents hommes et à laquelle participaient les corvettes *O'Higgins* et *Chacabuco,* se jeta alors sur les côtes péruviennes.

Réduisant à néant, par quelques bombardements appropriés, les défenses portuaires, il investit tour à tour les villes et les régions qu'il jugeait aptes à payer rançon : Mollendo, Caman, Pisco, mais aussi, très au nord de Lima, Huacho, Chimbote et même Trujillo...

Ainsi, de coup de main en coup de main, ses troupes amassèrent un important butin de guerre constitué autant de sucre, de riz ou de blé que d'armes, d'or, d'argent et de bijoux.

Espérant que toutes ces opérations punitives allaient enfin inciter les alliés à déposer les armes, le gouvernement chilien accepta de reprendre les négociations que les États-Unis proposaient maintenant d'arbitrer. Elles eurent lieu en octobre, à Arica, et furent aussi éphémères et inutiles que les précédentes. Dès cet instant, il devint évident pour les Chiliens que seule la prise de Lima pourrait faire fléchir les adversaires. Le Congrès, poussé par la majorité du peuple et encouragé par la presse, incita l'armée à aller de l'avant. Aussitôt, le général Baquedano fit accélérer les préparatifs du débarquement qui devait conduire ses hommes à la conquête de la capitale du Pérou.

— Et on dit qu'ils sont vingt-cinq mille! assura Pedro de Morales à Antoine.

Ils étaient tous les deux dans l'un des patios de l'hacienda et Antoine se demanda un instant si l'air réjoui du petit homme était dû à l'annonce de l'offensive ou à sa décision de ne plus approvisionner l'armée. Il ne se posa pas longtemps la question.

— Vous vous rendez compte, si nous avions dû nourrir vingt-cinq mille hommes! soupira le Chilien;

pour le coup, je crois que j'y aurais laissé ma chemise!

— Donc c'est terminé? plus de livraisons à l'Intendance? insista Antoine.

— Terminé. L'armée n'a plus besoin de nous, elle a ses prises de guerre et c'est tant mieux! Cela dit, il va falloir que l'on essaie de regagner tout cet argent que j'ai perdu! Ne croyez pas que je le regrette, il a servi; la preuve, nous allons gagner la guerre!

— Espérons qu'elle finira vite alors, et sans trop de boucherie, dit Antoine en se souvenant de la prise du *morro* d'Arica.

— Bien sûr, espérons. A ce propos, j'ai rendu visite à notre ami le docteur Portales, juste avant de quitter Santiago.

— Et alors?

— Ça va. Oh! il a parfois des moments d'abattement, mais ça va. Sa femme est très courageuse aussi. Et puis, comme je le lui ai dit, les prothèses, ça existe, n'est-ce pas? Il suffit de patienter, d'attendre que tout soit bien cicatrisé. Je sais bien, ce n'est qu'un pis-aller, mais quand on sait d'où il revient... Enfin, il m'a surtout recommandé de vous adresser toutes ses amitiés, ainsi qu'à votre épouse. Au fait, j'espère que son séjour ici lui a été bénéfique et qu'elle s'est plu? demanda Pedro de Morales en remplissant les verres de *Mosto Asoleado*.

— Oui, elle s'est beaucoup plu.

— Alors tant mieux. Vous savez, reprit Pedro de Morales après quelques instants de silence, ma proposition tient toujours...

— Laquelle?

— Celle que je vous ai faite voici... tenez, ça va faire juste deux ans... Mon Dieu, pas plus de deux ans et pourtant que d'événements!

— Oui, dit Antoine, c'est ça la guerre: les mois semblent durer une année. Et encore ne nous plaignons pas; pour ceux qui la font vraiment, certains jours durent un siècle... Le docteur Portales ne me démentirait pas!

— Je vous crois, dit Pedro de Morales. Enfin, c'est ainsi... Mais au sujet de ma proposition, oui, je vous avais dit que j'aurais grand plaisir à vous voir installé ici à plein temps et que je vous aiderais à le faire, si vous vouliez. Alors, comme il faut absolument développer encore toutes nos productions et que ça va vous donner beaucoup de travail, si votre épouse et vos enfants se plaisent ici, peut-être que...

— Ce n'est pas si simple...

— S'il ne s'agit que du logement, vous pouvez prendre autant de pièces de plus qu'il vous plaira. Dieu soit loué, la maison est assez vaste! Pensez, mon grand-père l'avait fait bâtir en calculant que ses trois fils et leur famille devaient pouvoir y vivre sans se déranger, alors!

— Le problème n'est pas là, assura Antoine, il est dans l'organisation de mon temps. Ma femme et moi avons parlé de tout ça. Nous n'avons encore rien arrêté, mais, pour être franc, je dois vous dire que je ne peux envisager de m'installer ici à plein temps. Mon épouse tient essentiellement à garder *La Maison de France* et je la comprends.

— Dommage. Je suis certain que mes terres se porteraient encore mieux si vous leur donniez tout votre travail; il y a tant à faire ici! Et tellement de milliers d'hectares à mettre en culture!

— Je sais, et je compte bien y parvenir, assura Antoine.

— Mais vous m'avez dit que...

— Rassurez-vous, coupa Antoine, on trouvera une solution. Le principal pour moi était de savoir si mon épouse pouvait vivre ici un mois ou plus sans s'ennuyer. Je sais maintenant que oui, et même qu'elle est prête à revenir, alors...

— Alors?

— Eh bien, je le répète, rien n'est arrêté, mais dans

l'avenir, sans doute irai-je passer une partie de l'hiver avec elle à Santiago. Il n'y a pas grand-chose à faire ici en cette saison et les péons peuvent très bien s'occuper sans moi. En revanche, en période de gros travaux, ce sera ma femme qui descendra le plus souvent possible. Ainsi je consacrerai davantage de temps à votre hacienda. Voyez-vous, je veux en faire la plus belle du Chili.

Après avoir débarqué à Pisco, les troupes de Baquedano progressèrent lentement vers le nord. La chaleur de cette fin de printemps était écrasante et l'étendue désertique si désespérément vide et minérale que les hommes semblaient atteints de folie lorsqu'ils apercevaient, au loin, après des heures de marche, le ruban vert de quelque río ou la tache sombre d'une oasis. C'était alors la course vers ces lieux de repos, où l'eau était fraîche, l'ombre épaisse.

Et parce que, bien souvent, les riches propriétaires avaient fui à l'approche des soldats, ceux-ci n'avaient pas besoin de fracturer les portes des haciendas pour les piller, vider leurs caves, saisir les provisions, le linge et les objets qui semblaient précieux.

Mais parfois aussi, quelques farouches et irréductibles Péruviens s'imaginaient pouvoir tenir tête et préserver leurs biens. Certains avaient la chance d'être abattus dès la première salve. D'autres, mieux abrités, tentaient de se défendre; malheur à eux s'ils étaient pris vivants et s'ils avaient commis l'irréparable erreur de garder avec eux leurs femmes et leurs filles!

Redoutées et vomies par certains, les troupes de Baquedano étaient accueillies en libératrices par d'autres. En effet, à leur arrivée, se dressait toute la multitude des miséreux qui trimaient dans les plantations de canne à sucre ou de café.

C'était presque toujours des Chinois qu'on avait expédiés là comme main-d'œuvre après leur avoir fait miroiter de mirobolants salaires. Souvent aussi maltraités que des esclaves, et pas mieux payés, ils étaient pitoyables et squelettiques, malades, fiévreux. Ils couraient joyeusement au-devant des conquérants et fraternisaient aussitôt avec eux. Dans la crainte de retomber en esclavage dès que l'armée aurait abandonné les lieux, ils s'attachaient à chaque soldat, devenaient leurs serviteurs, ne les quittaient plus.

Aussi, peu à peu, outre les vivandières et autres inquiétantes *rabonas* qui gravitaient autour de la troupe, se forma une cohorte de petits hommes jaunes aux yeux bridés; ils avaient trop souffert et trop trimé, trop eu faim aussi, pour avoir d'autre but que la vengeance et le pillage. Désormais, pour eux, comme pour des milliers de soldats chiliens qui étaient maintenant à plus de trois mille kilomètres de leur capitale, Lima était le seul but. Lima la légendaire, la grande! Avec ses richesses, ses palais, ses trésors, ses femmes! Lima dont on apprenait, au fil de la progression, qu'elle préparait soigneusement sa défense.

Bien tenue et encouragée par le président-dictateur don Nicolás Piérola, toute la population était prête à livrer combat. Et les hommes avaient une telle confiance en leur défenseur Piérola, futur sauveur de la Patrie, qu'une délégation de Péruviens, avant même tout combat, lui offrit en gage de confiance une épée de commandement d'une telle richesse qu'un roi ne l'eût point dédaignée!

La ferveur patriotique qui animait tout le pays permit de mettre sur pied, en peu de temps, une armée de trente mille hommes. Massés au sud de la ville, car c'était là et nulle part ailleurs qu'allait déboucher Baquedano, les soldats et la population civile fortifièrent leurs positions et tout particulièrement les points stratégiques, comme les collines de Chorillos — à quinze kilomètres de la ville — et le faubourg de Miraflores.

De part et d'autre, et alors que diminuait de jour en jour la distance qui séparait les combattants, tout le monde pressentait que le sort de la guerre allait se jouer là, devant Lima. Là, dans ce désert poussiéreux et triste que battaient les gros rouleaux du Pacifique et que, parfois, plongeant de la proche sierra, venaient survoler les condors.

Ce fut en arrivant à Panamá que Romain apprit les détails de l'expédition Lynch. Et autant l'avait rendu soucieux le blocus de Callao, autant l'inquiéta le fait de savoir que le capitaine Lynch était monté jusqu'à Trujillo.

Il imagina un instant la ville envahie par les troupes chiliennes et espéra que Clorinda avait eu la chance d'être ailleurs, ces jours-là... Mais, comme il avait souhaité qu'elle soit justement à Trujillo lorsqu'il redoutait, en juin, l'invasion de Lima, il ne sut vraiment plus que penser et en fut tout assombri.

Plus le temps passait, plus il regrettait de n'avoir pas réussi à convaincre Clorinda de le suivre. Mais qu'aurait-il bien pu lui dire pour la décider à quitter Lima pour Santiago?

« Je n'allais quand même pas lui proposer de l'épouser! songea-t-il. Elle est déjà venue à bout de deux maris et c'est très suffisant. Je ne veux pas être le troisième! »

Pourtant, il se sentait extrêmement mal à l'aise à l'idée que la jeune femme était peut-être en danger et qu'elle avait besoin d'aide.

Mais il venait de débarquer et ne pouvait décemment abandonner Martial pour redescendre sur Lima. Enfin, en ce mois d'octobre, même si la ville était toujours victime du blocus de Callao, elle n'était pas encore fortement menacée. Il se promit donc de suivre de très près les différentes phases de la guerre de façon à sauter dans le premier navire si Lima risquait d'être investie.

« Et cette fois, pensa-t-il, que ça lui plaise ou non, je sortirai Clorinda de ce guêpier! »

Malheureusement, les contacts que Martial et lui devaient prendre avec les différentes sociétés intéressées par le canal les entraînèrent jusqu'à Colón. Et, là-bas, de ce port ouvert sur l'Europe, la guerre du Pacifique semblait loin. Certes, les nouvelles arrivaient, mais incomplètement, avec retard et imprécision.

De plus, très pris par leur travail et surtout très agacés par les atermoiements de quelques margoulins qui ne voulaient rien d'autre que de substantiels pots-de-vin pour concéder certains marchés à la Sofranco, les deux hommes, sans oublier la guerre, lui accordèrent un peu moins d'intérêt.

Ce ne fut qu'en décembre, alors qu'ils avaient enfin rejoint Panamá où ils comptaient embarquer au plus tôt pour Valparaíso, qu'ils mesurèrent vraiment l'évolution du conflit.

Ce fut Martial qui avertit Romain; il venait d'acheter le journal et sursauta presque en prenant connaissance des nouvelles.

— Dites donc! lança-t-il, vous avez vu ça? Ils ont repris l'offensive, et cette fois, c'est du sérieux!

— Faites voir, dit Romain. Il parcourut l'article et la guerre lui bondit soudain au visage. Bon Dieu, murmura-t-il, s'ils sont en train de débarquer à Pisco, ils seront vite à Lima, il y a à peine deux cent cinquante kilomètres; alors, même s'ils rencontrent quelque résistance... Vrai, il n'y a plus de temps à perdre!

— Que comptez-vous faire? demanda Martial.

Romain lui avait plusieurs fois fait part de l'inquiétude que lui donnait Clorinda. Il avait tenté de le rassurer mais savait bien que cela n'avait pas suffi et que son compagnon était resté soucieux.

— Ce que je vais faire? dit Romain. Je vais aller la sortir de là, et sans tarder encore!

— Vous allez partir comme ça, pour vous jeter dans cette souricière?

— Je vais me gêner! Voyez-vous, Antoine m'a parlé de la prise d'Arica; alors, j'imagine bien ce que va être celle de Lima, car Lima tombera, c'est certain. Eh bien, je ne veux pas que Clorinda soit entraînée dans cette... cette folie!

— Je comprends, dit Martial. Il médita un instant avant de reprendre : J'ai vu ça une fois à Paris, pendant la Semaine sanglante, en mai 71... Vous avez raison, on ne peut décemment pas laisser une jeune femme seule aux prises avec ce genre d'événement...

— Le tout va être de trouver un bateau qui voudra bien me débarquer au plus près de Callao, murmura Romain en réfléchissant; je crains que ce ne soit pas facile. Pourtant, il faut que je m'approche au maximum...

— Que nous nous approchions..., dit alors Martial.

— Écoutez, lui dit Romain après lui avoir lancé un regard étonné, ce n'est pas votre affaire, tout ça; alors, je ne vois pas pourquoi vous voulez vous en mêler!

— Qui peut le dire? murmura Martial. Qui peut dire pourquoi on choisit un acte plutôt qu'un autre?... D'ailleurs, si j'en crois Antoine, vous avez fait la même chose pour Herbert, et pourtant vous ne le connaissiez même pas!

— C'était différent; c'était l'aventure, peut-être...

— Peu importe. Tout ce que je crois, c'est qu'il est des actes qu'il faut choisir. Faute de quoi, on en traîne les remords comme des boulets. C'est comme ça que je me suis retrouvé avec la petite Pauline sur les bras, en mai 71... Oui, oui, la femme d'Antoine. Je vous raconterai ça, si ça vous amuse...

— Je suis au courant, sourit Romain. Antoine m'en a

parlé un soir, il y a un an, quand nous étions justement à la recherche d'Herbert.

— Alors vous devez comprendre pourquoi je vais vous suivre. Et puis, ce n'est pas quand tout va bien qu'on doit penser aux amis...

— C'est vrai, reconnut Romain, mais je vous rappelle quand même que vous avez femme et enfant et que cette expédition est pleine de risques. Moi, ce n'est pas grave, j'en ai vu bien d'autres et je suis célibataire, mais vous...

— Antoine m'a tenu un jour les mêmes propos et, à l'époque, il a eu raison de le faire. Aujourd'hui, c'est tout différent, alors ne vous inquiétez pas pour moi et allons plutôt à la recherche d'un bateau.

Romain hésita un peu, puis hocha la tête.

— D'accord, dit-il enfin. A vos risques et périls. Et maintenant, cherchons l'homme qui va être assez fou pour nous emmener en pleine guerre!

Ils durent batailler et ronger leur frein pendant dix jours avant de trouver et de convaincre un capitaine qui, contre une petite fortune, accepte de les conduire jusqu'à Chancay, à cinquante kilomètres au nord de Lima. Ils levèrent l'ancre deux jours avant Noël.

# 22

Le câble que Martial expédia de Panamá pour annoncer que Romain et lui partaient pour Lima n'étonna pas Antoine. Il était de passage à Santiago lorsque la dépêche arriva et quelques jours dans la capitale lui avaient suffi pour comprendre que les Chiliens iraient maintenant jusqu'au bout. Certains pronostiquaient même que Lima tomberait avant Noël; il était donc bien naturel que Romain veuille y arriver avant que ne commencent les combats. Et bien naturel aussi que Martial l'accompagne; pour affronter certains problèmes, deux hommes valaient mieux qu'un.

Mais s'il comprit et approuva la décision de ses amis, cela ne l'empêcha pas de regretter que les circonstances ne leur permettent plus d'être à Santiago pour les fêtes de fin d'année.

Pauline et lui avaient décidé d'inviter tous leurs amis à *La Maison de France* pour célébrer le 1er janvier, et il ne faisait pas de doute que l'involontaire défection de Martial et de Romain assombrirait un peu la fête. C'était d'autant plus dommage que même le docteur Portales avait promis d'être là. Ainsi d'ailleurs qu'Andrew et Mary Freeman. Délaissant pour un temps l'étude de la flore et de la faune côtières, ils étaient passés à Concepción à la fin novembre et avaient fait un détour par Tierra

Caliente. Après avoir jeté un coup d'œil sur les sources d'eau chaude dont l'hacienda tirait son nom, ils étaient partis à la découverte des Andes et, plus spécialement, des volcans Lonquimay, Macizo et Antuco. C'est à cette époque qu'ils avaient promis à Antoine d'être à Santiago pour fêter la naissance de 1881.

Si Antoine et Pauline furent donc un peu dépités en comprenant que Martial et Romain seraient absents, les jumeaux, eux, furent très déçus en apprenant que leur parrain ne serait pas avec eux pour Noël.

Leur déception ne découlait pas uniquement de l'affection — bien réelle — qu'ils portaient à Martial, elle s'expliquait aussi par le fait qu'il les gâtait honteusement; à tel point que Pauline et Antoine devaient souvent lui demander de modérer sa générosité.

Tel n'était pas l'avis des enfants qui s'étaient vu offrir aussi bien des soldats de plomb, des poupées ou des marionnettes, que des aras, des perruches, des ouistitis ou des tamarins! Aussi harcelèrent-ils leur mère pour qu'elle leur explique le retard de Martial.

Mais que pouvait-elle leur dire qu'ils puissent bien comprendre? Que c'était à cause de la guerre? Que voulait dire guerre pour les bambins? Certes, ils voyaient souvent des soldats qui paradaient sur la place d'Armes, mais ensuite? Comment Pierrette et Marcelin auraient-ils pu imaginer avec exactitude ce qui se passait à des milliers de kilomètres de chez eux? Il y avait bien quelques photographies dans les journaux ou des gravures dans les livres, mais tout cela était très statique, très figé.

Pauline leur avait alors expliqué que les bons se battaient contre les méchants et que Martial devait s'en mêler. Mais les jumeaux n'étaient pas du tout satisfaits : ils voulaient absolument savoir qui étaient les bons, qui étaient les méchants et pourquoi les uns et les autres avaient droit à ces qualificatifs! Et, ce jour-là, pour la centième fois, Marcelin revint à la charge.

— Et pourquoi ils se battent, là-haut ? insista-t-il.

— Je te l'ai déjà dit : parce qu'ils veulent le même arpent de terre, répondit Pauline distraitement.

Elle était en train de répertorier un lot de corsages, de guêpières et de corsets et se sentait peu disposée à reprendre la conversation.

— Et c'est quoi un arpent ?

— Un morceau de terrain.

— Eh ben, y'a qu'à le couper en deux, ce terrain; c'est le mieux, décida Marcelin.

— Ils ne veulent pas, personne ne veut, c'est comme ta sœur et toi quand vous voulez tous les deux en même temps le cheval à bascule.

— Et parrain et M. Romain veulent de la terre aussi ?

— Mais non! T'es bête! intervint Pierrette en haussant les épaules. C'est pour une femme!

Elle avait entendu ses parents évoquer Clorinda — dont leur avait parlé Martial — et n'était pas mécontente d'en savoir beaucoup plus que son frère sur ce sujet.

Pauline dissimula un sourire et faillit lui faire remarquer qu'une petite fille bien élevée ne devait pas tenir de tels propos, mais elle se tut et trouva soudain comment elle allait pouvoir leur expliquer ce qui retenait leur parrain là-haut, très loin dans le nord.

— Tu as raison, dit-elle, c'est à cause d'une dame qui risque d'être attaquée par des méchants. Un jour, il y a longtemps, parrain Martial était venu à Paris; à cette époque, en France, c'était la guerre, comme ici. Et moi, moi, les soldats m'avaient attrapée, et j'avais très peur...

Elle n'avait encore jamais évoqué cette histoire devant eux et elle vit que les enfants la regardaient bouche bée, déjà fascinés par l'aventure.

Alors elle délaissa son travail et parla. Et, ce jour-là, les jumeaux comprirent ce qu'était la guerre et surtout pourquoi leur parrain devait faire un détour par Lima.

Le poussif petit caboteur, grotesquement baptisé la *Liebre* — le lièvre! —, ne dépassait pas les cinq nœuds; et encore à condition que les vents lui soient favorables, ce qui n'était pas toujours le cas.

Quelques heures de navigation avaient suffi à Martial et à Romain pour comprendre que le bateau était tout juste bon à se traîner de port en port, sans jamais s'éloigner des côtes. De toute évidence, son capitaine — un homme charmant, au demeurant — n'avait aucune envie de s'aventurer en haute mer. D'ailleurs, si Martial et Romain l'avaient laissé faire, il aurait accosté chaque soir dans tous les ports où il avait manifestement ses habitudes, ses connaissances et ses femmes!

Par chance, Romain ne lui avait donné qu'une faible avance sur le prix de leur transport et lui avait fait comprendre qu'il ne devait pas traîner s'il voulait toucher un jour le solde.

Malgré cette menace, la *Liebre* tanguait nonchalamment à quelques milles des côtes; et, s'il ne se mettait pas en panne dès le coucher du soleil, sa vitesse nocturne n'en tombait pas moins à deux ou trois nœuds!

Pour calmer l'impatience de Romain, le capitaine lui avait expliqué que la chaudière n'était pas en excellent état et qu'il n'était donc pas prudent de vouloir trop pousser sa pression.

— Cet abruti me rend fou! sacrait Romain lorsqu'il entendait de tels propos. Bon Dieu, faut vraiment avoir besoin de pareils jean-foutre pour faire appel à eux!

Le comble, c'est que l'ensemble de l'équipage était sympathique. Il est vrai que les hommes, nullement épuisés par le travail, étaient généralement de très bonne humeur. Aussi, tous fêtèrent joyeusement Noël en mer en consacrant la journée beaucoup plus à la pêche et au farniente qu'à la navigation. Comme, de plus, le temps était superbe et la cuisine très convenable, le voyage aurait pu être très agréable et reposant pour quiconque n'aurait pas eu hâte d'arriver.

Tel n'était pas le cas de Romain qui vit rouge lorsque, après huit jours de ce qu'il fallait bien appeler une promenade, le capitaine les prévint qu'il devait faire escale à Manta, en Équateur, pour y refaire le plein de charbon.

— Vous pouviez pas le faire au départ? s'insurgea Romain.

— Eh! je l'ai fait, mais j'ai pas assez de place dans la soute; c'est que vous voulez aller loin, dites!

— S'il n'en tenait qu'à moi, ce ne serait sûrement pas sur votre saloperie de sabot! grommela Romain.

Néanmoins, malgré sa mauvaise humeur, il descendit au port dès que la *Liebre* accosta. Il y apprit deux nouvelles. La première le rassura un peu; elle provenait du Pérou et annonçait que les troupes n'étaient pas encore en contact et que la situation était stationnaire. La deuxième, en revanche, lui donna des envies de meurtre. Il faillit presque étrangler le capitaine lorsque celui-ci leur annonça, en souriant, qu'il venait de donner quartier libre à son équipage, qui voulait fêter dignement la nouvelle année à terre!

— Mais rassurez-vous, c'est promis : on embarquera sans faute le 2 au matin, assura l'homme. Et d'ici là, faites comme nous, profitez de l'existence, prenez votre temps! C'est le seul moyen de ne pas gâcher sa vie; elle est déjà si courte!

— Et s'il continue, je vais même abréger la sienne! prévint Romain en entraînant Martial.

Ce jour-là, le dernier de 1880, ce fut en vain que les deux hommes cherchèrent un autre navire pour rejoindre Callao; personne n'avait envie d'aller se jeter dans la guerre.

Antoine agita une dernière fois la main en direction de la voiture qui s'éloignait et serra Pauline contre lui.

— C'était très bien, dit-il en revenant vers le jardin qu'éclairaient quelques petits lumignons disposés çà et là au pied des massifs de fleurs.

Malgré l'été, maintenant bien installé, cette nuit de la Saint-Sylvestre était fraîche, mais elle était si superbement étoilée et lumineuse et elle embaumait tellement que Pauline s'installa sur l'un des bancs.

— Tu ne veux pas rentrer ? lui demanda Antoine. Tu n'as pas froid ?

— Non, j'ai mon lainage.

Il s'assit à côté d'elle et, de nouveau, l'attira contre lui :

— C'était très réussi. Je suis sûr que tous les amis étaient contents. Dommage que Martial et Romain n'aient pas été là.

— Oui, dommage.

Et c'était vrai que leur absence avait été ressentie par tous. Mais cela n'avait pas empêché la soirée d'être très gaie, car chacun avait mis du sien pour fêter joyeusement la naissance de cette nouvelle année.

— Tu sais ce que m'a confié Agatha ? dit Pauline.

— Non. Mais, moi, j'ai trouvé que le docteur était en pleine forme ! La preuve, il plaisante de nouveau. Il m'a dit, textuellement : « Voyez, tout va bien, d'ici peu je serai sur pied ! » Sur pied ! Tu te rends compte !

— Il est heureux, sourit Pauline, c'est normal : Agatha m'a annoncé tout à l'heure qu'elle attendait un bébé pour le mois de juin...

— Vrai ? dit Antoine en se levant, vrai ? Ah ça, c'est une bonne nouvelle ! J'en suis bougrement content pour eux ! Ça, c'est bien. Bon sang, quand on sait à quel point ce pauvre homme craignait de ne plus pouvoir avoir d'enfants ! Et c'est pour juin ?

— Oui, c'est ce que m'a dit Agatha.

— Formidable! Ce bébé arrivera juste un an après les blessures de son père : ça finira de tout cicatriser! Il attrapa une bouteille de champagne qui était sur la table, vérifia qu'elle n'était pas vide, chercha deux verres : Tu en veux? proposa-t-il.

— Non, plus maintenant, ça m'empêcherait de dormir.

— J'espère bien, dit-il en lui tendant une coupe. Qui parle de dormir?

Il était vraiment heureux de la nouvelle qu'il venait d'apprendre. Pour lui, elle était un peu comme l'épilogue de cette bataille qu'il avait menée en cette moite nuit de juin, alors que le clipper des Freeman cinglait vers Valparaíso et que le docteur Portales était si fatigué de vivre.

— J'ai aussi une autre nouvelle, reprit Pauline.

— Eh bien, décidément! s'amusa-t-il.

Mais il n'était pas étonné. Il savait depuis longtemps que sa femme recueillait toutes les confidences de ses amies; elle était discrète et les écoutait parler; cela suffisait pour qu'elles s'épanchent.

— Tu ne devines pas? insista-t-elle.

— Non.

— Eh bien, notre ami Herbert va convoler...

— C'est pas vrai? s'exclama-t-il. Avec la belle Ana?

— Naturellement.

— Ah, le bougre d'hypocrite! Qui aurait cru ça de lui? J'aurais juré qu'il finirait célibataire, c'est d'ailleurs ce qu'il disait à tout le monde! Mais c'est vrai qu'Ana a beaucoup de charme et qu'elle est certainement très persuasive. Eh bien, on n'a pas fini de faire la fête! Vrai, on s'en souviendra de 81. Parce que n'oublie pas qu'en plus, ça va faire dix ans que nous nous sommes rencontrés, et dix ans aussi que nous sommes ici!

— Je n'oublie pas. Elle but une gorgée, puis sourit. Ça

va faire en effet dix ans que nous sommes mariés, mais, à mon avis, ce n'est pas une raison ni une excuse pour regarder Mme Freeman comme tu le faisais ce soir, plaisanta-t-elle. Je t'ai vu, tu sais!

— Ne sois pas méchante! dit-il en riant. Et puis pense à ce que dit Joaquin dans ce cas : « On ne peut pas interdire à un sansonnet de regarder un colibri »! Alors, tu ne vas pas me faire de reproches?

— Et pourquoi pas? le taquina-t-elle. Tu t'es assez moqué de moi avec Romain, chacun son tour!

— Alors, d'accord, on est quittes.

— Entendu, sourit-elle. De toute façon, ça ne tire pas à conséquence. Après tout, j'ai bien le droit de penser que Romain est sympathique et tu as bien le droit de trouver que Mary Freeman est très séduisante. D'autant que c'est vrai qu'elle est très séduisante avec ses yeux verts. Et très gentille, aussi.

— C'est également pour ça que j'ai regretté l'absence de Romain. Je suis sûr qu'il s'entendrait très bien avec les Freeman; tu comprends, il est beaucoup plus de leur monde que nous. Je veux dire : ils sont très instruits, ces gens-là, tellement plus que nous! Alors, avec Romain, ils pourraient discuter de tout.

— Ils ont beaucoup parlé de la France et de Paris avec le docteur et avec Edmond. Mais, de toute façon, je suis contente de savoir qu'on les reverra.

— Ils te l'ont confirmé?

— Oui. D'abord Mary reviendra cette semaine. Je lui ai dit que j'avais de superbes corsages et chemisiers qui semblaient faits pour elle. Et même des robes, des chemises et des jupons; vu son teint et la couleur de ses cheveux, dans les tons pastel vert, ce sera parfait...

— Bigre, tu vas me faire rêver, soupira-t-il. Quel dommage que je ne puisse assister à l'essayage!

— Ensuite, poursuivit-elle sans tenir compte de l'interruption, elle m'a expliqué qu'ils redescendraient à Concepción sans doute au mois de mai. Je ne sais pas ce qu'ils veulent observer là-bas, mais ils reviendront et séjourneront à Tierra Caliente, c'est promis.

— Tant mieux, dit-il. Il vida son verre, alluma un cigarillo. A propos de l'hacienda..., poursuivit-il.

— Je sais ce que tu vas me dire, coupa-t-elle en lui prenant la main. Maria-Manuela m'en a parlé ce soir.

— Une fois de plus, comme d'habitude, toutes ces dames t'ont raconté leurs petites histoires! Eh bien, moi, c'est M. de Morales qui m'a reposé une question...

— Je sais, redit-elle, et que lui as-tu répondu?

— La même chose que la dernière fois : que j'espérais que nous allions enfin réussir à organiser notre temps et qu'ainsi je m'occuperais encore mieux de ses terres.

— Tu as très bien fait de répondre ça.

— Vrai?

— Oui.

— Ça veut dire que tu viendras plus souvent à Tierra Caliente?

— Oui, beaucoup plus souvent et plus longtemps. Tu sais, là-bas, j'ai beaucoup moins peur des *temblores* qu'ici. Je ne sais pas pourquoi, mais c'est comme ça. Et toi, tu passeras une partie de l'hiver ici, n'est-ce pas?

— C'est entendu, dit-il.

— Alors, parfait.

— Les enfants vont être ravis, dit-il.

— Sûrement, mais tu sais, je crois qu'il faudra leur trouver une gouvernante pour leur faire la classe; eux ne demanderaient pas mieux que de ne pas aller à l'école, mais...

— D'accord pour une gouvernante. Et si tu trouves une jeune rousse un peu potelée et aux yeux verts, ce sera encore mieux! plaisanta-t-il.

— Je chercherai une vieille femme à moitié chauve,

borgne et aux dents jaunes, dit-elle en le pinçant.

Il se pencha vers elle, l'embrassa.

— Tu as les lèvres toutes froides, dit-il. Tu ne veux pas rentrer, maintenant?

— Si, et je crois même que tu vas devoir me réchauffer, sauf si ça t'ennuie.

— Je suis encore très capable de me dévouer!

Il se pencha vers elle et l'enleva dans ses bras.

Pour impatient qu'il fût d'atteindre Lima, Romain prit quand même le risque de perdre un peu plus de temps. Comme il n'était pas absolument certain que Clorinda fût toujours dans la capitale, il demanda au capitaine de la *Liebre* de faire une brève escale à Salaverry, le petit port qui desservait Trujillo.

— Vous comprenez, si par hasard elle était là, ce serait stupide d'aller plus loin, dit-il à Martial pour expliquer sa décision.

Il trouva assez facilement la demeure de la jeune femme, car Clorinda Santos était connue en ville, mais il fut dépité en constatant que son amie était absente. Un voisin lui confirma qu'elle n'était pas venue depuis des mois.

— Alors, elle n'était pas ici au moment de... Enfin, je veux dire : quand les autres sont venus.

A Salaverry et à Trujillo, il avait vu plusieurs demeures brûlées ou bombardées, vestiges de l'expédition Lynch, et savait qu'il n'avait pas besoin d'en dire plus.

— Ne parlez pas de ces bandits! lui jeta le vieil homme qui venait de le renseigner. Non, elle n'était pas là. Mais d'autres ont vu de quoi ils sont capables et peuvent témoigner...

— Je n'en doute pas, dit Romain en s'éloignant.

Ce fut juste avant de rembarquer que Martial et lui recueillirent quelques nouvelles de la guerre. Mais elles étaient contradictoires et ne les rassurèrent pas. D'aucuns disaient que Baquedano était maintenant aux portes de Lima et qu'il avait commencé le siège de la ville. Certains assuraient péremptoirement qu'il avait incendié Callao et une partie de la capitale et que les victimes se comptaient par dizaines de mille. D'autres, enfin, que son armée était maintenant rassemblée sur les bords du río Lurin, à quelques kilomètres au sud de Lima, et qu'elle attendait des renforts avant de se lancer à l'attaque.

— Si vous voulez mon avis, dit Martial, ils disent tous n'importe quoi!

— Sans doute, mais il n'y a pas de fumée sans feu. Et puis ne nous leurrons pas : si les Chiliens n'ont pas encore fondu sur la ville, cela ne saurait tarder. C'est l'affaire de quelques jours, quelques heures peut-être. Ils ne sont pas venus pour regarder le paysage... Ah, bon sang, si j'étais sûr de trouver de bons relais!

— Alors?

— Alors, je sauterais en selle et, ma parole, j'arriverais bien avant l'autre bon à rien de capitaine et son foutu rafiot!

— Il y a quand même pas loin de six cents kilomètres de mauvaise piste et de désert, rappela Martial.

— Qu'importe! J'ai connu ça au Texas et je vous dis qu'avec de bons relais et une paire de bons chevaux, je me fais fort d'être à Lima plus rapidement qu'avec cette maudite coquille de noix! Ah oui, c'est un fameux lièvre qu'on a levé!

— Si vous voulez, on tente le coup, proposa Martial.

Il n'était pas du tout enthousiasmé à l'idée d'entreprendre une telle expédition. Mais il comprenait tellement l'impatience et l'inquiétude de son compagnon qu'il était prêt à lui emboîter le pas.

— Non. Ici, on ne va trouver que quelques mules étiques et aucun relais digne de ce nom. Dans ces conditions, il serait fou de tenter l'aventure. Allons, venez, embarquons; on a déjà trop perdu de temps.

Depuis maintenant plus de quinze jours, Clorinda vivait au rythme de Lima, follement. Toute la ville était prise d'une espèce de frénésie, d'une joyeuse démence et d'une communicative excitation qui frappaient tous les citoyens. Et, parce qu'ils voulaient oublier les humiliantes défaites qu'ils subissaient depuis bientôt deux ans, tous rivalisaient d'optimisme et d'exubérance.

Désormais, l'heure n'était plus au morne abattement des vaincus, ni à la tristesse qui s'était appesantie sur la ville depuis le début du conflit; elle était à la victoire, donc à la joie.

Car il ne faisait aucun doute que les Chiliens allaient enfin payer tous leurs méfaits! Ils allaient payer pour la marine anéantie, pour les provinces spoliées, volées et toujours occupées. Ils allaient payer pour les milliers de morts des batailles de Los Ángeles, Tacna ou Arica; et aussi pour toutes les honteuses et déloyales expéditions qui avaient ravagé trop de villes côtières. Et ils allaient payer, car ils avaient commis une impardonnable erreur, celle à laquelle succombent tous les conquérants grisés par de trop faciles victoires!

Déjà, en ville, dans certains milieux de la société lettrée, courait le bruit que l'orgueil qui animait Baquedano l'avait rendu fou!

Fou comme Hannibal, qui croyait pouvoir vaincre Rome en montant contre elle une opération démente! Fou comme Napoléon, allant chercher sa perte jusqu'à Moscou! Car tout était là, dans cette démesure qui avait frappé les Chiliens, au point de les convaincre qu'il était possible d'aller impunément porter la mort à plus de trois mille kilomètres de leur capitale!

Et maintenant, ils allaient enfin comprendre que le

temps était venu de rembourser, au centuple, toutes les humiliations qu'ils avaient fait subir au peuple péruvien. Cette fois, ils avaient vu trop grand, trop loin! Entraînés par la mégalomanie de leurs dirigeants, de leurs généraux, ils étaient venus jusqu'aux portes de Lima.

Ils avaient osé venir là, à quelques kilomètres de la Cité des Rois, de la ville qui avait été la capitale de l'Empire espagnol d'Amérique du Sud! Mais elle était trop belle pour eux, trop fière, trop solide, trop bien défendue! Jamais ils ne parviendraient à l'investir et, coupés de leurs bases, loin de tout, ils allaient crever là, dans ce désert écrasé par le soleil d'été. Ils allaient sécher de faim et de soif dans ce coin de sable gris, de caillasse et de poussière où leur folie les avait conduits.

Et tous les condors, les urubus et les caracaras des Andes festoieraient ensuite, pendant des jours et des jours, en piochant dans leurs milliers de cadavres qui, bientôt, s'amoncelleraient entre Chorillos et Miraflores.

Car jamais ils ne pourraient traverser les lignes péruviennes, zébrées de tranchées et défendues par des redoutes, des fortins, des canons, des pièges et des champs de mines. La ville était imprenable et tous les Liméniens le savaient, le répétaient et s'en réjouissaient.

Aussi, en attendant l'attaque qui marquerait la défaite des envahisseurs, la fête était de mise. Une fête un peu canaille, un peu trouble, car avec la chaleur, le *pisco*, la *chicha* et le vin de Locumba coulaient à flots; et les femmes devenaient tendres.

Clorinda, elle, préférait le champagne et elle en abreuvait tous ceux et toutes celles à qui elle ouvrait sa maison. Chaque soir, son patio résonnait de rires et de chants, entrecoupés de toutes les appréciations de ceux qui, dans la journée, s'étaient fait conduire non loin des retranchements de Miraflores. Ces curieux avaient pu apercevoir les troupes, les campements, le lacis des tranchées, les batteries d'artillerie, et tous étaient unanimes pour proclamer l'invincibilité de la cité. Et l'on sabrait gaiement d'autres bouteilles de champagne!

Parfois aussi, Clorinda entraînait ses amis jusqu'à l'hôtel San Martín pour leur offrir à tous un somptueux dîner. Elle aimait agir comme Romain, avec panache, grandeur, sans compter ni calculer. Et c'était en se conduisant de cette seigneuriale façon qu'elle pensait le plus à lui.

Aussi, parfois, au milieu du festin, ses voisins et voisines remarquaient son air absent et la façon délicate et amoureuse qu'elle avait de caresser, du bout des doigts, le lourd pectoral d'or qu'il lui avait offert et qu'elle portait chaque jour.

En la voyant si lointaine, certains de ses amis se moquaient un peu d'elle, mais elle n'en avait cure et se gardait bien d'entrer dans leur jeu ou de répondre à leurs questions lorsqu'ils tentaient de deviner ce qui motivait sa soudaine absence. Elle estimait n'avoir de compte à rendre à personne. Nul n'avait besoin de savoir qu'elle regrettait que Romain ne vienne pas plus souvent. Et surtout qu'il ne soit pas là, avec elle, dans ce palace qu'il appréciait tant.

Alors, de pensif qu'il était, son regard devenait critique en se posant sur les hommes et les femmes qui l'entouraient. Et, soudain, plus personne ne trouvait grâce à ses yeux.

« Parce que, songeait-elle, quoi qu'ils fassent tous, Romain a une autre allure qu'eux, une autre classe! »

D'abord, il savait se tenir à table, lui! Il ne bâfrait pas avec ses doigts et, s'il lui arrivait de sucer des pinces de homard ou des queues de langoustine, nul sifflement incongru n'accompagnait son geste! Il ne s'essuyait pas non plus les mains sur la nappe, comme le faisaient, par exemple, ce pauvre Marcos qui était en train de lui glousser des insanités dans l'oreille ou ce répugnant petit commandant qui lui faisait les yeux doux depuis trois jours! D'ailleurs, il n'avait rien à faire ici, ce minable galonné : il aurait dû être sur les fortifications! Et surtout qu'espérait-il ? Qu'elle allait lui céder, elle qui était veuve d'un général — un rude porc, certes, mais général quand même !

De plus, et cela aussi prouvait son éducation, Romain savait boire sans s'enivrer. Ce n'était pas comme cette outre d'Andrés qui vidait son Dom Pérignon comme un cruchon de *chicha* et qui, très vite, se mettait à chanter des gaudrioles, en rotant comme un péon !

Enfin, Romain était plein de tendresse, de tact, d'attention et de délicatesse.

Mais, parce qu'il était absent et surtout parce que la joie et la folie étaient de mise en ces veilles de victoire, Clorinda ne s'attardait pas en rêveries et redevenait vite la joyeuse compagne dont la pétulance et l'esprit animaient si bien les soirées. Et ses voisins lui apparaissaient tels qu'ils étaient : de braves bougres complètement subjugués par ses charmes, des soupirants ni plus ni moins désagréables que la majorité de ceux qui lui faisaient la cour depuis qu'elle avait quinze ans !

Quant aux jeunes femmes qu'elle avait jugées vulgaires, mal éduquées ou même carrément provocantes, quelques minutes plus tôt, elle leur pardonnait soudain de rire trop haut, comme le faisait la petite Gabriela, d'être franchement niaises, comme Margarita, ou beaucoup trop décolletées, comme Inés.

Et la fête continuait et le champagne pétillait, car chaque minute qui passait rapprochait de l'écrasante victoire qui, sous peu, demain peut-être ou même cette nuit, allait venger le peuple péruvien de vingt mois d'humiliations et de défaites...

Le général Baquedano lança ses troupes à l'assaut de Lima à l'aube du 13 janvier 1881. Impatients d'entrer dans la ville, les hommes se jetèrent comme des fous dans les tranchées qui prétendaient couper leur élan ; elles tombèrent une à une.

Vers dix heures du matin, le centre des lignes péruviennes, prévu pour résister des mois, s'effondra sous les terribles coups des hommes de Lynch et de Lagos.

Déjà les morts et les blessés se comptaient par milliers.

Puis, comme à Los Ángeles, Tacna ou Arica, vint l'assaut d'un autre piton, d'un nouveau bastion, et la rage meurtrière se déchaîna pour vaincre le *Morro Solar*; il tomba à quatorze heures...

Cinq mille Péruviens et mille Chiliens avaient perdu la vie; il y avait aussi, de part et d'autre, près de sept mille blessés.

Et il semblait que tous les vautours de la chaîne des Andes tournoyaient maintenant au-dessus de ce coin de désert où gisaient tant de cadavres.

A l'annonce de cette écrasante et soudaine défaite, Lima fut frappée de stupeur. Et autant la joie avait régné dans les jours précédents, autant la douleur s'installa. Une douleur terrible, poignante qui faisait pleurer les femmes dans la rue et qui poussait des larmes aux yeux des hommes.

Mais, avec la peine et le chagrin, s'installa aussi la colère; une sourde et terrible colère qui, en quelques heures, s'étala et gangrena la misérable population des bas quartiers. Déjà, au soir du 13, quelques meneurs passaient de bouge en bouge pour attiser la haine, exacerber la rancœur et inciter à l'émeute.

Et, dans la nuit, contournant sournoisement les lignes, une partie de la lie qui suivait l'armée chilienne depuis des semaines et qui vivait à ses crochets commença à s'infiltrer dans les faubourgs pouilleux, s'insinua dans la populace déjà ivre et l'excita.

Et les femmes à soldats, les déserteurs chiliens, les voleurs, les mendiants et les squelettiques Chinois des plantations qui gravitaient autour des troupes pour en grappiller les miettes vinrent gonfler la grondante masse de tous les loqueteux maintenant prêts au meurtre.

# 23

Après trois semaines de voyage, la *Liebre* accosta enfin à Chancay, le 14 janvier, peu avant midi. Déjà la nouvelle de la défaite avait atteint le petit port et toute la population semblait paralysée par la honte et la douleur.

Aussi Romain et Martial eurent-ils du mal à comprendre ce qui s'était exactement passé la veille à Chorillos. Ce ne fut qu'après avoir interrogé plusieurs personnes qu'ils purent recouper les informations et en déduire que Lima n'était toujours pas tombée.

— Mais ça ne va pas tarder, commenta Romain. Il connaissait bien la ville et savait qu'après avoir vaincu à Chorillos, les Chiliens allaient fondre sur Miraflores; ensuite, la route serait libre pour envahir la capitale : Oui, ajouta-t-il, et peut-être même que la dernière bataille est en cours... Enfin, rien ne sert de palabrer. Cherchons plutôt des montures!

Ils durent batailler ferme et proposer un prix peu commun pour qu'un muletier accepte de leur céder quatre bêtes. Elles étaient maigres à faire peur et les deux hommes se demandèrent si elles n'allaient pas s'écrouler après quelques kilomètres. Malgré cela, parce que c'était vraiment la seule solution pour rejoindre Lima, ils grimpèrent en selle et prirent la piste du sud.

Au grand étonnement de Martial, Romain stoppa devant la première *pulpería* qu'ils trouvèrent et sauta à terre. Intrigué, Martial le regarda entrer dans l'échoppe; ils avaient déjà fait toutes leurs provisions de route et il ne comprenait pas du tout sa démarche.

— Venez donc m'aider, lui lança Romain peu après. Il portait un tonnelet de vin d'une quinzaine de litres qu'il arrima au bât d'une bête : Ne faites pas ces yeux! plaisanta-t-il. Je n'ai pas soif à ce point, et je ne suis pas fou, non plus! Mais je vais vous apprendre à doper des mules, et on a intérêt à le faire si on ne veut pas qu'elles nous crèvent entre les jambes avant une heure! Or nous avons quatre-vingts kilomètres à faire, et au galop!

Il distribua d'abord trois litres d'avoine à chaque bête; puis, lorsqu'elles eurent englouti le dernier grain, il leur fit ingérer de force, à chacune, deux bons litres de vin blanc dans lesquels il avait versé un quart de litre de *pisco*.

— On recommencera d'ici quelques heures, expliqua-t-il. Le tout, c'est de bien calculer la dose!

Fouettées par l'alcool et le vin, ragaillardies par l'avoine, les mules galopèrent sans faiblir jusqu'au soir.

Craignant de s'égarer, car la piste qui suivait la côte en serpentant au milieu des dunes n'était pas très visible, les deux hommes s'arrêtèrent dès que l'obscurité devint trop épaisse.

Ils soignèrent les mules, dînèrent d'une boîte de haricots et d'une tranche de *charqui*, puis s'enroulèrent dans leur poncho pour la nuit.

Martial sentait tellement à quel point Romain était tendu, soucieux et peu ouvert à la conversation qu'il ne savait comment lancer un dialogue rassurant.

— Vous verrez, dit-il enfin, je suis certain que nous arriverons avant les combats. Et puis, quoi, votre amie n'est pas du genre à faire le coup de feu!

— On voit que vous ne la connaissez pas, dit Romain.

Elle est tout à fait capable de prendre un fusil et de défendre une barricade! Mais ce n'est pas ce qui m'inquiète le plus...

Depuis qu'il avait décidé de rejoindre Lima, le hantait le souvenir de cette foule grondante massée sur la place d'Armes. Cette foule qui avait failli l'engloutir, l'écraser, sans même s'en rendre compte. L'obsédait aussi la vision des maisons lapidées, des monuments souillés, des jardins piétinés par cette même cohorte d'hommes et de femmes en colère.

Certes, pensait-il pour se rassurer, le temps n'était plus aux manifestations; d'ailleurs, aucun gouvernement, aucune armée ne pouvait tolérer de tels égarements alors que l'ennemi était aux portes de la ville. Malgré cette évidence, son malaise demeurait.

— Que craignez-vous? insista Martial.

— Oh, je ne sais pas. Des bêtises, sans doute. Une sorte de... comment dire, prémonition, voilà... Je sais, ça ne tient pas debout, mais, que voulez-vous, on ne se refait pas! Depuis des années maintenant, je me fie à mon instinct. C'est lui qui, un jour, m'a lancé sur les traces d'Antoine et je ne le regrette pas. C'est lui aussi qui m'a réveillé lorsque Pizocoma a changé de cap... Et aujourd'hui, c'est encore lui qui me dit qu'il faut faire vite, très vite. Mais qui me dit aussi qu'il est déjà trop tard...

— Mais non, nous arriverons à temps, assura Martial dans un bâillement.

Il était moulu par le galop effréné qu'ils avaient mené et s'endormit peu après.

Ils reprirent la piste à la pointe du jour et les mules, gorgées d'avoine, de vin et d'alcool, battirent des records de vitesse.

Dans la zone des combats, le 14 janvier fut calme. Trop occupées à ramasser et à soigner leurs blessés, à enterrer leurs morts et à refaire leurs forces, les troupes ennemies, sans pourtant se concerter, observèrent une trêve tacite, prudente.

Seules parfois, quelques salves résonnaient çà et là, comme pour prévenir toute attaque surprise, tout coup de main.

En ville, après l'abattement des premières heures, revenait un semblant d'optimisme, attisé par tous les on-dit qui couraient les rues.

Ainsi assurait-on que, en dépit des apparences, les Chiliens avaient subi de terribles pertes. Et on en voulait pour preuve le fait qu'ils n'osaient plus avancer.

On racontait également que toute la courageuse foule des bas quartiers était en train de se regrouper, de s'organiser. On prétendait même qu'elle était prête à tenir tête aux ennemis; d'ailleurs, certains parlaient de lui distribuer des armes et de la jeter sur les Chiliens. D'autres, plus circonspects, proposaient de la canaliser et de la domestiquer en lui faisant creuser des tranchées.

Car beaucoup de bruits circulaient au sujet de tous ces traîne-misère cantonnés dans les quartiers sordides d'où, jusque-là, ils n'osaient guère sortir, sauf pour rapiner ou mendier individuellement. On disait que, dans la nuit du 13 au 14, plusieurs groupes importants de ces pouilleux avaient débordé leur périmètre habituel. Ainsi avaient-ils envahi quelques *pulperías* et auberges dans lesquelles ils s'étaient abominablement enivrés, avant de tout briser et de rejoindre leurs bouges sans lâcher un centavo. Mais ce n'était peut-être que des ragots, juste bons à inquiéter une population qui n'en avait nul besoin.

Le 14 au soir, comme la veille, Clorinda se retrouva seule chez elle avec ses domestiques. Depuis la défaite de Chorillos, plus personne n'avait envie de s'amuser et il eût semblé du plus parfait mauvais goût de faire sauter un bouchon de champagne.

Peu habituée à passer ses soirées en solitaire, la jeune

femme flemmarda un peu dans son patio, arrosa ses massifs, cueillit quelques fleurs; puis elle s'amusa à faire enrager son ara qui finit par l'insulter en un long et perçant jacassement.

Elle soupa ensuite légèrement et revint prendre le frais dans le patio pendant que sa servante lui préparait son bain.

Dans le même temps, le dictateur Piérola envoyait quelques plénipotentiaires au-devant du général Baquedano pour lui proposer d'établir un armistice. Le Chilien accepta et il fut entendu que la trêve commencerait à minuit.

A cette heure-là, baignée, coiffée pour la nuit, Clorinda dormait déjà paisiblement. Aussi ce ne fut qu'au matin du 15 qu'elle s'aperçut que quatre de ses cinq serviteurs s'étaient enfuis en emportant une partie de son argenterie et nombre de bouteilles...

Pour folle de rage qu'elle fût, elle oublia presque aussitôt cet incident car, profitant d'une relève des troupes chiliennes, Piérola, au mépris de l'armistice réclamé, avait lancé quinze mille hommes à l'attaque. Et le bruit de la canonnade et des combats était maintenant si proche que Clorinda comprit tout de suite que la bataille de Miraflores venait de commencer.

La lutte fut épouvantable. Une fois de plus, elle tourna rapidement à l'avantage des Chiliens, qui anéantirent les forces péruviennes en quelques heures..

Écrasés, bafoués, ivres de désespoir, de colère et de honte, les soldats rescapés du carnage s'égaillèrent vers Lima.

Alors, soudain, sortant des cases immondes et des taudis, jaillissant comme des rats, ou comme le pus d'un abcès trop mûr qui crève en répandant son ignoble lave alentour, toute la racaille de la ville, grossie par les *rabonas*, les *rateros* et autres coupe-jarret, s'élança sur la cité offerte, ouverte, sans défense.

Et aussitôt l'horreur dégoulina de rue en rue, puis de quartier en quartier. Et la tache de sang qui marquait l'avance de la foule hystérique, très vite saoule de massacres, de viols, de pillages et d'alcool, alla en s'étalant comme une horrible pieuvre pourpre.

Puis l'incendie éclata dans les faubourgs. Méchamment propagé par quelques voyous vicieux qui crevaient presque de rire en voyant rôtir leurs victimes, le feu gronda, se développa, sauta de toit en toit.

Et aux rires gras des pochardes jouissant du spectacle, se mêlèrent les hurlements des filles et des femmes forcées par la racaille, par une horde d'hommes rendus fous par l'alcool, mais aussi par la misère, la jalousie, la rancœur, l'avidité. Et la meute, que rien ne retenait, sauf le temps nécessaire aux massacres et aux pillages, progressa dans Lima, s'installa...

Romain était encore loin de la ville quand il comprit qu'il arriverait trop tard. En effet, rien ne pouvait expliquer ce lourd nuage noirâtre qui s'étalait là-bas, en direction de Lima et de Callao, rien, sauf la chute de la Cité des Rois.

Néanmoins, malgré la certitude que tout était joué, il fouetta sa mule, déjà blanche d'écume, et lui frappa le ventre à grands coups de talons.

— Plus vite, nom de Dieu! Plus vite!

Et Martial, qui lui aussi avait compris, cingla la croupe de sa bête. Car il n'y avait maintenant qu'une conduite à tenir : se jeter dans la folie qui, de toute évidence, régnait sur une partie de la capitale. S'y jeter à plein corps, en acteur; s'y lancer pour se dire qu'on n'était pas venu là pour rien, qu'on n'était pas arrivé trop tard, qu'il restait quelque chose à accomplir! Il n'était pas possible de rester passif et simple observateur devant cette ville qui semblait se tordre de douleur et de honte sous les flammes roussâtres qui lui rongeaient les flancs.

Ils atteignirent enfin les berges du Rimac et comprirent qu'ils ne pourraient jamais entrer dans la ville avec leurs montures. Car, ce qu'ils découvraient maintenant, là, devant eux, dans les quartiers qui s'étendaient vers Callao, ce n'étaient pas les sordides et répugnantes exactions d'une armée victorieuse qu'on récompense en lui livrant une citadelle. C'était l'épouvantable et cauchemardesque vengeance d'une populace trop longtemps écrasée, affamée, humiliée qui découvre soudain qu'elle peut impunément se payer de toutes les brimades, que tout lui appartient...

Et qui se persuade qu'il va suffire, pour effacer toutes ces années de misère et de haine, de massacrer aveuglément tout ce qui lui apparaît, d'une façon ou d'une autre, juste un peu au-dessus de sa propre condition.

C'est alors que celui qui s'avance pieds nus assassine le porteur de savates car, fussent-elles usées jusqu'à la corde, elles sont signe de richesse, donc de domination...

Avec l'indiscutable preuve d'aisance que représentaient les mules, il était impossible d'affronter cette foule aveugle, animée autant par une insondable bêtise que par l'alcool et le goût du sang.

— Vous savez, vous n'êtes pas du tout obligé de me suivre, dit Romain en sautant à terre. Si vous voulez, gardez les mules et rejoignez Callao. Je pense que vous trouverez maintenant un bateau pour Valparaíso : Lima est tombée, le blocus n'a plus sa raison d'être.

— Ne dites pas de sottises, je ne suis pas venu jusqu'ici pour jouer les témoins. D'ailleurs, vous voyez aussi bien que moi que Callao est en feu..., dit Martial. Il descendit prestement de sa monture, sortit deux cigares de sa poche et en tendit un à Romain : Prenez, ce sont les seuls qui me restent; alors autant les fumer tout de suite. Cela dit, j'ai l'impression que ça ne va pas être facile...

— Bah! Pas mal de risques d'y laisser la peau, dit Romain en observant la ville, mais s'il ne reste qu'une chance, il faudrait encore la tenter. Voyez, expliqua-t-il en tendant l'index, l'incendie est encore très loin du quartier de Clorinda. D'ailleurs, ce qui brûle là-bas, à la périphérie, je crois que ce sont surtout des entrepôts.

— Oui, oui, mais avec les maisons qui sont autour..., fit Martial. Enfin, allons-y...

Il n'avait pas plus envie de traverser le río qu'il n'avait eu envie, dix ans plus tôt, de venir en aide à la petite Pauline coincée par quatre lignards, sous la porte cochère du passage Fallempin. Pourtant, à l'époque, il avait agi comme il pensait devoir le faire et il ne l'avait jamais regretté. Mais cela ne signifiait pas qu'il s'était lancé dans l'action avec joie, tant s'en fallait!

— Alors, redit-il, qu'est-ce qu'on fait?

— D'abord on s'arme, dit Romain en fouillant dans les bagages que portait une des mules. Il en sortit deux colts et leurs ceinturons garnis de cartouches qu'il avait achetés à Panamá, juste avant de partir. Et ne faites pas comme Edmond, dit-il en tendant une des armes à Martial : même si c'est une femme qui vous menace ou qui veut vous empêcher de passer, n'hésitez pas à tirer; j'ai dit une femme, c'est une erreur, j'aurais dû dire une goule, vous comprenez?

Martial acquiesça et attacha le ceinturon autour de sa taille.

— Rabattez votre poncho par-dessus, recommanda Romain. Il ne faut pas que les voyous que nous allons croiser voient nos armes : pour eux, c'est la fortune; alors, comme ils tuent pour un peso... Regardez-les là-bas : ils se battent même entre eux, on se demande vraiment ce qu'ils peuvent se voler! Cachez votre arme.

— D'accord, dit Martial en ébauchant un pâle sourire. Mais si ça tourne mal, je veux dire uniquement pour moi, dites à Rosemonde pourquoi je vous ai suivi. Elle comprendra...

— Entendu. Et rassurez-vous, si c'est moi qui ai des

problèmes, vous n'aurez personne à prévenir. C'est plus simple...

Clorinda comprit que toute fuite était impossible. Impossible et inutile. Après avoir grimpé sur la terrasse de sa maison, elle avait vite réalisé que, si les pillards étaient loin d'avoir envahi toute la ville, ils occupaient néanmoins la totalité de son quartier. Ils étaient maintenant là, tout autour de chez elle, à quelques paquets de maisons. Et certains même se faufilaient déjà dans sa rue.

Ils ne s'étaient pas encore attaqués à sa porte; ils avaient tout leur temps et, peut-être, pour l'instant, étaient-ils repus de violence. Mais ils allaient venir, dans une heure ou plus tard.

Ils allaient venir, et alors... Elle regretta de n'avoir point imité sa servante qui, dès les premières salves, était partie se réfugier dans la petite chapelle de Santa Rosa. Elle avait eu raison et sans doute échapperait-elle à la meute car, pour ivre que soit la canaille, jamais elle n'oserait forcer les grilles d'un Lieu saint.

Mais Clorinda n'avait pas voulu s'abaisser en fuyant comme une domestique devant les voyous!

— Et, maintenant, ils vont venir...

Elle frissonna à l'idée de la meute déferlant chez elle, grimpant en hurlant ses escaliers de marbre et la découvrant là, tapie dans un coin de sa chambre. Et ensuite, ensuite...

Elle songea un instant qu'il était peut-être préférable d'en finir immédiatement, de prendre le gros revolver à six coups de son défunt général de mari, de le placer juste sous son sein gauche et de presser la détente. C'était si simple à faire et, dans le fond, si logique.

Logique, oui, car les monstres qui étaient en train d'approcher ne pouvaient laisser que des cadavres derrière eux. Point n'était besoin de tendre beaucoup l'oreille pour comprendre ce que signifiaient les cris qui fusaient des maisons envahies.

Alors, autant ne pas offrir à ces brutes la satisfaction de l'égorger après avoir longuement abusé d'elle. C'était un cadeau qu'elle n'avait nulle envie de leur faire!

Mais, parce qu'elle aimait follement la vie, qu'elle s'y accrochait de toutes ses forces, elle ne put aller au bout de son raisonnement. Car braquer le canon à la hauteur de son cœur et appuyer sur la détente, c'était reconnaître que la populace avait raison, qu'elle avait gagné, et ça, c'était impensable, inadmissible!

Car la populace était faite pour trimer, pour travailler; et, si elle rechignait à le faire, il importait alors de la fouetter jusqu'au sang pour lui rappeler sa condition; et, si elle se révoltait, il fallait la pendre sans hésiter!

Alors, se suicider, c'était la servir, lui mâcher le travail. Car elle ne voulait rien d'autre que voler, violer et tuer en toute impunité. C'était donc faire la part trop belle à tous ces chiens que de se détruire avant qu'ils n'arrivent; et surtout se détruire sans combattre et sans avoir l'immense et dernière satisfaction d'en expédier quelques-uns en enfer avant de succomber sous leur nombre!

D'une main tremblante, car elle était presque paralysée par la peur, elle chargea méticuleusement le gros revolver du général. Puis elle introduisit aussi deux cartouches dans le fusil de chasse que son premier mari, l'Américain, avait abandonné dans sa fuite. Enfin, elle glissa une dague de Tolède dans sa ceinture, s'installa en haut du grand escalier de marbre, juste en face de la lourde porte qui ouvrait sur la rue, et attendit.

C'est alors que son regard se posa sur le pectoral que Romain lui avait donné et les larmes, soudain, perlèrent à ses paupières.

Romain! Romain! Dans le fond, c'était vraiment le seul qu'elle ait jamais aimé. Les autres ne comptaient pas, ce n'étaient que de minables petits coquelets, de ridicules petits bonshommes qui pensaient l'avoir séduite simplement parce qu'elle leur avait permis de lui donner un apparent et très fugitif bonheur, quelques frissonnantes secondes de délectation.

Mais ce n'était rien à côté de tout ce que Romain lui avait fait vivre en plus! Car, au-delà des spasmes, certes délicieux mais que n'importe quel imbécile un peu doué pouvait provoquer, il avait su la faire rêver, la bercer de récits et de folles histoires, lui construire un présent fabuleux et un avenir mirifique, la conduire au summum de l'imaginaire, au royaume des songes éveillés et dans tous les plus beaux coins du monde.

Aussi n'était-il pas concevable que les stupides brutes qui allaient bientôt s'attaquer à sa porte et la défoncer pussent s'emparer du bijou qu'il lui avait un jour passé autour du cou, ce somptueux pectoral d'or massif qui s'étalait entre ses seins.

Elle détacha la parure, tout attiédie au contact de sa peau, puis dévala l'escalier et courut jusqu'au perchoir de l'ara. Elle le souleva, gratta un peu la terre, déposa le collier dans le trou et reposa le perchoir par-dessus; et l'oiseau, furieux d'être ainsi bousculé, l'injuria copieusement. Elle lui lissa délicatement les plumes du dos, puis remonta sans hâte en haut de l'escalier et reprit son attente.

Ils arrivèrent une demi-heure plus tard. Mais avant même qu'ils ne s'attaquent à sa porte, Clorinda dut subir l'épouvantable concert que donnèrent ses voisins quand les pillards entrèrent chez eux.

Ce fut d'abord le grand-père qui hurla, un vieil homme perclus de rhumatismes, presque impotent, dont les cris durèrent peu. Et puis, couvrant les éclats de rire de la racaille, vinrent les plaintes de la grand-mère et de la mère, deux femmes que Clorinda aimait bien. Après elles, gémirent longuement les deux petites filles, mais Clorinda s'était déjà bouché les oreilles de ses index.

Et ses doigts crispés l'isolaient encore du monde lorsque les premiers coups de madrier frappèrent sa porte. Les massifs vantaux de chêne résistèrent presque dix minutes. Puis elle les vit soudain éclater en de longues échardes qui jaillissaient au rythme des secousses. Enfin, une main sale et velue passa à la hauteur de la serrure, tâtonna un instant et débloqua le pêne.

En quelques secondes, une foule ricanante et puante envahit le patio.

Alors Clorinda se signa lentement trois fois, puis elle prit le fusil de chasse qu'elle avait posé derrière elle, contre le mur, l'épaula.

Elle foudroya deux hommes avec le coup droit et une matrone dépoitraillée avec le canon gauche, car il serrait davantage. Puis elle empoigna son revolver à deux mains et fit feu dans la meute. Quatre hommes et deux femmes roulèrent sur les marches de marbre.

Elle était en train de saisir sa dague pour se défendre encore lorsqu'un gourdin la toucha en plein front. Mille étincelles multicolores fusèrent en gerbe dans son crâne.

Depuis une heure, Martial croyait revivre une scène déjà connue, celle qu'il avait vécue, dix ans plus tôt dans le quartier de Grenelle, alors que les Versaillais s'insinuaient dans toutes les rues en fusillant à tout va, que les communards tiraillaient de partout et que Pauline et lui fuyaient en courbant le dos.

Mais, à l'époque, les combattants des deux bords étaient civilisés, du moins si on les comparait aux sauvages qui pillaient maintenant une partie de la ville. Car ce qui était épouvantable, et même insoutenable, c'était l'état des individus qui régnaient désormais sur plusieurs quartiers. Ils étaient tous ivres à périr; aussi, hommes et femmes confondus en une répugnante et braillarde cohorte, donnaient-ils la nausée à quiconque n'était pas de leur bord.

L'horreur était partout; elle s'étalait à même les trottoirs, là, dans la rue, aux yeux de tous. Elle triomphait au pied de ces murs où quelques *rabonas* hilares écorchaient consciencieusement leurs victimes. Elle hurlait par la voix des fillettes dont s'amusaient les péons abrutis de *pisco,* les déserteurs des deux pays, fraternellement réunis dans le meurtre, aux regards inquiets et sournois, les voyous conquérants et les Chinois silencieux qui attendaient cet instant depuis si longtemps!

Elle ricanait enfin dans la gorge des témoins trop fatigués ou trop saouls pour participer au carnage, quand même ravis et heureux d'être là, passifs, mais spectateurs d'une rare et exceptionnelle représentation.

Martial et Romain avaient vite compris que leur tenue, leur allure et leur teint recuit par le soleil et la mer les rendaient aussi anonymes et insignifiants que la majorité des hommes en délire. Couverts de poussière après une chevauchée de vingt-quatre heures, ils étaient assez sales pour passer inaperçus. Aussi purent-ils, sans grands risques, se glisser dans la foule, y disparaître.

Mais le fait de se savoir à l'abri de la vindicte ne les empêchait pas de frémir aux spectacles immondes qu'ils croisaient. Et seule l'absolue certitude qu'une intervention de leur part ne retarderait pas d'une seconde l'issue des drames qui se déroulaient devant eux les retint d'agir.

Mais, c'est en baissant la tête, la rage au cœur et les poings serrés sur leurs armes qu'ils s'éloignèrent des scènes qu'ils virent au hasard de leur progression vers la maison de Clorinda.

— Surtout ne regardez pas! jetait Romain entre ses dents lorsqu'ils passaient non loin d'une tuerie collective qu'applaudissaient des badauds réjouis.

— Par pitié, allez plus vite! suppliait Martial

en entendant les cris qui jaillissaient des fenêtres défoncées.

Taillant leur route à coups de poing, à coups de coude, la gorge et les poumons pris par l'âcre et suffocante odeur des incendies, ils s'approchèrent peu à peu du quartier de Clorinda, débouchèrent enfin dans sa rue.

« Trop tard, je le savais... », se dit Romain en voyant la grouillante masse des émeutiers qui occupait la chaussée.

Malgré cela, et la certitude que tout était fini, il alla encore de l'avant.

— Nous y voilà, fit-il enfin en se retournant vers Martial.

Il se passa la main sur le visage et sur les yeux, comme pour tenter d'effacer, à l'avance, le tableau qu'il allait découvrir.

— Elle habite là? murmura Martial d'une voix blanche.

— Oui, ici..., soupira Romain en s'engageant dans les décombres de la porte défoncée.

Ce qui frappa Martial dès qu'il entra dans le patio, ce fut d'abord l'odeur : insoutenable, suffocante. Puis il vit l'ara. L'oiseau était encore fermement agrippé à son perchoir et pourtant il n'avait plus de tête; tranchée d'un coup de machette, elle gisait sur le carrelage, au milieu des débris de vaisselle, de bouteilles brisées, de meubles éventrés, de linge éparpillé.

Ensuite, le marquèrent les cadavres d'hommes et de femmes, affalés çà et là dans les fleurs piétinées ou dans le bassin à l'eau maintenant rouge.

Puis il vit Romain, comme dans un rêve, au ralenti, Romain qui grimpait les escaliers. Et qui, arrivant en leur milieu, se heurtait à deux hommes qui descendaient en titubant, les bras chargés de vases, de tableaux et de linge.

Et les détonations résonnèrent sous la voûte et deux autres corps roulèrent dans le patio. Alors, à son tour, il se rua vers l'étage.

Parce que Romain et lui redoutaient d'avoir à découvrir un spectacle qu'ils ne voulaient pas voir, c'est lentement, les pieds lourds, qu'ils entrèrent dans la chambre de Clorinda.

Deux hommes et une femme, ivres morts, y ronflaient, étalés sur le lit ouvert et dans les fauteuils. Martial n'intervint pas lorsque Romain, qui venait d'embrasser la scène d'un regard, déchargea son arme sur les pillards. Il ne bougea pas, car lui aussi avait vu.

Il avait vu Clorinda, couchée dans le coin de la pièce, entre la coiffeuse défoncée et l'armoire à glace brisée. Elle était là, recroquevillée, mains en coquille sur le ventre, sanglante, pitoyable à hurler. Et Romain hurla en se jetant sur elle.

Alors Martial s'avança à son tour.

Et parce que le spectacle de son compagnon, qui sanglotait sans bruit en serrant la jeune femme contre lui, était insupportable, il arracha un des rideaux et le jeta sur le corps dénudé. Puis il s'approcha un peu plus. Il allait poser la main sur l'épaule de Romain lorsque son regard croisa soudain celui de Clorinda.

Il tressaillit car, malgré la chape de sang qui ruisselait du front et se collait aux paupières et aux cheveux épars, les yeux qu'il venait de fixer n'étaient pas morts; ils étaient exorbités d'horreur et d'épouvante, mais ils vivaient encore.

— Bon Dieu! lança-t-il en secouant Romain, regarde! Elle vit, je te dis qu'elle vit!

Romain s'écarta un peu, observa la jeune femme, repoussa les mèches ensanglantées qui masquaient ses pupilles et lui caressa lentement, amoureusement, les joues et les lèvres.

Et Clorinda frémit au contact des doigts et secoua doucement la tête en geignant.

— Si tu savais... si tu savais..., balbutia-t-elle enfin après d'interminables plaintes.

— Tais-toi, coupa Romain en la serrant contre lui. Je ne veux rien savoir, rien! Tais-toi!

Puis il sortit son mouchoir et, après l'avoir humecté d'un peu de salive, commença délicatement à lui nettoyer le visage.

— Il faudrait partir tout de suite, dit Martial, les autres peuvent revenir...

— Non, dit Romain sans interrompre sa toilette. Non, je ne crois pas qu'ils reviennent : il n'y a plus rien à piller ici... Et puis, ils sont tous trop saouls pour avoir le courage de continuer...

Ils s'échappèrent quand la nuit fut tombée, alors que l'incendie de Callao et des entrepôts éclairait Lima presque comme en plein jour; le quartier était redevenu calme, car la meute était partie plus loin...

Prostrée, abattue, Clorinda s'était murée dans un mortel mutisme. Tout au plus, juste avant de partir, avait-elle marché, comme une somnambule, jusqu'au perchoir où l'ara décapité, griffes serrées sur son rondin, montait une garde dérisoire et macabre.

Alors, stupéfaits, Romain et Martial l'avaient vue gratter le sol, en extraire son pectoral et, lentement, après l'avoir nettoyé des bribes de terreau qui le maculaient, l'attacher autour de son cou et l'étaler entre ses seins tout zébrés de griffures.

Le 17 janvier 1881, le contre-amiral français Abel Bergasse Dupetit-Thouars, stationné en rade de Callao, effaré et scandalisé par le spectacle de l'incendie et des pillages qui risquaient maintenant de ravager la totalité de la ville, intervint auprès du général Baquedano et le conjura, au nom de l'humanité, de faire cesser ce carnage déshonorant.

Alors, le jour même, la première division chilienne, commandée par don Cornelio Saavedra, entra triomphalement dans Lima.

Le colonel fit aussitôt fusiller tous les émeutiers surpris en flagrant délit. Et aussi, pour faire bonne mesure, tous ceux et toutes celles dont l'allure semblait suspecte. Cela fait, il fit hisser le drapeau chilien au sommet du palais des Vice-Rois.

Mais, déjà, Martial, Romain et Clorinda, toujours muette et prostrée, cinglaient vers Valparaíso.

# 24

Herbert Halton reposa sur son bureau le dossier que venait de lui communiquer Martial, puis se tourna vers Edmond.

— Tout cela me semble du plus haut intérêt, dit-il enfin. C'est aussi votre avis, n'est-ce pas?

Edmond approuva vivement. Pour lui aussi, les études de marchés et les nombreux renseignements que Martial et Romain avaient rapportés de leur séjour à Panamá confirmaient, en tous points, ce qu'il pressentait; à savoir que l'ouverture du canal de Panamá était d'une extrême importance.

Le projet proposé par MM. Wyse et Reclus, et que Ferdinand de Lesseps allait sous peu mettre en œuvre, représentait un fabuleux chantier, qui, selon les estimations, allait durer au bas mot entre huit et douze ans! Il était donc indispensable qu'une société comme la Sofranco s'intéresse de très près à une aussi gigantesque entreprise.

— Mais, vous savez, il va falloir jouer très serré, les prévint Martial. Romain et moi avons déjà pu juger à quel point l'obtention du moindre marché risque de dégénérer en foire d'empoigne; en un mot, ne perdez pas de vue que les margoulins sont déjà sur place.

— Nous ne l'oublierons pas, assura Herbert, mais on n'a rien sans rien, n'est-ce pas? A ce propos, je suis heureux de vous annoncer que j'ai pu enfin débloquer les autorisations d'exploitation des gisements que nous revendiquons dans le nord; nous allons donc nous attaquer sérieusement à cela aussi...

— Et vos compatriotes n'ont rien dit? s'étonna Martial.

— Si, naturellement, et ils ont même essayé d'agir, dit Herbert en souriant. Mais, enfin, ils ne sont pas les seuls à avoir quelques relations bien placées...

— Eh oui, renchérit Edmond, on dira ce qu'on voudra, mais en temps de guerre, un général peut rendre beaucoup de services... Et pas uniquement sur les champs de bataille classiques!

Martial les observa tour à tour, puis hocha la tête.

— Je vois, dit-il enfin en riant doucement. Le général, c'est le beau-frère de M. de Morales, n'est-ce pas?

— On ne peut rien vous cacher, avoua Herbert, mais, rassurez-vous, tout cela s'est fait le plus honnêtement du monde! Si, si! Je vous jure! assura-t-il en notant l'air sceptique de Martial. Après tout, rien n'interdit à un général d'être actionnaire, voire propriétaire de quelques arpents cuprifères ou argentifères... N'est-ce pas? D'ailleurs, pour autant que je sache, nul n'a jamais reproché à l'ancien président de la République de posséder nombre d'exploitations minières et surtout les plus importantes entreprises de traitement de la région de Copiapó...

— Tout à fait d'accord, dit Martial. Mais êtes-vous certain que le Chili peut vraiment disposer de ces terrains? La guerre n'est pas encore finie et...

— Allons donc, coupa Herbert, si elle n'est pas finie, c'est tout comme! Lima est occupée et le restera aussi longtemps qu'il le faudra. Et ce n'est pas parce que cet âne de dictateur déchu de Piérola a cru bon de prendre le large et de se réfugier dans la sierra en entraînant quelques troupes avec lui que la situation changera!

Croyez-moi, je sais, de bonne source, que les Chiliens ne lâcheront pas les territoires qu'ils ont gagnés. Je veux dire : toute cette bande désertique qui s'étale au sud de Tacna. Désormais, les gisements découverts par Romain sont sur territoire chilien et plus rien ne s'oppose à ce que nous les exploitions.

— Alors, c'est parfait, dit Martial. Mais, entre eux et Panamá, nous n'allons pas manquer de travail!

— Certes, reconnut Edmond... A propos de Romain, comment va-t-il!

— Oh, lui, ça va : c'est un roc! Mais c'est toujours elle...

— Quelle épouvantable épreuve, murmura Herbert.

— Surtout, on se demande ce qu'on peut y faire, soupira Martial.

En effet, depuis maintenant trois semaines qu'elle était à Santiago, Clorinda était toujours aussi prostrée, aussi absente. Elle était fermée à tout dialogue. Elle ne parlait plus, se nourrissait à peine et paraissait lutter contre le sommeil, car, d'après Romain, qui ne la quittait pas, elle était assaillie par de terribles cauchemars dès qu'elle succombait à la fatigue.

Les médecins qui l'avaient examinée s'étaient tous révélés incapables de l'extraire de sa morbide torpeur; tous redoutaient qu'elle ne sombre peu à peu dans la folie; certains pensaient même qu'elle en était déjà atteinte.

— Et que va-t-il faire? demanda Edmond.

— Romain! Il va me suivre. Avec elle, naturellement. Oui, j'ai promis à Antoine de lui donner quelques conseils sur les vignobles qu'il veut planter. Alors, je vais descendre à Tierra Caliente. Antoine, Pauline et les enfants y sont déjà. Nous allons les rejoindre. De toute façon, après notre expédition, croyez-moi, nous avons tous besoin de repos.

Romain avait beaucoup espéré que le changement d'air et de paysage et surtout le calme de l'hacienda joueraient un rôle bénéfique sur l'état de Clorinda.

Il avait été très touché par l'accueil chaleureux et les soins attentifs que Pauline avait réservés à son amie. Aussi fut-il déçu en constatant que rien de tout cela ne parvenait à sortir la jeune femme de son état.

— Faut patienter, lui dit Antoine, lorsque, après deux jours, Romain lui confia ses inquiétudes. Oui, faut patienter. Vous savez, les blessures, surtout celles qui ne se voient pas, c'est très long à se cicatriser, très long...

— Bien sûr, soupira Romain, mais je ne vais pas pouvoir passer le reste de mes jours à la veiller! J'ai du travail!

— Vous avez des projets?

— Bien entendu! intervint Martial.

En cette chaude soirée de février, les trois hommes s'étaient installés dans un des patios de l'hacienda. Pauline et les enfants étaient partis dormir; quant à Clorinda, elle était dans sa chambre, sous la garde d'une servante prête à intervenir au moindre cauchemar.

La nuit était magnifique et la lune, énorme et presque au zénith, irradiait une éblouissante clarté.

— Quels projets? insista Antoine.

— Panamá, évidemment. C'est là-haut que tout va se jouer dans les dix ans qui viennent, expliqua Martial.

— C'est un gros chantier, n'est-ce pas? dit Antoine.

— Gros? Vous voulez dire gigantesque, monstrueux, fantastique! s'exclama Romain. Martial a raison, il ne faut pas manquer cette affaire. Voilà pourquoi j'ai du travail!

— Et les mines, les gisements? interrogea Antoine.

— On ne les perd pas de vue, pas plus que le commerce des peaux, le cabotage et les affaires industrielles propres au Chili, dit Martial. Mais Romain a raison de dire que ça va nous donner beaucoup de travail, et tu en auras ta part! Quant à moi, pour commencer, je vais faire un saut en France, dès le mois prochain.

— Tiens donc! s'étonna Antoine, ça ne fait jamais qu'un peu plus d'un an que tu es là!

— Eh oui, sourit Martial, mais c'était convenu comme ça avec Rosemonde...

— Alors, rien à dire, acquiesça Antoine.

— Je vais donc faire un saut à Bordeaux. Et j'en profiterai naturellement pour tout organiser en fonction du chantier de Panamá.

— Vous aussi, vous allez en France? demanda Antoine à Romain.

— Non... Ils le virent qui balançait la tête comme s'il hésitait à parler, puis il se décida : D'abord ce serait impossible dans l'état où se trouve Clorinda, et ensuite... Il se tut, eut un petit rire un peu amer : Ensuite, je me suis juré de ne pas y revenir tant que je n'aurais pas les moyens d'y mener le train de vie qui était le mien avant... avant que je débarque en Amérique. Pendant des années, je me suis dit que ce genre de promesse me condamnait quasiment à mourir dans ce pays! Mais j'ai changé d'avis. Oui, j'aimerais bien, un jour, faire visiter Paris à Clorinda. Mais je connais ses goûts, et les miens... Alors, c'est vous dire si j'ai besoin de travailler pour nous offrir ça! Enfin, ça, c'était un projet que j'avais avant, avant la chute de Lima...

— C'est un beau projet, approuva Antoine. Il faudra le réussir, et, vous verrez, je suis sûr que vous y arriverez.

— Que Dieu vous entende, murmura Romain, et qu'il réalise les vôtres en même temps!

— J'y compte bien! assura Antoine. Après tout, c'est un padre un peu fou qui me les a mis en tête! Alors, placé comme il est, peut-être qu'il est capable de me donner un coup de main. Ça serait bien dans son genre!

Pierrette et Marcelin furent d'abord très distants vis-à-vis de Clorinda. Son mutisme et son air absent les intimidaient beaucoup; aussi, pendant trois jours, évitèrent-ils soigneusement de l'approcher de trop près.

Puis, peu à peu, son attitude les intrigua, surtout Pierrette. La petite fille ne comprenait pas qu'une dame aussi belle pût rester ainsi sans parler, ni rire ni chanter; parce qu'alors, ce n'était pas la peine d'avoir d'aussi jolies robes et un aussi gros collier d'or autour du cou!

Elle en parla à sa mère qui lui fit une réponse très peu satisfaisante en lui expliquant que Clorinda était malade. Lorsque Pierrette insista pour savoir de quelle maladie elle souffrait, Pauline fut incapable de lui répondre.

— D'ailleurs, dit Marcelin à sa sœur, quand on est malade, on reste au lit : rappelle-toi quand on a eu la rougeole!

— Je crois qu'elle est malheureuse, hasarda Pierrette, elle ne rit jamais.

— Peut-être, approuva gravement Marcelin.

Ils l'observèrent pendant encore deux jours. Puis, sans se concerter, mais parce que leur curiosité allait croissant, ils changèrent d'attitude et, de distants, devinrent plus familiers, plus hardis même.

Ce fut Pierrette qui osa les premiers pas. Elle s'y décida après une longue et patiente approche, une sorte de ballet qu'elle traça autour de Clorinda; une prudente avance, faite d'observations, de reculs, d'hésitations, de minauderies.

Et puis elle se trouva devant la jeune femme. Clorinda était assise depuis une heure à l'ombre d'un gros araucaria et ne bougeait pas; ses yeux fixaient la petite fille sans paraître la voir.

— Et pourquoi tu parles jamais, dis? lui demanda Pierrette. Et pourquoi tu chantes pas, non plus. Moi, ma maman, elle chante. Tu connais pas de chansons peut-être ? Tu veux que je t'en apprenne ?

Elle attendit en vain une réponse, fut soudain effrayée de son audace et courut rejoindre Marcelin qui, prudent, observait la scène à dix pas de là.

— Qu'est-ce qu'elle t'a raconté ? interrogea-t-il.

— Rien ! dit Pierrette.

Elle était très dépitée et abandonna toute nouvelle tentative, ce jour-là.

Mais, dès le lendemain, arborant un air faussement détaché, elle revint folâtrer autour de Clorinda en berçant sa poupée.

— T'as vu mon bébé ? demanda-t-elle soudain. Regarde, c'est parrain qui me l'a ramené de France, l'année dernière, quand j'étais une petite fille ! Si tu veux, je te la prête, proposa-t-elle en tendant son jouet.

Elle fut affreusement déçue car Clorinda ne broncha pas. Alors, piquée au vif, aidée par son frère qui, lui aussi, se sentait maintenant très vexé par le désintérêt total que leur portait la jeune femme, Pierrette commença une véritable opération de séduction.

— Vous les avez vus ? demanda Romain le soir même en regardant tour à tour Antoine et Pauline.

— Vous parlez des enfants ? dit Pauline.

Elle avait observé le manège des jumeaux et remarqué aussi que Romain, qui n'était jamais très loin de Clorinda, avait suivi la scène sans intervenir.

— Oui, dit-il, on dirait qu'ils... qu'ils veulent l'apprivoiser. C'est ça ?

— Oui, dit Pauline. Et, vous savez, c'est peut-être par eux qu'elle reviendra parmi nous.

— Vous croyez ?

— Si Pauline vous le dit, c'est sûrement vrai, sourit Antoine.

— Mais... que peuvent-ils faire? insista Romain. Moi-même, je n'arrive pas à lui tirer deux mots, et je ne suis même pas sûr qu'elle me voie...

— Alors, je ne sais pas comment ils vont s'y prendre ni ce qu'ils vont lui dire, assura Pauline, mais il faut les laisser agir, et surtout ne pas nous en mêler. Je crois que c'est une affaire entre eux et elle. Et, parce qu'elle vit que Romain n'était pas très convaincu, elle insista : Vous savez, eux, je veux dire les enfants, ils ignorent tout de ce qui lui est arrivé. Pour eux, ça n'a jamais existé, ça n'a pas eu lieu. Nous, c'est différent, on ne sait pas que lui dire parce qu'on sait, on est gêné, surtout vous sans doute, qui avez vu... Mais eux, les petits, ce n'est pas du tout leur problème; alors peut-être qu'ils réussiront à lui faire reprendre pied, peut-être. Il faut patienter, et surtout leur faire confiance.

Et, dès ce jour, elle laissa toute liberté aux jumeaux chaque fois qu'ils lui demandèrent s'ils pouvaient aller voir la belle dame qui ne parlait pas.

Et ils multiplièrent les exercices de charme, les offres d'amitié, les appels au dialogue. Et, imperceptiblement d'abord, le regard de Clorinda devint moins absent, moins vide.

D'abord totalement insensible aux fabuleux cadeaux dont la comblaient les jumeaux, Clorinda sembla peu à peu en mesurer l'importance, en apprécier toute la valeur.

Car ils étaient superbes, ces cailloux biscornus, aux teintes variées, qu'ils allaient lui chercher et qu'ils venaient déposer à ses pieds ou sur ses genoux, après avoir discrètement craché sur leurs découvertes pour les rendre plus propres et plus brillantes.

Et elles étaient magnifiques, ces plumes multicolores qu'ils allaient patiemment ramasser dans les buissons ou les massifs et qu'ils venaient lui glisser gentiment entre les doigts.

Et elles devenaient de vrais joyaux, des parures fabuleuses, toutes ces fleurs, souvent coupées trop court et même un peu flétries d'avoir été trop serrées, qu'ils s'enhardissaient à lui poser furtivement dans les cheveux, à entrelacer dans son pectoral d'or ou à suspendre à son corsage.

Et elles étaient merveilleusement fraîches, apaisantes et surtout régénérantes, toutes ces conversations dont ils l'abreuvaient.

Ils s'étaient vite habitués à son mutisme et n'en tenaient plus compte, car, lorsqu'il en était besoin, l'un et l'autre faisaient maintenant les demandes et les réponses. Et ils lui racontaient tout, lui expliquaient tout. Enfin, parce qu'ils savaient lire dans son regard ou dans l'ébauche d'un sourire l'évolution de sa résurrection, ils lui confièrent leurs secrets, à voix basse.

— Et tu vois, lui chuchota un jour Marcelin après lui avoir tendu une poignée d'orchidées et d'hibiscus rouges et violets et trois plumes de perruche, là-bas, on a fait une cabane. Oui, là-bas, dit-il en tendant le doigt vers un gros massif de cyprès. Quand tu seras guérie, tu viendras, on y fera la dînette. Tu veux ? Mais ne le répète pas, c'est un secret ! Y'a juste Joaquin qui le sait, parce que c'est lui qui a fait la cabane ! Il est très gentil, Joaquin, tu sais !

— Et puis tu vois, insista Pierrette en lui désignant la colline où se dressait le pin parasol, tu vois, dis ?

Et, parce que la jeune femme ne bougeait pas la tête, elle lui posa doucement la main sur la joue, lui tourna le visage en direction du *cerro* et lui releva le menton.

— Là, tu vois, maintenant ? Eh ben, ça aussi c'est notre secret, le plus important. Faudra pas le dire, hein ? Ici, ils disent que c'est la colline du pin. Moi, avec Marcelin, tu sais comment on l'a appelée ? Devine ?... Les Fonts-Miallet ! C'est plus beau, hein ? Et tu sais, les Fonts-Miallet, c'est là où habitait mon papa en France, loin, très loin.

— Et, si tu veux, on ira se promener tous les trois aux Fonts-Miallet d'ici, proposa Marcelin. Et on te fera voir notre secret... Tu sais, là-haut, c'est chez nous. On a une autre cabane, c'est notre maison, et on y joue à papa quand il est revenu de la guerre et qu'il a vu parrain et maman; c'est elle qui nous l'a dit, et même que la maison était brûlée! Tu voudras jouer avec nous? On fera semblant, si tu veux. Toi, tu seras maman; moi, je serai papa et Pierrette fera parrain. Tu voudras, dis?

— Bien sûr, nous monterons ensemble aux Fonts-Miallet..., murmura lentement Clorinda.

Les enfants se tournèrent vivement vers elle, stupéfaits, car c'était la première fois qu'ils entendaient le son de sa voix, et il était très doux. Éblouis, ils découvraient enfin son sourire.

— Tu sais, tu es encore plus belle comme ça! souffla Marcelin, soudain très intimidé et rougissant.

— Oh, oui, alors! Qu'est-ce que tu es belle! approuva Pierrette.

Ils lui sautèrent au cou lorsqu'elle se pencha vers eux en leur ouvrant les bras.

MARCILLAC, *30 mai 1986.*

# BIBLIOGRAPHIE

*Condors et Lamas :* Ventura García CALDERÓN. Éd. Casterman.

*Estudio de la Historia, de Chile :* Luis GALDAMES. Imprenta Universitaria, Santiago (1923).

*Estudio histórico, geográfico y económico de Chile :* Luis PEREZ Telleres del Instituto geográfico militar, Santiago (1923).

*Voyage d'un naturaliste autour du monde :* Charles DARWIN. Éd. François Maspero.

*Le Chili :* Raymond AVALOS. Éd. P.U.F.

*Amérique du Sud :* Thomas BINDER. Éd. Vilo, Paris.

*Les Andes :* Tony MORRISON. Éd. Time-Life.

*Chile :* Jaime VALDÉS. Éd. Vilo, Paris.

*L'Amérique des Andes :* Éd. Larousse.

*L'Amérique du Sud :* La Grande Encyclopédie (1889).

*Voyage dans l'entre-sierra :* Paul MARCOY. Éd. Hachette (1875-1876).

*Le désert d'Atacama et Caracoles :* A. BRESSON. Éd. Hachette (1875).

*L'isthme de Panamá et le canal interocéanique :* Raymond BEL (1901).

*Pérou, Bolivie, Chili :* Éd. Larousse XIXe.

*Le Chili tel qu'il est :* Édouard SEVE. Imprimerie du *Mercurio*, Valparaíso (1876).

## TABLE DES MATIÈRES

*Achevé d'imprimer en novembre 1998*
*sur les presses de l'Imprimerie Bussière*
*à Saint-Amand (Cher)*

POCKET - 12, avenue d'Italie - 75627 Paris Cedex 13
Tél. : 01-44-16-05-00

— N° d'imp. 2465. —
Dépôt légal : avril 1998.

*Imprimé en France*